AF653887

तत्त्वोपप्लवसिंहः

श्रीजयराशिभट्टविरचितः

तत्त्वोपप्लवसिंहः

सम्पादन एवं हिन्दी अनुवाद सहित

काशीनाथ न्यौपाने
अम्बिकादत्त शर्मा

वाचारम्भण
राधावल्लभ त्रिपाठी

DK PRINTWORLD
Publishers of Indian Traditions

Cataloging in Publication Data — DK
[Courtesy: D.K. Agencies (P) Ltd. <docinfo@dkagencies.com>]

Jayarāśibhaṭṭa, active 8th century, **author.**
Tattvopaplavasiṁhaḥ / Śrījayarāśibhaṭṭaviracitaḥ ; sampādana evaṁ Hindī anuvāda sahita, Kāśīnātha Nyaupāne, Ambikādatta Śarmā ; vācārambhaṇa : Rādhāvallbha Tripāṭhī.
pages cm
Hindi and Sanskrit.
Includes bibliographical references.
ISBN 13: 9788124608265

1. Lokāyata — Early works to 1800. I. Nyaupāne, Kāśānātha, editor, translator. II. Śarmā, Ambikādatta, editor, translator. III. Jayarāśibhaṭṭa, active 8th century. Tattvopaplavasiṁha. IV. Jayarāśibhaṭṭa, active 8th century. Tattvopaplavasiṁha. Hindi. V. Title.

DDC 181.46 23

ISBN 13: 978-81-246-0826-5
© काशीनाथ न्यौपाने एवं अम्बिकादत्त शर्मा
प्रथम संस्करण, 2015

सर्वाधिकार सुरक्षित। इस प्रकाशन के किसी भी अंश का किसी भी रूप में पुनर्मुद्रण, या किसी भी विधि (जैसे – इलेक्ट्रॉनिक, यांत्रिक, फोटो-प्रतिलिपि, रिकॉर्डिंग या कोई अन्य विधि) से प्रयोग या किसी ऐसे यंत्र में भंडारण, जिससे इसे पुनः प्राप्त किया जा सकता हो, कॉपीराइट धारक एवं प्रकाशक की पूर्वलिखित अनुमति के बिना नहीं किया जा सकता।

मुद्रक एवं प्रकाशक
डी॰के॰ प्रिंटवर्ल्ड (प्रा॰) लि॰
पंजीकृत कार्यालय : *वेदश्री*, एफ 395, सुदर्शन पार्क
(मेट्रो स्टेशन : रमेश नगर) नई दिल्ली – 110 015
फोन : (011) 2545 3975, 2546 6019; फैक्स: (011) 2546 5926
ई-मेल : indology@dkprintworld.com
वेब : www.dkprintworld.com

समर्पणम्

लोकविश्रुतभट्टाख्यजयराशेर्महानयं
तत्त्वोपप्लवसिंहाख्यो ग्रन्थोऽत्र हिन्दीसंमितः
सम्पादितः संस्कृतश्च यत्नात् तावन्मनीषिणां
तेषां श्रीसुखलालानां सङ्घविनां करद्वये
तथा रसिकलालानां पारिखानाञ्च हस्तयोः
हर्षेण किञ्च भक्त्यैव श्रद्धया वा समर्प्यते ॥

वाचारम्भण

प्रवृत्तिमूलकता तथा निवृत्तिमूलकता भारतीय चिन्तन परम्पराओं के दो आयाम रहे हैं। निवृत्तिमूलकता एक निश्चित दिशा लेकर साधना के निर्धारित मार्ग पर चलने में पर्यवसित होती है। प्रवृत्तिमूलकता जगत् के स्वीकार के साथ विविधताओं में विकसित होती है। निवृत्तिमूलकता में प्रश्नों व शंकाओं का समापन होता है, प्रवृत्तिमूलकता में प्रश्नों और शंकाओं का अनवरत अंकुरण व प्ररोह। हमारे दर्शन और चिन्तन के प्राचीनतम स्रोत – वैदिक संहिताओं तथा उपनिषदों में ये दोनों ही प्रवृत्तियाँ परिपूर्ण रूप में दिखती हैं। पहली का विकास वेदान्त में और दूसरी का आन्वीक्षिकी में हुआ।

आन्वीक्षिकी आद्य विद्याओं में सबसे पहले परिगणित की गई। विद्याचतुष्टयी में आन्वीक्षिकी को सर्वप्रथम बताते हुए कौटिल्य कहते हैं – सांख्य, योग तथा लोकायत ये तीन प्रस्थान आन्वीक्षिकी के अंग हैं। आन्वीक्षिकी समस्त विद्याओं के बलाबल का परीक्षण करते हुए लोक का उपकार करती है, व विपत्ति और अभ्युन्नति में बुद्धि को स्थिर रखती है, तथा प्रज्ञावाक्यों में वैशारद्य प्रदान करती है। आन्वीक्षिकी सदैव समस्त विद्याओं का दीपक, सारे कर्मों का उपाय तथा समस्त धर्मों का आश्रय मानी गई है।

> साङ्ख्यं योगो लोकायतं चेत्यान्वीक्षिकी। . . . बलाबले चैतासां हेतुभिरन्वीक्षमाणान्वीक्षिकी लोकस्योपकरोति, व्यसनेऽभ्युदये च बुद्धिमवस्थापयति, प्रज्ञावाक्यवैशारद्यं च करोति।
>
> प्रदीपः सर्वविद्यानामुपायः सर्वकर्मणाम्।
> आश्रयः सर्वधर्माणां शश्वदान्वीक्षिकी मता।। – *अर्थशास्त्र*, I.2.1

प्रश्न, प्रतिप्रश्न, शंका व सन्देह के द्वारा अन्वीक्षा करने के कारण आन्वीक्षिकी – यह संज्ञा इस विद्या को दी गई। प्रश्न और शंका उठाने की प्रवृत्ति के सबसे प्राचीन उदाहरण वैदिक सूक्तों में देखे जा सकते हैं। इन्द्र वैदिक देवमण्डल में सर्वाधिक महिमामंडित देव हैं, लेकिन उनके माहात्म्य का ऊर्जस्वी गान करने

वाले सूक्तों में ही यह भी कहा गया है – "इन्द्र, कुछ लोग हैं, जो तुम्हारे अस्तित्व पर शंका करते हैं, वे पूछते हैं कि इन्द्र है कहाँ? फिर वे कहते हैं कि इन्द्र है ही नहीं। तब इन्द्र ऐसे शंकालुओं की गायें मार डालता है, उनके घर नष्ट कर देता है। मैं उन सबसे कहता हूँ कि श्रद्धा करो, इन्द्र है।"

यं स्मा पृच्छन्ति कुह सेति घोरमुतेमाहुर्नैषो अस्तीत्येनम्।
सो अर्यः पुष्टीर्विजइवा मिनाति श्रदस्मै धत्त स जनास इन्द्रः।।

– *ऋग्वेद* II.2.12

इस मन्त्र पर अपने भाष्य में सायण ने ऋग्वेद VIII.100.3 का भी हवाला दिया है। ऋग्वेद में अनेकत्र विश्वास न करने वालों या नास्तिकों के उल्लेख हैं (देखें – III.3.9, IV.23.7, V.2.3, V.42.9)। नासदीय सूक्तों में "सतो बन्धुम् असति निरविन्दन्" कहकर उन आचार्यों के मत को आदर दिया गया। यह चार्वाक दर्शन का आद्य प्रतिपादन भी कहा जा सकता है।

ऋग्वेद X.72 के द्रष्टा लौक्य बृहस्पति हैं। लौक्य का निरुक्तिपरक अर्थ है – लोक का पुत्र। इसके आधार पर आठवले (चार्वाक – इतिहास आणि तत्त्वज्ञान, पृ. 14) की मान्यता है कि बृहस्पति के पिता लोक ऋषि ही लोकायत दर्शन के प्रवर्त्तक थे। लेकिन परम्परा में इस दर्शन के प्रवर्त्तक के रूप में बृहस्पति का ही स्मरण किया जाता है, लोक नामक किन्हीं ऋषि का नहीं। बृहस्पति ने लोकायतसूत्र की रचना की थी। पतञ्जलि अपने महाभाष्य (8.3.8) में बताते हैं कि भागुरि नामक आचार्य ने लोकयतसूत्र पर वार्त्तिक ग्रन्थ लिखा था। यदि भागुरि ने लोकायतदर्शन में उक्तानुक्तदुरुक्त की चिन्ता की हो, तो उसका प्रतिवाद भी लोकायतिकों की ओर से हुआ होगा। आठवले बृहस्पति के पुत्र भारद्वाज का सन्दर्भ देते हैं। भारद्वाज के भूतवाद का प्रतिपादन महाभारत में शान्तिपर्व के 186, 188 तथा 190 अध्यायों में विस्तार से है। महाभारत में ही चार्वाक युधिष्ठिर से महाभारत के महायुद्ध को लेकर विचलित करने वाले प्रश्न करते हैं।

कौटिल्य के अर्थशास्त्र का पहला सूत्र है – ओम् नमः शुक्रबृहस्पतिभ्याम्। अर्थशास्त्र की परम्परा में शुक्राचार्य और बृहस्पति ये दो अलग-अलग आचार्य कौटिल्य के संज्ञान में हैं।

प्रथम अधिकरण के विद्यासमुद्देश के अन्तर्गत बृहस्पति का मत बताया गया है। बृहस्पति के अनुयायी दो ही विद्याएं मानते हैं – वार्ता (कृषि तथा पशुपालन) और दंडनीति। वे त्रयी को विद्या के अन्तर्गत नहीं गिनते, और कहते हैं कि त्रयी तो संवरणमात्र है। श्रीमूल टीका में संवरण मात्र का अर्थ करते हुए गणपति शास्त्री

कहते हैं कि लोकयात्रा या लोकव्यवहार का जानकार बिना त्रयी को मान्यता दिए लोकतन्त्र या प्रशासन का काम अच्छी तरह चला ही सकता है, परन्तु ऐसे व्यक्ति को लोग नास्तिक कहकर उसकी निन्दा करते हैं। इस निन्दा से बचने के लिए त्रयी को भी विद्या मान लिया जाता है, वास्तव में वह आवश्यक नहीं है। स्पष्ट ही बृहस्पति संवरणवादी नास्तिक हैं और शुक्राचार्य घोषित नास्तिक। कौटिल्य दोनों के मतों का बराबर आदर करते हैं। शुक्राचार्य केवल दण्डनीति को ही विद्या मानते हैं; वह आ जाए, तो बाकी सारी विद्याएँ आ जाती हैं।

वार्ता दण्डनीतिश्चेति बार्हस्पत्या:, संवरणमात्रं हि त्रयी लोकयात्राविद इति।
दण्डनीतिरेका विद्येत्यौशनसा:, तस्यां हि सर्वविद्यारम्भा: प्रतिबद्धा इति।

यह प्रश्न भी विचारणीय है कि क्या प्रश्नाकुलता तथा सतत अन्वेषणात्मक धी ही समस्त भारतीय चिन्तन परम्पराओं तथा विश्वबोध का मूल है? यह तो स्पष्ट है कि आपातत: दो विरोधी प्रवृत्तियाँ भारतीय परम्पराओं में निरन्तर बनी रही हैं। एक प्रवृत्ति स्थापित मान्यताओं और रूढ़ियों को स्वीकार करके तदनुसार सृष्टिचक्र में सहभागी बने रहने की है, दूसरी प्रवृत्ति स्थापित मानकों व स्वीकृत मान्यताओं पर प्रश्न और शंका उपस्थित करने की। विष्णुपुराण में प्रतिपादित सनकादि कुमारों का आख्यान इसका उदाहरण है। प्रजापति ने सृष्टिचक्र को चलाए रखने के लिए सनक, सनन्दन, सनातन और सनत्कुमार - इन चार कुमारों को उत्पन्न किया और उन्हें आदेश दिया कि वे सृष्टि में उनकी सहायता करें। चारों कुमारों ने प्रजापति से कहा कि पहले वे उनके प्रश्नों का उत्तर दें और उन्हें बताएं कि सृष्टिचक्र के प्रवर्तन में उन्हें क्यों प्रजापति की सहायता करनी चाहिए? प्रजापति ने क्रुद्ध होकर उन्हें ब्रह्मलोक से निष्कासित कर दिया।

इस आख्यान में प्रजापति के आदेश पर प्रश्न करने वाले सनकादि मुनियों को आगम परम्परा से जोड़ा जाता है, व तत्त्वज्ञान के क्षेत्र में अन्तिम प्रमाण के रूप में भी उनके पास ज्ञानी जनों के पहुँचने की कथाएँ मिलती हैं।

स्थापित मान्यताओं को स्वीकार करके सुनिश्चित जीवनचर्या अपनाने वालों का समाज बड़ा समाज हो सकता है, परन्तु उनकी दृष्टियाँ इकहरी होती हैं। प्रश्न और संदेह उठाने वाले समूह छोटे हो सकते हैं, परन्तु उनमें वैचारिक विविधताओं और विपुलताओं की सम्भावनाएँ बड़ी हो सकती हैं। लोकायत दर्शन में केवल प्रत्यक्षप्रमाणवादी दार्शनिक भी हुए और प्रत्यक्ष के साथ अनुमिति को भी प्रमाण मानने वाले भी हुए। वास्तव में तो वेद के समानान्तर अनेक विचारधाराएँ चली आ रही हैं, उन सबको समेकित रूप में चार्वाक या लोकायत दर्शन के विविध

सम्प्रदाय कह सकते हैं। उपनिषदों तथा वात्स्यायन के कामसूत्र में कालवादी, नियतिवादी, स्वभाववादी तथा भूतवादी विचारकों के मतों का हवाला है। श्वेताश्वतर उपनिषद् में नियतिवादी सम्प्रदाय का प्रतिपादन है, पाणिनि सम्भवतः उसी का दिष्टामति के नाम से उल्लेख करते हैं।

कौटिल्य ने कहा कि आन्वीक्षिकी प्रज्ञावाक्यों में वैशारद्य उत्पन्न करती है। वासुदेव शरण अग्रवाल प्रज्ञावाद नाम से प्राचीन भारतीय चिन्तन परम्परा में एक सम्प्रदाय स्वीकार करते हैं, जो नियतिवादियों का खण्डन करता था। वे श्रीकृष्ण तथा विदुर को प्रज्ञावादी विचारक मानते हैं। परन्तु श्रीकृष्ण तो प्रज्ञावाद का उपहास करते हुए ही अर्जुन से कहते हैं – प्रज्ञावादांश्च भाषसे।

वस्तुस्थिति जो भी हो, यह तो स्पष्ट ही है कि लोकायत या चार्वाक दर्शन के अन्तर्गत विचारधाराओं का भारी जमावड़ा था, तरह-तरह के विचारक न केवल वैदिक, बौद्ध या जैन दर्शनों का खण्डन कर रहे थे, बल्कि वे एक-दूसरे का भी खण्डन कर रहे थे। उनकी पहचान धर्म, सम्प्रदाय या व्यवस्था के नाम पर संगठित होने से इन्कार करने में थी, इस इन्कार के कारण उनमें निरन्तर बिखराव बना रहा। कौटिल्य और राजशेखर के शब्दों में कह सकते हैं कि विप्रकीर्णता या बिखराव भी किसी सम्प्रदाय या प्रस्थान के किञ्चित् उच्छेद का एक कारण बन जाता है। लोकायतमत का किञ्चिदुच्छेद तो विप्रकीर्णता के कारण भी हुआ है। परन्तु अपनी-अपनी ढपली बजाने वाले दार्शनिकों की उसके बृहत् वितान के भीतर कमी नहीं रही। ईसापूर्व की चौथी-तीसरी शतियों में विरचित इसिभासियाइँ (ऋषिभाषितानि) नामक ग्रन्थ में जिन विभिन्न ऋषियों के वचन संकलित हैं, उनमें बारह तो निर्ग्रन्थ या जैन मतावलम्बी हैं, पाँच बौद्ध हैं, सत्रह वैदिक। शेष दस ऋषियों में मंखलिपुत्र घोषाल आजीवक मत के प्रवर्त्तक हैं और बचे नौ का सम्प्रदाय अविदित है। इसिभासियाइँ का बीसवाँ अध्याय उत्कलाध्ययन है, इसके प्रतिपादक ऋषि का नाम नहीं दिया गया, परन्तु इसमें अनेकानेक दृष्टान्तों के द्वारा भौतिकतावाद का ख्यापन है। इक्कीसवें अध्याय में गाथापतिपुत्र की गाथाएँ हैं, जिनमें अज्ञतावाद का प्रतिपादन है।

संजय कात्यायन, पुराण कश्यप, मंखलिपुत्र घोषाल, अजित केश कंबली, ककुद कच्चायन आदि दार्शनिकों के मत इस परम्परा में विचारणीय हैं। सागरमल जैन मखलिपुत्र घोषाल को महाभारत में वर्णित मंकि नामक ऋषि से अभिन्न मानते हैं। मंकि ने भी नियतिवादी दर्शन का प्रतिपादन किया था।

सम्भवत: प्रचलित व्यवस्था, मान्यता व विधान का कारण पूछने के कारण लोकायतिकों को ही हेतुवादी भी कहा गया। रामायण में दशरथ के पुत्रेष्टि यज्ञ का वर्णन है (1.13), जिसमें हेतुवादी विप्र सम्मिलित होते हैं, वे परस्पर जिगीषा या बहस में एक-दूसरे को पछाड़ने की इच्छा से हेतुवादों का कथन करते हैं। अलौकिक तत्त्व का भय दिखाकर चलने वाली व्यवस्थाओं के लिए लोकेतर को अस्वीकार करने वाले विचारक चुनौती ही बन जाते हैं। वाल्मीकि रामायण में चित्रकूट में भरत के पहुँचने पर राम उनसे जो कई प्रकार के लम्बे कुशल प्रश्न करते हैं, उनमें से एक कुशल प्रश्न यह भी है –

केच्चिन्न लोकायतिकान् ब्राह्मणांस्तत सेवसे।
अनर्थकुशला ह्येते बाला: पण्डितमानिन:।।

धर्मशास्त्रेषु मुख्येषु विद्यमानेषु दुर्बुधा:।
बुद्धिमान्वीक्षिकीं प्राप्य निरर्थं प्रवदन्ति ते।।

हे तात, तुम कहीं लोकायतिक ब्राह्मणों की बातों में तो नहीं आने लग गए? ये लोग काम बिगाड़ने में कुशल होते हैं, इनमें बचपना होता है, परन्तु अपने को बड़ा पंडित समझते हैं। ये लोग आन्वीक्षिकी बुद्धि को अपनाकर निरर्थक बातें करते रहते हैं।

राम के इन कथनों से सूत्र लेकर रामायण में इसी स्थल पर एक लम्बे प्रसंग का प्रक्षेप किया गया, जिसमें चार्वाकमतावलम्बी जाबालि ऋषि सारे मानवीय सम्बन्धों, धर्म आदि के विचार की निरर्थकता का प्रतिपादन करते हुए नियतिवाद का भी आख्यान करते हैं। राम के द्वारा फटकारे जाने पर वे कहते हैं कि मैं नास्तिकों की बात नहीं करता, नास्तिक नहीं हूँ, आवश्यकता पड़ने पर नास्तिक बन जाता हूँ और फिर आस्तिक हो जाता हूँ। स्पष्ट ही चार्वाक और तथागत के मतों में घालमेल करने वाला यह प्रक्षिप्त प्रसंग लोकायतिकों का बलात् व असंगत ढंग से उपहास करने के लिए जोड़ा गया।

प्राचीन परम्परा में बौद्धिक विमर्श के लिए कथा शब्द का प्रयोग किया गया, तथा वाद, जल्प और वितण्डा कथा के तीन प्रकार माने गए। इनमें संवाद के रूप में होने वाली संवादात्मक चर्चा को वाद कहा गया। आगमों ने शिव-पार्वती-संवाद या गुरु-शिष्य-संवाद आदि के द्वारा विमर्श का संवादात्मक रूप अंगीकार किया। प्रश्न और शंका उठाने वाले समूहों ने जल्प और वितण्डा को अपनाया। प्रश्न और शंका उठाने वाले समूहों को तिरस्कृत करने वाले बहुसंख्यक समाजों में जल्प और वितण्डा के प्रत्ययों और पारिभाषिक पदावली का भी अवमूल्यन किया गया।

फिर भी प्रश्न व बहस छेड़ने वाले विचारकों की उपस्थिति समाज के विकास और अग्रगामिता में बड़ी भूमिका निभाती रही।

प्रश्न तथा बहस करने वालों का ही एक समूह लोकायतों अथवा चार्वाकों का समूह था। लोक या अपने आसपास के संसार के सन्दर्भ से प्रश्न उठाने के कारण इन्हें लोकायत कहा गया होगा। लोकायतों में प्रबल बौद्धिक क्षमता थी, जिसके कारण समाज उन्हें नकार नहीं सकता था। वैदिक काल से लेकर मध्ययुग तक चार्वाकों अथवा लोकायतों की चुनौती देती हुई प्रबल उपस्थिति भारतीय समाज में बनी रही। उनकी बात कभी आदर से सुनी जाती थी, कभी सुननी पड़ती थी।

के. सच्चिदानन्द मूर्ति अपनी फिलॉसफी इन इंडिया शीर्षक पुस्तक में बताते हैं कि चौदहवीं–पन्द्रहवीं शताब्दियों में कर्नाटक में चार्वाकों की स्वीकार्य तथा अपरिहार्य उपस्थिति के अभिलेखीय प्रमाण हैं।

भारतीय दर्शन के साम्प्रतिक अध्ययनों में चार्वाक दर्शन के साथ न्याय नहीं हो सका है। इसे लेकर भ्रान्तियाँ बहुत फैलाई गईं। सदाशिव आठवले ने अपनी मराठी पुस्तक "चार्वाक - इतिहास आणि तत्त्वज्ञान" में चार्वाक दर्शन को लेकर आधुनिक काल में उठी विप्रतिपत्तियों और भ्रान्तियों का विवरण दिया है। लोकायत की विकृत छवि बनाने में पारम्परिक भारतीय दर्शनों के साथ आधुनिक पश्चिमी अध्येताओं का भी हाथ रहा है। लोकायतिक परम्पराओं का विस्मरण भी हुआ और उनकी दुर्व्याख्या भी हुई है। 1959 में प्रकाशित देबीप्रसाद चटोपाध्याय की लोकायत एक महत्त्वपूर्ण पुस्तक है, आश्चर्य है कि पिछले दो हजार वर्षों के इतिहास में सबसे महत्त्वपूर्ण लोकायतिक जयराशि का तथा उनके ग्रन्थ तत्त्वोपप्लवसिंह का देबीप्रसाद चटोपाध्याय उल्लेख नहीं करते, जबकि पाटण के भण्डार से प्राप्त इसकी पाण्डुलिपि की जानकारी 1926 में सामने आ चुकी थी और 1940 में इसका पहला संस्करण भी छप चुका था।

1940 में मुनि सुखलाल संघवी तथा रसिकलाल पारेख के सम्पादन में गायकवाड़ ओरिएंटल सीरीज़ के अन्तर्गत तत्त्वोपप्लवसिंह के प्रकाशन से चार्वाकदर्शन के इस महत्त्वपूर्ण ग्रन्थ की ओर अध्येताओं का विशेष ध्यान गया। 1987 में बौद्धभारती ग्रन्थमाला के अन्तर्गत पुनः यह संस्करण प्रकाशित किया गया। इस संस्करण के आधार पर दो विद्वानों ने तत्त्वोपप्लवसिंह का अंग्रेज़ी अनुवाद किया है। विदुषी ईस्थेर सोलोमन ने तत्त्वोपप्लवसिंह का पुनः सम्पादन भी किया व अनुवाद भी। उनके निधन (2005) के बाद शुचिता मेहता द्वारा

उनके संस्करण व अनुवाद को सम्पादित करके 2010 में प्रकाशित किया गया, 2013 में प्रो. वी.एन. झा का अनुवाद भी प्रकाशित हुआ। प्रो. झा ने न तो बडोदरा से प्रकाशित संस्करण का उल्लेख किया है, न ईस्थेर सालोमन के कार्य की ओर उनका ध्यान गया। ऐसी स्थिति में इस ग्रन्थ को प्रामाणिक पाठ के साथ बड़े पाठकवर्ग तक पहुँचाने की आवश्यकता बनी हुई है।

तत्त्वोपप्लवसिंह चार्वाकदर्शन का चूडान्त निदर्शन है। जयराशि चार्वाकदर्शन के आद्यसूत्रकार बृहस्पति के सूत्रों से आरम्भ कर समस्त दर्शनों की प्रमाणव्यवस्था को हिलाकर उन्मूलित कर देते हैं। जिस धरातल से वे भारतीय दर्शन के समस्त प्रस्थानों का विखण्डन करते हैं, वहाँ धर्मकीर्ति जैसे महनीय आचार्यों के कथन भी उन्हें बालविलसित और जडविचेष्टित प्रतीत होते हैं। महामहोपाधयाय लक्ष्मण शास्त्री जोशी उचित ही कहते हैं –

> जयराशि भट्ट का तत्त्वोपप्लवसिंह लोकायत मत का समर्थन या उसके विधायक स्वरूप का मण्डन नहीं करता। परन्तु तत्त्वविचार के मौलिक मन्थन करने वाले ग्रन्थ के रूप में उसका मूल्य असाधारण है। जयराशि भट्ट के तत्त्वोपप्लवसिंह की तुलना पाश्चात्त्य तत्त्वज्ञ डेविड ह्यूम की विचारसरणि से की जा सकती है। इसके लिए दोनों में प्रचुर साम्य है। भारतीय तत्त्वज्ञान के क्षेत्र में तत्त्वोपप्लवसिंह का यह जो इस प्रकार का असाधारण महत्त्व है, उस पर ध्यान देना और उसे मान्यता देना एक महत्त्व की वैचारिक जवाबदारी है।
>
> – चार्वाक-इतिहास आणि तत्त्वज्ञान (लक्ष्मण शास्त्री जोशी की प्रस्तावना, पृ. 24, मराठी से अनूदित)

प्रसन्नता का विषय है कि प्रो. काशीनाथ न्यौपाने एवं प्रो. अंबिकादत्त शर्मा ने इस वैचारिक जवाबदारी को निभाते हुए जयराशि की उपेक्षित वैचारिक निधि के पुनरुद्धार का प्रशस्त कार्य किया है। मैं रागद्राता हूँ कि उनके इस कार्य के प्रकाशन से भारतीय दर्शन के अध्ययन में नई चेतना आएगी, और यह कार्य वैचारिक जगत् में आगे होने वाले अनुष्ठानों के लिए एक महत्त्व की कड़ी बनेगा।

राधावल्लभ त्रिपाठी

विषयानुक्रम

पूर्वपीठिका

प्रस्तुत "तत्त्वोपप्लवसिंहः" आचार्य जयराशिभट्ट की कृति है। इस ग्रन्थ का सर्वप्रथम पण्डितद्वय श्री सुखलाल संघवी तथा रसिकलाल पारीख ने सन् १९४० में सम्पादन कर गायकवाड़ सीरिज से प्रकाशित किया था। सन् १९२५ के आस-पास यह ग्रन्थ उन्हें प्राप्त हुआ था।

इसी संस्करण को बौद्धभारती, वाराणसी, ने भी यथावत् प्रकाशित किया है। इसी को आधार मानकर इली फ्रान्को ने अंग्रेज़ी अनुवाद सन् १९८७ में जर्मनी से तथा १९९४ में उसी का दूसरा संस्करण मोतीलाल बनारसीदास, दिल्ली से प्रकाशित किया। इस ग्रन्थ के अंग्रेज़ी अनुवाद इस्थर सोलोमोन और वी.एन. झा द्वारा भी किए गए हैं जिनका प्रकाशन क्रमशः परिमल प्रकाशन, दिल्ली (२०१०) और चिन्मय शोध संस्थान, केरल (२०१३) से हुआ है।

प्रस्तुत हिन्दी अनुवाद भी गायकवाड़ सीरिज के आधार पर ही किया गया है। इस ग्रन्थ के प्रकाशन के एक वर्ष बाद पण्डित श्री सुखलाल संघवी ने "दर्शन एवं चिन्तन" नामक लेख संग्रहात्मक पुस्तक, जो गुजरात विद्या सभा से प्रकाशित है, में "चार्वाक दर्शन का एक अपूर्व ग्रन्थ तत्त्वोपप्लवसिंह" नामक एक लेख प्रकाशित किया था। उसी के आधार पर इस कृति की पाण्डुलिपि प्राप्ति के रहस्य को जाना जा सकता है। उन्होंने सविस्तार इस कृति के विषय में चर्चा की है, हम उनके ऋणी हैं। साथ ही इस अपूर्व ग्रन्थ का प्रकाशन कर जो ऋण हम लोगों को उन्होंने दिया है उससे कभी भी दार्शनिक जगत् उऋण नहीं हो सकता।

इस ग्रन्थ के प्रस्तुत हिन्दी अनुवाद का समर्पण भी हम उन्हीं यशस्वी प्रथम सम्पादकद्वय पण्डित श्री सुखलाल संघवी तथा पण्डित श्री रसिकलाल पारीख को करते हैं।

सन् १९८८, शरद् ऋतु में, वाराणसी में हम दोनों गुरुभाई हमारे परम आराध्य गुरुदेव स्वामी योगीन्द्रानन्द जी के सान्निध्य में श्रीहर्ष के खण्डनखण्डखाद्य का अध्ययन कर रहे थे, उसी क्रम में श्रद्धेय गुरुदेव ने इस "तत्त्वोपप्लव" ग्रन्थ की चर्चा करते हुए

इसके अध्ययन के लिए हम लोगों को प्रेरित किया, फिर दूसरे ही दिन से वे हमें यह ग्रन्थ अत्यन्त तन्मयता के साथ पढ़ाने लगे। लगभग पाँच महीनों में हम लोगों ने इसे पूरा किया। इसके अध्ययन के क्रम में हमें अनेक जगह पाठ-भेद करने पड़े एवं संशोधन करने पड़े। प्रस्तुत ग्रन्थ की अनेक जगहों पर जो पाठ उपलब्ध है उससे इसका सिद्धान्त खण्डित भी हो जाता था, अतः हम लोगों ने अत्यन्त विचारपूर्वक पाठ निर्धारित भी किए हैं।

श्रद्धेय गुरुदेव के साथ पढ़ने के बाद हम दोनों बैठकर घण्टों, कभी-कभी तो रात भर भी, इसके तथ्यों को लेकर चर्चा करते थे। हमें गुरुदेव ने उसी समय इस पर काम करने के लिए प्रेरित भी किया था किन्तु उनके जीवन-काल में हम लोग यह नहीं कर सके। किन्तु अब इसका हिन्दी अनुवाद करने का शुभ अवसर उपलब्ध हुआ, इससे हमें हर्षातिरेक हो रहा है। शब्दों में इस आनन्द का वर्णन नहीं किया जा सकता। आशा है हमारे आराध्य गुरुदेव हमें आशीर्वाद से सन्तृप्त करेंगे।

पाण्डुलिपि की प्राप्ति

प्रस्तुत पुस्तक की पाण्डुलिपि की प्राप्ति के विषय में जैसा कि पण्डित सुखलाल संघवी कहते हैं –

> यह कहना उपयुक्त होगा कि इस ग्रन्थ की मूल प्रति हमें कब, कहाँ से और किस तरह से मिली। करीब पन्द्रह वर्ष हुए, जबकि मैं अपने मित्र पं. बेचरदास के साथ अहमदाबाद के गुजरात पुरातत्त्व मन्दिर में सन्मतितर्क का सम्पादन करता था, उस समय सन्मतितर्क की लिखित प्रतियों की खोज की धुन मेरे सिर पर सवार थी। मुझे मालूम हुआ कि सन्मतितर्क की ताड़पत्र की प्रतियाँ पाटण में हैं। मैं पं. बेचरदास के साथ वहाँ पहुँचा। उस समय पाटण में स्व. मुनिश्री हंसविजयजी विराजमान थे। वहाँ के ताड़पत्रीय भण्डार को खुलवाने का तथा उसमें से इष्ट प्रतियों को पा लेने का कठिन कार्य उक्त मुनिश्री के ही सद्भाव तथा प्रयत्न से सरल हुआ था।
>
> सन्मतितर्क की ताड़पत्रीय प्रतियों को खोजते व निकालते समय हम लोगों का ध्यान अन्यान्य अपूर्व ग्रन्थों की ओर भी था। पं. बेचरदास ने देखा कि उस एकमात्र ताड़पत्रीय ग्रन्थों के भण्डार में दो ग्रन्थ ऐसे हैं जो अपूर्व होकर जिनका उपयोग सन्मतितर्क की टीका में भी हुआ है। हमने वे दोनों ग्रन्थ किसी तरह उस भण्डार के व्यवस्थापकों से प्राप्त किए। उनमें से एक था बौद्ध विद्वान् धर्मकीर्तिकृत हेतुबिन्दुशास्त्र का अर्चटकृत विवरण और दूसरा था प्रस्तुत तत्त्वोपप्लवसिंह। अपनी विशिष्टता तथा पिछले साहित्य पर पड़े हुए इनके प्रभाव के कारण, उक्त दोनों ग्रन्थ महत्त्वपूर्ण तो थे ही, परन्तु उनकी लिखित प्रति अन्यत्र कहीं भी ज्ञात न होने के कारण वे ग्रन्थ और भी अधिक विशिष्ट महत्त्व वाले हमें मालूम हुए।

उक्त दोनों ग्रन्थों की ताड़पत्रीय प्रतियाँ यद्यपि यत्र-तत्र खण्डित और कहीं-कहीं घिसे हुए अक्षरों वाली हैं, फिर भी ये शुद्ध और प्राचीन हैं। तत्त्वोपप्लव की इस प्रति का लेखन समय वि.सं. १३४९ मार्गशीर्ष कृष्ण ११ शनिवार है। यह प्रति गुजरात के धोलका नगर में, महं. नरपाल के द्वारा लिखवाई गई है। जिसमें अनेक ग्रन्थ भण्डार बने थे और सुरक्षित थे। धोलका वह स्थान है जहाँ रहकर प्रसिद्ध मन्त्री वस्तुपाल ने पूरे गुजरात का शासन-तन्त्र चलाया था। सम्भव है कि इस प्रति को लिखवाने वाला महं. नरपाल शायद मन्त्री वस्तुपाल का ही कोई वंशज हो। अस्तु, जो कुछ हो, तत्त्वोपप्लव की इस उपलब्ध ताड़पत्रीय प्रति को अनेक बार पढ़ने, इसके घिसे हुए तथा लुप्त अक्षरों को पूरा करने आदि का श्रमसाध्य कार्य अनेक सहृदय विद्वानों की मदद से चालू रहा, जिनमें भारतीय विद्या के सम्पादक मुनिश्री जिनविजयी, प्रो. रसिकलाल पारीख तथा पं. दलसुख मालवणिया मुख्य हैं।

इस ताड़पत्र की प्रति के प्रथम वाचन से लेकर इस ग्रन्थ के छप जाने तक में जो कुछ अध्ययन और चिन्तन इस सम्बन्ध में हुआ है उसका सार "भारतीय विद्या" के पाठकों के लिए प्रस्तुत लेख के द्वारा उपस्थित किया जाता है। इस लेख का वर्तमान स्वरूप पं. दलसुख मालवणिया के सौहार्दपूर्ण सहयोग का फल है।[१]

जयराशि भट्ट कौन थे?

जयराशि किस वर्ण या जाति के थे इसका कोई स्पष्ट प्रमाण ग्रन्थ में नहीं मिलता, परन्तु उनके अपने नाम के साथ जो "भट्ट" विशेषण है उससे जान पड़ता है कि वे जाति से ब्राह्मण थे। यद्यपि ब्राह्मण से भिन्न ऐसे जैन आदि अन्य विद्वानों के नाम के साथ भी कभी-कभी यह भट्ट विशेषण लगा हुआ देखा जाता है, यथा – भट्ट अकलंक इत्यादि। परन्तु प्रस्तुत ग्रन्थ में आए हुए जैन और बौद्धमत-विषयक निर्दय एवं कटाक्षयुक्त खण्डन को पढ़ने से स्पष्ट हो जाता है कि जयराशि न तो जैन हैं और न ही बौद्ध। बौद्धों के लिए ये शब्द हैं – "तद्बालविलसितम्", "जड़चेष्टितम्", "तदिदं महानुभावस्य दर्शनम्। न ह्यबालिश एवं वक्तुमुत्सहेत", "तदेतन्मुग्धाभिधानं दुनोति मानसम्", "तद्बालवल्गितम्", "मुग्धबौद्धैः", "तन्मुग्ध विलसितम्" इत्यादि। तथा जैनों के लिए ये शब्द हैं – "इमामेव मूर्खतां दिगम्बराणामङ्गीकृत्य उक्तं सूत्रकारेण" यथा –

नग्न! श्रमण! दुर्बुद्धे! कायक्लेशपरायण!
जीविकार्थेऽपि चारम्भे केन त्वमसि शिक्षितः॥

जैन और बौद्ध सम्प्रदाय के इतिहास में ऐसा एक भी उदाहरण नहीं मिलता, जिससे यह कहा जा सके कि जैन और बौद्ध होते हुए भी अमुक विद्वान् ने अपने जैन या बौद्ध

---

[१] पं. सुखलाल संघवी, *दर्शन एवं चिन्तन*, गुजरात विद्या सभा, गुजरात, १९४१।

सम्प्रदाय का समग्र भाव से विरोध किया हो। जैन और बौद्ध साम्प्रदायिक परम्परा का बंधारण ही पहले से ऐसा रहा है, कि कोई विद्वान् अपनी परम्परा का आमूल खण्डन करके वह न अपने को उस परम्परा का अनुयायी कह सकता है और न उस परम्परा के अन्य अनुयायी ही उसे अपनी परम्परा का मान सकते हैं। ब्राह्मण सम्प्रदाय का व्यक्ति इतना सख्त नहीं है। इस सम्प्रदाय का कोई विद्वान्, अगर अपनी पैतृक ऐसी सभी वैदिक मान्यताओं का, अपना बुद्धिपाटव दिखाने के लिए अथवा अपनी वास्तविक मान्यता को प्रकट करने के लिए, आमूल खण्डन करता है, तब भी, वह यदि आचार से ब्राह्मण सम्प्रदाय का आत्यन्तिक त्याग नहीं कर बैठता है, तो वैदिक मतानुयायी विशाल जनता में उसका सामाजिक स्थान कभी नष्ट नहीं हो पाता। ब्राह्मण सम्प्रदाय की प्रकृति का, हमारा उपर्युक्त ख्याल अगर ठीक है, तो कहना होगा कि यह भट्ट विशेषण जयराशि की ब्राह्मण साम्प्रदायिकता का ही द्योतक होना चाहिए।

जयराशि का अपना नया सिद्धान्त

इसके अलावा, जयराशि के पिता-माता या गुरु-शिष्य इत्यादि के सम्बन्ध में कुछ भी पता नहीं चलता। फिर भी जयराशि की बौद्धिक मान्यता क्या थी, यह बात इस प्रस्तुत ग्रन्थ से स्पष्ट जानी जा सकती है। जयराशि बृहस्पति के चार्वाक सम्प्रदाय के अनुगामी हैं, फिर भी वे चार्वाक के सिद्धान्तों को अक्षरशः नहीं मानते। चार्वाक सिद्धान्त में पृथ्वी आदि चार भूतों का तथा मुख्य रूप से प्रत्यक्ष विशिष्ट प्रमाण का स्थान है। लेकिन जयराशि न प्रत्यक्ष प्रमाण को मानते हैं और न ही भूत तत्त्वों को। तब भी वह अपने को चार्वाकानुयायी जरूर मानते हैं।[२] अतएव ग्रन्थ के आरम्भ में ही बृहस्पति के मन्तव्य के साथ अपने मन्तव्य की आने वाली असंगति का तर्कशुद्ध परिहार भी करते हैं —

> **ननु यदि उपप्लवस्तत्त्वानां किमाया . . . . , अथातस्तत्त्वं व्याख्यास्यामः,**
>
> **पृथिव्यापस्तेजोवायुरिति तत्त्वानि, तत्समुदाये शरीरेन्द्रियविषयसंज्ञा इत्यादि? न अन्यार्थत्वात्। किमर्थम्? प्रतिबिम्बनार्थम्। किं पुनरत्र प्रतिबिम्ब्यते? पृथिव्यादीनि तत्त्वानि लोके प्रसिद्धानि, तान्यपि विचार्यमाणानि न व्यवतिष्ठन्ते, किं पुनरन्यानि?**

इन्होंने अपने मन्तव्य के बारे में प्रश्न उठाया है कि बृहस्पति जब चार तत्त्वों का प्रतिपादन करतें हैं, तब तुम (जयराशि) तत्त्वमात्र का खण्डन कैसे करते हो? अर्थात् बृहस्पति की परम्परा के अनुयायी रूप से कम-से-कम चार तत्त्व तो तुम्हें अवश्य मानने ही चाहिए। इस प्रश्न का जवाब देते हुए जयराशि ने अपने को बृहस्पति का अनुयायी भी सूचित किया

---

[२] अपने इस ग्रन्थ में उन्होंने बृहस्पति के चार सूत्र उद्धृत किए हैं।

है और साथ ही बृहस्पति से एक कदम आगे बढ़ने वाला भी बतलाया है। वे कहते हैं कि – बृहस्पति जो अपने सूत्र में चार तत्त्वों को गिनाते हैं, वे इसलिए नहीं कि वह खुद उन तत्त्वों को मानते हैं। सूत्र में चार तत्त्वों के गिनाने अथवा तत्त्वों के व्याख्यान की प्रतिज्ञा करने से बृहस्पति का तात्पर्य केवल लोक-प्रसिद्ध तत्त्वों का निर्देश करना मात्र है। ऐसा करके बृहस्पति यह सूचित करते हैं कि साधारण लोक में प्रसिद्ध और माने जाने वाले पृथ्वी आदि चार तत्त्व भी जब सिद्ध हो नहीं सकते, तो फिर अप्रसिद्ध और अतीन्द्रिय आत्मा आदि तत्त्वों की तो बात ही क्या है? बृहस्पति के कुछ सूत्रों का उल्लेख करके और उसके आशय के साथ अपने नए प्रस्थान में आने वाली असंगति का परिहार करके जयराशि ने भारतवर्षीय प्राचीन गुरु-शिष्य प्रणाली का ही परिचय दिया है।

भारतवर्ष के किसी भी सम्प्रदाय के इतिहास को हम देखते हैं, तो उसमें स्पष्ट दिखाई देता है, कि जब कोई असाधारण और नवीन विचार का प्रस्थापक पैदा होता है तब वह अपने नवीन विचारों का मूल या बीज अपने सम्प्रदाय के प्राचीन एवं प्रतिष्ठित आचार्यों के वाक्यों में ही बतलाता है। उदाहरणार्थ आचार्य शंकर, रामानुज, मध्व और वल्लभ आदि को लीजिए – जो सभी परस्पर अत्यन्त विरुद्ध ऐसे अपने मन्तव्यों को गीता, ब्रह्मसूत्र जैसी एक ही कृति में से फलित करते हैं, तथा सौत्रान्तिक, विज्ञानवादी और शून्यवादी बौद्धाचार्य परस्पर बिलकुल भिन्न ऐसे अपने विचारों का उद्‌गम एक ही तथागत के उपदेश में से बतलाते हैं। जयराशि ने भी यही किया है। अपने निजी विचार विकास को बृहस्पति के अभिप्राय में से ही फलित किया है। यह वस्तुस्थिति इतना बतलाने के लिए पर्याप्त है कि जयराशि अपने को बृहस्पति के सम्प्रदाय का मानने व मनवाने के पक्षपाती हैं।

बृहस्पति के भी आगे

अपने को बृहस्पति की परम्परा का मानकर और मनवाकर भी वे अपने को बृहस्पति से भी ऊँची बुद्धिभूमि पर पहुँचे हुए मानते हैं। अपने इस मन्तव्य को वे स्पष्ट शब्दों में, ग्रन्थ के अन्त की प्रशस्ति के एक पद्य में, व्यक्त करते हैं। वह बहुत ही जोरदार शब्दों में कहते हैं कि सुरगुरु बृहस्पति को भी जो नहीं सूझे ऐसे समर्थ विकल्प और विचारणीय प्रश्न मेरे इस ग्रन्थ में ग्रथित हैं –

ये याता नहि गोचरं सुरगुरोः बुद्धेर्विकल्पा दृढ़ाः।
प्राप्यन्ते ननु तेऽपि यत्र विमले पाखण्डनदर्पच्छिदि।

जयराशि बृहस्पति की चार्वाक मान्यता के अनुगामी थे इसमें तो कोई सन्देह नहीं, परन्तु यहाँ प्रश्न यह है कि जयराशि बुद्धि से ही उस परम्परा के अनुगामी थे अथवा आचार से

भी? इसका जबाब हमें सीधे तौर से किसी तरह नहीं मिलता। लेकिन तत्त्वोपप्लव के आन्तरिक परिशीलन से तथा चार्वाक परम्परा की थोड़ी बहुत पाई जाने वाली ऐतिहासिक जानकारी से, ऐसा जान पड़ता है कि जयराशि बुद्धि से ही चार्वाक परम्परा के अनुगामी होने चाहिए।

अब विचारणीय प्रश्न यह है कि बुद्धि से चार्वाक परम्परा का अनुयायी होने का मतलब क्या है? एक ओर जयराशि बुद्धि की तीक्ष्ण धार से जीवन और जगत् की बौद्धिक समझ के सभी ताने-बानों को छिन्न-भिन्न कर देते हैं, वहाँ तक जहाँ तक बुद्धि का अन्तिम छोर जाता है। अपनी समीक्षा को बुद्धि के अन्तिम छोर तक ले जाने के आरम्भ में ही वे चार्वाकीय समझ को भी आयत्त कर लेते हैं, फिर भी किस प्रकार इस अभूतपूर्व तार्किक उपक्रम को लोकायतिक अभिमत को निष्फलित करने वाला कहा जा सकता है? जयराशि जिस उपक्रम को आद्योपान्त इस चमत्कारिक ग्रन्थ में साधते हैं, वह ऊपर से देखने पर भारतीय पदावली में वैतण्डिक और तत् सदृश पाश्चात्य पदावली में संशयवादी प्रतीत होता है। यद्यपि पद्धतिशास्त्रीय दृष्टि से जयराशि की शैली को निर्विवाद रूप से अर्ले दर्जे की "द्वन्द्वन्यायात्मक तर्कणा-पद्धति" से अभिहित किया जाना उचित होगा। ऐसी तर्कणा-पद्धति का स्वयुथ्य प्रयोजन से अनुप्रयुक्त किए जाने का लम्बा इतिहास भारतीय परम्परा में यत्र-तत्र और लक्ष्योन्मुखी रूप से गौड़पाद, नागार्जुन एवं श्रीहर्ष की कृतियों में देखने को मिलता ही है। यह बात अलग है कि द्वन्द्वन्यायात्मक तर्कणा शैली की पद्धतिमूलकता में एक सीमा तक वितण्डा, संशयवादिता या कहें कि अनिर्वचनीयता एवं अनुपलम्भ का पुट रहता ही है। अतः जयराशि की स्वयुथ्य योजना चाहे जो भी रही हो, उसकी शैली तटस्थ रूप से द्वन्द्वन्यायात्मक ही है। इसमें दो मत नहीं।

अब प्रश्न उठता है कि जयराशि ने तत्त्वोपप्लव में द्वन्द्वन्यायात्मक तर्कणा-पद्धति का अनुप्रयोग जिस रूप से किया है, उसकी संगति स्वयुथ्य (लोकायत) योजना से कैसे बैठती है? दूसरे शब्दों में जयराशि के खण्डनात्मक द्वन्द्वन्याय का फलितार्थ किस प्रकार लोकायतिक अभिमत की प्रतिष्ठापना है? द्रष्टव्य है कि द्वन्द्वन्यायात्मक तर्कणा-पद्धति के भिन्न-भिन्न रूप पूर्वी एवं पश्चिमी दर्शन परम्पराओं में देखने को मिलते हैं, लेकिन अपने साधारण स्वरूप में यह आत्मचेतन हुई बुद्धि द्वारा जीवन और जगत् के बौद्धिक समझ की आधारिक संरचना में अन्तर्विरोध की स्वचेतना है। इस स्वचेतना की फलश्रुति बुद्धि के आत्महंता होने अथवा उसके अतिक्रमण में होती है, जैसा कि नागार्जुन, गौड़पाद, श्रीहर्ष तथा काण्ट एवं ब्रैडले में अपनी-अपनी स्वयुथ्य योजना के अनुरूप फलित होते हुए देखा जा सकता है। इन सभी के द्वन्द्वन्यायात्मक तर्कणा-पद्धति की साधारण विशेषता यह है कि इनमें बुद्धि

का अतिक्रमण "परमार्थ" की ओर होता है और अतिक्रामी परमार्थ सत्ता में बुद्धि के अन्तर्विरोधों का शमन दिखाया जाता है। इसीलिए उनका परमार्थ बुद्धि की कोटियों से परे चतुष्कोटि विनिर्मुक्त सर्वथा अनिर्वचनीय ही रहता है। परन्तु द्वन्द्वन्यायात्मक तर्कणा-पद्धति का एक दूसरा ही फलितार्थ परमार्थ की ओर बुद्धि का अतिक्रमण न होकर, जीवन और जगत् के प्राक्-विमर्शी धरातल, जो बौद्धिक समझ और निर्मितियों के ताने-बाने से सर्वथा अछूता हो, की ओर लौटने में हो सकता है। जयराशि की सर्वसंहारक द्वन्द्वन्यायात्मक तर्कणा-पद्धति का नागार्जुन एवं श्रीहर्ष इत्यादि से भिन्न यही फलितार्थ है। बुद्धि की निर्मितियों के आत्यंतिक निषेध द्वारा जयराशि अनुभव एवं व्यवहार के प्राक्-विमर्शी धरातल पर लौटते हैं और इस सहज भूमि पर जीवन को खड़ा करना चार्वाक नहीं बल्कि शुद्धिकृत मौलिक चार्वाक की प्रतिष्ठा है। जयराशि जब "ये याता नहि गोचरं सुरगुरोः बुद्धेर्विकल्पा दृढ़ाः" कहते हैं तो उसकी यही व्यंजना प्रतीत होती है। यह भी अवधेय है कि अनुभव का प्राक्-विमर्शी सहज धरातल भी बुद्धि की कोटियों से विनिर्मुक्त उतना ही अनिर्वचनीय होता है जितना कि अतिक्रामी परमार्थ। अतः बुद्धि का अतिक्रमण चाहे परमार्थ की ओर हो अथवा प्राक्-विमर्शी अनुभव की तरफ, दोनों ही प्रकार के अतिक्रमण के लिए बुद्धि का आत्यंतिक निषेध समान रूप से आवश्यक है और दोनों ही के लिए द्वन्द्वन्यायात्मक तर्कणा-पद्धति समान रूप से उपयोगी है। इस अर्थ में जयराशि का यह तार्किक उपक्रम उत्तर-आधुनिकतावादियों द्वारा किए गए बुद्धि के विखण्डन की व्यंजना से मूलगामी रूप में साम्य रखता है। इसलिए तत्त्वोपप्लव को बुद्धि की उत्तर-आधुनिक समीक्षा करने वाला भारतीय परम्परा का इकलौता ग्रन्थ कहा जा सकता है, जबकि नागार्जुन एवं श्रीहर्ष इत्यादि की कृतियों की व्यंजना ऐसी नहीं, क्योंकि उनकी समीक्षा की फलश्रुति परात्पर परमार्थ में अभिनिवेश है।

आचरण से वे क्या हैं ?

दर्शन का इतिहास हमें चार्वाक के खास आचारों के बारे में कुछ भी नहीं कहता। यद्यपि अन्य सम्प्रदायों के विद्वानों ने चार्वाक मत का निरूपण करते हुए, उसके अभिमत रूप से कुछ नीतिविहीन आचारों का निर्देश अवश्य किया है, लेकिन इतने से हम यह नहीं कह सकते कि चार्वाक के अभिमत रूप से, अन्य परम्परा के विद्वानों के द्वारा वर्णित किए गए वे आचार, चार्वाक परम्परा में भी कर्त्तव्य रूप से प्रतिपादित किए जाते होंगे। बार्हस्पत्य के नाम से कुछ सूत्र या वाक्य हमें बहुत पुराने समय के मिलते हैं, उन सूत्रों को यहाँ परिशिष्ट के रूप में भी रख दिया गया है। परन्तु हमें चार्वाक मान्यता के किसी-न-किसी प्रकार के आचारों का वर्णन हो ऐसे वाक्य बहुत कम मिले हैं या नहीं मिले।

वाममार्गीय परम्पराओं में या तान्त्रिक एवं कापालिक परम्पराओं में प्रचलित या माने जाने वाले अनेक विधि–निषेध मुक्त आचारों का पता हमें कितने ही तान्त्रिक ग्रन्थों से चलता है।

पिब खाद च चारुलोचने यदतीतं वरगात्रि तन्नते।
नहि भीरु गतं निवर्तते समुदयमात्रमिदं कलेवरम् ॥
साध्यवृत्तिनिवृत्तिभ्यां या प्रीतिर्जायते जने।
निरर्था सा मते तेषां धर्मः कामात् परो न हि ॥

— षड्दर्शनसंग्रह, का. ८२, ८६

प्रायेण सर्वप्राणिनस्तावत् –
यावज्जीवं सुखं जीवेन्नास्ति मृत्योरगोचरः।
भस्मीभूतस्य देहस्य पुनरागमनं कुतः ॥

"इतिलोक गाथामनुरुन्धाना नीतिकामशास्त्रानुसारेणार्थकामावेव पुरुषार्थौ मन्यमानाः पारलौकिकमर्थमपन्हुवानाश्चार्वाकमतमुनवर्तमाना एवानुभूयन्ते।"

— सर्वदर्शनसंग्रह, पृ. २

परन्तु वे आचार चार्वाक मान्यता को भी मान्य होंगे, इस बात का निर्णायक प्रमाण हमारे पास कोई नहीं। ऐसी दशा में जयराशि को चार्वाक सम्प्रदाय का अनुगामी मानते हुए भी, निर्विवाद रूप से हम उन्हें केवल बुद्धि से ही चार्वाक परम्परा का अनुगामी कह सकते हैं। ऐसा भी सम्भव है कि आचार के विषय में वे अपनी पैतृक किसी ब्राह्मण परम्परा के ही आचारों का सामान्य रूप से अनुगामी रहे हों।

जयराशि का जन्म–स्थान

भट्ट जयराशि के जन्म-स्थान, निवास-स्थान या पितृ-देश के बारे में जानने का कोई स्पष्ट प्रमाण प्राप्त नहीं है। परन्तु उनकी प्रस्तुत कृति तत्त्वोपप्लव का किया गया सर्वप्रथम उपयोग, हम इस समय, जैन विद्वान् विद्यानन्द, अनन्तवीर्य आदि की कृतियों में देखते हैं। विद्यानन्द दक्षिण भारत के विद्वान् हैं, अतएव पुष्ट सम्भावना यह है कि जयराशि भी दक्षिण भारत में ही कहीं उत्पन्न हुए होंगे। पश्चिम भारत अर्थात् गुजरात और मालवा में होने वाले कई जैन विद्वानों ने भी अपने ग्रन्थों में तत्त्वोपप्लव का साक्षात् उपयोग किया है, परन्तु मालूम पड़ता है कि गुजरात आदि में तत्त्वोपप्लव का जो प्रचार बाद में जाकर हुआ वह असल में विद्यानन्द की कृतियों के प्रचार का ही परिणाम मालूम होता है। उत्तर और पूर्व भारत में रचे गए किसी ग्रन्थ में, तत्त्वोपप्लव का किया गया ऐसा कोई प्रत्यक्ष उपयोग अभी तक नहीं देखा गया, जैसा दक्षिण भारत और पश्चिम भारत में रचे हुए ग्रन्थों में देखा जाता है। गुजरात तथा मालवा में विहार करने वाले सन्मति के टीकाकार

अभयदेव, जैनतर्कवार्त्तिककार शान्ति सूरि, स्याद्वादरत्नाकरकार वादीदेव सूरि, स्याद्वाद-मंजरीकार मल्लिषेण सूरि आदि विद्वान् हुए हैं जिन्होंने तत्त्वोपप्लव का साक्षात् उपयोग किया है। इसमें भी दक्षिण भारत की कृतियों में ही जब सर्वप्रथम इसका उपयोग देखा जाता है तब ऐसी कल्पना करना असंगत नहीं मालूम होता कि जयराशि की यह अपूर्व कृति कहीं दक्षिण में ही बनी होगी।

काल निर्णय

जयराशि के समय के बारे में भी अनुमान से ही काम लेना पड़ता है। क्योंकि न तो उन्होंने स्वयं अपना समय सूचित किया है और न ही दूसरे किसी ने इनके समय का उल्लेख किया है। तत्त्वोपप्लव में जिन प्रसिद्ध विद्वानों के नाम आए हैं या जिनकी कृतियों में से कुछ अवतरण आए हैं उन विद्वानों के समय की अन्तिम अवधि ई. सं. ७२५ के आसपास तक की है। कुमारिल, प्रभाकर, धर्मकीर्ति और धर्मकीर्ति के टीकाकार आदि विद्वानों के नाम, वाक्य या मन्तव्य तत्त्वोपप्लव में मिलते हैं। इन विद्वानों के समय की अन्तिम अवधि ई. सं. ७५० से आगे नहीं जा सकती, दूसरी तरफ, ई. स. ८१० तक में सम्भावित जैन विद्वान् विद्यानन्द ने तत्त्वोपप्लव का केवल नाम ही नहीं लिया है बल्कि उसके अनेक भाग ज्यों-के-त्यों अपनी कृतियों में उद्धृत किए हैं और उनका खण्डन भी किया है। धर्मकीर्ति के प्रमाणवार्तिक की कुछ कारिकाएँ और न्यायबिन्दु का एक सूत्र तत्त्वोपप्लव में उद्धृत हैं। धर्मकीर्ति के टीकाकारों का नामोल्लेख तो नहीं मिलता किन्तु धर्मकीर्ति के किसी ग्रन्थ की कारिका की, जो टीका किसी ने की होगी उसका खण्डन तत्त्वोपप्लव में उपलब्ध है।

> **'कथं प्रमाणस्य प्रामाण्यम्? किमदुष्टकारकसन्दोहोत्पाद्यत्वेन, बाधारहितत्वेन, प्रवृत्तिसामर्थ्येन, अन्यथा वा? यद्यदुष्टकारकसन्दोहोत्पाद्यत्वेन तदा.....' इत्यादि**
>
> — अष्टसाहस्री, पृ. ३८

उपरोक्त अंश तत्त्वोपप्लव में से शब्दशः लिया गया है। और आगे चलकर अष्टसाहस्रीकार ने तत्त्वोपप्लव के उन वाक्यों का एक-एक करके खण्डन भी किया है (देखें, अष्टसाहस्री पृ. ४०)।

परन्तु साथ में इस जगह यह भी ध्यान में रखना चाहिए, आठवीं शताब्दी के उत्तरार्द्ध में होने वाले या जीवित ऐसे अकलंक, हरिभद्र आदि किसी जैन विद्वान् का तत्त्वोपप्लव में कोई निर्देश नहीं है, और न उन विद्वानों की कृतियों में ही तत्त्वोपप्लव का वैसा कोई सूचन है। इसी तरह, नवीं शताब्दी ई. के प्रारम्भ में होने वाले प्रसिद्ध शंकराचार्य का भी कोई सूचन तत्त्वोपप्लव में नहीं है। तत्त्वोपप्लव में आया हुआ वेदान्त का खण्डन प्राचीन औपनिषद् सम्प्रदाय का ही खण्डन है। इन सब बातों पर विचार करने से जयराशि का

समय ई. स. ७२५ तक ठहरता है। पं. सुखलाल संघवी ने जयराशि के समय को ई.स. ७२५ से ८२५ के बीच माना है परन्तु इली फ्रान्को ने अपने अनुवाद के दूसरे संस्करण (१९९४) की भूमिका में जयराशि के काल का पुनर्निर्धारण करते हुए उसे ई.स. ७७० से ८३० के मध्य माना है।

अद्‌भुत पाण्डित्य

जयराशि के पाण्डित्य के विषय में विचार करने का साधन, तत्त्वोपप्लव के अलावा हमारे सामने और कुछ भी नहीं है। तत्त्वोपप्लव में एक जगह लक्षणसार नामक ग्रन्थ का निर्देश है जो जयराशि की ही कृति है, परन्तु वह ग्रन्थ अब तक कहीं भी उपलब्ध नहीं हुआ है। जयराशि की अन्य कृतियों के बारे में और कोई प्रमाण नहीं मिला है, परन्तु प्रस्तुत तत्त्वोपप्लव की पाण्डित्यपूर्ण एवं बहुश्रुत चर्चाओं को देखने से ऐसा जान पड़ता है कि जयराशि ने और भी कुछ ग्रन्थ अवश्य लिखे होंगे। जयराशि दार्शनिक हैं फिर भी उनके वैयाकरण-सुलभ कुछ प्रयोगों को देखकर यह मानना पड़ता है कि वे वैयाकरण के ज्ञाता अवश्य थे। उनकी दार्शनिक लेखन-शैली में भी जहाँ-तहाँ आलंकारिक-सुलभ व्यङ्गोक्तियाँ और मधुर कटाक्षों की भी छटा है – "अव्यपदेश्यपदं च यथा न साधीयः तथा लक्षणसारे द्रष्टव्यम्" ।, "जेगीयते" "जाघटीति" । "शृण्वन्तु अमी बाललपितं विपश्चितः?" ।, "अहो राजाज्ञा गरीयसी नैयायिकपशोः ।", "तदेतन्महासुभाषितम्?", "न जातु जानते जनाः ।", "मरीचयः प्रतिभान्ति देवानांप्रियस्य ।", "अहो राजाज्ञा नैयायिकपशोः" ।, "तथापि विद्यमानयोर्बाध्यबाधकभावो भूपालयोरिव" ।, "सोयं गडुप्रवेशाक्षितार कविनिर्गमन्यायोपनिपातः श्रुतिलालसानां दुरुत्तरः ।", "बालविलसितम् ।", "जडचेष्टितम्", "तदिदं मद्विकल्पान्दोलितबुद्धेः निरुपपत्तिकाभिधानम्", "वर्तमानव्यवहारविरहः स्यात्", "जड़मतयः", "सुस्थितं नित्यत्वम्" । इससे उनके एक अच्छे आलंकारिक होने में भी बहुत सन्देह नहीं रहता। उनके अभ्यास का विषय भी कोई एक दर्शन, या किसी एक दर्शन का अमुक ही साहित्य नहीं है, परन्तु इन्होंने अपने समय में पाए जाने वाले सभी प्रसिद्ध-प्रसिद्ध दर्शनों के प्रधान-प्रधान ग्रन्थ अवश्य देखे हैं। उन्होंने खण्डनीय ऐसे सभी दर्शनों के प्रधान ग्रन्थों को केवल स्थूल रूप से देखा ही नहीं है, वरन् वे खण्डनीय दर्शनों के मन्तव्यों को वास्तविक एवं गहरे अभ्यास के द्वारा आत्मसात् कर गए हैं।

दार्शनिकों का खण्डन

वे किसी भी दर्शन के अभिमत प्रमाणलक्षण की या प्रमेयतत्त्व की जब समालोचना करते हैं तब मानों उस खण्डनीय तत्त्व को, अर्जुन की तरह, सैकड़ों ही विकल्प बाणों से, व्याप्त कर देते हैं –

> **केयं कल्पना? किं गुणचलनजात्यादिविशेषणोत्पादितं विज्ञानं कल्पना, आहो स्मृत्युत्पादकं विज्ञानं कल्पना, स्मृतिरूपं वा, स्मृत्युत्पादं वा, अभिलाप-संसर्गनिर्भासो वा, अभिलापवती प्रतीतिर्वा कल्पना, अस्पष्टाकारा वा, अतात्त्विकार्थगृहीतिरूपा वा, स्वयं वाऽतात्त्विकी, त्रिरूपाल्लिङ्गतोऽर्थदृग्वा, अतीतानागतार्थनिर्भासा वा?**

एक कल्पना के विषय में ही इतने विकल्प करके और फिर प्रत्येक विकल्प को लेकर भी उत्तरोत्तर अनेक विकल्प करके जयराशि उनका खण्डन करते हैं। जयराशि द्वारा उठाए गए प्रत्येक विकल्प का मूल किसी-न-किसी दार्शनिक परम्परा में अवश्य देखा जा सकता है। उससे उनके दार्शनिक विषयों के तलस्पर्शी अभ्यास के बारे में तो कोई सन्देह ही नहीं रहता। जयराशि को अपना तो कोई पक्ष स्थापित करना है नहीं, जो कुछ करना है वह दूसरों के माने हुए सिद्धान्तों का खण्डन मात्र। अतएव वह जब तक, अपने समय में मौजूद और प्रसिद्ध सभी दर्शनों के मन्तव्यों का थोड़ा-बहुत खण्डन न करें तब तक, वे अपने ग्रन्थ के उद्देश्य को, अर्थात् समग्र तत्त्वों के खण्डन को, सिद्ध ही नहीं कर सकते। उन्होंने अपना यह उद्देश्य तत्त्वोपप्लव ग्रन्थ के द्वारा सिद्ध किया है, और इससे सूचित होता है कि वे समग्र भारतीय दर्शन परम्पराओं के तलस्पर्शी अभ्यासी थे। वे एक-एक करके सब दर्शनों का खण्डन करने के बाद अन्त में वैयाकरण दर्शन की भी पूरी खबर लेते हैं। जयराशि ने वैदिक, जैन और बौद्ध इन तीनों सम्प्रदायों का खण्डन किया है। और फिर वैदिक परम्परा के अन्तर्गत न्याय, सांख्य, मीमांसा, वेदान्त और व्याकरण दर्शन का भी खण्डन किया है। जैन सम्प्रदाय को उन्होंने दिगम्बर शब्द से उल्लिखित किया है। बौद्धमत में, खासकर धर्मकीर्ति और उनके शिष्यों के मन्तव्यों का भूरिशः निर-सन किया है। प्रमाणसामान्य का लक्षण, जिसका खण्डन जयराशि ने किया है, धर्मकीर्ति के प्रमाणवार्त्तिक में से लिया गया है। प्रत्यक्ष का लक्षण भी खण्डन करने के लिए धर्मकीर्ति के न्यायबिन्दु से लिया गया है। इसी प्रसंग में धर्मकीर्ति और उनके शिष्यों ने जो सामान्य का खण्डन और सन्तान का समर्थन किया है — उसका खण्डन भी जयराशि ने किया है। आगे चलकर जयराशि ने धर्मकीर्ति-सम्मत तीनों अनुमान का खण्डन किया है और उसी प्रसंग में धर्मकीर्ति और उनके शिष्यों द्वारा किया गया अवयवीनिराकरण, बाह्यार्थविलोप, क्षणिकत्वस्थापन, इत्यादि विषयों का विस्तार से खण्डन किया है। खण्डित वैयाकरण दर्शन महाभाष्यानुगामी भर्तृहरि का दर्शन है। इस तरह जयराशि की प्रधान योग्यता दार्शनिक विषय की है और वह भारतीय परम्परा के समग्र दर्शनों से सम्बन्ध रखती है। अपशब्द के भाषण से मनुष्य म्लेच्छ हो जाता है, अतः साधुशब्द के प्रयोगज्ञान के लिए व्याकरण पढ़ना आवश्यक है, ऐसा महाभाष्यकार का मत है — "म्लेच्छा मा भूम इत्यध्येयं व्याकरणम्" (पात. महाभाष्य, पृ. २२, पं. गुरुप्रसादसंपादित)

तथा "एवमिहापि समानायां अर्थावगतौ शब्देन चापशब्देन च धर्मनियमः क्रियते। 'शब्देनैवार्थोऽभिधेयो नापशब्देन' इति एवं क्रियमाणमभ्युदयकारि भवतीति" – ऐसा कहकर महाभाष्यकार ने साधुशब्द के प्रयोग को ही अभ्युदयकर बताया है। महाभाष्यकार के इसी मत को लक्ष्य में रखकर भर्तृहरि ने अपने वाक्यपदीय में साधुशब्दों के प्रयोग का समर्थन किया है और असाधुशब्दों के प्रयोग का निषेध किया है –

शिष्टेभ्य आगमात् सिद्धाः साधवो धर्मसाधनम्।
अर्थप्रत्यायनाभेदे विपरीतास्त्वसाधवः ॥ इत्यादि
– वाक्यपदीय, १.२७, १.१४१ तथा १.१४९

जयराशि ने इस मत का खण्डन किया है।

प्रस्तुत ग्रन्थ परिचय – नाम

प्रस्तुत ग्रन्थ का पूरा नाम है तत्त्वोपप्लवसिंह जो ग्रन्थ के प्रारम्भिक पद्य में स्पष्ट रूप से दिया है। यह आधा पद्य खण्डित हो गया है, तथापि दैवयोग से इस शार्दूलविक्रीड़ित पद्य का एक पाद बच गया है जो शायद उस पद्य का अंतिम अर्थात् चौथा ही पाद है, और जिसमें ग्रन्थकार ने ग्रन्थ रचने की प्रतिज्ञा करते हुए इसका नाम भी सूचित कर दिया है। ग्रन्थकार ने जो "तत्त्वोपप्लवसिंह" ऐसा नाम रखा है और इस नाम के साथ जो "विषमः" तथा "मया सृज्यते" ऐसे पद मिल रहे हैं, इससे जान पड़ता है कि इस पद्य के अनुपलब्ध तीन पादों में ऐसा कोई रूपक का वर्णन होगा जिसके साथ "सिंह" शब्द का मेल बैठ सके। हम दूसरे अनेक ग्रन्थों के प्रारम्भ में ऐसे रूपक पाते हैं जिसमें ग्रन्थकारों ने अपने दर्शन को "केसरी", "सिंह" या "अग्नि" कहा है और प्रतिवादी या प्रतिपक्षभूत दर्शनों को "हरिण" या "इन्धन" कहा है। प्रस्तुत ग्रन्थकार का अभिप्रेत रूपक भी ऐसा ही कुछ होना चाहिए, जिसमें कहा गया होगा कि सभी आस्तिक दर्शन या प्रमाण-प्रमेयवादी दर्शन मृगप्राय हैं और प्रस्तुत तत्त्वोपप्लव ग्रन्थ उनके लिए एक विषम – भयानक सिंह है। अपने विरोधी के ऊपर या शिकार के ऊपर आक्रमण करने की सिंह की निर्दयता सुविदित है। इसी तरह प्रस्तुत ग्रन्थ भी सभी स्थापित सम्प्रदायों की मान्यताओं का निर्दयतापूर्वक निर्मूलन करने वाला है। तत्त्वोपप्लवसिंह यह पूरा नाम तेरहवीं–चौदहवीं शताब्दी के जैनाचार्य मल्लिषेण की कृति स्याद्वादमञ्जरी (पृ. ११८) में भी देखा जाता है। अन्य ग्रन्थों में जहाँ कहीं प्रस्तुत ग्रन्थ का नाम आया है वहाँ प्रायः तत्त्वोपप्लव इतना ही संक्षिप्त नाम मिलता है।

श्रीवीरः स जिनः श्रिये भवतु यत् स्याद्वाददावानले,
भस्मीभूतकुतर्ककाष्ठनिकरे तृप्यन्तिसर्वेऽप्यहो।
– षड्दर्शनसमुच्चय, गुणरत्नटीका, पृ. १; सिद्धिविनिश्चय, पृ. २८८

इस ग्रन्थ का मुख्य उद्देश्य

प्रस्तुत ग्रन्थ की रचना करने में ग्रन्थकार के मुख्यतया दो उद्देश्य हैं, जो अंतिम भाग से स्पष्ट होते हैं। इनमें से एक तो यह कि अपने सामने मौजूद ऐसी स्थिर दार्शनिक मान्यताओं का समूलोच्छेद करके यह बतलाना कि शास्त्रों में जो कुछ कहा गया है और उनके द्वारा जो कुछ स्थापन किया जाता है, वह सब परीक्षा करने पर निराधार सिद्ध होता है। अतएव शास्त्रजीवी सभी व्यवहार, जो सुन्दर व आकर्षक मालूम होते हैं, अविचार के ही परिणाम हैं –

तदेवमुपप्लुतेष्वेव तत्त्वेक्षु अविचारितरमणीयाः सर्वे व्यवहारा घटन्त एव।

तथा –

पाखण्डखण्डनाभिज्ञा ज्ञानोदधिविवर्द्धिताः।
जयराशेर्जयन्तीह विकल्पा वादिजिष्णवः॥

इस प्रकार समग्र तत्त्वों का खण्डन करके चार्वाक मान्यता का मौलिक रूप से पुनरुज्जीवन करना यह पहला उद्देश्य है।

दूसरा उद्देश्य यह कि प्रस्तुत ग्रन्थ के द्वारा अध्येताओं को ऐसी शिक्षा देना, जिससे वे प्रतिवादियों का मुँह बड़ी सरलता से बन्द कर सकें। यद्यपि पहले उद्देश्य की पूर्ण सफलता विवादस्पद है, परन्तु दूसरे उद्देश्य की सफलता असंदिग्ध है। ग्रन्थ को इस ढंग से और इतने जटिल विकल्पों के जाल से बनाया गया है कि एक बार जिसने इसका अच्छी तरह अध्ययन कर लिया हो, और फिर वह यदि प्रतिवादियों के साथ विवाद करना चाहता हो, तो इस ग्रन्थ में प्रदर्शित शैली के आधार पर सचमुच प्रतिवादी को क्षणभर में चुप करा सकता है। इस दूसरे उद्देश्य की सफलता के प्रमाण हमें इतिहास में भी देखने को मिलते हैं। ईसा की ग्यारहवीं शताब्दी के प्रसिद्ध जैनाचार्य शांतिसूरि – जो वादिवेताल के बिरुदावली से सुप्रसिद्ध हैं – के साथ तत्त्वोपप्लव की मदद से अर्थात् तत्त्वोपप्लव जैसे विकल्पजाल की मदद से चर्चा करने वाले एक धर्म नामक विद्वान् का सूचन, प्रभाचन्द्रसूरि ने अपने "प्रभावक चरित्र" में किया है। बौद्ध और वैदिक साम्प्रदायिक विद्वानों ने वाद-विवाद में या शास्त्र-रचना में, प्रस्तुत तत्त्वोपप्लव का उपयोग किया है या नहीं और किया है तो कितना – इसके जानने का अभी हमारे पास कोई साधन नहीं है, परन्तु जहाँ तक जैन सम्प्रदाय का सम्बन्ध है, हमें कहना पड़ता है, कि क्या दिगम्बर क्या श्वेताम्बर सभी प्रसिद्ध जैन विद्वानों ने अपनी ग्रन्थ-रचना में और संगत हुआ तो शास्त्रार्थों में भी, तत्त्वोपप्लव का थोड़ा-बहुत उपयोग अवश्य किया है। और यही खास कारण है कि यह ग्रन्थ अन्यत्र कहीं प्राप्त न होकर जैन ग्रन्थ भंडार में ही उपलब्ध हुआ है।

भाषाविषयक चिन्तन

प्रस्तुत ग्रन्थ का संदर्भ गद्यमय संस्कृत में है। यद्यपि इसमें अन्य ग्रन्थों के अनेक पद्यबन्ध अवतरण आते हैं, लेकिन ग्रन्थकार की कृतिरूप से तो आदि और अन्त के मिलाकर कुल तीन ही पद्य इसमें मिलते हैं। बाकी सारा ग्रन्थ गद्य में है। भाषा प्रसन्न और वाक्य छोटे-छोटे हैं। फिर भी इसमें जो कुछ दुरूहता या जटिलता प्राप्त होती है, वह विचार की अति-सूक्ष्मता और एक के बाद दूसरी ऐसी विकल्पों की झड़ी के कारण है। एक ही शब्द या फिर उससे मिलते–जुलते शब्दों के द्वारा अनुप्रासयुक्त वाक्य-विन्यास तो पूरे ग्रन्थ में देखने को मिलता है। इससे पलक झपकते ही अर्थ समझने में चूक की सम्भावना बनी रहती है।

शैलीविषयक चिन्तन

प्रस्तुत ग्रन्थ की शैली वैतण्डिक है। वैतण्डिक शैली वह होती है जिसमें वितण्डा कथा का आश्रय लेकर चर्चा की गई हो। वितण्डा कथा के तीन प्रकारों में से एक प्रकार है। दो व्यक्तियों या दो समूहों के द्वारा की जाने वाली चर्चा, जिसमें दोनों अपने-अपने पक्ष का स्थापन और विरोधी परपक्ष का निरसन, युक्ति से करते हों, कथा कहलाती है। इसके वाद, जल्प और वितण्डा ऐसे तीन प्रकार हैं, जो उपलब्ध संस्कृत साहित्य में सबसे प्राचीन अक्षपाद के सूत्रों में लक्षणपूर्वक निर्दिष्ट हैं। वादकथा वह है जो केवल सत्य जानने और जतलाने के अभिप्राय से की जाती है। इस कथा का आन्तरिक प्रेरक तत्त्व केवल सत्यजिज्ञासा है।

> **प्रमाणतर्कसाधनोपालम्भः सिद्धान्ताविरुद्धः पञ्चावयवोपपन्नः पक्ष–प्रतिपक्षपरिग्रहो वादः। यथोक्तोपपन्नश्छलजातिनिग्रहस्थानसाधनोपालम्भो जल्पः। स्वप्रतिपक्षस्थापनाहीनो वितण्डा।** — न्यासूत्र १.२.१–३

जल्पकथा वह है जो विजय की इच्छा से या किसी लाभ एवं ख्याति की इच्छा से की जाती है। इसका प्रेरक आन्तरिक तत्त्व केवल विजयेच्छा है। वितण्डाकथा भी विजयेच्छा से ही की जाती है। इस तरह जल्प और वितण्डा दोनों विजयेच्छाजनित हैं और वाद तत्त्वबोधेच्छाजनित। विजयेच्छाजनित होने पर भी जल्प और वितण्डा में एक अन्तर है, और वह यह कि जल्पकथा में वादी–प्रतिवादी दोनों अपना-अपना पक्ष रखकर, अपने-अपने पक्ष का स्थापन करते हुए, विरोधी पक्ष का खण्डन करते हैं। जबकि वितण्डाकथा में यह बात नहीं होती। उसमें अपने पक्ष का स्थापन किए बिना ही प्रतिपक्ष का खण्डन करने की एकमात्र दृष्टि रहती है।

व्याकरण, अलंकार, ज्योतिष, वैद्यक, छन्द और संगीत आदि अनेक ऐसे विषय हैं

जिन पर विमर्शात्मक संस्कृत साहित्य काफी संख्या में प्रणीत हुए हैं, फिर भी हम देखते हैं कि वितण्डाकथा के प्रवेश और विकास का केन्द्र तो केवल दार्शनिक साहित्य ही रहा है। इस अन्तर का कारण, विषय का स्वाभाविक स्वरूपभेद ही है।

वितण्डा क्या है ?

अक्षपाद ने अपने अतिमहत्त्वपूर्ण सूत्रात्मक संग्रह-ग्रन्थ "न्यायसूत्र" में वाद, जल्प और वितण्डा का, केवल अलग-अलग लक्षण ही नहीं बतलाया बल्कि उन कथाओं के अधिकार, प्रयोजन आदि की पूरी मर्यादा भी सूचित की है। निःसन्देह अक्षपाद ने अपने सूत्रों में जो कुछ कहा है और जो कुछ स्पष्टीकरण किया है, वह केवल उनकी कल्पना या केवल अपने समय की स्थिति का चित्रण मात्र ही नहीं है, बल्कि उनका यह निरूपण, अतिपूर्वकाल से चली आ रही दार्शनिक विद्वानों की मान्यताओं का तथा विद्या के क्षेत्र में विचरने वालों की मनोदशा का जीवित प्रतिबिम्ब है। निःसन्देह अक्षपाद की दृष्टि में वास्तविक महत्त्व तो "वादकथा" का ही है, फिर भी वे स्पष्टता तथा बलपूर्वक, यह भी मान्यता प्रकट करते हैं कि केवल "जल्प" ही नहीं बल्कि "वितण्डा" तक का भी आश्रय लेकर अपने तत्त्वज्ञान की तथा अपने सम्प्रदाय के मन्तव्यों की रक्षा करनी चाहिए। भले ही फल्गुनी फेंक देने योग्य हों, फिर भी पौधों की रक्षा के वास्ते वे कभी-कभी बहुत उपादेय भी हैं। अक्षपाद ने इस दृष्टान्त के द्वारा "जल्प" और "वितण्डा" कथा का पूर्व समय से माना जाने वाला मात्र औचित्य ही प्रकट नहीं किया बल्कि खुद भी अपने सूत्रों में, कभी-कभी पूर्वपक्षी को निरस्त करने के लिए स्पष्ट या अस्पष्ट रूप से, "जल्प" का और कभी "वितण्डा" तक का आश्रय लिया है।

इस तरह कथाओं के विधि-निषेध की दृष्टि से, या कथाओं का आश्रय लेकर की जाने वाली ग्रन्थकार की शैली की दृष्टि से, हम देखें, तो हमें स्पष्टतया मालूम पड़ता है कि वात्स्यायन, उद्योतकर, दिङ्नाग, धर्मकीर्ति, सिद्धसेन, समन्तभद्र, कुमारिल, शंकराचार्य आदि की कृतियाँ "शुद्ध वादकथा" के नमूने नहीं हैं। जहाँ तक अपने-अपने सम्प्रदाय का तथा उसकी अवांतर शाखाओं का सम्बन्ध है वहाँ तक तो, उनकी कृतियों में "वादकथा" के तत्त्व सुरक्षित हैं, लेकिन जब विरोधी सम्प्रदाय के साथ चर्चा का मौका आता है तब ऐसे विशिष्ट विद्वान् भी, थोड़े-बहुत प्रमाण में, विशुद्ध "जल्प" और "वितण्डा" कथा की ओर नहीं तो कम-से-कम उन कथाओं की शैली की ओर तो, अवश्य ही झुक जाते हैं। दार्शनिक विद्वानों की यह मनोवृत्ति नवीं सदी के बाद के साहित्य में तो और भी तीव्रतर होती गई। यही सब है कि आगे के तीनों मतों के साहित्य में विरोधी सम्प्रदाय के विद्वानों तथा उनके स्थापकों के प्रति अत्यन्त कटुता का तथा तिरस्कार का भाव देखा जा सकता है। मध्ययुग तथा अर्वाचीन युग के रचे गए दार्शनिक साहित्य में ऐसा भाग

बहुत बड़ा है जिसमें "वाद" की अपेक्षा "जल्पकथा" का ही प्राधान्य है। नागार्जुन ने जिस "विकल्पजाल" की प्रतिष्ठा की थी और बाद के बौद्ध, वैदिक तथा जैन तार्किकों ने जिसका पोषण एवं विस्तार किया था, उसका विकसित तथा विशेष दुरूह स्वरूप हम श्रीहर्ष के खण्डनखण्डखाद्य एवं चित्सुखाचार्य की चित्सुखी आदि में पाते हैं। बेशक ये सभी ग्रन्थ "जल्पकथा" की ही प्रधानता वाले हैं, क्योंकि इनमें लेखक का उद्देश्य स्वपक्ष-स्थापन ही है, फिर भी इन ग्रन्थों की शैली में "वितण्डा" की छाया अति स्पष्ट है। वैसे तो "जल्प" और "वितण्डा" कथा के बीच का अन्तर इतना कम है कि अगर ग्रन्थकार के मनोभाव और उद्देश्य की तरफ हमारा ध्यान न जाए, तो अनेक बार हम यह निर्णय ही नहीं कर सकते कि यह ग्रन्थ "जल्प शैली" का है या "वितण्डा शैली" का। कुछ भी हो, लेकिन उपर्युक्त चर्चा से हमारा अभिप्राय मात्र इतना ही है कि मध्ययुग तथा अर्वाचीन युग के साहित्य में शुद्ध वितण्डा शैली के ग्रन्थ नाममात्र के हैं। जयराशि का उद्देश्य केवल खण्डनचातुरी बतलाने का या उसे दूसरों को सिखाने का ही नहीं है बल्कि अपनी चार्वाक मान्यता का एक नया रूप प्रदर्शित करने का भी है। इसके विपरीत हेतुविडम्बनोपाय के रचयिता का उद्देश्य अपनी किसी परम्परा के स्वरूप को बतलाना नहीं है। उसका उद्देश्य केवल यही बतलाने का है कि विवाद करते समय अगर प्रतिवादी को निग्रहीत करना हो तो उसके स्थापित पक्ष में से एक साध्य या हेतुवाक्य की परीक्षा करके या उसका समूल खण्डन करके किस तरह उसे चुप किया जा सकता है।

चार्वाक दर्शन और प्रस्तुत ग्रन्थ

उपनिषदों में तथा सूत्रकृताङ्ग जैसे प्राचीन माने जाने वाले जैन आगम में भूतवादी या भूतचैतन्यवादी रूप से चार्वाक मत का निर्देश है। पाणिनि के सूत्र में आने वाला नास्तिक शब्द भी अनात्मवादी चार्वाक मत का ही सूचक है। बौद्ध दीघनिकाय में भी भूतवादी और अक्रियवादी रूप से दो तीर्थिकों का सूचन है। कौटिल्य के अर्थशास्त्र में लोकायतिक मत का निर्देश उसी भूतवादी दर्शन का बोधक है। इस तरह "नास्तिक", "भूतवादी", "लोकायतिक", "अक्रियवादी" आदि जैसे शब्द इस सम्प्रदाय के अर्थ में मिलते हैं। परन्तु उस प्राचीन काल के साहित्य में 'चार्वाक' शब्द का पता नहीं चलता। चार्वाक मत का पुरस्कर्ता कौन था इसका भी पता उस युग के साहित्य में नहीं मिलता। उसके पुरस्कर्ता रूप से बृहस्पति, देवगुरु आदि का जो मन्तव्य प्रचलित है वह सम्भवतः पौराणिकों की कल्पना का ही फल है। पुराणों में चार्वाक मत के प्रवर्त्तक का जो वर्णन है वह कितना साधार है यह कहना कठिन है। फिर भी पुराणों का वह वर्णन, पुराणों की लोकप्रियता के कारण, जनसाधारण में और विद्वानों में भी रूढ़ हो गया है, और सब कोई निर्विवाद रूप से यही कहते और मानते आए हैं कि बृहस्पति ही चार्वाक मत के पुरस्कर्ता

हैं। जहाँ कहीं चार्वाक मत के निदर्शक वाक्य या सूत्र मिलते हैं वहाँ वे बृहस्पति, सुरगुरु आदि नाम के साथ ही उद्धृत किए हुए पाए जाते हैं।

इस तरह, चार्वाक मान्यता इन्द्रियाधिपत्य पक्ष की अनुवर्तिनी ही सर्वत्र मानी जाती है। फिर भी प्रस्तुत ग्रन्थ उस मान्यता के विषय में एक नया प्रस्थान उपस्थित करता है। क्योंकि इसमें इन्द्रियों की यथार्थज्ञान उत्पन्न करने की शक्ति का भी खण्डन किया गया है और लौकिक प्रत्यक्ष तक को भी प्रमाण मानने से इन्कार कर दिया गया है। परन्तु सरल रूप में जो ज्ञानमात्र होता है, इसका खण्डन नहीं। इस कारण जयराशि अनुपलम्भवादी नहीं है। अतएव प्रस्तुत ग्रन्थ के अभिप्राय से चार्वाक मान्यता दो विभागों में बँट जाती है। पूर्वकालीन मान्यता इन्द्रियाधिपत्य पक्ष में जाती है, और जयराशि की नई मान्यता प्रमाणोपप्लव अथवा प्रमाणोच्छेद पक्ष में आती है। प्रमाणोच्छेदन किस प्रकार मौलिक चार्वाक की प्रतिष्ठा का साधन बनता है, इसकी चर्चा हम पूर्व में कर चुके हैं।

चार्वाक मान्यता का कोई पूर्ववर्ती ग्रन्थ अखण्ड रूप से उपलब्ध नहीं है। अन्य दर्शन ग्रन्थों में पूर्वपक्ष रूप से चार्वाक मत के मन्तव्य के साथ कहीं-कहीं जो कुछ वाक्य या सूत्र उद्धृत किए हुए मिलते हैं, यही उसका एकमात्र साहित्य है। यह भी विदित होता है कि चार्वाक मान्यता को व्यवस्थित रूप से लिखने वाले विद्वान् शायद हुए ही नहीं। जो कुछ बृहस्पति ने कहा उसी का छिन्न-भिन्न अंश उस परम्परा का एकमात्र प्राचीन साहित्य कहा जा सकता है। उसी साहित्य के आधार पर पुराणों में भी चार्वाक मत को पल्लवित किया गया है। आठवीं सदी के जैनाचार्य हरिभद्र के "षड्दर्शनसमुच्चय" में और तेरहवीं-चौदहवीं सदी के माधवाचार्यकृत "सर्वदर्शनसंग्रह" में चार्वाक मत के वर्णन के साथ कुछ पद्य उद्धृत मिलते हैं। लेकिन ऐसा लगता है, कि ये सब पद्य, किसी चार्वाकाचार्य की कृति न होकर, अन्य विद्वानों के द्वारा चार्वाक मत को उपवर्णित करने के लिए समय-समय पर बनाए गए हैं। जैन परम्परा में वादिवागीश्वर के "विश्वतत्त्वप्रकाश" नामक ग्रन्थ में चार्वाक से सम्बन्धित पुरन्दर के मत को पूर्वपक्ष बनाया गया है।

इस तरह चार्वाक दर्शन के साहित्य में प्रस्तुत ग्रन्थ का स्थान बड़े महत्त्व का है। क्योंकि यह एकमात्र ग्रन्थ हमें ऐसा उपलब्ध हुआ है जो चार्वाक मान्यता का अखण्ड ग्रन्थ कहा जा सकता है।

ग्रन्थ में वर्णित विषय-वस्तु

प्रस्तुत ग्रन्थ में किन-किन विषयों की चर्चा है और वह किस प्रकार की गई है इसका संक्षिप्त परिचय निम्न रूप में है –

ग्रन्थकार का उद्देश्य, समग्र दर्शनों की छोटी-बड़ी सभी मान्यताओं का एकमात्र खण्डन करना है। ग्रन्थकार ने यह सोचकर कि सभी दर्शनों के अभिमत समग्र तत्त्वों का एक-एक करके खण्डन करना सम्भव नहीं, तब यह विचार किया होगा कि ऐसा कौन सा मार्ग है जिसका सरलता से अवलम्बन हो सके और जिसके अवलम्बन से समग्र तत्त्वों का खण्डन एक प्रहारमात्रेण अपने आप सिद्ध हो जाए। इस विचार में से ग्रन्थकार को अपने उद्देश्य की सिद्धि का एक अमोघ मार्ग सूझ पड़ा, और वह यह कि अन्य सब बातों के खण्डन की ओर मुख्य लक्ष्य न देकर केवल प्रमाणखण्डन ही किया जाए, जिससे प्रमाण के आधार से सिद्ध किए जाने वाले अन्य सब तत्त्व या प्रमेय अपने आप ही खण्डित हो सकें। ऐसा विदित होता है कि ग्रन्थकार के मन में जब यह निर्णय स्थिर हो गया तब फिर उसने सभी दर्शनों के अभिमत प्रमाणलक्षणों के खण्डन की तैयारी की। ग्रन्थ के प्रारम्भ में ही ग्रन्थकार अपने इस भाव को स्पष्ट शब्दों में व्यक्त करते हैं। वह सभी प्रमाण-प्रमेयवादी दार्शनिकों को ललकारकर कहते हैं कि —

> **अथ कथं तानि न सन्ति? तदुच्यते — सल्लक्षणनिबन्धनं मानव्यवस्थानम्, माननिबन्धना च मेयस्थितिः, तदभावे तयोः सद्व्यवहारविषयत्वं कथम्? . . . . . इत्यादि।**
>
> आप लोग जो प्रमाण और प्रमेय की व्यवस्था मानते हैं उसका आधार है प्रमाण का यथार्थ लक्षण। परन्तु विचार करने पर जब कोई प्रमाण का लक्षण ही निर्दोष सिद्ध नहीं होता तब उसके आधार पर बतलाई जाने वाली प्रमाण/प्रमेय की व्यवस्था कैसे मानी जा सकती है?

ऐसा कहकर, वे फिर एक-एक करके प्रमाण लक्षण का क्रमशः खण्डन करना प्रारम्भ करते हैं। इसी तरह ग्रन्थ के अन्त में भी अपने इस निर्णीत मार्ग को दोहराया है और उसकी सफलता भी सूचित की है। स्पष्ट शब्दों में कहा है कि —

> जब कोई प्रमाण लक्षण ही ठीक नहीं बनता तब सब तत्त्व आप-ही-आप बाधित या असिद्ध हो जाते हैं। ऐसी दशा में बाधित तत्त्वों के आधार पर चलाए जाने वाले सब व्यवहार वस्तुतः अविचार-रमणीय ही हैं।

अर्थात् शास्त्रीय और लौकिक अथवा इहलौकिक और पारलौकिक — सभी प्रवृत्तियों की सुन्दरता केवल अविचारहेतुक ही है। विचार करने पर वह सब व्यवहार निराधार सिद्ध होने के कारण निर्जीव जैसे शोभाहीन हो जाते हैं। ग्रन्थकार ने अपने निर्णय के अनुसार यद्यपि दार्शनिकों के अभिमत प्रमाणलक्षणों की ही खण्डनीय रूप से मीमांसा शुरू की है और उसी पर उनका जोर है, फिर भी बीच-बीच में प्रमाणलक्षणों के खण्डन का ध्येय रखने वाले इस ग्रन्थ में थोड़े से अन्य प्रमेयों का भी खण्डन मिलता है।

किन विषयों का खण्डन है?

न्याय, मीमांसा, सांख्य, बौद्ध, वैयाकरण और पौराणिक इन छह दर्शनों के अभिमत लक्षणों को, ग्रन्थकार ने खण्डनीय रूप से लिया है। इनमें से कुछ लक्षण ऐसे हैं जो प्रमाणसामान्य के हैं और कुछ ऐसे हैं जो विशेष प्रमाण के हैं। प्रमाणसामान्य के लक्षण केवल मीमांसा और बौद्ध इन दो दर्शनों से लिए गए हैं। मीमांसासम्मत प्रमाणसामान्य-लक्षण जो ग्रन्थकार ने लिया है वह कुमारिल का माना जाता है, फिर भी इसमें सन्देह नहीं है कि वह लक्षण पूर्ववर्ती अन्य मीमांसकों को भी मान्य रहा होगा। ग्रन्थकार ने बौद्ध दर्शन के प्रमाणसामान्य सम्बन्धी दो लक्षण चर्चा के लिए उठाए हैं जो प्रगट रूप से धर्मकीर्ति के माने जाते हैं, परन्तु जिनका मूल दिङ्नाग के विचार में भी अवश्य है।

विशेष प्रमाणों के लक्षण जो ग्रन्थ में आए हैं वे न्याय, मीमांसा, सांख्य, बौद्ध, पौराणिक और वैयाकरणों के हैं।

न्याय दर्शन के प्रत्यक्ष, अनुमान, उपमान और आगम (शब्द) इन चारों प्रमाणों के विशेष लक्षण ग्रन्थ में आए हैं और वे अक्षपाद के न्यायसूत्र के हैं।

सांख्य दर्शन के विशेष प्रमाणों में से केवल प्रत्यक्ष का ही लक्षण लिया गया है, जो ईश्वरकृष्ण का न होकर वार्षगण्य का है।

बौद्ध दर्शन प्रत्यक्ष और अनुमान इन दो प्रमाणों को ही मानता है। ग्रन्थकार ने उसके दोनों प्रमाणों के लक्षण चर्चा के वास्ते लिए हैं जैसा कि हमने ऊपर कहा है धर्मकीर्ति के हैं, लेकिन जिनका मूल दिङ्नाग के ग्रन्थों में भी मिलता है।

मीमांसा दर्शन के दो प्रसिद्ध आचार्य हैं – कुमारिल और प्रभाकर। प्रभाकर को पाँच प्रमाण इष्ट हैं, परन्तु कुमारिल को छह। प्रस्तुत ग्रन्थ में कुमारिल के छहों प्रमाणों की मीमांसा की गई है, और इसमें प्रभाकरसम्मत पाँच प्रमाणों की मीमांसा भी समाहित हो जाती है।

पौराणिक विद्वान् मीमांसासम्मत छह प्रमाणों के अलावा ऐतिह्य और सम्भव नामक दो और प्रमाण मानते हैं – अक्षपाद के सूत्रों तक में भी इनका उल्लेख है। और वे भी प्रस्तुत ग्रन्थ में लिए गए हैं।

वैयाकरणों के अभिमत "वाचकपद" के लक्षण और "साधुपद" की उनकी व्याख्या का भी इस ग्रन्थ में खण्डनीय रूप से निर्देश मिलता है। यह सम्भवतः भर्तृहरि के वाक्यपदीय से लिया गया है।

वैसे तो ग्रन्थ में प्रसंगवश अनेक विचारों की चर्चा की गई है, जिनका यहाँ पर सविस्तार वर्णन करना शक्य नहीं, फिर भी उनमें से कुछ विचारों व वस्तुओं का निर्देश

करना आवश्यक है, जिससे यह जानना सरल हो जाएगा, कि कौन-कौन सी वस्तुएँ, अमुक दर्शन को मान्य और अन्य दर्शनों को अमान्य होने के कारण, दार्शनिक क्षेत्र में खण्डन-मण्डन की विषय बनी हुई हैं, और ग्रन्थकार ने दार्शनिकों के उस पारस्परिक खण्डन-मण्डन की चर्चा से किस तरह फायदा उठाया है। वे विषय हैं – जाति, समवाय, आलम्बन, अतथ्यता, तथ्यता, स्मृतिप्रमोष, सन्निकर्ष, विषयद्वैविध्य, कल्पना, अस्पष्टता, स्पष्टता, सन्तान, हेतुफलभाव, आत्मा, कैवल्य, अनेकान्त, अवयवी, बाह्यार्थविलोप, क्षणभंग, निर्हेतुकविनाश, वर्ण, पद, स्फोट और अपौरुषेयत्व।

इनमें से "जाति", "समवाय", "सन्निकर्ष", "अवयवी", आत्मा के साथ सुखदुःखादि का सम्बन्ध, शब्द का अनित्यत्व, कार्यकारण भाव – आदि ऐसे पदार्थ हैं जिनको नैयायिक और वैशेषिक मानते हैं, और जिनका समर्थन उन्होंने अपने ग्रन्थों में बहुत बलपूर्वक तथा विस्तारपूर्वक करके विरोधी मतों के मन्तव्य का खण्डन भी किया है। परन्तु वे ही पदार्थ सांख्य, बौद्ध, जैन आदि दर्शनों को उस रूप में बिलकुल मान्य नहीं हैं। अतः उन-उन दर्शनों में इन पदार्थों का, अति विस्तार के साथ खण्डन किया गया है।

"स्मृतिप्रमोष" मीमांसक प्रभाकर की अपनी निज की मान्यता है, जिसका खण्डन नैयायिक, बौद्ध और जैन विद्वानों के अतिरिक्त स्वयं महामीमांसक कुमारिल के अनुगामियों तक ने खूब विस्तार के साथ किया है।

"अपौरुषेयत्व" यह मीमांसक मान्यता की स्वीय वस्तु होने से उस दर्शन में इसका अति विस्तृत और महनीय समर्थन किया गया है, परन्तु नैयायिक, बौद्ध, जैन आदि दर्शनों में इसका उतने ही विस्तार से खण्डन पाया जाता है।

"अनेकान्त" जैन दर्शन का मुख्य मन्तव्य है जिसका समर्थन सभी जैन तार्किकों ने बड़े उत्साह से किया है, परन्तु बौद्ध, नैयायिक, वेदान्त आदि दर्शनों में उसका वैसा ही प्रबल खण्डन किया गया है।

"आत्मकैवल्य" जिसका समर्थन सांख्य और वेदान्त दोनों अपने ढंग से करते हैं, परन्तु बौद्ध, नैयायिक आदि अन्य सभी दार्शनिक उसका खण्डन करते हैं।

"वर्ण", "पद", "स्फोट" आदि शब्दशास्त्र-विषयक वस्तुओं का समर्थन जिस ढंग से वैयाकरणों ने किया है उस ढंग का, तथा कभी-कभी उन वस्तुओं का बौद्ध, नैयायिक आदि अन्य तार्किकों ने बलपूर्वक खण्डन किया है।

"क्षणिकत्व", "सन्तान", "विषयद्वित्व", "स्पष्टता-अस्पष्टता", "निर्हेतुकविनाश", "बाह्यार्थविलोप", "आलम्बन", "हेतुफलसम्बन्ध", "कल्पना", "तथ्यता-अतथ्यता" आदि पदार्थ ऐसे हैं जिनमें से कुछ तो सभी बौद्ध परम्पराओं में, और कुछ किसी-किसी परम्परा में,

मान्य होकर प्रतिपादित हुए हैं और जिनका समर्थन बौद्ध विद्वानों ने बड़े प्रयास से किया है, परन्तु नैयायिक, मीमांसक, जैन आदि अन्य दार्शनिकों ने उन्हीं का खण्डन करने में अपना बड़ा बौद्धिक पराक्रम दिखलाया है।

खण्डितसामग्री के स्रोत क्या हैं?

यह खण्डन-सामग्री, निम्नलिखित दार्शनिक साहित्यों में से ली गई है –

- न्याय-वैशेषिक दर्शन के साहित्य में से अक्षपाद का न्यायसूत्र, वात्स्यायनभाष्य, न्यायवार्त्तिक, व्योमवती और न्यायमञ्जरी।
- मीमांसक साहित्य के श्लोकवार्त्तिक और बृहती नामक ग्रन्थों का आश्रय लिया गया है।
- बौद्ध साहित्य में से प्रमाणवार्त्तिक, सम्बन्धपरीक्षा, सामान्यपरीक्षा आदि धर्मकीर्ति के ग्रन्थों का, तथा प्रज्ञाकर, धर्मोत्तर आदि धर्मकीर्ति के शिष्यों द्वारा की हुई उन ग्रन्थों की व्याख्याओं का आश्रय लिया मालूम पड़ता है।
- व्याकरणशास्त्रीय साहित्य में से महाभाष्य तथा वाक्यपदीय का उपयोग किया हुआ मालूम पड़ता है।
- जैन साहित्य में से पात्रस्वामि या अकलंक की कृतियों का उपयोग किए जाने की सम्भावना प्रबल है।

जयराशि ने अपने अध्ययन और मनन से, भिन्न-भिन्न दार्शनिक प्रमाण के स्वरूप के विषय में तथा दूसरे पदार्थों के विषय में, क्या-क्या मतभेद रखते हैं और वे किन-किन मुद्दों पर एक-दूसरे का किस-किस तरह खण्डन करते हैं, यह सब जानकर, उन विरोधी दार्शनिकों के ग्रन्थों में से बहुत कुछ खण्डन-सामग्री संग्रहीत की और फिर उसके आधार पर किसी एक दर्शन के मन्तव्य का खण्डन, दूसरे विरोधी दर्शनों की दी हुई युक्तियों से किया गया है। उदाहरणार्थ – जब नैयायिकों का खण्डन करना हुआ, तब बहुत करके बौद्ध और मीमांसक के ग्रन्थों का आश्रय लिया गया, और फिर बौद्ध, और मीमांसक आदि के सामने नैयायिक और जैन आदि को आमने-सामने परस्पर विरोधी रूप से खड़ा कर दिया गया। परन्तु जयराशि की खण्डन शैली का यह सोद्देश्य छोटा सा हिस्सा है, उसका अथ और इति नहीं। इससे आगे भी जयराशि ने अपनी खण्डनात्मक युक्तियों का विस्तार निज प्रतिभा के बल से किया है।

यह विचित्र ग्रन्थ है

यद्यपि जयराशि की यह पद्धति कोई नई नहीं है – अंशरूप में तो वह सभी मध्यकालीन

और अर्वाचीन दर्शन ग्रन्थों में विद्यमान है, परन्तु इसमें वैशिष्ट्य यह है कि भट्ट जयराशि की खण्डन-पद्धति सर्वतोमुखी और सर्वसंहारक होकर निरपेक्ष है। सम्भवतः ऐसी कृति भारतीय दर्शन में कोई दूसरी उपलब्ध नहीं है।

तत्त्वोपप्लव में खण्डित विषयों का संक्षिप्त निदर्शन

यदि उपप्लव (विनष्ट) तत्त्वों का . . . . । अब, इसके बाद तत्त्वों की व्याख्या की जाती है। पृथिवी, जल, तेज और वायु ही तत्त्व हैं और उन्हीं के पिण्डभूतसमुदाय को ही शरीर, इन्द्रिय तथा विषय कहा गया है। इत्यादि। यह नहीं है। क्योंकि इसका अर्थ दूसरा ही है। क्यों? क्योंकि प्रतिबिम्ब के लिए। यहाँ किसका प्रतिबिम्ब होता है, या बनाया जाता है? पृथिवी आदि तत्त्व लोक में प्रसिद्ध हैं, परन्तु वे भी विवेचन करने पर सिद्ध नहीं होते, तब अदृश्य तत्त्वों की तो बात ही क्या है?

न्यायसम्मत प्रत्यक्ष का खण्डन

अब, प्रमाण का लक्षण करते हैं। इन्द्रिय और पदार्थ के सन्निकर्ष से समुत्पन्न ज्ञान, जो अव्यपदेशी, अव्यभिचारी तथा व्यवसायात्मक होता है वही प्रत्यक्ष है। यही प्रत्यक्ष का लक्षण है।

अव्यभिचार पद का खण्डन

इस लक्षण में प्रयुक्त अव्यभिचारी पद का अर्थ क्या है? क्या अदुष्ट (दोषरहित) कारक समूह द्वारा उत्पादित होने से अथवा बाधारहित होने से है? अथवा प्रवृत्ति के सामर्थ्य से कहा गया है? अथवा और किसी अन्य कारण से कहा गया है?

यदि वह अदुष्ट कारक सन्दोह (समूह) द्वारा उत्पाद्यमान होने से अव्यभिचारित्व कहा गया है तो उस कारण की निर्दुष्टता का ज्ञान कैसे होगा? प्रत्यक्ष प्रमाण से वह नहीं हो सकता क्योंकि इन्द्रियों की कुशलता इन्द्रियों से दूर और स्वयं में अतीन्द्रिय है। अनुमान से भी वह नहीं हो सकता क्योंकि दूसरे हेतु का ज्ञान दुर्घट है।

नहीं, यह ज्ञान ही हेतु है और इससे निःसृत ज्ञान उसके वैशिष्ट्य का बोध कराता है — यदि ऐसा कहेंगे तो इतरेतराश्रय दोष होगा, इसीलिए ऐसा कहना उचित नहीं है। दूसरी बात इन्द्रियाँ स्वयं गुण-दोषों की आश्रय होती हैं, ऐसे इन्द्रियों से उत्पन्न ज्ञान को दोष की शंका से दूर नहीं रखा जा सकता। जैसा कि व्यक्ति के द्वारा किए जाने वाले कृत्य-जन्य-शब्द विज्ञान में हुआ करता है।

यदि बाधा की अनुत्पत्ति से अव्यभिचारित्व का ज्ञान होता है तो उसके अनुत्पत्तित्व के ज्ञान का क्या यथार्थ ग्रहण द्वारा बोध होगा अथवा बाधक ज्ञानोत्पादक कारक की

विकलता से होगा, इस विषय में हम लोग सन्देह में हैं, क्योंकि ऐसा भी देखा जाता है कि – बाधक ज्ञान के उत्पादक – कारक की विकलता के द्वारा ही बाधा का अनुत्पादन होता है – उत्पत्ति नहीं। जैसा कि सुदूर में अवस्थित सूर्य-किरणों के समूहों में जल का ज्ञान होता है और उस अवस्था में कोई बाधक ज्ञान भी नहीं होता। किन्तु उस विषय में पहले से ही ऐसा होता रहा है तो इन्द्रियजन्यतया जल के दिखने पर भी "बाधा" की उपस्थिति होती है। उस बाधा के उपस्थित होने में कभी-कभी एक-दो वर्ष लग जाते हैं और कभी-कभार इन्द्रियों की विकलता के कारण (दोष के कारण) बाधा की उपस्थिति ही नहीं होती। परन्तु इसी से ही उसकी (जल ज्ञान की) यथार्थता तो स्वीकृत नहीं होती।

अब, यदि प्रवृत्ति सामर्थ्य के कारण अव्यभिचारिता है ऐसा कहते हैं तो, प्रवृत्ति सामर्थ्य का तात्पर्य फल के साथ (परिणाम) साहचर्य सम्बन्ध होना है, फल तो माला, चन्दन, वनिता, (स्त्री) जल आदि ही होंगे क्योंकि उनमें प्रवृत्ति सफल होती है। उनमें फल का उपचार (आरोपण) किया जाता है, वह तो उनके शरीरों के साथ सम्पर्क ही है। क्योंकि वहाँ पर प्रवृत्ति सामर्थ्य देखा जाता है। प्रवृत्ति तो कायस्थ (शरीर संयोग का) क्रिया ही है और उससे अर्थात् उस सामर्थ्य से अव्यभिचारित्व का बोध कराया जाता है।

पुनः क्या वह अवगत है? अथवा अनवगत? यदि अनवगत है तो वहाँ पर "यह है" यह बोध कैसे होगा? यदि अवगत है तो उस अवगति के अव्यभिचारित्व को कैसे जाना जा सकता है, यह पहले ही कहा जा चुका है। अतः उसे ही फिर देखना चाहिए या देखा जा सकता है।

जाति का खण्डन

जाति की स्थिति भी सम्भव नहीं है। कैसे सम्भव नहीं है? देखिए, उदक (जल) में रहने वाली (उदकत्व) जाति उस उदक व्यक्ति से अभिन्न है या भिन्न? अथवा भिन्न-अभिन्न दोनों है?

वह जाति यदि तादात्म्य रूप से अवस्थित है तो यहाँ पर वह उदक अनेक होने से उस जाति की भी अनेकता स्वतः प्राप्त होती है। यदि उस उदक व्यक्ति को एक मानते हैं तो उस जाति की भी एकता (एकत्व) प्राप्त होगी। एक होते ही सामान्य (जाति) समाप्त हो जाता है, इसी से या तो निःसामान्य या तादात्म्य का विपर्यास (उल्टा) प्राप्त होगा।

यदि वह जाति अर्थान्तरभूत है ऐसा कहते हैं तो वह व्यावृत्ताकार होगा या अनुगताकार मानते हैं? यदि वह व्यावृत्ताकार होगी तो उसका सामान्यरूप (जातिपरक) सम्भव नहीं होता क्योंकि उसका भी स्वभाव व्यावृत्तात्मक होने से तोय (जल) आदि जैसा ही होगा।

अब, अनुस्यूतरूप (साथ–साथ रहना) जाति मानते हैं तो क्या वह अपने ही स्वरूप की अनुस्यूतता है अथवा दूसरे के स्वभाव की अनुस्यूतता? यदि स्वीय रूप की अनुस्यूतता मानते हैं तो वह सम्भव नहीं है क्योंकि अपने में अनुगम का अभाव होता है।

यदि पररूप की अनुस्यूतता है तो यह पररूपता क्या है? क्या वह तादात्म्य है? अथवा समवाय है? यदि वह तादात्म्य है तो जाति और जातिमान् का अभेद (दोष) रूप उपस्थित होगा।

अब, यदि पररूप समवाय अथवा अुनस्यूतताकारता मानते हैं तो यह भी सम्भव नहीं है। समवाय, सामान्य (जाति) से भिन्न होता है। इस तरह सामान्य के अनुगत स्वरूप का चिन्तनमात्र आरम्भ होता है और किसी का नहीं।

जाति में अभावों का प्रसंग

और भी, इससे भी सामान्य (जाति) की सिद्धि सम्भव नहीं है। नित्य सत् की ज्ञानजनकता सम्भव नहीं होती। इसकी कैसे व्याख्या या व्युत्पत्ति की जा सकती है? ज्ञान उत्पन्न करने की अवस्था में जो स्वरूप सामान्यात्मक होता है वह शक्तिमत् और शक्तिस्वरूपात्मक कारकान्तर (नियामककर्ता) की अपेक्षा के बिना ही अजनकावस्था में वही स्वरूप होने से उससे भी पूर्व कार्य का उत्पादन सम्भव दिखता है। कार्य के अनुत्पादन में पहले की तरह ही अब भी कार्य का उत्पादन नहीं किया जा सकता। यदि दूसरे कारक के आधार पर कार्य की उत्पत्ति सम्भव मानने से उस कारकान्तर द्वारा उसकी कैसे कारकता बनेगी? अथवा ज्ञापित या व्युत्पादन किया जाएगा? इससे क्या नित्यत्व की स्थापना होगी? अथवा विज्ञापित किया जाएगा? इससे क्या कारकत्व सिद्ध होगा? उसके न होने पर भी अवस्थित पदार्थ का ज्ञान या प्रकाशन होता ही है। हो जाए भी तो कारकत्व क्या दोष होगा? उससे कार्य की उत्पत्ति फिर से हो जाएगी। यदि कारकता के होते हुए भी कार्य की उत्पत्ति नहीं होती है तो यह सब नैयायिक पशुओं की राजाज्ञा बहुत ज्यादा शक्तिशाली है, यह हमें समझना होगा।

आलम्बन का खण्डन

यह आलम्बन क्या है जिसकी घोषणा की जाती – एक आलम्बन और दूसरा प्रतीत होता है कहकर, इसके चार विकल्प होते हैं – क्या यह ज्ञान का जनक है, अथवा आकार का अर्पण है, अथवा ज्ञानाधिकरणत्व है, अथवा ज्ञान का अवभासितत्व है? यदि विज्ञान जनकता ही आलम्बन का अर्थ है तो आँखों के साथ आलोक आदि की भी आलम्बनता होती ही है। यदि आकार का अर्पण ही आलम्बनत्व है तो वह नैयायिकों के सिद्धान्त में मान्य नहीं है। उनके मत में विषयाकार ज्ञान में प्रयुक्त नहीं होता। यदि ज्ञान

का अधिकरण ही आलम्बन है तो वह मरीचि, चक्र से उद्भूत ज्ञान तो नहीं है किन्तु आत्मा के साथ समवेत होकर अपने आप को वह खुद ही दिखाया हुआ है। यदि ज्ञान की अवभासिता ही आलम्बन है तो जल ज्ञान के समय में जल मात्र का ज्ञान होता है, सूर्य-किरणों का नहीं।

अब विचार करें, जल के रूप में सूर्य-किरणें ही प्रतीत होती हैं तो यह ठीक है, अब कहिए वह जल किरणों से भिन्न है अथवा अभिन्न है? यदि अभिन्न है तो वह तात्त्विक है अथवा अतात्त्विक? यदि तात्त्विक है तो उस अवगति को कैसे मिथ्या कहेंगे? यदि अतात्त्विक है तो किरण भी मिथ्या ही होगी। अतात्त्विक उदक के साथ तादात्म्य होने के कारण वह उदक ज्ञान भी अतथ्य हो जाएगा। क्या कह रहे हो? मरीचिओं का ज्ञान अतथ्य है। एक ही जलाकार प्रतीत होने से किसने यह कहा है कि किरण प्रतीत होती है कहकर अरे ! मूर्खों !

भ्रम को स्मृति मानने वाले मत का निराकरण

अन्य कुछ (प्रभाकर आदि) वादीगण मरीचि में जलज्ञान को "स्मृति" कहते हैं और भ्रम नहीं मानते। उसका कैसे स्मृतित्व सिद्ध होगा? क्या उदक के ग्रहण द्वारा या गृहीत उदक के ग्रहण द्वारा अथवा उदक ग्रहण के बाद भाविरूप में अथवा निर्विषयरूप से अथवा "जिसको मैंने देखा है" इस प्रकार के आकार द्वारा उपजायमान रूप में? कौन सा है? यदि उदक गृहीत रूप में है तो सभी उदक ज्ञानों में स्मृतित्त्व का प्रसंग उपस्थित होगा।

अब गृहीत उदकग्रहण के रूप में स्मृति कहते हैं तो पहले गृहीत उदकग्रहण में भी स्मृतित्व होगा, क्योंकि गृहीतोदकग्राहित्व के अविशेष होने से। पहले का गृहीत उदकग्राहित्व नहीं है क्योंकि उस समय का विषय भिन्न ही है। भिन्न विषय होने पर दूसरे का भी गृहीतग्राहित्व नहीं होता। यदि एक विषयत्व है तो पहले का भी गृहीतग्राहित्व होगा ही क्योंकि अविशिष्टार्थगृहीतिरूप होने से, जैसा कि द्वितीय विज्ञान हुआ करता है। उदाहरण के लिए एक नीलस्वलक्षणग्राहक युगपत् उत्पन्न अनेक विज्ञानों से नीलज्ञान-रूपता भिन्न नहीं है वैसे ही यहाँ भी होगा। तथा धारावाहिक ज्ञान में भी गृहीतग्राहित्व के कारण से स्मृतित्व प्रसक्त होता ही है। यदि प्रत्यभिज्ञान की भी गृहीतार्थग्राहिता नहीं है तो उस अवसर में प्रत्यभिज्ञानत्व निवृत्त हुआ करता है। आद्य दर्शन, निश्चित रूप में "वह ही यह है" ऐसा नहीं हो सकता। इसी प्रकार आनुमानिक ज्ञान भी गृहीतार्थग्राहित्व के कारण से स्मृतित्व में परिणत होता है।

विप्रमोष का खण्डन

यह विप्रमोष क्या है? क्या अनुभव के आकार की स्वीकृति है? अथवा स्मरण के आकार

का ध्वंस है? अथवा अपूर्व पदार्थ का ग्रहण है? अथवा इन्द्रियार्थसन्निकर्षजन्य है? अथवा इन्द्रियार्थ असन्निकर्षजन्य है? यदि अनुभव की स्वीकृति है तो स्मृतिरूपता हो ही नहीं सकती, क्योंकि स्मृतिरूपता होकर अनुभवाकार की स्वीकृति सम्भव नहीं है, स्मृति और अनुभव आपस में हमेशा विरुद्ध होते हैं। यदि स्मरणाकार प्रध्वंस है तो वह भी सम्भव नहीं है क्योंकि विज्ञान को अपने आप में ही स्मृतिरूप में स्वीकार किया जा चुका है। प्रध्वंस तो अज्ञानात्मक होता है, अतः ऐसे प्रध्वंस की स्मृतिरूपता नहीं हो सकती। यदि अपूर्वार्थविषयग्रहण ही स्मृतिप्रमोष है तो अत्यन्त अनुभूत न हुए सोने के कटहल के ज्ञान का भी स्मृतिविप्रमोष उपस्थित होगा। यदि इन्द्रियार्थसन्निकर्षजन्य स्मृतिप्रमोष है तो सभी प्रत्यक्षज्ञानों में स्मृतिप्रमोष उपस्थित होगा। अब यदि इन्द्रियार्थ असन्निकर्षजन्य स्मृतिप्रमोष है तो प्रमाणजन्य ज्ञानों का और अनुमान, उपमान आदि जन्य ज्ञान भी स्मृतिप्रमोष होंगे। इसीलिए जितना-जितना स्मृतिप्रमोष के विषय में विचार किया जाता है उसी परिणाम में वह सब विचार और प्रमाण का सहन नहीं करते। अतएव मरीचि में हुए जल ज्ञान की स्मृतिविप्रमोषता नहीं मानी जा सकती, किन्तु विपरीत ख्याति अथवा सम्यक् ज्ञान ही मानना पड़ेगा, यह दिख रहा है।

मीमांसकसम्मत प्रमाणलक्षण का खण्डन

अन्यवादी (मीमांसक) अनधिगत पदार्थ के ज्ञान को ही प्रमाण का लक्षण मानते हैं। वे तो अनुचित बात करने वाले लोग हैं यह जान लेना चाहिए। क्यों अनुचित बात करते हैं वे? देखिए, जब एक ही वस्तु का ज्ञान अनेक कारकों द्वारा उत्पन्न किया जाता है तो उस वस्तु के ज्ञान के आकार में भेद नहीं होता, क्योंकि उन सभी कारकों के द्वारा एक ही वस्तु का यथारूप से ज्ञान उत्पन्न किया गया है, फिर भी मीमांसक कहेंगे कि इस प्रक्रिया में जो ज्ञान पहले उत्पन्न हुआ है उसका प्रामाण्य है और बाद में उत्पन्न हुए का नहीं है। यदि ऐसा है तो इसका नियामक क्या होगा, यह मीमांसकों को बताना चाहिए। द्रष्टव्य है कि उन सभी विज्ञानों के द्वारा समान रूप से यथाव्यवस्थित वस्तु का ही ग्रहण होता है, फिर भी यदि पहले उत्पन्न विज्ञान का प्रामाण्य और ठीक उसके बाद उत्पन्न विज्ञान का अप्रामाण्य माना जाता है तो इसी न्याय से पहले उत्पन्न हुए विज्ञान का अप्रामाण्य और बाद में उत्पन्न हुए का प्रामाण्य भी माना जा सकता है, क्योंकि दोनों में गृहीतार्थग्राहित्व समान ही है। ठीक उसी तरह जैसे एक नीलस्वलक्षण को अवभासित करने वाले युगपद् रूप से उत्पन्न अनेक विज्ञानों के द्वारा उसी एक नीलस्वलक्षण की ग्राह्यता में भेद नहीं होता, वैसे ही पहले और बाद में उत्पन्न विज्ञानों का गृहीतग्राही स्वरूप निवर्तित नहीं होता।

जैसे कि पूर्वोत्तर ज्ञानों का नियत विषय न होने से पूर्व काल में उत्पन्न ज्ञान को

अनधिगतार्थ रूप में स्वीकार करने पर उत्तरक्षण समुत्पन्न ज्ञान भी स्वतःस्फूर्त रूप में अनधिगतार्थाकारविषय होगा ही। यदि गृहीतार्थविषय है तो वह कैसे प्रतिनियत विषय हो सकता है? यदि प्रतिनियतविषय है तो कैसे उसमें गृहीतार्थग्राहित्व हो सकता है? क्योंकि नियतविषयत्व का गृहीतग्राहित्व से विरोध है।

गो आदि शब्दों की प्रामाणिकता का खण्डन

अब इससे पहले से ही उपलब्ध हुए गोत्व आदि के प्रतिपादक गोशब्द आदि की अप्रामाणिकता दिखा रहे हैं। वह कैसे? देखिए — क्या संकेत ग्रहणकाल में ही गोत्व अवगत हो चुका होता है अथवा उससे भिन्न अर्थ का वाचकत्व है गोशब्द? यदि संकेत ग्रहणकालाधिकरण गोत्वस्वरूप का आवेदकत्व गोशब्द में स्वीकारते हैं तो विदित (पूर्व ज्ञात) अर्थ का फिर ज्ञान कराने से गोशब्द प्रमाण हो ही नहीं सकता। यदि वैसा ही होने पर भी प्रामाण्य स्वीकार करें तो अनधिगतार्थगन्तृविशेषण का विषय क्या है? वह बताना पड़ेगा। यदि उससे अतिरिक्तार्थवाचकता है तो गोशब्द से असंकेतितार्थ ही प्रतीत होगा और उससे अपने सिद्धान्त में उपस्थित होने वाला विरोध किसी भी हालत में नहीं हट सकता। यदि गोत्व का ही बोध होगा गोशब्द से, ऐसा मानें तब उसमें गृहीतग्राहित्वरूप अप्रामाण्य प्रसक्त होगा। उसके अप्रामाण्य होने पर कैसे गोत्व की व्यवस्था करेंगे? उसकी अनवस्थिति में अर्थापत्ति द्वारा अधिकरण की व्यवस्थिति भी सम्भव नहीं है।

अविसंवादि . . . प्रमाणलक्षण का खण्डन

अन्य कुछ विद्वान् अविसंवादी ज्ञान को ही प्रमाण कहते हैं। यह अविसंवाद क्या है? क्या यथाव्यवस्थितार्थगृहीतत्व है, बाधारहितत्व है? अथवा प्रतीयमानार्थजन्यता है, अथवा प्रतीयमानार्थप्रतिप्रवर्त्तकत्व है? अथवा अर्थप्रापकत्व है? क्या है? यदि यथा अव्यवस्थितार्थग्राहित्व है तो वह अनुमान ज्ञान नहीं हो सकता। यदि बाधारहितत्व है तो भी वह अनुमान ज्ञान में घटित नहीं होगा, यदि प्रतीयमानार्थोत्पादकत्व है तो वह भी अनुमान में नहीं आ सकता, सामान्याकार के जनकत्व को हटाने के कारण से। उसी प्रकार रागादिसंवेदन का भी बोध नहीं हो सकता, क्योंकि उसके उत्पादन में सामर्थ्य ही नहीं है। उसी प्रकार योगिप्रत्यक्ष की भी प्रतीयमानार्थजन्यता सम्भव नहीं होगी, क्योंकि भूत और भविष्य के उत्पादन में असमर्थ होने से। यदि जनकत्व है ऐसा कहते हैं तो अतीत और भविष्य का नाश होगा। यदि प्रतीयमानार्थप्रतिप्रवर्त्तकता ही अविसंवाद का अर्थ है तो विपर्ययज्ञान की भी प्रवर्त्तकता होती ही है। ऐसी स्थिति में विपरीततया उत्पन्न उदक बुद्धि प्रवर्तित होगी। किन्तु उसका अविसंवादकत्व नहीं है। पुनः सत्य उदक के ज्ञान होने पर भी वह व्यक्ति किसी कारण से प्रवृत्त नहीं होता है तो वह भी विसंवादी ही होगा।

बौद्धसम्मत प्रमाण और प्रमेय व्यवस्था का खण्डन

इसी प्रकार प्रमाण और प्रमेय की व्यवस्था भी बौद्धों के मत में सिद्ध नहीं हो सकती। वह कैसे? देखिए – दो ही प्रमाण हैं, उसके अतिरिक्त कोई प्रमाण नहीं है। यह दो प्रामाण्य क्या व्यक्तिभेद से हैं? आकारभेद से हैं? अथवा विषयभेद से हैं? यदि व्यक्तियों के भेद से है तो व्यक्तियों के अनन्त होने से उनकी गणना ही नहीं हो सकती, उसी से दो संख्या नहीं हो सकती। और ज्ञान का भेद तो हो ही नहीं सकता। अज्ञान से ज्ञान ज्ञानात्मक रूप में भिन्न होता है। पुनः ज्ञानान्तर से कैसे भिन्न होगा? क्या ज्ञानात्मक रूप में? अथवा भिन्न आकार के कारण से? क्या है? यदि ज्ञानाकारतया भिन्न है तो अन्य ज्ञान अज्ञान में परिणत होंगे ही, रस आदि की तरह। यदि आकारान्तर से भिन्न होते हैं तो उनकी अज्ञानात्मता खड़ी होगी – जैसा कि रस आदि। यदि आकार के भेद द्वारा ज्ञान में भेद होता है तो वह सम्भव नहीं है क्योंकि ज्ञानाकार को छोड़कर प्रत्यक्ष और अनुमान का कोई आकार ही नहीं है। अथवा उसे स्वीकारने पर ज्ञानाकार ही नष्ट होगा। साथ ही आकारों का समूहात्मक ज्ञान भी सम्भव नहीं है क्योंकि वह अभिन्न स्वरूपयुक्त हमेशा होता है।

बौद्धों के प्रत्यक्ष की परीक्षा

इसी प्रकार कल्पनारहित एवं अभ्रान्त ही प्रत्यक्ष मानें तो उचित नहीं है क्योंकि कल्पनापोढ पद का अपोहन करके अर्थ करना सम्भव नहीं है।

यदि कल्पना को ही अपोहित करते हैं तो यह कल्पना क्या है? क्या गुण, कर्म और जाति आदि विशेषण द्वारा उत्पादित ज्ञान ही कल्पना है? अथवा स्मृति द्वारा समुत्पादित ज्ञान कल्पना है? अथवा स्मृति ही कल्पना है? स्मृति से उत्पाद्य कल्पना है? अथवा अभिलापसंसर्गप्रतीति है? अथवा अभिलापवती प्रतीति कल्पना है? अथवा अस्पष्टाकार कल्पना है? अथवा अतात्त्विकार्थगृहीति है? अथवा स्वयं अतात्त्विक है? अथवा त्रिरूपलिंग से अर्थदृष्टि ही कल्पना है? अथवा अतीत अनागत अर्थ का निर्भासन ही कल्पना है? आखिर में यह कल्पना कौन सा पदार्थ है? चूँकि कल्पना ही असिद्ध है, अतः कल्पनापोढ़ प्रत्यक्ष भी असिद्ध हो जाता है।

घट सामान्य का खण्डन

जो यह कहावत है – "घट सामान्य नहीं है, उसके अग्रहण में ग्रहण न होने से"। इससे क्या विवक्षित है? क्या अवयवाधिकरण अव्यतिरेक प्रतिपादन है? अथवा असत्ता का प्रतिपादन है? यदि अव्यतिरेक प्रतिपादन है तो किसे यहाँ पक्ष बनाया जाएगा? क्या घट सामान्य को अथवा उसके अवयवाधिकरण को पक्ष बनाना है?

यदि घट सामान्य को पक्ष बनाना है तो क्या अवगत का या अनवगत का? यदि अनवगत का है तो वह नहीं हो सकता क्योंकि अनवगत धर्मी में हेतु का उत्थान सम्भव नहीं होता। साथ ही आश्रय की विकलता होने से यहाँ अनुमान भी सम्भव नहीं है। यदि अवगत का है तो उसी से भिन्न आकार के ज्ञान द्वारा अव्यतिरेक प्रत्यायक साधन बाधित होता है।

उपलब्धि लक्षण का खण्डन

ऐसा भी कहा गया है – "एक पिण्ड के ग्रहण काल में उपलब्धि लक्षण प्राप्त अनुपलब्धि का सामान्य नहीं होता"। किसने ऐसा कहा है कि सामान्य की उपलब्धता नहीं है। किन्तु वह उपलब्ध है। कैसे पता होगा? दूसरे पिण्डों के दर्शन होने पर पूर्वपिण्ड की स्मृति देखी जाती है और "इसके तरह यह है" ऐसी स्मृति होती है। अथवा एकपिण्ड ग्रहणकाल में जो उपलब्धिलक्षण द्वारा प्राप्त नहीं होता वह उसके द्वारा प्राप्त नहीं किया जा सकता। उपलब्धि लक्षण की प्राप्ति का अर्थ अनेक सहकारी पिण्डों का उपनिपात है। यदि उपलब्धि लक्षण प्राप्त है तो क्यों उपलब्ध नहीं होता? यदि उपलब्ध नहीं होता है तो उपलब्धि लक्षण प्राप्ति वह नहीं है। उपलब्धि लक्षण प्राप्ति का अर्थ है प्रत्यय के बाद समग्रता और स्वभावविशेष की उपलब्धि भी। यदि वह है तो कैसे अनुपलब्धि भी होगी? ऐसी स्थिति में भी अनुपलब्धि की कल्पना करने पर सभी पदार्थों का अनुपलम्भ प्रसंग उपस्थित होगा। उपलब्ध होने पर भी दूसरा ही कारण ढूँढ़ना होगा। यदि प्रत्ययान्तर साकल्यमात्र विवक्षित है तो वह स्वभाव विशेष नहीं है। यदि ऐसा है तो अदृश्य का ही अनुपलम्भ होता है। किन्तु दृश्य की अनुपलब्धि तो नहीं होगी। यदि दूसरे कारकों का साकल्य है तो उसे उपलब्धि लक्षण की प्राप्ति है ऐसा कहा जाता है। उस अवसर में भी उपलब्धि को होना चाहिए किन्तु अनुपलब्धि को नहीं। दूसरे कारक साकल्य का तात्पर्य उपलम्भजनन सामर्थ्य है। यदि वह है तो कैसे अनुपलब्धि होगी। इसीलिए अनुपलब्धि लक्षण प्राप्त की अनुपलब्धि होती है किन्तु उपलब्धि लक्षण प्राप्त की नहीं।

. . . . और, ज्ञान कार्य – एकस्वभावयुक्त है? अथवा एककारणस्वभावयुक्त है? अथवा उभयरूप है? यदि एककारणात्मक स्वभाव है तो कार्यरूपता सम्भव नहीं है। उसके अभाव में वस्तुत्व नहीं होगा जबकि, संस्कृत पदार्थों का वस्तुत्व स्वीकार किया गया है। कारणरूपता भी उत्पन्न नहीं होगी, अनाधीयमान अतिशय रूप से जनकत्व का अयोग होने से। यदि कार्यैकस्वभाव है तो भी उसमें सदात्मकता नहीं होगी, अर्थक्रिया अकरण में वस्तुत्व न होने से। यदि उभयात्मक है तो एक ही अनेकात्मक होगा? किस कारण से तुम असमञ्जस में हो? ठगे गए हो? एक का अनेक नाम करने से नानात्व नहीं होता। अनेक नाम निर्माण भी सम्भव नहीं होता, निमित्त के अविचि होने से। इस प्रकार

विज्ञान के असम्भव होने से सन्तान की उपपत्ति नहीं होगी, साथ ही अभ्रान्त और भ्रान्त द्वैत की भी उपपत्ति नहीं होगी।

ज्ञानसन्तान का खण्डन

इससे भी ज्ञान सन्तान की सिद्धि नहीं हो सकती। ज्ञान के एक होने से। वह एकता आकारान्तर की अनुपपत्ति में होगी। उपपत्ति होने पर ज्ञानाकार रहित होने का प्रसंग उपस्थित होगा। उसकी प्रसक्ति होने पर ज्ञानसन्तान की ही अनुपपत्ति होगी।

और भी, ज्ञानसन्तान की अनुपपत्ति होगी, विज्ञान असत् से सत् रूप में निवर्तित होता है। दूसरे स्वरूप से तो कैसे व्यावर्तित होगा? क्या सत् के रूप में? अथवा आकारान्तर के रूप में? यदि सत् के रूप में व्यावर्तित होता है तो रूप आदि का असत् आकार प्राप्त होता है, घोड़े के दो सींग की तरह। यदि आकारान्तर के रूप में निवर्तित होता है तो ज्ञान ही असत् स्वभाव में परिणत हो जाएगा जैसा कि घोड़े का सींग।

मीमांसकों के प्रत्यक्ष का खण्डन

विषयों के साथ इन्द्रियों के सम्प्रयोग के बाद जैसी बुद्धिवृत्ति होती है वह ही प्रत्यक्ष है, यह जैमिनि आदि का कहना है। इसका खण्डन किया जाता है। कैसे? यह सूत्र कदाचित् लक्षणपरक है, कहीं कारकसंख्या प्रतिपादनपरक भी हो सकता है, और फिर कहीं अनुवादपरक अर्थ भी इस सूत्र का किया गया है। यदि वह लक्षणपरक है तो अवबोध के अव्यभिचारित्व को नहीं जाना जा सकता – क्योंकि, अदुष्ट कारणजन्यत्व से और प्रवृत्तिसामर्थ्य से तथा बाधाराहित्य से एवं अन्यथा रूप से भी पूर्व में उदित सभी ज्ञानों को स्मरण करके नहीं कहा जा सकता।

इन्द्रियार्थसम्प्रयोगजन्य विज्ञान के अवबोध के अर्वाग्भावी भाग के जानकार ज्ञान नहीं कर सकते क्योंकि उस इन्द्रियत्व से उसके आयत्त को अधिगत नहीं किया जा सकता। इसी प्रकार इन्द्रियजन्यत्व को भी नहीं जाना जा सकता, इन्द्रियों के अतीन्द्रिय होने से। यदि अवबोध की अन्यथानुपपत्ति से सन्निकर्ष की कल्पना की जाती है तो भी यह सम्भव नहीं है क्योंकि अवबोध की अन्यथानुपपत्ति नहीं हो सकती, तब कहाँ अनुमान की बात हो सकती है।

नहीं, यहाँ पर भी धर्म को लेकर निमित्तत्व का प्रतिषेध किया जाता है। जैसा कहा है – "धर्म के प्रति प्रत्यक्ष अनिमित्त होता है क्योंकि विद्यमान का उपलम्भ मात्र प्रत्यक्ष में होने से और सम्प्रयोग से उत्पन्न होने से भी"। क्या वहाँ अन्यपदार्थावभास से समुत्पन्न प्रत्यक्ष को धर्म के प्रतिनिमित्त के रूप में निषेध किया गया है अथवा धर्मावभास

से समुत्पन्न? या असमुत्पन्न है? या पुनः अन्यपदार्थावभासोत्पन्न? या असमुत्पन्न है? या पुनः अन्यपदार्थावभासोत्पन्न प्रत्यक्ष की व्यावृत्ति है तो अविप्रतिपत्ति द्वारा इन जड़बुद्धि मीमांसकों को सम्बोधित किया जाना चाहिए।

"श्रोत्र आदि वृत्ति अविकल्पक होते हैं" इत्यादि कथन भी निराकृत हैं। श्रोत्र आदि करण का शब्दादि विषयाकाररूप से विपरिणाम ही वृत्ति है। वह अनेक प्रकार की होती है। सम्यग्ज्ञानरूपा, विपर्ययज्ञानरूपा और सन्देहज्ञानरूपा। जैसा कि कहा है - "तमस्, मोह, महामोह, तामिस्र, अन्धतामिस्र" इत्यादि। यदि श्रोत्र आदि वृत्ति की प्रत्यक्षता है तो विपर्ययादि वृत्ति की भी प्रत्यक्षता प्राप्त होगी। यदि अबाधित पद देते हैं तो वह सूत्र में नहीं है। यदि उसकी कल्पना की जाती है तो भी अव्यभिचारित्व को नहीं जाना जा सकता। ऐसे सभी विकल्प नैयायिकसम्मत प्रत्यक्ष लक्षणाधिकार में प्रपञ्चित किए जा चुके हैं। अव्यभिचार पद द्वारा विपर्ययरूप वृत्ति को अपोहित कर उसी रूप में व्यवस्थित सम्यक् वृत्ति अपोदित होती है। उसके बाद संग्रहपूर्वक वृत्ति उपलब्ध ही नहीं है।

नैयायिक अभिमत अनुमान का निरास

अब अनुमान का विचार किया जाता है। अनुमान क्या है? "तत्पूर्वक ही अनुमान होता है" ऐसा कहा है। कैसे। देखिए - महानस में आँख आदि के व्यापार द्वारा आग और धुआँ के सम्बन्ध की अवधारणा की जाती है। उससे संस्कार, उसके बाद दूसरे हेतु का दर्शन, फिर व्याप्ति स्मरण, पुनः परामर्श का ज्ञानरूप अनुमान हेतु के साहचर्य से उपलब्ध होता है।

प्रत्यक्ष के अभाव में उसका भी अभाव होता है क्योंकि तत्पूर्वक होने से। बिना कारण के कार्य होता हुआ संसार में कहीं भी नहीं देखा गया है। प्रत्यक्ष को जब कारण कहा जाता है तो उसके न होने पर अनुमान की उपस्थिति कैसे होगी, उसके उपस्थित होने पर भी कार्य की आकस्मिकता उपस्थित होगी। अर्थात् कारण से कार्य होता है यह नियम लागू नहीं होगा। प्रत्यक्ष के अभाव को लेकर ही ऐसा कहा गया है — अविनाभाव का सम्बन्ध ग्रहण नहीं किया जा सकता।

दूसरी तरह से भी अविनाभाव सम्बन्ध का ग्रहण नहीं हो सकता। क्या दो सामान्यों के सम्बन्ध का अवधारण है अथवा दो स्वलक्षणों का? अथवा सामान्यलक्षण और स्वलक्षण का? यदि दो सामान्यों के सम्बन्ध का अवधारण है तो सामान्य की उपपत्ति न होने से वह सम्भव नहीं है। इसका निराकरण पहले ही किया जा चुका है और सामान्यलक्षण तथा स्वलक्षण का भी नहीं होगा क्योंकि सामान्य की सम्भावना ही खण्डित हो चुकी है।

नैयायिकों की आत्मा का खण्डन

तथा, आत्मा है इस विषय में अनुमान किया जाता है। इसमें सुख, दुःख, द्वेष, ज्ञान आदि हेतु सम्भव नहीं होते क्योंकि आत्मा के साथ उनके सम्बन्ध का बोध नहीं हुआ है। उसकी अनवगति में अनुमान की निरर्थकता सिद्ध होगी। क्या सिद्ध करना है यहाँ? क्या ज्ञान सुख आदि का आश्रित तत्त्व अथवा आश्रयाश्रित अथवा ज्ञान का स्वरूप? यदि आश्रित तत्त्व की सिद्धि की जाती है तो आत्मा का बोध ही नहीं हुआ, आश्रित तत्त्व की स्थिति इससे भिन्न है। यदि आत्मा की सिद्धि की जाती है तो यह ऐसा होगा – आत्मा है ज्ञान के कारण रूप से, किन्तु व्यधिकरण का गमकत्व नहीं है। यदि आश्रित ज्ञानस्वरूप है और उसकी सिद्धि की जाती है तो फिर वह प्रत्यक्ष द्वारा ही ज्ञात है। उससे भिन्न अन्य को अनुमान का विषय बताना पड़ेगा। कैसे ज्ञान, सुख आदि आत्मा के साथ सम्बन्धित हैं यह बताया गया है? क्या सत्तामात्र से? अथवा उसके जन्य होने से? अथवा जनकत्व से? अथवा उसके समवायित्व से? अथवा उसके स्वरूपतादात्म्य से? यदि सत्तामात्र से सुख और ज्ञान का आत्मा से सम्बन्ध है तो आत्मा की तरह ही सभी पदार्थ चेतन होने चाहिए क्योंकि ज्ञान की सत्ता सभी में समान है। तब तो सभी को सुखी होना चाहिए था, आनन्द सभी में समान होने से। यदि जन्यतया-ज्ञान ही आत्मा का स्वरूप है तो नयन, आलोक, कपड़ा आदि भी चेतन होने चाहिए? वे भी जन्यमान रूप में समान हैं। यदि उसके जनकत्व से है तो ज्ञान द्वारा आत्मा का उत्पादन करने की बात क्या आप स्वीकारते हैं? यदि है तो स्मरण कैसे करेंगे, इसीलिए यह भी सम्भव नहीं है।

जैनमत का खण्डन

जिनके मत में देहपरिमाण मात्र आत्मा है वह मत जैनियों का है, उनके मत में भी सुख, दुःख, उपभोग, अनुभव और स्मरणों की संगति नहीं होती। कैसे? देखिए! सुख आदि कार्य आत्मा से भिन्न हैं? अभिन्न हैं? भिन्न और अभिन्न दोनों हैं? क्या हैं?

यदि भिन्न हैं तो क्या वे सत्तामात्र से भिन्न हैं, तज्जन्यत्वेन? जनकत्वरूप से? अथवा तत्समवायित्वरूप से भिन्न हैं? यहाँ पर भी पहले बताए हुए दोष ही पर्याप्त हैं।

यदि अभिन्नरूप में सुख, दुःख, उपभोग, स्मरण आदि कार्य उत्पन्न होते हैं, इसीलिए आत्मा कहा जाता है। तो उस उत्पत्ति में स्मरण और अनुमान विलुप्त होंगे। सुख आदि की तरह ही आत्मा का नानात्व उपलब्ध होगा। यदि आत्मा एकमात्र है तो सुख आदि भी एकमात्र होंगे। और एकत्व में, अनुभव मात्र की स्थिति होने से अनुमान और स्मरण नहीं होंगे। यदि सुख, दुःख आदि का नानात्व है तो आत्मा में भी नानात्व उपस्थित होगा। सुख आदि के भेद से भी आत्मा का भेद होगा और उसके बाद सुख आदि से तादात्म्य

उपलब्ध नहीं होंगे। यदि सुख आदि का आत्मा से तादात्म्य होगा तो एकता उपपन्न नहीं हो सकती, सुख आदि की तरह ही नाना आत्मा होंगी।

वेदान्त के मोक्ष का खण्डन

जो आत्मा के आनन्दस्वरूप को ही कैवल्य कहते हैं वे युक्तिवादी नहीं हैं। यदि आत्मा का आनन्दरूप संवेद्य है तो संसारावस्था में भी वह संवेद्य ही होगा। इससे तो मोक्ष के लिए किया जाने वाला प्रयास भी व्यर्थ है।

यदि, संसार अवस्था में अनादि-मल से अवगुण्ठित आत्मा के स्वरूप को नहीं जाना जा सकता या आनन्दस्वरूप की वेदना नहीं होती, जैसा कि कपड़े से ढके हुए घड़े के स्वरूप को नहीं जाना जा सकता, उसी प्रकार मल से लिप्त आत्मा में आत्मबुद्धि नहीं होती, यह कहना युक्तियुक्त नहीं है। दृष्टान्त और दार्ष्ट्रान्त में विषमता होने से, जैसा कि पट से ढके हुए घड़े का ज्ञान न होने में इन्द्रिय-सन्निकर्ष के अभाव के कारण प्रत्यक्ष न होना है। यहाँ तो मल के आवरण से किसका व्यवधान होता है? वेद्य और वेदक का व्यवधान नहीं कहा जा सकता।

वेद्य और वेदक दोनों आत्मा के स्वरूप हैं। जैसे बौद्धों का ज्ञान स्वसंवेद्य होता है। उस विषय के सद्भाव होने पर भी वेदित होता है और अभाव में भी वेदित ही होता है। उसी प्रकार आत्मा का स्वसंवेद्य स्वरूप मल से आवृत्त होने पर भी वेदित ही होता है और उसके न होने पर भी वेद्य ही है, क्योंकि मल अकिञ्चित्कर (असमर्थ) है और आत्मा दूसरे स्वरूप में रही हुई होती है। यदि मल तादात्म्य से अवस्थित है तो "मल हटाए जाते हैं" कहकर क्या कहना चाहते हैं ? आत्मा ही हटाई जाती है ऐसा कह रहे हैं। इससे तो मोक्ष ही विलुप्त हो जाएगा।

अनुपलब्धि का खण्डन

अब, अवयवी की उपलब्धि ही नहीं है। ओ हो ! ऐसा होने पर वह दृश्यानुपलब्धि है? अथवा अदृश्यानुपलब्धि है? यदि दृश्यानुपलब्धि है तो यह नहीं हो सकता। दृश्य शब्द से क्या बताया गया है? क्या उपलब्धिलक्षण प्राप्त अर्थ का अभिधान किया गया है? उपलब्धिलक्षण प्राप्ति भी प्रत्ययान्तरसाकल्य स्वभाव विशेष है। यदि ऐसा है तो कैसे अनुपलम्भ होगा। उपलब्धि-कारक-साकल्य होने पर उपलब्धि को होना ही पड़ता है। अनुपलब्धि नहीं। उसका स्वभावनिबन्धन ही है उपलब्धि। उपलब्धिलक्षण प्राप्त का यदि अनुपलम्भ हो तो अनुपलब्धि लक्षण प्राप्त का ही उपलम्भ होगा। इससे बहुत बड़ा अनिष्ट घटित होगा।

यदि घट अनवस्थित भूतल का उपलम्भ ही घट का अनुपलम्भ है तो भूतल का भी

उपलम्भ नहीं होगा। उसका भी उपलब्धिलक्षण प्राप्त होने से। यदि उपलब्धिलक्षण प्राप्त भूतल उपलब्ध होता है तो घट की भी उपलब्धि होगी। यदि भूतल के ज्ञान में घट का स्वरूप प्रतीत होता है तो इसी से उसका अनुपलम्भ है तो भी घट के अभाव का व्यवहार किया ही जाता है न ! यह उचित नहीं हो सकता। घट अवस्थित भूतल में भी भूतल का ज्ञान होने पर घट प्रतीत नहीं होता, वहाँ पर भी घटाभाव का व्यवहार घटित होगा।

इसी प्रकार उपलब्धिलक्षण प्राप्त ज्ञान का भी संवेदन नहीं होगा। इसी से सभी के असंवेदन में अनुपलब्धि नहीं होगी। अनुपलब्धि उपलब्धि की ही होती है।

क्षणिकत्व का उत्थापन

ऐसा भी कहा गया है – "अवयवी के निराकरण में क्षणिकत्व होता है। निश्चय ही, पदार्थ अक्षणिक है तभी अवयव-अवयवी भाव होता है। उसके अभाव में ही वह निश्चय पाता है।" नहीं, कैसे उसका अभाव होता है? स्थायीपदार्थ में अर्थक्रिया का सामर्थ्य नहीं होता। वह कैसे? देखिए – क्या जिस स्वभाव से पहले अर्थक्रिया करता है फिर उसी स्वभाव से उत्तर-उत्तर भी कार्य करता है? यदि स्वभावान्तर प्राप्त करता है तो, यदि उसी से करता है तो एककालत्व ही सभी कार्यों में प्रसक्त होगा और क्रमशः करने की परिपाटी भी नष्ट होगी। पदार्थों का स्वस्वभाव में सिमटने का कालात्मक विकल्प भी नहीं है। विकल्प में भी एक स्वभावस्वरूप का अतिक्रम होता है। यदि भिन्न स्वभावयुक्त का उत्पादन करता है तो उससे दूसरे स्वभाव की आपत्ति और पूर्व आकार का परिहाररूप विघ्न उपस्थित होगा। उसके अपरित्याग से दूसरे आकार से प्रवेश नहीं होता, आकारों की एकता न होने से। यदि पूर्वाकार का परिहार है तो वहीं क्षणिकत्व भी रहेगा जो पूर्व और पर कार्य तथा कारण का व्यवस्थापन करता है।

यह कथन अयुक्त है। यदि क्रमशः कार्य नहीं करता है तो एक साथ भी कैसे करेगा? एक नीलस्वलक्षण अनेक नील आदि ज्ञान का (उत्पादनरूप) कार्य करता है ऐसा आप लोगों का सिद्धान्त है। वह अनेक कार्य क्या एक ही आकार से करता है या आकारभेद से करता है? यदि एक से करता है तो सभी कार्यों का एकाकाररूप उपस्थित होता है – एकत्व, और एक की अनेकता उपस्थित होगी। यदि आकारभेद से अनेक कार्य उत्पन्न करता है तो आकारभेद से ही एकत्व व्यावृत्त होता है, उसके व्यावृत्त होते ही एक भी और अनेक भी कार्य नहीं हो सकते।

इस प्रकार अपने ही हेतुओं से उद्‌भूत एक ही बार अनेक कार्य कर सकने वाला आकार है तो मेरा भी क्रमभावी अनेक कार्यों में युक्त अपने ही हेतुओं से आकार समुद्‌भूत हो चुका है !

अर्थापत्ति-प्रमाण का खण्डन

इसी प्रकार अर्थापत्ति आदि का भी अप्रामाण्य सिद्ध हुआ है। अर्थापत्ति आदि का स्वरूप कैसा होता है? कैसे उसका प्रामाण्य होता है? यहाँ दर्शनार्थापत्ति के स्वरूप का विवेचन करते हैं – रूपदर्शनान्यथानुपपत्ति द्वारा चक्षु का ज्ञान होता है। उसी प्रकार अनुमानपूर्विकार्थापत्ति से अग्नि का ज्ञान होता है। अभावपूर्वक अर्थापत्ति द्वारा जीवित देवदत्त घर में नहीं है – गृह में भावान्यथानुपपत्ति द्वारा बहिर्भावप्रतिपत्ति होती है। इसी प्रकार आगमपूर्वक अर्थापत्ति द्वारा शब्दार्थप्रतिपत्ति, अन्यथानुपपत्ति द्वारा शब्दार्थसम्बन्ध की नित्यता का ज्ञान होता है। अर्थापत्तिपूर्वक अर्थापत्ति से शब्दार्थसम्बन्ध की नित्यता का ज्ञान होता है। इसी प्रकार उपमानपूर्वक अर्थापत्ति से भी गवयपिण्ड के ग्रहण के बाद घर में अवस्थित गोपिण्ड का गोगवय सादृश्य से अवच्छिन्न प्रतिपत्ति उपमान द्वारा और उस पिण्ड में सादृश्य तथा उस पिण्ड के दूध देने, प्रसव आदि सामर्थ्य अर्थापत्ति से उपलब्ध होता है। यह छः प्रकार की अर्थापत्ति है।

यह उपयुक्त नहीं है। जो कहा गया है – "रूपदर्शनान्यथानुपपत्ति द्वारा चक्षु इन्द्रिय प्रतीत होता है।" यह कथन उचित नहीं है। चक्षु इन्द्रिय अन्वयव्यतिरेक सम्बन्ध के अवधारण बिना दूसरे कारण के परिहारपूर्वक नियत कारण प्रतिपत्ति, अर्थापत्ति द्वारा अनुपपन्न होता है। वह चक्षु आदि करण पिशाच आदि के तरह होने से अवगत नहीं हो सकता और अवगत होने पर अर्थापत्ति ही नहीं हो सकती। इसी प्रकार अर्थापत्ति के सभी प्रकारों की अनुपपत्ति अभिप्रेत्य है।

शब्द-प्रमाण का खण्डन

कुछ लोग कहते हैं – "वाचकत्व रूप से गोशब्द का प्रामाण्य होता है।" यह ठीक नहीं है, शब्दार्थ सम्बन्ध के बिना प्रामाण्य नहीं हो सकता। शब्द और अर्थ का सम्बन्ध तादात्म्यलक्षण भी नहीं है, उनके आकार में भेद होने से। तदुत्पत्ति भी नहीं हो सकती क्योंकि अर्थ न होने पर भी शब्द का उदय देखा जाता है।

शब्द और अर्थ का सम्बन्ध सामयिक भी नहीं हो सकता, क्योंकि शब्द और अर्थ व्यक्तियाँ अनन्त हैं, और उनमें से अभिन्नता का निमित्त कोई नहीं है। संकेतित शब्द से अर्थज्ञान की काल में अवस्थिति भी नहीं होती। अर्थ के बोध कराने वाले शब्द का संकेत भी अवगत नहीं होता। समय-कारण के काल में उसका अभाव हो जाता है। अपने कार्यरूप सम्बन्ध के बिना पूर्वशब्दसम्बन्ध नहीं हो सकता, अपने ही सारूप्य और अतिव्याप्तिदोष आदि के कारण से भी।

शब्द और अर्थ का सम्बन्ध स्वाभाविक भी नहीं हो सकता। क्योंकि उसकी गति नहीं है। अतः प्रत्यक्ष एवं अनुमान से भी नहीं जाना जा सकता।

यदि अर्थापत्ति से अनुमान किया जाता है तो वह भी सम्भव नहीं है। प्रत्यक्ष आदि पूर्वक ही अर्थापत्ति होती है, प्रत्यक्ष आदि के अभाव में वह भी सम्भव नहीं है। अनुमान से अर्थापत्ति भिन्न भी नहीं है। अनुमान द्वारा शब्दार्थसम्बन्ध ग्राह्य होने की बात आप लोग नहीं स्वीकारते हैं। वह अनुमान भी नहीं है। इसी न्याय से ही नित्य सम्बन्ध के ज्ञान का जनक यहाँ कुछ भी नहीं है।

आप्तता का खण्डन

अन्य कुछ व्यक्ति आप्तोक्त हेतु से शब्द का प्रामाण्य स्वीकार करते हैं। आप्तों का तात्पर्य धर्मों का साक्षात्कार करने वाले व्यक्तियों से है। उन लोगों ने जो कहा वह समान रूप से आप्तवाक्य है और निश्चय ही अविसंवादक भी। ऐसा इसलिए कि दोष-रहित व्यक्ति कभी असत्य भाषण नहीं कर सकता। यह कथन उचित नहीं है। आप्त अत्यन्त अप्रत्यक्ष है एवं उसकी आप्तता का बोध भी नहीं है। वीतराग ज्ञापक अनुमान भी नहीं है, वह अप्रामाणिक है ही।

हो भी तो, आप्तोक्तत्व में प्रामाण्य क्या है ! क्या सत्तामात्र से प्रामाण्य है? अथवा ज्ञानजनकत्वेन प्रामाण्य है? यदि सत्तामात्र से है तो वह नहीं हो सकता, अकारक (अकर्त्ता) का प्रामाण्य कैसे सम्भव होगा?

यदि विज्ञानजनकत्वरूप से प्रामाण्य है तो वह क्या एक का है अथवा सहकारी कारण से उपचरित का है? यदि एकल का है तो वह नहीं हो सकता क्योंकि स्वयं जाना ही नहीं है और क्रमशः एवं युगपत् एक ही बार सम्भव भी नहीं है।

यदि कुछ पुरुषों के स्मरण की बात है तो यह अनैकान्तिक हेतु होगा। क्योंकि कुछ व्यक्ति तो इस समय होते हुए कार्यों के कर्त्ताओं का स्मरण भी नहीं करते !

दूसरी बात, कुछ पुरुष (वेद के) कर्त्ता का स्मरण नहीं करते, इससे यह बात निकलती है कि अन्यपुरुष तो वेद के कर्त्ता का स्मरण करते हैं, इसीलिए वेद पौरुषेय हैं, विशेष प्रतिषेध के शेष-अभ्यनुज्ञाविषय होने से, अर्थात् विशिष्ट अर्थ होने से। दूसरी बात, पुरुषकृत होने पर भी वेद का अप्रामाण्य तो नहीं हो सकता। किन्तु पुरुष के दोष के कारण से होता है। अतः उस दोष को मात्र हटाना उचित होता है किन्तु कर्त्ता को नहीं। यदि पुरुष में दोष होते हैं और उसके द्वारा बनाए जाने वाले पदार्थों में भी दोष होते हैं, यह आशंका करने पर तो इन्द्रियाँ भी दोष किया करती हैं, इसीलिए इन्द्रियों से उत्पन्न ज्ञानों के अप्रामाण्य की शंका करनी पड़ेगी। इस प्रकार तो सभी जगह प्रामाण्य के प्रति अविश्वास ही हो जाएगा।

कर्त्ता का स्मरण न होने के कारण से ही वैदिक शब्दों का अपौरुषेयत्व सिद्ध भी

नहीं होता। अन्यथारूप से भी अस्मर्यमाणकर्तृता उत्पन्न होती है – किसी विदग्ध बुद्धिमान् ने वेद को देखकर अपने को छिपाते हुए कहा है – "मैं वेद का कर्त्ता नहीं हूँ।"

यदि वेद अपौरुषेय भी हो तो उसके प्रामाण्य में क्या रखा है? यदि पुरुष व्यावृत्ति द्वारा उसके दोष की व्यावृत्ति होने से प्रामाण्य होता है तो उसकी व्यावृत्ति से उसके गुणों की भी व्यावृत्ति होने से वेद फिर अप्रामाणिक क्यों नहीं होंगे। पुरुष में हुए गुण और दोष दोनों व्यावृत्त होने पर निसर्गतः दोष होने से क्यों वह अप्रामाणिक न हो ! और इसी प्रकार अपौरुषेयत्व होने पर भी राग आदि दोषों का सम्बन्ध तो दिखता है, उपलब्ध भी होता है, वैसे ही वेद में भी होगा।

वैयाकरणों के मत का खण्डन

अन्य व्यक्ति साधु शब्द से अर्थ का ज्ञान होता है ऐसा कहते हैं। साधुता तो लक्षण के सहयोग से होती है। लक्षण सूत्र ही हैं। लक्ष्य "गौः" इत्यादि पद हैं। यह क्या है जिसे लक्षण द्वारा, जो परमऋषि द्वारा बताए हुए सूत्रसमूह लक्षित करते हैं? क्या गकार आदि वर्ण हैं? अथवा वर्णों से उत्पन्न दूसरा अर्थ है? अथवा स्फोटरूप पद है? यदि वर्ण हैं तो क्या वे नित्य होकर पदसंज्ञायुक्त होते हैं? अथवा उपजननधर्मयुक्त होते हैं? यदि नित्य एवं कूटस्थ होकर ही वर्ण पद कहलाते हैं तो, वहाँ क्या व्यस्त? अथवा समस्त होकर ही? यदि व्यस्त हैं तो सनातन होकर ही पद संज्ञायुक्त होते हैं, उससे केवल गवर्ण से ही "गो" अर्थ का प्रतिपादन किया जाएगा, अथवा ओकार से अर्थ का प्रतिपादन होगा। उसके बाद पूर्वापर वर्णों का उच्चारण व्यर्थ हो जाएगा। एक वर्ण में विभक्ति की अन्यता भी नहीं है किन्तु वर्णसमूह में विभक्ति का उत्पादन स्वीकृत किया गया है।

पाप–पुण्य भी नहीं होते

"गावी" के उच्चारण से स्वरूप का विपर्यास (बिगड़ना) भी नहीं हो सकता। क्योंकि गावी उच्चारणपूर्वक गाय का बोध करने पर गाय का स्वरूप भी नहीं बिगड़ा है। यदि अर्थक्रियाकारिता ही नष्ट होती है तो यह भी युक्तिपूर्ण नहीं है क्योंकि गावीशब्दबोध्य गाय में भी गर्भधारण करने, व्याहने, दूध देने आदि क्रियाएँ यथावत् रूप में रहते हुए दिखते हैं। नहीं, वाचकत्व की हानि न होने पर भी गावी के उच्चारण से अमंगल का उदय होता है। जैसा कि कहा है –

> अपशब्द द्वारा भी अनुमानपूर्वक साधुशब्द का वाचकत्व कुछ लोग स्वीकारते हैं, उसके वाचकत्व में कुछ विशेष न होने पर भी पुण्य और पाप का प्रसंग अर्थात् साधुशब्द से पुण्य और असाधुशब्द से पाप के उदय होने वाली बात होती है।

यह कथन उचित नहीं है। उसके साथ कोई भी प्रतिबन्ध कारण नहीं है । उसके विपरीत सिद्ध करने वाला प्रमाण भी नहीं है। दूसरे काल में म्लेच्छवत् शब्दोच्चारण नहीं करना चाहिए, ऐसा नियम भी स्वीकार्य नहीं है। शुद्धता की बात भी नहीं है। अन्यत्र ही सही लेकिन पण्डितगण भी व्यवहार उदयदान आदि में ऐसे प्रयोग करते ही हैं।

इस प्रकार तत्त्वों का खण्डन अर्थात् विनाश होने के बाद भी बिना विचारे ही रमणीय प्रतीत होने वाले समस्त (मूर्खतापूर्ण) व्यवहार प्रचलित होते ही हैं।

उपसंहार

पाखण्डियों के अहंकार का नाश (छेदन) करने में समर्थ इस पवित्र पुस्तक में, बुद्धि के वे दृढ़ विकल्प उपलब्ध हैं, जो देवगुरु बृहस्पति की बुद्धि को भी गोचर नहीं हो पाए थे। जयराशिभट्ट और देवगुरु द्वारा सृजित यह महान् तत्त्वों का खण्डन (उपप्लव) रूप सिंह अत्यन्त परम ख्याति (प्रसिद्धि और यश) पाएगा। पाखण्डों के खण्डन में दक्ष, ज्ञानरूपी समुद्र का वर्द्धक, वादियों को जीतने में समर्थ, वे जयराशि भट्ट के विकल्प यहाँ हमेशा विजयी हों।

इस प्रकार इस अपूर्व ग्रन्थ का हिन्दी अनुवाद पूर्ण होता है। हमने इस ग्रन्थ के परिशिष्ट के रूप में बार्हस्पत्यसूत्र भी दिए हैं, जो नेपाल काठमाण्डू के हस्तलिखित ग्रन्थागार से उपलब्ध हुए हैं। आशा है कि हमारा यह प्रयास इस दुरूह लेकिन महान् ग्रन्थ में प्रवेश पाने का सोपान बन पाएगा और इसके अवगाहन के इच्छुक यथायोग्य लाभान्वित हो सकेंगे।

काशीनाथ न्यौपाने
अम्बिकादत्त शर्मा

१

ग्रन्थकरणप्रतिज्ञा
(ग्रन्थकार की प्रतिज्ञा)

. . . . तां यात मुनं . . . .
तत्त्वोपप्लपसिंह एष विषमो नूनं मया सृज्यते . . . .
नास्ति तत्फलं वा स्वर्गादि। सत्यं, तावदेतस्य कर्मणः स भा . . . .
उक्तं च परमार्थविद्भिरपि–

> ***लौकिको मार्गोऽनुसर्त्तव्यः अ(ति?) . . . .*** **।**
> ***लोकव्यवहारं प्रति सदृशौ बालपण्डितौ*** **॥ इत्यादि।**

तत्त्वोपप्लवसिंह (तत्त्व अर्थात् सिद्धान्तों का उपप्लव – विनाश करने वाला) नामक इस विषम कृति का . . . . निश्चित रूप में मैं सृजन करने जा रहा हूँ। . . . . इसका फल कुछ भी नहीं है। जैसा कि स्वर्ग आदि। यह निश्चित है कि इस प्रकार के कर्मों का . . . . परमार्थ के विज्ञों ने भी कहा है "लौकिक मार्ग का अनुसरण करना चाहिए। . . . . लोकव्यवहार के प्रति बालक और पण्डित समान होते हैं।" इत्यादि।

२

बृहस्पतेस्तत्त्वचतुष्कोक्तेरपि तत्त्वोपप्लवपरत्वम्
(बृहस्पति के द्वारा प्रतिपादित चार तत्त्वों का भी खण्डन)

ननु यद्युपप्लवस्तत्त्वानां किमाया . . . .
अथातस्तत्त्वं व्याख्यास्यामः पृथिव्यापस्तेजोवायुरिति तत्त्वानि तत्समुदाये शरीरेन्द्रियविषयसञ्ज्ञा **इत्यादि? न, अन्यार्थत्वात्। किमर्थम्? प्रतिबिम्बनार्थम्। किं पुनरत्र प्रतिबिम्ब्यते? पृथिव्यादीनि तत्त्वानि लोके प्रसिद्धानि, तान्यपि विचार्यमाणानि न व्यवतिष्ठन्ते किं पुनरन्यानि?**

यदि उपप्लव (विनष्ट) तत्त्वों का . . . . ।

अब, इसके बाद तत्त्वों की व्याख्या की जाती है। पृथिवी, जल, तेज और वायु ही तत्त्व हैं और उन्हीं के पिण्डभूत-समुदाय को ही शरीर, इन्द्रिय तथा विषय कहा गया है। इत्यादि। यह नहीं है। क्योंकि इसका अर्थ (प्रयोजन) दूसरा ही है। किसलिए? क्योंकि प्रतिबिम्ब के लिए। यहाँ किसका प्रतिबिम्ब होता है, या बनाया जाता है? पृथिवी आदि तत्त्व लोक में प्रसिद्ध हैं, परन्तु वे भी विवेचन करने पर सिद्ध नहीं होते तब अदृश्य तत्त्वों की तो बात ही क्या है?

अथ कथं तानि न सन्ति? तदुच्यते — सल्लक्षणनिबन्धनं मानव्यवस्थानम्, माननिबन्धना च मेयस्थितिः, तदभावे तयोः सद्व्यवहारविषयत्वं कथं सम्भवेत्[१] । अथ . . . न च . . . व्यवहारः क्रियते, तदात्मनि रूपास्तित्वव्यवहारो घटादौ च सुखास्तित्वव्यवहारः प्रवर्त्तयितव्यः ।

अब, विचार करते हैं, तो क्यों वे तत्त्व नहीं हैं? कहता हूँ, सत् लक्षण से युक्त प्रमाण का निश्चय किया जाना चाहिए। प्रमाण के द्वारा ही प्रमेयों की सिद्धि होती है। उसका अभाव होने पर प्रमाण और प्रमेय का सद्व्यवहार सिद्ध नहीं हो सकता। . . . . यदि उनका व्यवहार नहीं किया जाता है तो . . . . उस अवस्था में आत्मा (अपने) में रूप की अवस्थिति होती है और घड़े आदि में सुख है यह व्यवहार करना होगा।

---

[१] "कथं . . . ताम्", इति खण्डितपाठ उपलभ्यते।

३

न्यायसम्मतस्य प्रत्यक्षलक्षणस्य परीक्षा
(न्यायसम्मत प्रत्यक्ष का खण्डन)

अ . . . .

***इन्द्रियार्थसन्निकर्षोत्पन्नं ज्ञानमव्यपदेश्यमव्यभिचारि व्यवसायात्मकं प्रत्यक्षम्* (न्यायसू. १.१.४) इति तल्लक्षणम्।**

अब, प्रमाण का लक्षण करते हैं – इन्द्रिय और अर्थ के सन्निकर्ष से समुत्पन्न ज्ञान, जो अव्यपदेशी, अव्यभिचारी तथा व्यवसायात्मक होता है वही प्रत्यक्ष है। यही प्रत्यक्ष का लक्षण है।

३.१ अदुष्टकारकेत्यादिविकल्पचतुष्टयेन अव्यभिचारिपदस्य दूषणोपक्रमः (अव्यभिचारी पद का खण्डन)

तच्चाव्यभि[१] चारि . . . . किमदुष्टकारकसन्दोहोत्पाद्यत्वेन, आहोस्विद् बाधारहितत्वेन, प्रवृत्तिसामर्थ्येन, अन्यथा वा? तद्यद्यदुष्टकारक सन्दोहोत्पाद्यत्वेन अव्यभिचारित्वम्, सैव कारणानामदुष्टता केनावगम्यते? न प्रत्यक्षेण, नयनकुशलादेरतीन्द्रियत्वात्। नाप्यनुमानेन, लिङ्गान्तराऽनवगतेः। ननु इदमेव ज्ञानं लिङ्गं तदुत्थं तस्य विशिष्टतां गमयति, यद्येवम् इतरेतराश्रयत्वं दुरुत्तरमापनीपद्यते। किञ्च, इन्द्रियाणां गुणदोषाश्रयत्वे तदुत्थे विज्ञाने दोषाशङ्का नातिवर्त्तते पुंव्यापारोत्पादितशब्दविज्ञान इव।

इस लक्षण में प्रयुक्त अव्यभिचारी पद का अर्थ क्या है? क्या अदुष्ट (दोषरहित) कारक-समूह द्वारा उत्पादित होने से अथवा बाधारहित होने से है? अथवा प्रवृत्ति के सामर्थ्य से कहा गया है? अथवा अन्य किसी कारण से कहा गया है?

यदि वह अदुष्ट कारक सन्दोह (समूह) द्वारा उत्पाद्यमान होने से अव्यभिचारित्व कहा गया है तो उन कारणों की निर्दुष्टता का ज्ञान कैसे होगा?

प्रत्यक्ष प्रमाण से वह नहीं हो सकता क्योंकि इन्द्रियों की कुशलता का ज्ञान स्वयं इन्द्रियों को नहीं हो सकता, इन्द्रियाँ स्वयं में अतीन्द्रिय हैं।

अनुमान से भी वह नहीं हो सकता क्योंकि दूसरे हेतु का ज्ञान न होने से। नहीं, यह

[१] "अव्यभि . . . ." खण्डितपाठ उपलभ्यते।

ज्ञान ही हेतु है और इससे निःसृत ज्ञान उसके वैशिष्ट्य का बोध कराता है – यदि ऐसा कहेंगे तो इतरेतराश्रय दोष होगा, इसीलिए ऐसा कहना उचित नहीं है। दूसरी बात यह कि इन्द्रियाँ ही गुण-दोषों का आश्रय होती हैं, तो ऐसे इन्द्रियों से उत्पन्न ज्ञान को दोष की शंका से दूर नहीं रखा जा सकता। जैसा कि पुरुष के द्वारा किए जाने वाले कृत्य-जन्य-शब्द विज्ञान में हुआ करता है।

अथ बाधानुत्पत्त्याऽव्यभिचारित्वं ज्ञायते, बाधानुत्पत्तिर्विज्ञानस्य किं यथार्थ-गृहीतित्वेन, आहोस्विद् बाधकज्ञानोत्पादककारकवैकल्यादिति सन्दिह्मः? दृश्यते हि बाधकज्ञानोत्पादककारकवैकल्याद् बाधानुत्पादः, यथा दूरे मरीचिनिचये जलज्ञाने जाते बाधा न संपद्यते, अभ्यासदेशावस्थितस्य कारकोपनिपाते सत्युत्पद्यते। सा चोपजायमाना संवत्सरादिकालविकल्पेन संजायते, कदाचिच्च कारकवैकल्यान्नैव सम्पद्यते। न चैतावता तस्य यथार्थता उपपद्यते।

यदि बाधा की अनुत्पत्ति से अव्यभिचारित्व का ज्ञान होता है तो उसके अनुत्पत्तित्व के ज्ञान का क्या यथार्थ ग्रहण द्वारा बोध होगा अथवा बाधक ज्ञानोत्पादककारक की विकलता से होगा, इस विषय में हम लोग सन्देह में हैं, क्योंकि ऐसा भी देखा जाता है कि – बाधक ज्ञान के उत्पादककारक की विकलता के द्वारा ही बाधा का अनुत्पादन होता है – उत्पत्ति नहीं होती। जैसा कि सुदूर में अवस्थित सूर्य-किरणों के समूहों में जल का ज्ञान होता है और उस अवस्था में कोई बाधक ज्ञान भी नहीं होता। किन्तु उस विषय में पहले से ही ऐसा होता रहा है तो इन्द्रियजन्यतया जल के दिखने पर भी "बाधा" की उपस्थिति होती है। परन्तु कभी-कभी उस बाधा के उपस्थित होने में १–२ वर्ष भी लग जाते हैं और कभी-कभार इन्द्रियों की विकलता (दोष) के कारण बाधा की उपस्थिति ही नहीं होती। परन्तु इसी से ही उसकी (जल ज्ञान की) यथार्थता तो स्वीकृत नहीं हो जाती।

अपि च, बाधाविरह एव बाधासद्भावावेदकः तदुपलब्धत्वेन तत्सद्भावो-पलब्धेः।

फिर, बाधा का नहीं होना स्वयं ही बाधा के सद्भाव का अवेदक है, इस प्रकार उसकी उपलब्धि से उसके सद्भाव (अवस्थिति) की उपलब्धि होने की स्थिति तो रहती ही है।

अन्यच्च, बाधाविरहः किं सर्वपुरुषापेक्षया, आहोस्वित् प्रतिपत्त्रपेक्षया? तद्यदि सर्वपुरुषापेक्षया . . . तद्विरहोऽप्य . . . सर्वज्ञाः स्युः। भवन्तु नाम सर्वे सर्वज्ञाः को दोषः? असर्वज्ञव्यवहाराभावप्रसङ्गः।

दूसरी बात, यह बाधाविरह क्या सभी पुरुषों (व्यक्ति) की अपेक्षा को लेकर है अथवा ज्ञान करने वाले व्यक्ति (एक) की अपेक्षा से है? यदि सभी पुरुषों की अपेक्षा से है तो (बाधा न होने वाले सभी पुरुष) वे सभी सर्वज्ञ हो जाएंगे। हों वे सब सर्वज्ञ, फिर तुम्हें

क्यों सिरदर्द है? ऐसा होने पर तो असर्वज्ञों (अल्पज्ञ) के व्यवहार का अभाव (दोष) उपस्थित होता हुआ दिखता है।

अथ प्रतिपत्त्रपेक्षया बाधानुत्पादः – प्रतिपत्तुर्बाधकं विज्ञानं नोत्पद्यते तेन तदव्यभिचारि, तदयुक्तम्, प्रतिपत्तुर्बाधकज्ञानाऽनुत्पादेऽपि देशान्तरगमन-मरणादिना मणिमरीच्यादिविपर्ययज्ञानदर्शनात्। अथवा तद्विपर्ययज्ञानं तथाविधमेवोत्पन्नं स्वप्रभवस्वभावानुप्रवेशेन यद्बाधकविज्ञानोत्पादप्रतिबन्धकृत् तद्वशोऽपितथाभूत एव परेष्टसम्यग्ज्ञानवत्। . . . एवं सति यदुक्तम् – ***यत्र च दुष्टं करणं यत्र च मिथ्येति प्रत्ययः स एव असमीचीनः प्रत्ययः*** **(शाबरभा. १.१.५) इत्येतदेवाऽसमीचीनम्।**

अब, बोध (ज्ञान) करने वाले व्यक्ति को अपेक्षित कर यहाँ बाधा का अनुत्पाद कहा है तो प्रतिपत्ता (ज्ञाता) का बाधक ज्ञान उत्पन्न ही नहीं होगा। इसी से वह अव्यभिचारी है तो यह सम्भव नहीं है। बाधक व्यक्ति के बाधज्ञान के उत्पादन न होने पर भी दूसरी जगह जाना या मृत्यु हो जाना अथवा मणि (रत्न) और सूर्य-किरण समूहों के कारण से विपरीत ज्ञान देखा जाता है, या फिर ज्ञान होते हुए भी देखा गया है।

अथवा, उससे उल्टा ज्ञान उसी स्वरूप में उत्पन्न होकर अपने कारण और स्वभाव में युक्त होता है और इसी के चलते बाधकज्ञान के उत्पादन में प्रतिबन्ध देखा जाता है। उसके कारण से भी उसी स्वरूप में ही दूसरे (मीमांसक) की चाह के अनुरूप जैसा कि सम्यक् ज्ञान में हुआ करता है। . . . इस अवस्था में ऐसा कहा भी है – "जहाँ कारण दोषयुक्त है और जहाँ ज्ञान मिथ्या है ऐसा बोध होता है वही अप्रामाणिक ज्ञान अथवा विसंवादी-वञ्चनात्मक ज्ञान है ऐसा निश्चय होता है।" यह कथन ही असमीचीन (अनुपयुक्त) है ऐसा समझना चाहिए।

अथ प्रवृत्तिसामर्थ्येन अव्यभिचारितां वेत्सि, प्रवृत्तिसामर्थ्यं फलेनाऽभिसम्बन्धः, फलं च स्रक्चन्दनवनितोदकादि, तेषु सत्यफलनिष्पत्तेः तेषु फलोपचारः तद्देहसम्बन्धः प्रवृत्तिसामर्थ्यम्। प्रवृत्तिः कायस्था क्रिया तत्सामर्थ्यम् अव्यभिचारितां गमयति। तत्किम् अवगतम्, अनवगतं वा? यदि नावगतम्, तद् ***अस्ति*** **इति कथं वेत्सि? अथाऽवगतम्, तदवगतेरव्यभिचारिता कथमवगम्यत इति पूर्वोक्तमनुसर्त्तव्यम्।**

अब, यदि प्रवृत्ति सामर्थ्य के कारण अव्यभिचारिता है ऐसा कहते हैं तो, प्रवृत्ति सामर्थ्य का तात्पर्य फल (परिणाम) के साथ साहचर्य सम्बन्धात्मक है, फल तो माला, चन्दन, वनिता (स्त्री), जल आदि ही होंगे क्योंकि उनमें प्रवृत्ति सफल होती है। उनमें फल का उपचार (आरोपण) किया जाता है, वह तो उनके शरीरों के साथ सम्पर्क ही है। क्योंकि वहाँ पर प्रवृत्ति सामर्थ्य देखा जाता है। प्रवृत्ति तो कायस्थ (शरीर संयोग की) क्रिया ही है और उससे अर्थात् उस सामर्थ्य से अव्यभिचारित्व का बोध कराया जाता है।

तब, क्या वह अवगत है? अथवा अनवगत? यदि अनवगत है तो वहाँ पर "यह है" यह बोध कैसे होगा? यदि अवगत है तो उस अवगति के अव्यभिचारित्व को कैसे जाना जा सकता है, यह पहले ही कहा जा चुका है। अतः उसे ही फिर देखना चाहिए या देखा जा सकता है।

उदकप्राप्त्या पूर्वोत्पन्नोदकविज्ञानस्य अव्यभिचारिता व्यवस्थाप्यते, किं तत्प्रतिभातोदकप्राप्त्या, आहोस्वित् तज्जातीयोद[२]कप्राप्त्या, तद्वंशजजलप्राप्त्या वा?

उदक (जल) प्राप्ति द्वारा पहले उत्पन्न उदक ज्ञान की अव्यभिचारिता को व्यवस्थापित किया जाता है तो वह उसके (जल) प्रतीतिजन्य उदक प्राप्ति से है अथवा उसके जातिगत उदक प्राप्ति के कारण से है? अथवा उस जलवंश की जल प्राप्ति द्वारा है?

तद्यदि प्रतिभातोदकप्राप्त्या, तदयुक्तम्, प्रतिभातोदकस्य अवस्थानं नोपपद्यते, झषमहिषपरिवर्तनाऽभिघातोपजाताऽवयवक्रियान्यायेन प्रत्यस्तमयसंभवात्।

यदि आशय यहाँ प्रतीतिजन्य जल की प्राप्ति से है तो वह उचित नहीं है, प्रतीतिजन्य उदक की अवस्थिति होती ही नहीं। जैसा कि मछली, भैंस आदि से परिवर्तनजन्य, अभिघात (जल संचलन) जन्य अवयव (जलीय शरीर) के क्रियात्मक न्याय से उसकी प्रतीति ही विपरीत हुआ करती है।

अथ तज्जातीयोदकप्राप्त्या, एवं तर्हि असत्योदकज्ञानेऽपि जाते क्वचित्तोयमासादयन्ति पुमांसः तदप्यवितथं स्यात्। अथ तद्देशकालसंलग्नमुदकं न प्रापयति मिथ्याज्ञानम्, सम्यग्ज्ञानं तु तद्देशकालसंलग्नमुदकं प्रापयति तेन तदव्यभिचारीति चेत्, यन्न प्रापयति तद् व्यभिचारि तर्हि मुमूर्षुपदार्थोत्पादितं ज्ञानं चन्द्रार्कग्रहनक्षत्रतारकादिसंवेदनं च व्यभिचारि प्राप्नोति। न च तद्देशकालसंलग्नोदकप्रापकत्वमस्ति, देशस्यापि उदकवद् विनाशसंभवात्।

अब, जलजातीय जल की प्राप्ति से है तो असत्य जल के (मरीचिक) ज्ञान होने पर भी कहीं व्यक्तियों के द्वारा जल प्राप्त किया जाता है और वह मिथ्या नहीं होता।

यदि उस देश-काल के साथ सम्बद्ध उदक की प्राप्ति मिथ्या ज्ञान द्वारा नहीं होती परन्तु सम्यक् ज्ञान उस देश-काल के साथ सम्बन्धित उदक की प्राप्ति कराता है, उसी से वह अव्यभिचारी है ऐसा समझते हैं तो जो ज्ञान प्राप्त नहीं कराता है वह व्यभिचारी होगा, तब तो मरने के लिए चाहना रखने वाले (क्षणस्थायी) पदार्थ द्वारा उत्पादित ज्ञान और चन्द्र, सूर्य, ग्रह, नक्षत्र, तारा आदि का संवेदन भी व्यभिचरित (प्रमाण न होने से)

---

२ "..योद ... प्रात्या" इति खण्डितपाठ उपलभ्यते।

होगा। पुनः उस देश, काल आदि में भी उपलब्ध पानी आदि की प्राप्ति भी मिथ्या ही ठहरेगी, क्योंकि देश का भी जल की तरह ही विनाश होना सम्भव है।

३.२ प्रसङ्गात् जातेर्निराकरणम्
(जाति का खण्डन)

नच जातेः संभवोऽस्ति। स एव कथम्? कथ्यते – सा उदकव्यक्तिभ्योऽभिन्ना, भिन्ना भिन्नाऽभिन्ना वेति?

जाति की स्थिति भी सम्भव नहीं है। कैसे सम्भव नहीं है ? देखिए, उदक (जल) में रहने वाली (उदकत्व) जाति उस उदक व्यक्ति से अभिन्न है या भिन्न? अथवा भिन्न-अभिन्न दोनों है?

तद्यदि तादात्म्यव्यवस्थिता, तदा इह तासां नानात्वेन[३] तस्या अपि नानात्वोपपत्तिः, तदेकत्वे च सर्वासामेकतापत्तिः। एकत्वे च निःसामान्यता तादात्म्यविपर्यासो वा।

वह जाति यदि तादात्म्य रूप से व्यवस्थित है तो यहाँ पर वह उदक व्यक्तियों के अनेक होने से उस जाति की भी अनेकता स्वतः प्राप्त होती है। यदि उस उदकत्व जाति को एक मानते हैं तो उससे सभी व्यक्तियों की भी एकता (एकत्व) प्राप्त होगी। व्यक्तियों के एक होते ही सामान्य (जाति) समाप्त हो जाती है, अतः या तो निःसामान्य या तादात्म्य का विपर्यास प्राप्त होगा।

अथ अर्थान्तरभूता, सा व्यावृत्ताकारा, अनुगताकारा वा? तद्यदि व्यावृत्ताकारा, न तस्याः सामान्यरूपत्वं व्यावृत्तैकस्वभावत्वात् तोयादिवत्।

यदि वह जाति अर्थान्तरभूत है ऐसा कहते हैं तो वह व्यावृत्ताकार होगा या अनुगताकार मानते हैं? यदि वह व्यावृत्ताकार होगी तो उसका सामान्यरूप (जातिपरक) सम्भव नहीं होगा क्योंकि उसका भी स्वभाव व्यावृत्तात्मक होने से तोय (जल) आदि जैसा ही होगा।

अथ अनुस्यूतरूपा, तत्किम् आत्मरूपानुस्यूता, पररूपानुस्यूता वा? तद्यद्यात्मरूपानुस्यूता, तदयुक्तम्, आत्मन्यनुगमाऽभावात्।

अब, अनुस्यूतरूप (साथ-साथ रहना) जाति मानते हैं तो क्या वह अपने ही स्वरूप की अनुस्यूतता अथवा दूसरे के स्वभाव की अनुस्यूतता? यदि आत्मरूप की अनुस्यूतता मानते हैं तो वह सम्भव नहीं है क्योंकि अपने (आत्मा) में अनुगम का अभाव होता है।

---

[३] "तस्यापि" इति पाठ मूले लभ्यते।

अथ पररूपानुस्यूता, केयं पररूपानुस्यूतता — किं तत्तादात्म्यम्, तत्समवायो वा? तद्यदि तादात्म्यम्, सामान्यतद्वतोरभेदप्रसङ्गः ।

यदि पररूप की अनुस्यूतता है तो यह पररूपता क्या है? क्या वह तादात्म्य है? अथवा समवाय है? यदि वह तादात्म्य है तो जाति और जातिमान् का अभेद (दोष) प्रसंग उपस्थित होगा ।

अथ पररूपसमवायः अनुस्यूताकारता, तदयुक्तम्, सामान्यादिभन्नः समवायः । सामान्यस्य अनुगतं रूपमालोचयितुमारब्धं न ततोऽन्यस्य ।

अब, यदि पररूप समवाय के अर्थ में अनुस्यूताकारता मानते हैं तो यह सम्भव नहीं है। समवाय, सामान्य (जाति) से भिन्न रूप होता है। सामान्य के अनुगत स्वरूप का चिन्तनमात्र आरम्भ होता है और किसी का नहीं ।

यदि च उदकजातीयार्थप्राप्त्याऽव्यभिचारिता पूर्वोदितोदकविज्ञानस्य व्यवस्थाप्यते, तदा उदकजातेर्गवादावपि संभवोऽस्ति गवादि प्राप्त्याऽव्यभि[४]चारिता उदकविज्ञानस्य स्यात् ।

यदि यह कहा जाए कि पूर्वोदित उदक-विज्ञान की अव्यभिचारिता उदकजातीय अर्थ की प्राप्ति द्वारा व्यवस्थापित होती है तो उदकजातीयता गो आदि में भी सम्भव ही है। ऐसी स्थिति में उदकज्ञान के अनन्तर गवादि अर्थ के प्राप्त होने का प्रसंग उपस्थित होगा, और तब भी क्या उदकज्ञान को अव्यभिचारी कहना उचित होगा ।

जाति में अभावों का प्रसंग

अथ उदकत्वस्य गवादावभाव इति चेत्, किम् इतरेतराभावः, प्रागभावः, प्रध्वंसाभावः, अत्यन्ताभावो वा? तद्यदीतरेतराभावः, तदा उदकादावपि समानम् उदकत्वस्याऽभावप्रसङ्गः । उदकरूपता न उदकत्वस्य, उदकत्वरूपता च नोदक . . . . . .

अब, उदक जाति गो आदि में नहीं रहती है ऐसा कहते हैं तो यह किस प्रकार का अभाव है । क्या इसे इतरेतराभाव, प्रागभाव, प्रध्वंसाभाव अथवा अत्यन्ताभाव मान सकते हैं?

यदि इतरेतराभाव मानते हैं तो उदक आदि में भी समानरूप से उदकजाति (उदकत्व) का अभाव उपलब्ध होगा। तब उदकत्व की न तो उदकरूपता होगी और न ही उदक की उदकत्वरूपता ।

---

[४] "अव्यभिचरिता" इति पाठो मूलेऽस्ति।

अथ प्रागभावः, तदा उदकेऽपि उदकस्याभावप्रसङ्गः।

अथ प्रध्वंसाभावः, तदा उदकेऽपि अभावप्रसङ्गः, अथ अन्यत्रास्ति, नैकत्र प्रत्यस्तमितस्य अन्यत्र संभव उपपद्यते।

अथ अत्यन्ताभावः, तदा उदकेऽपि तस्याऽभावप्रसङ्गः।

यदि प्रागभाव मानते हैं तो उदक में भी उदक का अभाव प्राप्त होगा। यदि प्रध्वंसाभाव मानते हैं तो उदक का ही अभाव स्वतः प्राप्त होगा। यदि अन्यत्र है तो एक जगह जो नष्ट हो चुका है उसका दूसरी जगह होना सम्भव नहीं।

यदि अत्यन्ताभाव मानते हैं तो उदक में ही उदक का अभाव प्राप्त होगा।

अथ सम्बन्धाभावाद् गवादावुदकत्वाभाव इति चेत्, तत्रापि किम् इतरेतराभावः, प्रध्वंसाभावः? अत्यन्ताभावो वेति पूर्ववद् वक्तव्यम्। निमित्तान्तराभावाद् गवादा[5]वुदकत्वाभाव इति चेत्, सोऽत्रापि समानः।

अब, सम्बन्ध के अभाव के कारण से "गो" आदि में उदकत्व का अभाव होगा ऐसा कहते हो तो वहाँ पर भी क्या इतरेतराभाव, प्रध्वंसाभाव, अत्यन्ताभाव भी पहले की तरह ही होगा, ऐसा कहना पड़ेगा। दूसरे निमित्त के अभाव होने से गो आदि में उदकत्व का अभाव मानने पर भी वह विषय यहाँ पर भी समान ही हो जाता है।

न च उदकव्यक्तीनां नानात्वमुपपादयितुं पार्यते। उदकम् अनुदकाकाराद् उदकाकारतया व्यावर्त्तते, उदकाकारात्तु कथं व्यावर्त्तते? किम् उदकाकारतया, आहोस्विद् आकारान्तरेण? तद्यद्युदकाकारतया व्यावर्त्तते, तदा अन्यासामुदकव्यक्तीनाम् अनुदकाकारता प्राप्नोति रसादेरिव। अथ अनुदकाकारतया उदकाकारान्निवर्त्तते, ततो दहनादेरिव अनुदकत्वप्रसङ्गः।

और भी यह कि उदक व्यक्तियों का नानात्व भी प्रतिपादित नहीं किया जा सकता। यह बात सही है उदक उदकाकार रूप में अनुदकाकार से व्यावृत्त होता है, परन्तु वह अन्य उदकाकारों से किस प्रकार व्यावृत्त होगा? क्या एक उदक दूसरे उदक व्यक्तियों से उदकाकारतया अथवा अनुदकाकारतया व्यावृत्त होता है? यदि यह मानें कि उदकाकार-तया व्यावृत्त होता है तो अन्य उदक व्यक्तियों की अनुदकाकारता प्राप्त होगी, रस आदि की तरह, क्योंकि रस आदि से भी उदक उदकाकारतया ही व्यावृत्त हुआ करता है। यदि यह मानें कि अनुदकाकार रूप से व्यावृत्त होता है तो अन्य उदक व्यक्तियों के अनुदकत्व का प्रसंग उपस्थित होगा, दहन आदि की तरह।

अथ उदकाकाररूपताऽविशेषेऽपि अवान्तरगणिकाकारभेदपरिक्लृप्तिरिति चेत्,

---

[5] "गवादावद" इति मूलपाठः।

सत्यम्, अवान्तरगणिकाकारः तोयतादात्म्यव्यवस्थितः, अतादात्म्यव्यवस्थितो वा? तद्यदि तादात्म्यव्यवस्थितः, तदा उदकाकारतया उदकान्तराद्भिद्यते । एवं चान्यासामुदकव्यक्तीनामनुदकरूपता प्राप्नोति, पूर्वोदितमेव दूषणम् ।

अब यदि सभी उदक व्यक्तियों में उदकाकाररूपता की दृष्टि से कोई भिन्नता नहीं होने पर भी प्रत्येक उदक व्यक्तियों के ही अवान्तर भेदों की कल्पना की जा सकती है । यदि इसे मान भी लिया जाए तो प्रश्न उठता है कि ऐसे अवान्तर भेद अपने-अपने उदक व्यक्तियों से तादात्म्य रूप में अथवा अतादात्म्य रूप में व्यवस्थित होते हैं। यदि तादात्म्य रूप से व्यवस्थित माना जाए तो इसका तात्पर्य यह होगा कि एक उदक दूसरे उदक (उदकान्तर) से उदकाकारतया ही भिन्न होता है। परन्तु ऐसा कहने से तो, पूर्व में बताए गए दोषों के अनुसार, अन्य उदक व्यक्तियों की अनुदकरूपता ही फलित होगी।

अथातादात्म्यव्यवस्थितः, तर्हि अनुदकत्वं रसादेरिव । अथ उदकत्वव्यावृत्त्या अनुदकाकाराद् व्यावर्त्तते, शृण्वन्तु अमी बाललपितं विपश्चितः ! यद्युदकत्वव्यावृत्त्याऽनुदकाद् व्यावर्त्तते तोयम्, उदकत्वं च उदकाद् अनुदकाच्च कथं व्यावर्त्तते? न जात्यन्तरं व्यावर्त्तकमस्ति अभ्युपगमे वा अनिष्ठोपप्लवाऽनुबन्धः स्यात् । तस्मात् स्वेनैव रूपेण इतरेतरात्मना व्यावर्त्तते न जात्यादिना व्यावर्त्तते, जात्यादेरव्यावृत्तिप्रसङ्गात् । तस्मात् स्थितमेतत् नोदकव्यक्तीनां नानात्वोपपत्तिः तदनुपपत्तौ नोदकत्वं नाम सामान्यमस्ति स्वत्ववत् ।

अब यदि अतादात्म्य रूप से व्यवस्थित माना जाए तो दूसरे उदक-व्यक्ति स्पष्टतः अनुदक ही कहे जाएंगे, जैसा कि रस अनुदक से अभिहित हुआ करता है। पुनः यदि यह कहा जाए कि उदकत्व (उदक जाति) के सन्दर्भ से उदक अनुदक से व्यावर्त्तित होता है तो इन बच्चों की समझ और व्याख्या को क्या विद्वान् लोग सुनेंगे। यदि उदकव्यावृत्ति द्वारा अनुदक से व्यावर्त्तन मानें तो उदकत्व का उदक से और अनुदक से कैसे व्यावर्त्तन होगा? अन्य कोई (दूसरी) जाति इसका व्यावर्त्तक नहीं है। तर्क की उपलब्धि होने पर भी विषयवस्तु की निष्ठता (स्थिति) की सिद्धि न होने से अनुबन्ध (विषयोपस्थिति) की सिद्धि नहीं हो सकती ।

इसी से अपने ही स्वरूप द्वारा पदार्थ एक-दूसरे से व्यावर्त्तित होते हैं किन्तु जाति आदि से नहीं, क्योंकि जाति आदि की अव्यावृत्ति (निवृत्ति) का प्रसंग उपस्थित होगा। इसी से यह निश्चय होता है कि उदक व्यक्ति के नानात्व की स्थिति ही सम्भव नहीं है। उसकी उपलब्धि न होने से "उदकत्व" की तरह ही कोई भी सामान्य (जाति) नहीं है जैसा कि "स्वत्व" की कोई भी स्थिति नहीं होती ।

इतोऽपि न विद्यते सामान्यम्, नित्यस्य सतो विज्ञानजनकत्वायोगात्। तदेव कथम्? व्युत्पाद्यते विज्ञानजनकावस्थायां यदेव स्वरूपं सामान्यात्मकं शक्तिमच्छक्तिरूपं च कारकान्तरानपेक्षयाऽजनकावस्थायां तदेव रूपम्, अतः पूर्वमपि कार्योत्पादप्रसङ्गः। अनुत्पादे वा प्रागिव इदानीमपि[६] न जनयेत्। अथ कारकान्तरमपेक्ष्य उत्पादयति कार्यम्, किं तेन कारकान्तरेण तस्य क्रियते कारकत्वम्, ज्ञाप्यते वा? तद्[७] यद्युत्पाद्यते, सुस्थितं नित्यत्वम् उत ज्ञाप्यते, सिद्धं तर्हि कारकत्वम्, तदभावेऽपि विद्यमानस्याऽवद्योतनात्। भवतु नाम कारकत्वं को दोषः? कार्योत्पत्तिप्रसङ्गः। अथ कारकत्वेऽपि कार्यं न जनयेत्, अहो राजाज्ञा गरीयसी नैयायिकपशोः।

और भी, इससे भी सामान्य (जाति) की सिद्धि सम्भव नहीं है। नित्य सत् की ज्ञानजनकता सम्भव नहीं होती। इसकी कैसे व्याख्या या व्युत्पत्ति की जा सकती है? ज्ञान उत्पन्न करने की अवस्था में जो स्वरूप सामान्यात्मक होता है, शक्तिमत् और शक्तिस्वरूपात्मक कारकान्तर (नियामक-कर्ता) की अपेक्षा बिना ही अजनकावस्था में वही स्वरूप होने से उससे भी पूर्व कार्य का उत्पादन सम्भव दिखता है। कार्य के अनुत्पादन में पहले की तरह ही अब भी कार्य का उत्पादन नहीं किया जा सकता। पुनः दूसरे कारक के आधार पर कार्य की उत्पत्ति सम्भव मानने पर उस कारकान्तर द्वारा उसकी कैसी कारकता बनेगी? अथवा ज्ञापित या व्युत्पादन किया जाएगा? इससे क्या नित्यत्व की स्थापना होगी? अथवा विज्ञापित किया जाएगा? इससे क्या कारकत्व सिद्ध होगा? उसके न होने पर भी अवस्थित पदार्थ का ज्ञान या प्रकाशन होता ही है। हो जाए, कारकत्व क्या दोष होगा? उससे कार्य की उत्पत्ति फिर से हो जाएगी। यदि कारकता के होते हुए भी कार्य की उत्पत्ति नहीं होती है तो यह सब नैयायिक पशुओं की राजाज्ञा बहुत ज्यादा शक्तिशाली है यह हमें समझना होगा।

इतोऽपि नास्ति सामान्यम्, तदुपपादकमानव्यतिरेकात्। ननु अस्ति प्रमाणम् — ***अनयोः सादृश्यम् एषां सारूप्यम् तेन सदृशोऽयम् असौ वा तेन सदृशः*** **इत्यादिज्ञानं सामान्यसत्तावबोधकम्[८] अप्रतिपन्नसामान्यस्य नोपपद्यते। अस्ति त्विदं विज्ञानं बाधाविकलं जातितनुव्यवस्थापकम्, तदेतदयुक्तम्, किं निमित्तभूतेन तेन एवंविधं ज्ञानमुत्पाद्यते, कर्मतापन्नेन वा? तद्यदि निमित्तभूतेन उत्पाद्यते, तदा न सामान्यं कल्पनीयम्, असामान्यात्मकमेव निमित्तमित्थम्भूतसामान्यज्ञानोत्पादनाय, अलं सामान्यकल्पनया। अथ कर्मतापन्नेन उत्पाद्यते, तदसत्, नैवाऽवभाति विज्ञाने सामान्यं धूर्त्तैरविपर्यासितसंविदाम्। ननु सादृश्यमवभाति, सत्यम्, अवभाति, नापह्नूयते अपि**

---

[६] "अपि जनयेत्" इत्येव मूलपाठः।

[७] "व्युत्पाद्यत" इति मूलपाठः।

[८] "बोधक" इति मूलपाठः।

तु—द्रव्यगुणकर्मात्मकं सत् पाचकादिभेदेषु — *यथा एषां पाचकत्वम्, एते पाचकाः, तत्पाचकसदृशोऽयम्, असौ अनेन सदृश* इति विशेषादावपि द्रष्टव्यम् । अत्रापि सामान्यपरिज्ञप्तिरिति चेत्, न, सूत्रव्याघातात् — सामान्यविशेषेषु सामान्यविशेषाऽभावात् तत एव ज्ञानम् (वैशे. ८.१.५), अनिष्ठा च — विशेषेषु सामान्ये परिकल्प्यमाने सति सन्देहः, सति सन्देहे तेषु विशेषान्तरं परिकल्पनीयम्, पुनः सामान्यम् इत्यनिष्ठा इत्यलम् असद्ग्रहाऽभिनिवेशेन ।

और भी (इस प्रकार भी), सामान्य की सिद्धि सम्भव नहीं है। क्योंकि उसका साधक प्रमाण उपलब्ध नहीं है। नहीं, प्रमाण तो है न। "इन दोनों का सादृश्य है", "इन सबों का समानरूप है", "यह उसकी तरह है", "यह अथवा वह जैसा है, सदृश है" इत्यादि ज्ञान सामान्य सत्तावबोधक हुआ करते हैं । सामान्य को माने बिना ऐसे ज्ञान की उपपत्ति सम्भव ही नहीं । अतः ऐसे ही ज्ञान जो बाधाविकल हैं वही जाति-तनु अर्थात् जाति के शरीर के व्यवस्थापक हैं। परन्तु यह अयुक्त है? क्या सामान्य निमित्त कारण रूप से इस प्रकार के ज्ञान को उत्पन्न करता है अथवा स्वयं उस प्रकार के ज्ञान का विषय होकर वैसे ज्ञान को उत्पन्न करता है? यदि यह माना जाए कि निमित्त कारण रूप से उत्पन्न करता है तो सामान्य मानने की कोई जरूरत ही नहीं है। असामान्यात्मक स्वरूप का निमित्त कारण भी सामान्यसत्तावबोधक ज्ञान को उत्पन्न करने के लिए पर्याप्त है। इसके लिए अलग से वस्तुनिष्ठ सामान्य की कल्पना करना आवश्यक नहीं। यदि यह माना जाए कि सामान्य स्वयं ज्ञान का विषय होकर सामान्यसत्तावबोधक ज्ञान को उत्पन्न करता है तो यह भी उचित नहीं। साधारणतया इस रूप से सामान्य तो किसी ज्ञान में प्रतिभात नहीं होता, जब तक कि धूर्तों के द्वारा जो अमूर्त है उसे मूर्त पदार्थ (सामान्य) की तरह दिखाने का विपर्यास न उत्पन्न किया जाए।

नहीं, सादृश्य तो प्रतीत होता है। हाँ, यह सत्य है कि प्रतीत होता है और यहाँ उसका निषेध भी नहीं किया जा रहा है। परन्तु यह तो द्रव्य, गुण अथवा कर्म के स्वरूप का होता है - जैसा कि विभिन्न पाचकों में पाया जाता है, उनमें पाचकत्व देखा जाता है और कहा भी जाता है कि वे पाचक हैं, यह पाचक उस पाचक के समान है, वह पाचक उसके जैसा है। इसी तरह ऐसे सभी प्रयोग विशेष विषयक भी हो सकते हैं।

यहाँ पर भी सामान्यपरिज्ञप्ति (ज्ञान) है यह मानें तो सम्भव नहीं है क्योंकि सूत्रविरोध होगा । जैसा कि वैशेषिकसूत्र में "सामान्य एवं विशेषों में सामान्य और विशेषों का अभाव होने से उसी से जानना चाहिए" कहा गया है। विशेषों में सामान्य की कल्पना कर ने से अनिष्ट सन्देह होता है। क्योंकि सन्देह होने पर उसमें विशेषान्तर की परिकल्पना

करनी पड़ती है। फिर उस विशेष में सामान्य है, ऐसे अनिष्ट (अनवस्था) को उत्पन्न करने वाली बात न करें, क्योंकि असद् ग्रह के अभिनिवेश होने पर ही ऐसा कहा गया है।

अथ भिन्नाभिन्नं सामान्यं भवद्भिः प्रतिपाद्यते–आकारभेदेन व्यक्तिभ्य उपलभ्यते इत्यर्थान्तरम्, देशभेदेन तु नैव उपलभ्यते इत्यव्यतिरिक्तं,[१] तदेतन्महासुभाषितम्, न देशभेदेनैव वस्तूनां भेदः अपि तु आकारभेदेनैव भावा भेदमुपयान्ति। यथा च आकार-भेदो नास्ति तथाऽनन्तरमेव निवेदितम्।

यदि आप लोग भिन्नाभिन्न रूप में सामान्य का प्रतिपादन करते हैं तो यह होगा – आप कह रहे हैं कि यह भिन्न है क्योंकि आकारभेदपूर्वक यह व्यक्तियों के द्वारा उपलब्ध होता है। परन्तु देशभेदपूर्वक इसकी ऐसी भिन्नता उपलब्ध नहीं होती। आह! यह तो विद्वानों की बहुत ही रमणीय उक्ति है। केवल देशभेद होने से वस्तुएँ भिन्न नहीं हो जातीं, बल्कि भावात्मक वस्तुओं की भिन्नता आकारभेद के चलते होती है। परन्तु आकारभेद किस प्रकार नहीं होता, इसका निवेदन अभी-अभी ही किया गया है।

३.३ प्रसङ्गात् समवायस्य निरसनम्
(समवाय का खण्डन)

सामान्यं समवायवृत्त्या व्यक्तिषु वर्त्तते इति। न चासौ विद्यते। समवायो हि – व्यावृत्तैकस्वभावः, अनुगतैकस्वभावो वा? तद्यदि व्यावृत्तैकस्वभावः, कस्यासौ समवायः, सर्वतो व्यावृत्तेर्नीलादिवत्। अथ अनुगतैकस्वभावः, सामान्यम् तर्हि, न समवायः, नित्यस्य सतोऽनेकत्रवृत्तेर्गोत्वादिवत्, उपपादकप्रमाणाभावाच्च। ननु प्रत्यक्षबुद्ध्य-वसेयोऽसौ, तदयुक्तम्, किं सम्बन्धबुद्ध्याऽध्यवसीयते, आहोस्विद् इहबुद्ध्या, सम-वायबुद्ध्या वा उच्यते?

यह कहा गया है कि समवायवृत्ति द्वारा व्यक्तियों में सामान्य रहता है। परन्तु ऐसा नहीं होता। समवाय व्यावृत्तमात्र स्वभाव वाला होता है या अनुगत स्वभाव वाला होता है? यदि व्यावृत्त स्वभावयुक्त है ऐसा कहें तो किसका समवाय? नील आदि की तरह जो सर्वतो व्यावृत्त है उसका समवाय तो हो ही नहीं सकता। यदि अनुगत स्वभाव वाला है ऐसा मानें तो यह सामान्य कहा जाएगा न कि समवाय क्योंकि नित्यसत् पदार्थ का अनेक जगहों में रहने वाला स्वभाव होता है जैसे कि गोत्व। और उसको तार्किक रूप में सिद्ध करने के लिए प्रमाण का भी अभाव है। किन्तु यह तो प्रत्यक्ष बुद्धि से जाना जाता है न? यह बात ठीक नहीं है। क्या सम्बन्ध बुद्धि से जाना जाता है अथवा यह समवाय है इस बुद्धि से? अथवा समवाय बुद्धि से ऐसा कहते हो?

---

[१] "अव्यतिरिक्त" इति मूलपाठः।

तद्यदि सम्बन्धबुद्ध्या, कोऽयं सम्बन्धः? किं सम्बन्धजातियुक्तः सम्बन्धः, आहोस्विद् अनेकोपादानजनितः, अनेकाश्रितो वा, सम्बन्धबुद्धिविशेषो वा, सम्बन्धबुद्ध्युत्पादको वा, सम्बन्धा[१०]कारो वा? तद्यदि सम्बन्धजातियुक्तस्ते सम्बन्धः, सोऽनुपपन्नः, समवायाऽसम्बन्धत्वप्रसङ्गः। अथ अनेकोपादानजनितः सम्बन्धः, तदा कुम्भादेरपि सम्बन्धत्वप्रसङ्गः। अथ अनेकाश्रितःसम्बन्धः तदा घटजात्यादेः सम्बन्धत्वं प्रसज्यते। अथ सम्बन्धबुद्ध्युत्पादकस्ते सम्बन्धः उच्यते, तदा लोचनादेरपि सम्बन्धत्वप्रसङ्गः। अथ सम्बन्धबुद्ध्यवसेयः सम्बन्धोऽभिधीयते, तदा कौलेयककरिकुमारादिष्वपि सम्बन्धशब्दव्युत्पादने सम्बन्धत्वप्रसङ्गः। सम्बन्धेतरयोः एकविज्ञान-विषयत्वे इतरस्य सम्बन्धरूपता प्राप्ता। अथ सम्बन्धाकारः सम्बन्धः, संयोगाऽभेद-प्रसङ्गः। अवान्तर गणिकाकारस्तु यथा न भेदकः तथा पुरस्तादुक्तमेव दूषणम्।

यदि सम्बन्धबुद्ध्या कहें तो यह सम्बन्ध क्या है? यह सम्बन्ध जाति के सहित हुआ है अथवा अनेक कारणों के सहित हुआ है? अथवा अनेक कारणों में आश्रित हुआ है? अथवा सम्बन्धबुद्धिविशेष के सहित हुआ है? अथवा सम्बन्धबुद्धि का उत्पादक है? अथवा सम्बद्ध–आकार–वाला है? यदि सम्बन्ध जातियुक्त सम्बन्ध है तो यह उपपन्न (युक्तियुक्त) नहीं हो सकता क्योंकि समवाय में सम्बन्ध ही नहीं रहता। यदि अनेक कारणों से उत्पन्न सम्बन्ध कहें तो घड़ों (घट) में भी सम्बन्ध का प्रसंग उपस्थित होगा।

यदि अनेकों में आश्रित सम्बन्ध कहें तो पटत्व जाति आदि का भी सम्बन्ध बन जाएगा। यदि सम्बन्ध बुद्धि द्वारा इस सम्बन्ध को उत्पादित कहें तो लोचन आदि के भी सम्बन्धत्व की सम्भावना होगी। यदि सम्बन्धबुद्धिपूर्वक उसको जाना जाए तो कौलिकों के द्वारा, कुमारी और हाथी के बच्चों में भी सम्बन्ध शब्द का प्रयोग करने से भी सम्बन्ध का प्रसंग होगा। सम्बन्ध और असम्बन्ध दोनों एक ही ज्ञान के विषय होने पर असम्बन्ध भी सम्बन्ध का विषय होगा। यदि सम्बन्धाकार रूप सम्बन्ध मानें तो संयोग में अभेद होने का खतरा उत्पन्न होगा। अन्य विषयों की सिद्धि न होने की चर्चा पहले ही कर चुके हैं।

अथ 'इह तन्तुषु पटः' इति इहबुद्ध्याऽध्यवसीयते, नः इहबुद्धेरधिकरणसंविद्रूपत्वात्। नचान्यस्मि[११]न्नाकारे प्रतीयमाने अन्यत् परिकल्पयितुं न्याय्यम्, अतिप्रसङ्गात्। अथ समवायबुद्ध्याऽऽत्मसात्क्रियते, सोऽप्यनुपपन्न एव, समवायबुद्धेरनुपपत्तेः, 'अयं तन्तुः, अयं पटः, अयमनयोः समवायः' इति न जातु जानते जनाः।

अब विचार करें, यहाँ पर तन्तुओं में पट (कपड़ा) है इस वाक्य में "यहाँ बुद्धि" द्वारा जाना जाता है तो इस "यहाँ बुद्धि" का कोई भी अर्थ नहीं है क्योंकि यह तो स्वयं ज्ञानरूप

---

१० "सम्बद्धाकार" इति मूलपाठः।

११ "चास्मिन्" इति मूलपाठः।

है। दूसरी बात इसमें आकार की प्रतीति न होने से दूसरे किसी प्रकार की कल्पना भी उचित नहीं है, इससे अतिव्याप्ति दोष होगा। यदि समवाय बुद्धि द्वारा आत्मसात् किया जाता है तो वह भी उपपन्न (सिद्ध) नहीं हो सकता , समवाय बुद्धि के ज्ञान न होने से, यह कपड़ा, यह तन्तु इन दोनों का समवाय सम्बन्ध आज तक किसी ने भी समझा नहीं है।

अथ अनुमानेन अनुमीयते, द्वे अनुमाने — दृष्टं सामान्यतो दृष्टं च। न दृष्टम्, प्रत्यक्षव्यतिरेकात्। सामान्यतो दृष्टमपि नास्ति, तत्प्रभवकार्याऽनुपलब्धेः।

यदि अनुमान द्वारा ज्ञान किया जा सकता है ऐसा कहें तो, अनुमान दो प्रकार के हैं — दृष्ट अनुमान और सामान्यतोदृष्ट अनुमान। दृष्ट अनुमान प्रत्यक्षभिन्न नहीं होता, दूसरा सामान्यतोदृष्ट भी सम्भव नहीं होता, उससे समुत्पन्न कार्य की उपलब्धि न होने से।

नन्विहबुद्धिरेव समवायज्ञापिका — 'इह तन्तुषु पटः' इति प्रत्ययः सम्बन्धनिमित्तः, अबाधित-इहप्रत्ययत्वात्, 'इह कुण्डे दधि' इति प्रत्ययवत्। किमनेन अनुमीयते — किं निमित्तमात्रम्, उत सम्बन्धः? यदि निमित्तमात्रम्,ततः सिद्धसाध्यतया संबोधयितव्यः। अथ सम्बन्धः, संयोगः, समवायो वा? संयोगानुमाने उपगमहानिः। समवायानुमाने सम्बन्धव्यतिरेकः। न चान्यस्य सम्बन्धः अन्यस्य गमकत्वम्, अतिप्रसङ्गात्। न जातु देवदत्तनयनकुटसम्बन्धे यज्ञदत्तेन्द्रियं रूपादिकमर्थं करणत्वसाम्यात् प्रकाशयद् दृष्टम्। एवं सति सामान्यसमवायविरहे कथं द्रव्यादि व्यवस्था इति चिन्त्यते।

नहीं, यहाँ तो बुद्धि ही समवाय सम्बन्ध की ज्ञापिका है क्योंकि यहाँ तन्तुओं में कपड़ा है इस प्रकार का ज्ञान सम्बन्ध का निमित्त है, इन तन्तुओं में इस प्रकार की बुद्धि का बाध नहीं हुआ है और जैसा कि इस कुण्ड में दही है ज्ञान की तरह। इससे किसका अनुमान किया जाता है? क्या निमित्तमात्र अथवा सम्बन्ध का अनुमान किया जाता है? यदि निमित्तमात्र का तो सिद्धसाध्य कहना पड़ेगा। यदि सम्बन्ध है तो यह संयोग है या समवाय है? संयोग में अनुमान करें तो तर्क की हानि होगी। समवाय का अनुमान करें तो सम्बन्ध की ही हानि होगी। दूसरे का सम्बन्ध दूसरे के द्वारा सिद्ध होगा, यह देखना पड़ेगा और यह अस्वीकार्य है। क्योंकि देवदत्त की आँखों के द्वारा देखे हुए रूप का सम्बन्ध यज्ञदत्त की आँखों के साथ होगा। किन्तु इसे कोई भी स्वीकार नहीं करता। ऐसी अवस्था में सामान्य के समवाय न होने से कैसे द्रव्य आदि की व्यवस्था होगी। इस विषय में विचार करें।

अथ[१२] तद्वंशजजलप्राप्त्या अव्यभिचारिता ज्ञायते, तदयुक्तम्, अन्त्यावयविद्र-व्याणां जनकत्वव्यतिरेकात्। न च उदकव्यक्तीनां नानात्वमस्ति, यथा च न विद्यते तथा निवेदितं पुरस्तात्।

---

[१२] "तद्वद्सत्य" इति मूलपाठः।

अब विचार करतें हैं, यदि जलवंशीय जल की प्राप्ति होने से जल-विषयक ज्ञान की अव्यभिचारिता होती है तो ऐसा कहना भी उचित नहीं । अन्त्य अवयवी द्रव्यों का जनकत्व नहीं होता। उदक व्यक्तियों में नानात्व नहीं रहता। कैसे नहीं रहता, यह विषय पहले ही बताया जा चुका है।

किञ्च, प्रवृत्तिसामर्थ्येन अव्यभिचारिता पूर्वोदितज्ञानस्य ज्ञाप्यते — किं लिङ्ग-भूतेन, आहो अध्यक्षात्मकेन? तद्यदि लिङ्गभूतेन, तदयुक्तम्, तेन साकं सम्बन्धानवगतेः। अवगतौ वाऽलं प्रवृत्तिसामर्थ्येन। अथ अध्यक्षात्मकेन, तदयुक्तम्, पूर्वोदितप्रत्यस्तमितेन साकं सन्निकर्षाऽभावात्। तद्विषयविज्ञानं न प्रत्यक्षफलं निरालम्बनत्वात् केशोण्डुका-दिसंवेदनवत्। न विज्ञानस्याभावोऽवभाति, न भावः तदभावात्।

दूसरी बात, प्रवृत्ति के सामर्थ्य से यदि पूर्व उदित ज्ञान में व्यभिचार सम्भव नहीं होता तो क्या वह हेतु के कारण से है, अथवा अध्यक्षात्मक (प्रत्यक्षात्मक) स्वभाव से? यदि हेतु के कारण से कहें तो हेतु के साथ लिंग के सम्बन्ध के अवगत न होने से यह सम्भव नहीं है। अथवा सम्बन्ध का ज्ञान होने पर भी प्रवृत्ति सामर्थ्य की सम्भावना ही नहीं है। यदि अध्यक्षात्मक रूप से कहें तो पहले उपस्थित ज्ञान के साथ बाद में होने वाले ज्ञान का सन्निकर्ष सम्भव नहीं होता, क्योंकि पहले उपस्थित हुआ ज्ञान अस्त हो चुका है । उस विषय का ज्ञान भी प्रत्यक्षात्मक होने के लिए आलम्बन चाहिए किन्तु वहाँ पर आलम्बन न होने से केशोण्डुक ज्ञान की तरह ही वह होगा। यहाँ पर ज्ञान का अभाव और भाव भी प्रतीत नहीं होते, उसका अभाव होने से।

अविद्यमानस्य विषयार्थो वक्तव्यः — किम् आकारार्पकत्वेन वा, महत्त्वादिधर्मोपेतत्वेन वा, सत्तामात्रेण वा, सहोत्पादेन वा? सर्वस्य प्रत्यस्तमितत्वात् कथमसौ विषयः? तद्विषयत्वे केशोण्डुकादिविज्ञानस्येव मिथ्यात्वे बीजमन्वेषणीयम्। आत्मसत्तामात्रेण मिथ्यात्वे सर्वस्य मिथ्यात्वमापद्यते ततः तत्त्वोपप्लवः स्यात्।

अब, अनुपस्थित विषय का अर्थ बताना पड़ेगा। क्या वह आकार के अर्पण से होगा अथवा महत्त्व आदि धर्मों के उसमें होने से होगा अथवा सत्तामात्र से होगा या साथ-साथ उत्पादन होने से? समग्र विषयों का अस्त (विलुप्त होने से) होने के कारण यह कैसे ज्ञान का विषय हो सकता है। यदि पूर्णतया अभाव विषय को ज्ञान का विषय बनाया जाता है तो पूर्णतया अभावात्मक केशोण्डुक भी विषय हो जाएगा। आत्मसत्तामात्र होने से यदि मिथ्यात्व है तो सभी के मिथ्यात्व की प्रसक्ति होगी और इस तरह तत्त्वोपप्लव ही हो जाएगा।

अथ अन्यथाऽव्यभिचारित्वं गृह्यते — आत्मान्तःकरणसम्बन्धेन उत्पन्नं विज्ञानम् अव्यभिचारिताविशिष्टं प्रद्योत्यते, तदयुक्तम्, तदव्यभिचारित्वं तद्धर्मो वा, तत्स्वरूपं

वा? तद्यदि तद्धर्मः — स नित्यः, अनित्यो वा? यदि नित्यः, तदा जातिदोषे[१३]णापोदितो वेदितव्यः ।

यदि दूसरे रूप में अव्यभिचारित्व का ग्रहण करते हुए यह माना जा सकता है कि आत्मा और अन्तःकरण के सम्बन्ध से जन्य होने के कारण ज्ञान की अव्यभिचारिता होती है। यदि ऐसा मानते हैं तो उचित नहीं क्योंकि प्रश्न उठता है कि वह अव्यभिचारित्व धर्म है या उसका स्वरूप है। यदि धर्म है तो वह नित्य होगा या अनित्य? यदि वह नित्य है तो जाति में दिखाए गए दोषों से युक्त होने, या ग्रस्त होने से वह सम्भव नहीं है।

अथाऽनित्यः — स पूर्वोत्पन्नः, सह, पश्चाद्वा जातः? तद्यदि पूर्वोत्पन्नः, तदा कस्यासौ धर्मः? न हि धर्मिणमन्तरेण धर्मो भवितुमर्हति, सर्वतो व्यावृत्तरूपत्वात् कः कस्येति वक्तव्यम्। अथ सहोत्पन्नः, कस्तयोः सम्बन्ध इति वक्तव्यम्। तादात्म्य-तदुत्पत्तिसमवायसम्बन्धाभावे सति षष्ठ्यर्थो वक्तव्यः 'तस्य अव्यभिचारित्वम्' इति। अथ पृष्ठोत्पन्नस्तर्हि पूर्वं व्यभिचारिता विज्ञानस्य प्राप्नोति। न च आध्यात्मिकोऽव्यभिचारिरूपो धर्मोस्ति सुखादिव्यतिरिक्तः, तत्प्रतीत्यसंभवेन स्वयमनभ्युपगमात्। यदि च अव्यभिचारादयो धर्मा अर्थान्तरभूताः अभ्युपगम्यन्ते तैरवच्छिन्नं विज्ञानं सामग्र्या अवस्थापकमुद्घुष्यते, तच्चानुपपन्नम्, प्रत्येकमनेक-विशेषणावच्छिन्नविज्ञान-प्रतिपत्तिकालावस्थानायोगात्, ज्ञाप्यज्ञापकयोरभावे कर्तृमात्र-प्रबन्धि ज्ञानं स्यात्।

यदि अनित्य मानते हैं तो क्या वह पहले से ही समुत्पन्न है? साथ-साथ हुआ है? अथवा बाद में हुआ है? यदि पहले से ही उत्पन्न हुआ है तो वह किसका धर्म है? क्योंकि धर्मी को छोड़कर धर्म हो ही नहीं सकता। धर्म सभी से व्यावृत्तस्वरूपात्मक होने से यह किसका धर्म है यह प्रश्न भी खड़ा होगा?

यदि साथ-साथ उत्पन्न मानते हैं तो उन सबका सम्बन्ध कैसा और कौन है यह निश्चय करना पड़ेगा। तादात्म्य और तदुत्पत्तिरूप समवाय सम्बन्ध के अभाव में षष्ठी विभक्ति का अर्थ बताना पड़ेगा क्योंकि वह अव्यभिचरित है।

यदि बाद में उत्पन्न है यह कहते हैं तो मानना पड़ेगा कि पहले से ही ज्ञान व्यभिचरित होता है। दूसरी बात आन्तरिक रूप में अव्यभिचारी होता है यह कहें तो सुख-दुःख आदि को छोड़कर अन्यत्र आन्तरिक विज्ञान की सम्भावना का अभ्युपगम कहीं भी नहीं है। यदि अव्यभिचार आदि धर्म अर्थान्तरभूत हैं ऐसा कहें तो धर्मों से अवच्छिन्न ज्ञान को उस ज्ञान की जनक सामग्री द्वारा अवस्थापित मानना पड़ेगा, परन्तु वह कैसे सम्भव है? क्योंकि प्रत्येक ज्ञान का अवस्थान उस काल तक सम्भव नहीं, जिस काल तक

---

१३ "आपोपोदि" इति मूलपाठः।

वह अनेक विशेषणों से अवच्छिन्न हो सके। ऐसी स्थिति में ज्ञाप्य-ज्ञापक भाव का अभाव होने से ज्ञान कर्त्तामात्र में प्रतिबंधित होकर रह जाएगा ।

अथ तत्स्वरूपमव्यभिचारित्वम् — तत्किं स्वसत्तामात्राऽनुरोधेन, अर्थान्तसत्तानुरोधेन वा? तद्यदि ज्ञानसत्तामात्र तैवाऽव्यभिचारित्वमुच्यते, तदा केशोण्डुक संविदोऽपि अव्यभिचारिता स्यात् । न च ज्ञानसत्तामात्रानुरोधेन ज्ञानं व्यभिचार्यव्यभिचारि वा उद्गीयते ।

यदि उस (ज्ञान) का स्वरूप अव्यभिचरित ही मानते हैं तो क्या वह अपनी सत्ता मात्र को लेकर अव्यभिचरित है अथवा अर्थान्तरसत्ता को लेकर है? यदि ज्ञानसत्तामात्र को लेकर अव्यभिचरित मानें तो केशोण्डुक ज्ञान भी अव्यभिचरित ही होगा । किन्तु वास्तविकता यह है कि ज्ञान स्वकीय सत्तामात्र के अनुरोध से व्यभिचारी और अव्यभिचारी कहीं भी नहीं होता ।

अथ अर्थान्तरसत्तानुरोधेन अव्यभिचारित्वम् — किम् अनुपकारकाऽर्थान्तर सत्तानुरोधेन, आहोस्विद् उपकारकाऽर्थान्तरसत्तानुरोधेन? तद्यदि तावद् अनुपकारकाऽर्थान्तरसत्तानुरोधेन, तदा केशोण्डुकइन्दुद्वयसंविदोऽप्यव्यभिचारिताप्रसङ्गः ।

यदि अर्थान्तर सत्ता को लेकर ज्ञान का अव्यभिचारित्व मानें तो अनुपकारक अर्थान्तर सत्ता द्वारा या उपकारक अर्थान्तरसत्ता द्वारा वह अव्यभिचरित होगा? यदि अनुपकारक अर्थान्तरसत्ता को लेकर ही वह कहा गया है तो फिर भी वह वैसा ही होगा जैसा कि केशोण्डुक और द्विचन्द्र के ज्ञान में अव्यभिचारित्व स्वीकारने के अतिरिक्त दूसरा विकल्प नहीं बचता ।

अथ उपकारकाऽर्थान्तरसत्तानुरोधेन अव्यभिचारिता — किं प्रतीयमानाऽर्थान्तरोपकारकसत्तानुरोधेन, तद्विपरीतार्थान्तरोपकारकसत्तानुरोधेन वा? तद्यदि पूर्वपक्षाभ्युपगमः, तदा अतीताऽनागतानुमानविज्ञानस्य योगिप्रत्यक्षस्य च चोदनावचनजनितविज्ञानस्य वाऽव्यभिचारिता न भवेत् तदवगतोपकारकार्थाभावात्, भावे वा वितानक्रियालोपप्रसङ्गः । अथ उत्तरो मतः, तदा केशोण्डुकइन्दुद्वयसंविदोऽव्यभिचारित्वं प्रसज्यते इत्यसद्गृहीतम् ।

यदि उपकारक अर्थान्तरसत्ता द्वारा ज्ञान का अव्यभिचारित्व मानें तो क्या उसे प्रतीयमान अर्थान्तर उपकारक सत्ता द्वारा या अप्रतीयमान अर्थान्तर उपकारक सत्ता द्वारा मानते हो? यदि पहला पक्ष प्रतीयमान अर्थान्तर उपकारकसत्ता को लें तो अतीत एवं अनागत अनुमान ज्ञान का, योगिप्रत्यक्ष का, निर्दिष्टवचन से उत्पन्न ज्ञान का भी अव्यभिचारित्व नहीं हो सकता क्योंकि उसके ज्ञान के लिए उपकारक पदार्थ का अभाव है ।

यदि उपकारक पदार्थ है ऐसा कहें तो भी उसमें रहने वाली समस्त क्रियाओं के लोप होने की जटिल परिस्थितिजन्य त्रास विद्यमान है। अतएव यहाँ पर भी पहले बताए हुए केशोण्डुक, द्विचन्द्र आदि ज्ञान को भी अव्यभिचरित ही मानने की बाध्यता फिर जैसी की तैसी ही है।

किञ्च, तद्विज्ञानम् अव्यभिचार्यवगतं सामग्र्या ज्ञापकम्, अनवगतं वा? यद्यवगतम्, तस्यावगतिः आत्मसंविद्रूपा वा, ज्ञानान्तरवेद्या वा? तद्यद्यात्मसंवेदन-रूपावगतिः, तदयुक्तम्, स्वयमनभ्युपगमात्। अभ्युपगमे वा उपगमविरोधः।

और भी, वह ज्ञान, अव्यभिचारी ही है ऐसा बोध होता है तो क्या वह सामग्रियों के द्वारा अवगत है अथवा अनवगत है? यदि अवगत है तो उसकी अवगति आत्मसंवित् स्वरूपात्मक है अथवा अन्य ज्ञान द्वारा वेद्य है? यदि आत्मसंवेदनात्मक है तो वह सम्भव नहीं है क्योंकि स्वयं स्वयं को कैसे दिखाएगा? यदि उसका आत्मसंवेदनात्मक होना स्वीकार भी कर लिया जाए तो इससे आपके स्वीकृत मत का विरोध होगा।

अथ ज्ञानान्तरवेद्यं वेत्सि, विज्ञानयोर्भेदे बीजमन्वेष्टव्यम्। ज्ञानमज्ञानाकाराद् ज्ञानात्मतया व्यावर्त्तते ज्ञानान्तरात्तु कथं व्यावर्त्तते? किं ज्ञानात्मतया व्यावर्त्तते आहोस्विद् आकारान्तरेण? तद्यदि ज्ञानात्मतया व्यावर्त्तते, तदा अन्यस्य ज्ञानात्मता निवर्त्तते तोयादेर्यथा।

यदि ज्ञानान्तर द्वारा वेद्य माने तो ज्ञानों में अवस्थित भेद के कारणों को ढूँढ़ना पड़ेगा। ज्ञान अज्ञानाकार से ज्ञान के रूप में व्यावर्तित होता है, ज्ञानान्तर से वह कैसे व्यावर्तित होगा? क्या ज्ञानात्मक रूप में व्यावृत्त होगा अथवा आकारान्तर के रूप में व्यावर्तित होगा? यदि ज्ञानात्मक रूप में व्यावृत्त होता है तो वह दूसरे के ज्ञानात्मक रूप में भी परिवर्तित हो जाएगा। जैसा कि पानी आदि का होता है।

अथ आकारान्तरेण, आकारान्तरस्वीकरणे ज्ञानाकारविरहः स्यात् आकार-योस्तादात्म्याऽयोगात्। तादात्म्ये वा एकं तद्वस्तु ज्ञानं[१४] अज्ञानं वा? यदि ज्ञानम्, न तर्हि आकारान्तरेण व्यावर्त्तते किन्तु ज्ञानात्मतयैव, अन्यस्य अज्ञानात्मकत्वप्रसङ्गः। अथ अज्ञानं, सिद्धं नः समीहितम्। अथ ज्ञानत्वं व्यावर्तकम्, तत्केन व्यावर्त्तत इति पूर्वोक्तमनुसर्त्तव्यम्। विज्ञानान्तरवेद्यमपि न संभवति।

पुनः आकारान्तर द्वारा मानें तो आकारान्तर की स्वीकृति में ज्ञानाकार का विरह होता है क्योंकि दो आकारों में तादात्म्य की सम्भावना नहीं रहती। दूसरी बात, तादात्म्य में एक पदार्थ ज्ञात या अज्ञात में से क्या होगा? यदि ज्ञात ही है तो दूसरे आकार द्वारा व्यावृत्त होगा परन्तु ज्ञान के ही रूप में, क्योंकि दूसरे की अज्ञानात्मकता फिर उपस्थित

---

१४ "ज्ञातमिति" मूलपाठः।

होगी। यदि अज्ञान ही सिद्ध होता है तो उस पर हमें कुछ भी नहीं कहना है। यदि ज्ञानत्व व्यावर्त्तक होता है यह मानें तो वह किस से व्यावृत्त होगा यह पहले ही बता चुके हैं। वह दूसरे ज्ञान से भी नहीं जाना जा सकता।

अथ न वेद्यते, तदस्तीति कथं पुनर्वेत्सि? अनेनैव वर्त्मना सत्येतरविज्ञानयोर्विभागाभावोऽभ्युपगन्तव्यः। अतोऽव्यभिचारिपदमपार्थकम्।

यदि वेद्य ही नहीं होता है तो "वह है" रूप से तुम कैसे जानते हो? इस तरह यह जान लेना चाहिए कि कोई ज्ञान न तो सत्य और न ही असत्य होता है - यह दिखाया जा सकता है। इसीलिए अव्यभिचारीपद अयुक्त हो जाता है।

३.४ प्रकारान्तरेण अव्यभिचारिपदस्य निरासः (अवान्तर रूप से अव्यभिचार पद का खण्डन)

इतोऽप्यपार्थकम् — इन्द्रियार्थसन्निकर्षपदेन अपोहि[१५]तत्वात्। नहि केशोण्डुकविज्ञानस्य नयनार्थसन्निकर्षोद्भूतिरस्ति। नन्वस्ति मरीच्युदकविज्ञानस्य, तदपनोदाय अव्यभिचारिपदम्, तन्न, यत उदकं प्रतिभाति, न च तेन सह सम्बन्धोऽस्ति। विद्यमानेन साकं सम्बन्ध्यते नाविद्यमानेन। तत्सम्बन्धे वा, न तद्विषये[१६] मिथ्यात्वमिहोपपद्यते सत्योदकसंवेदनवत्।

पुनः इन्द्रियार्थसन्निकर्षोत्पन्न होने से भी ज्ञान को अव्यभिचारी नहीं कहा जा सकता, क्योंकि इन्द्रियार्थ सन्निकर्ष पद से इसे पहले ही निराकृत किया जा चुका है। केशोण्डुक विज्ञान में नेत्र और पदार्थ का सन्निकर्ष कहीं भी सम्भव नहीं है। यदि यह मानें कि मरीचिस्थल में होने वाले जलज्ञान के साथ ऐसा होता है और उसी की व्यावृत्ति के लिए अव्यभिचारी पद सार्थक है तो वह भी उचित नहीं क्योंकि वहाँ पर पानी प्रतीत होता है, किन्तु पानी के साथ नेत्र का कोई भी सम्बन्ध नहीं होता। इन्द्रियों का सम्बन्ध अविद्यमान पदार्थों के साथ कभी भी नहीं होता। उसके साथ सम्बन्ध होने पर वह सम्बन्धित विषय मिथ्या नहीं हो सकता, जैसे उपलब्ध पानी के साथ का सम्बन्ध।

ननु यद्यपि प्रतीयमानोदकेन सह सम्बन्धो नास्ति चक्षुषः, तथा[१७]प्यालम्ब्य मरीचिनिचयेन साकं सम्बन्धोऽस्ति, तस्यैव आलम्बनत्वात् तद्देशं प्रति प्रवृत्तेः, अत एव मिथ्यात्वम्, अन्यदालम्बनम् अन्यच्च प्रतिभाति।

---

[१५] "अपोदित" इति मूलपाठः।

[१६] "तद्विषयः" इति मूलपाठः।

[१७] "तथापाप्या" इति मूलपाठः।

यद्यपि प्रतीत हुए पानी के साथ आँखों का कोई सम्बन्ध नहीं है फिर भी मरीचि (सूर्य-किरण) के साथ तो सम्बन्ध है ही। इसलिए उस आलम्बन के चलते ही उस देश में प्रवृत्ति होती है, परन्तु ऐसा मानने से भी वह मिथ्या ही ठहरता है क्योंकि अन्य आलम्बन में अन्य की प्रतीति होती है।

३.५ प्रसङ्गादालम्बनपदार्थस्य परीक्षणम्
(आलम्बन का खण्डन)

कोऽयमालम्बनार्थो नाम येनेदमुद्घुष्यते — अन्यदालम्बनं चान्यत् प्रतिभातीति? — किं विज्ञानजनकत्वम्, आकारार्पकत्वम्, विज्ञानाधिकरणत्वम्, विज्ञानावभासितता वा? तद्यदि विज्ञानजनकत्वमालम्बनार्थः, तदा नयनालोकादेरपि आलम्बनत्वं प्रसज्यते। अथ आकारार्पकत्वमालम्बनत्वम्, तदयुक्तम्, नैयायिकसमयेऽनभ्युपगमात्। यथा च विषयाकारो विज्ञाने न युज्यते तथोपरिष्यत् प्रतिपादयिष्यामः। अथ विज्ञानाधिकरणत्वमालम्बनत्वम्, नः न मरीचिचक्रोत्कलितमुदीयते ज्ञानम् अपि तु आत्मसमवेतमात्मानमासादयते। अथ विज्ञानावभासितता आलम्बनत्वम्, तदा उदकविज्ञान उदकं प्रतीयते न मरीचयः।

यह आलम्बन क्या है जिसकी घोषणा की गई है — एक आलम्बन और दूसरा प्रतीत होता है कहकर, इसके चार विकल्प होते हैं – क्या यह ज्ञान का जनक है, अथवा आकार का अर्पण है, अथवा ज्ञानाधिकरणत्व है, अथवा ज्ञान का अवभासितत्त्व है? यदि विज्ञानजनकता ही आलम्बन का अर्थ है तो आँखों के साथ आलोक आदि की भी आलम्बनता होती ही है। यदि आकार का अर्पण ही आलम्बनत्व है तो वह नैयायिकों के सिद्धान्त में मान्य नहीं है। उनके मत में विषयाकार ज्ञान में प्रयुक्त नहीं होता, इस विषय को हम आगे जाकर विस्तारपूर्वक बताएंगे। यदि ज्ञान का अधिकरण ही आलम्बन है तो वह मरीचि, चक्र से उद्भूत ज्ञान तो नहीं है किन्तु आत्मा के साथ समवेत होकर अपने आप को वह खुद ही दिखाया हुआ है। यदि ज्ञान की अवभासिता ही आलम्बन है तो जल-ज्ञान के समय में जल-मात्र का ज्ञान होता है सूर्य-किरणों का नहीं।

अथ उदकाकारतया मरीचय एव प्रतीयन्ते, स उदकाकारो मरीचिभ्यो व्यतिरिक्तोऽव्यतिरिक्तो वा? तद्यद्यव्यतिरिक्तः, स तात्त्विकोऽतात्त्विको वा? यदि तात्त्विकः, कथं तदवगतेर्मिथ्यात्वम्? अथाऽतात्त्विकः, तदा मरीचीनामपि अतात्त्विकत्वं प्रसज्यते। अतात्त्विकोदकतादात्म्ये सति तदुदकज्ञानमतथ्यम्। किमुक्तं भवति? मरीचिविज्ञानमतथ्यम्। एकस्मिंश्चोदकाकारे प्रतीयमाने केन एतदाख्यातम् — मरीचयः प्रतिभान्ति देवानाम्प्रियस्य।

अब विचार करें, जल के रूप में सूर्य-किरणें ही प्रतीत होती हैं तो यह ठीक है, अब

कहिए वह जल-किरणों से भिन्न है अथवा अभिन्न? यदि अभिन्न है तो वह तात्त्विक है अथवा अतात्त्विक? यदि तात्त्विक है तो उस अवगति को कैसे मिथ्यात्व कहेंगे? यदि अतात्त्विक है तो किरण भी मिथ्या ही होंगी। अतात्त्विक उदक के साथ तादात्म्य होने के कारण वह उदक ज्ञान अतथ्य हो जाएगा। क्या कह रहे हो? मरीचिकाओं का ज्ञान अतथ्य है। एक ही जलाकार प्रतीत होने से किसने यह कहा है कि किरण प्रतीत होती है कहकर अरे ! मूर्खों !

अथ अर्थान्तरभूतः, तर्हि न वक्तव्यम् — मरीचय उदकाकारतया प्रतीयन्ते उदकाकारान्तरिता मरीचयः । अथ केशोण्डुकविज्ञाने किमवभाति? किमालम्बते? केशोण्डुकस्यैव आलम्बनत्वं प्रतीयमानत्वं च तथा उदकस्यैव आलम्बनत्वं प्रतीयमानत्वं च, नालम्बनान्तरं परिकल्प्यम् । न चोदकज्ञानस्य प्रतीयमानोदकाऽन्यालम्बन[१८]त्वेन मिथ्यात्वम् अपि तु अभावात् तात्त्विकत्वेन, अन्यथा केशोण्डुकसंविदोऽपि मिथ्यात्वं न प्राप्नोति, अन्यालम्बनव्यतिरेकात् ।

यदि अर्थान्तरभूत है तो यह भी नहीं कहा जा सकता — किरणें भी उदक के आकार में दिखती हैं और उदक के आकार के भीतर किरणें होती हैं। इसी प्रकार केशोण्डुक विज्ञान में भी अवभासित होते हैं? किसका आलम्बन होगा? केशोण्डुक का ही आलम्बन और केशोण्डुक की ही प्रतीति भी, उसी प्रकार उदक का ही आलम्बन और प्रतीति भी उदक की ही, इसीलिए और किसी को भी आलम्बन न मानें। उदक ज्ञान की प्रतीति उदक है और उसका अन्य आलम्बन मिथ्या नहीं हो सकता, क्योंकि तात्त्विक रूप से उसका अभाव होने से। अन्यथा केशोण्डुक ज्ञान भी मिथ्या नहीं हो सकता, अन्य आलम्बन का अभाव होने के कारण।

यदप्युक्तम् — मरीचिदेशं प्रति गमनात् मरीचीनामालम्बनत्वम्, यद्येवं देशस्यापि आलम्बनत्वमनया रीत्या उपपद्यते । न च अवभातोदकभिन्नार्थसन्निकर्षजत्वम् उदकविज्ञानस्य उपपद्यते, सत्योदकज्ञानेऽदृष्टत्वात्, अन्यथा अनुमेयदहनज्ञानस्यापि इन्द्रियार्थसन्निकर्षजत्वमापनीपद्येत आत्ममनःसन्निकर्षजत्वात् । अथ प्रतीयमानदहनेन सह मनसो नास्ति सम्बन्धः, तदिहापि प्रतीयमानेन अम्भसा सह नास्ति सम्बन्धः चक्षुषः । तस्मादव्यभिचारिपदं न युक्तम् इन्द्रियार्थसन्निकर्षपदेनापोदितत्वाद् ।

यह उपर्युक्त कथन ठीक नहीं है। क्योंकि मरीचि अपने आप किसी जगह दिखती है और मरीचिकाओं का आलम्बन होता है, अतएव इस प्रकार वह देश भी अवान्तर रूप से आलम्बन हो जाता है। किन्तु प्रतीयमान उदक से भिन्न सन्निकर्षजन्यता उदक पदार्थ में नहीं दिखता, अतः सत्य उदकज्ञान के अदृष्ट होने से अन्यथा अनुमेय उदकज्ञान

---

१८ "आलम्बत्वेन" इति मूलपाठः ।

के भी इन्द्रियार्थसन्निकर्ष द्वारा उत्पन्न होने का खतरा यहाँ पर भी उपस्थित होगा क्योंकि आत्मा का सन्निकर्ष तो यहाँ भी है ही।

अब यदि प्रतीयमान दहन के साथ मन का सम्बन्ध नहीं है तो उसी प्रकार यहाँ पर भी प्रतीयमान पानी के साथ चक्षु का सम्बन्ध नहीं है। इसीलिए अव्यभिचारी पद उपयुक्त नहीं है। यह सब कुछ इन्द्रियार्थसन्निकर्ष पद द्वारा पहले ही स्पष्ट हो चुका है।

३.६ पुनः प्रकारान्तरेण अव्यभिचारिपदस्यापाकरणम् (अव्यभिचारिपद का खण्डन)

इतोप्यनुपपन्नम्, अपोह्यज्ञानाऽसंभवात्। अथ मरीच्युदकविज्ञानाप निनी[१९] षया उपादीयते, तत्कथमपनीयते? अविद्यमानोदकविषयत्वात्। यद्यविद्यमानं, कोऽयं विषयार्थः? पूर्वोदितमनुसरणीयम्। यदि तत्रोदकं प्रतिभाति कथं नास्ति? सत्यम्, प्रतिभाति, किन्तु अतथ्यं प्रतिभाति।

यहाँ और भी समस्या है। अपोहन करके ज्ञान सम्भव नहीं होता। मरीचि-उदकज्ञान को हटाने के लिए यह कहें तो उसे कैसे हटाएंगे क्योंकि यह विषय ही पानी के न होने का है? यह न होता हुआ क्या विषय है?

इसीलिए पहले बताया जा चुका विषय ही होगा। यदि वहाँ पर जल प्रतीत होता है तो जल क्यों नहीं है? हाँ, प्रतीत होता है लेकिन अतथ्य प्रतीत होता है।

अतथ्य का विचार

अतथ्यता का? — किं प्रतीयमानस्याऽभावः, उत प्रतीयमान एव अभावः? तद्यदि प्रतीयमानस्य अभावः — स किं तदैव, आहोस्वित् कालान्तरेण? यदि तदैव, स [२०] किमवगतः, अनवगतो वा? यद्यवगतः, स केनावगम्यते किमुदकविज्ञानेन, ज्ञानान्तरेण वा? तद्यद्युदकज्ञानेन, तन्न, तस्य उदकविषयत्वात्। तद्विषयत्वे वा न तर्हि 'उदकज्ञानं भ्रान्तम्' इत्युपपद्यते अभावविषयस्य परमार्थसत्त्वात्। नच उदकाकारावगाहिनि विज्ञाने तोयविनिवृत्तयोऽवभान्ति अतिप्रसङ्गात्। अथ ज्ञानान्तरेण, न, ज्ञानयौगपद्यासम्भवात्।

यह अतथ्य क्यों है? क्या प्रतीयमान का अभाव है अथवा प्रतीयमान ही नहीं हुआ है? यदि प्रतीयमान का अभाव है तो वह उसी समय होता है अथवा कालान्तर में? यदि उसी समय होता है तो वह ज्ञात होता है अथवा अज्ञात। यदि ज्ञात होता है तो वह किससे

---

[१९] "नापनीषया" इति मूलपाठः।

[२०] "किम्वगत" इति मूलपाठः।

जाना जाता है? क्या उदक ज्ञान से? अथवा और किसी ज्ञान से? यदि उदक ज्ञान से है ऐसा कहें तो यह सम्भव नहीं है क्योंकि उसका विषय ही उदक है। अथवा उसी के विषय से कहें तो "वह उदक ज्ञान भ्रान्त है" ऐसा निष्कर्ष नहीं होगा क्योंकि अभाव का ही विषय रूप से परमार्थसत् होने से। उदकाकार अवगाहिविषयज्ञान में पानी के अभाव अवभासित होते हैं, यह कहना अतिव्याप्तिदोषग्रस्त होगा। अब, ज्ञानान्तर से कहते हैं तो वह सम्भव नहीं है क्योंकि ज्ञान की युगपद् प्रवृत्ति ही नहीं होती।

यदि च अभावज्ञानेन अभावव्यवस्था क्रियते भावज्ञानेन च भावव्यवस्था, तदा उदकस्य भावाभावौ एककालौस्याताम्। अथ भावज्ञानं भावव्यवस्थां न करोति अभावज्ञानं च अभावव्यवस्थां करोति। अहो राजाज्ञा नैयायिकपशोः। यदि च भावज्ञानं भावव्यवस्थां न करोति तदा सर्वभावेषु अनाश्वासप्रसङ्गः। तत्प्रसक्तौ अभावस्याप्यनवस्थितिः, तदनवस्थितौ च तत्त्वोपप्लवः स्यात्। अथाऽनवगतः, सोऽस्तीति कथं पुनर्वेत्सि? अथ कालान्तरे, तदा न किञ्चिद् बाध्यते सत्योदकस्यापि कालान्तरेऽभावोपपत्तेः।

यदि अभाव के ज्ञान द्वारा अभाव की व्यवस्था की जाती है और भाव के ज्ञान द्वारा भाव की व्यवस्था होती है तो उदक के भावाभाव एक ही साथ होंगे। फिर, यदि भाव के ज्ञान से भावव्यवस्था नहीं और अभाव के ज्ञान से अभाव की व्यवस्था होती है ऐसा कहें तो नैयायिक पशुओं की राजाज्ञा विचित्र है। क्या कहें। यदि भावज्ञान से भावव्यवस्था नहीं होती है तो सभी भावों में अभाव उपस्थित होगा, ऐसी स्थिति में अभाव की भी अनवस्थिति होगी। इस अनवस्थिति के कारण तत्त्वों का उपप्लव होगा। यदि अनवगत है तो यह भी है कहकर कैसे जानते हो। यदि कालान्तर में है तो कुछ भी बाधित नहीं होगा क्योंकि वास्तविक जल का भी कालान्तर में अभाव होता ही है।

अथ प्रतीयमान एव अभावः, कथं तद्विषयज्ञानस्य मिथ्यात्वमुपपद्यते प्रतीयमानस्यैव अभावस्योपपत्तेः? न च भावाकारे प्रतीयमाने अभावकल्पना न्याय्या अतिप्रसङ्गात्, अन्यथा रूपादौ प्रतीयमाने रसादिकल्पना कर्त्तव्या। न च क्रियते, तथेहापि उदकं प्रतीयते। ननु प्रतीयते किन्तु अतथ्यम्, यद्येवम् उदकप्रपञ्चोऽयं दीर्घोदकं मधुरोदकमिति यथा। नन्वत्र सर्वासु अवस्थासु उदकं प्रतीयते तेन तासु अम्भः प्रकल्प्यते। यद्येवं तदिहापि अवस्थाद्वयेऽपि उदकं प्रतीयते सत्योदकमसत्योदकं च। सत्योदकज्ञाने सत्योदकमवभाति नाऽसत्योदकमनुदकं वा। तथा असत्योदकज्ञाने-ऽसत्योदकं प्रतिभाति न सत्योदकमनुदकं वा, स्वविषयपर्यवसायिन्यो हि बुद्धयः।

यदि प्रतीयमान ही अभाव है ऐसा कहें तो फिर कैसे तद्विषयक ज्ञान को मिथ्या कहेंगे? ऐसा कहने पर प्रतीयमान का ही अभाव होगा। पुनः भाव प्रतीत होने पर अभाव की कल्पना न्यायसंगत नहीं है और साथ ही साथ अतिव्याप्ति दोष प्रसक्ति भी होगी।

इसके अतिरिक्त रूप आदि की प्रतीति होने पर रस की कल्पना भी करनी पड़ेगी। परन्तु ऐसा नहीं किया जाता। उसी प्रकार यहाँ पर भी उदक प्रतीत हो ही रहा है। नहीं, प्रतीत तो है परन्तु अतथ्य है। यदि ऐसा है तो यह सब प्रपञ्च पानी है और कहीं लम्बा तथा कहीं मधुर है ऐसा कहना पड़ेगा। नहीं, अन्य सभी अवस्था में भी पानी ही प्रतीत होता है इसीलिए पानी की कल्पना की जाती है। यदि ऐसा ही है तो यहाँ पर भी दो अवस्थाएँ होंगी – पानी दिखने पर एक सत्य जल और दूसरा असत्य जल। सत्योदक का भान होने पर सत्यजल का भान किन्तु असत्य और अजल का भान तो नहीं होगा। फिर असत्य जल का ज्ञान होने पर असत्य जल प्रतीत होगा किन्तु असत्य जल और अजल की प्रतीति न होगी। देखिए न ! अपने विषय की अन्तिम सीमा तक बुद्धियाँ पहुँचा करती हैं।

अथ बाध्यमानत्वेन मिथ्यात्वमिति चेत्, किं बाध्यते – अर्थः, ज्ञानम्, उभयं वा? यद्यर्थस्य बाधा, स केन बाध्यते? किं स्वयमेव आत्मानं बाधते, आहो अर्थान्तरेण, ज्ञानेन वा? यदि स्वयमेव आत्मानं बाधते, तदा बाधा तेन क्रियते, ज्ञाप्यते वा? यदि क्रियते, अव्यतिरिक्ता, व्यतिरिक्ता वा? यद्यव्यतिरिक्ता, तदा बाधा क्रियते इति आत्मा अनेनोत्पाद्यते। तच्च न जाघटीति स्वात्मनि क्रियाविरोधात्। अथ व्यतिरिक्ता क्रियते, तथापि विद्यमानस्य कर्त्तृत्वं न प्रतीयमानस्याऽपलापः।

अब, यदि बाध्यमानत्वरूप से मिथ्या कहते हैं तो क्या बाधित होगा? अर्थ का बाध, अथवा ज्ञान का बाध अथवा दोनों का। यदि अर्थ का बाध है तो उसका किससे बाध करेंगे, क्या स्वयं ही स्वयं का बाध करेगा? अथवा अर्थान्तर से? अथवा ज्ञान से? यदि स्वयं ही स्वयं को बाधित करता है तो वह बाध करता है या ज्ञापित करता है। यदि बाध करता है तो वह उस ज्ञान से अलग है अथवा नहीं? यदि अलग नहीं है तो बाधा करने का अर्थ इसी के द्वारा इसका उत्पादन करना है। परन्तु अपने से ही अपने को बनाना सम्भव नहीं है अपने में क्रियाविरोध होने से। अब अलग ही है और बाधित करता है ऐसा कहते हैं तो विद्यमान का कर्तृत्व सम्भव है और साथ ही प्रतीयमान का अपलाप नहीं किया जाना चाहिए।

अथ बाधा ज्ञाप्यते, साप्यभिन्ना, भिन्ना वा? यद्यभिन्ना, तदा बाधा तेन ज्ञाप्यते। किमुक्तं भवति? उदकं ज्ञाप्यते। अथ भिन्ना, तदा विद्यमानस्य ज्ञापकत्वं सिद्धं प्रतीयमानस्य चाऽस्तित्वम्।

अब, यदि बाधा का ज्ञापन है? तो वह अभिन्न है अथवा भिन्न है? यदि अभिन्न है तो बाधा उसके द्वारा ज्ञापित होती है। क्या कह रहे हैं? उदक का ज्ञापन होता है, यह कह रहे हैं। यदि भिन्न है तो विद्यमान का ज्ञापकत्व सिद्ध होता है और साथ ही प्रतीयमान का अस्तित्व भी सिद्ध होता है।

अथ अर्थान्तरेण बाध्यते, तथापि विद्यमानयोर्बाध्यबाधकभावो भूपालयोरिव, न चैकस्य बाध्यबाधकभाव उपपद्यते। बाधापि तेन प्रतीयमानस्य — किं क्रियते, ज्ञाप्यते वा? यदि क्रियते, अव्यतिरिक्ता, व्यतिरिक्ता वा? यद्यव्यतिरिक्ता, तदा अव्यतिरिक्ता बाधा उत्पाद्यते। किमुक्तं भवेत्? उदकमुत्पाद्यते। तदुत्पादने च तत्संविदोऽमिथ्यात्वम्। अथ व्यतिरिक्तोत्पाद्यते, तथापि तोयसम्बन्धितयोपलब्धेरम्भस उपपत्तिर्न जातु देवदत्तस्याऽसत्त्वे तन्नयनव्यवहारसिद्धिः। अथ ज्ञाप्यते, तदा साऽव्यतिरिक्ता, व्यतिरिक्ता वा? यद्यव्यतिरिक्ता ज्ञाप्यते, तदा बाधा तेन ज्ञाप्यते। किमुक्तं भवति? उदकं ज्ञाप्यते। अथ व्यतिरिक्ता सती ज्ञाप्यते, तथाप्युदकस्येयं बाधेति अन्यतन्त्रतया प्रतिभासनात् नात्यन्ताभावोपपत्तिः। तस्मादर्थान्तरेणापि न बाधोपपत्तिः।

यदि अर्थान्तर से बाधित होता है ऐसा कहते हैं तो विद्यमान का ही बाध्य-बाधक भाव होता है जैसे कि दो राजाओं का, किन्तु एक ही राजा का अपने आप में बाध्य-बाधक भाव नहीं होता। बाधा भी उससे प्रतीयमान होने वाले को उत्पन्न करती है? अथवा ज्ञापित किया जाता है? यदि उत्पन्न किया जाता है तो वह अभिन्न है या भिन्न है? यदि अभिन्न है तो क्या अव्यतिरिक्त बाधा का उत्पादन किया जा रहा है, नहीं? क्या कह रहे हो? जल का उत्पादन किया जाएगा यह कह रहे हो। तब, उसके उत्पादन में और उसके ज्ञान में मिथ्यात्व नहीं होगा। यदि व्यतिरिक्त (अलग) का उत्पादन है तो पानी सम्बन्धी उपलब्धि द्वारा पानी की उपपत्ति न होगी क्योंकि देवदत्त के न होने पर उसके नयन-व्यवहार की सिद्धि भी कैसे हो सकती है? यदि ज्ञापित करने की बात कह रहे हो तो वह व्यतिरिक्त होगा अथवा अव्यतिरिक्त? यदि अव्यतिरिक्त का ज्ञापन है तो उस अवसर में बाधा उसके द्वारा ज्ञापित होगी। इसका क्या अर्थ हुआ? हाँ, पानी का ज्ञापन होगा। यदि अव्यतिरिक्त होकर ज्ञापित होता है तो वहाँ पर भी पानी की यह बाधा दूसरे ज्ञान द्वारा प्रतिभासित होने से अत्यन्त अभाव की उपपत्ति नहीं करेगा। इसी से, अर्थान्तर से भी बाधा नहीं हो सकती ।

अथ ज्ञानेन बाध्यते, किं तद्विषयेण, अन्यविषयेण, निर्विषयेण वा? यदि तद्विषयेण, तदा तत् स्वरूपं विधत्ते न तु विपर्यासयति तदाकारपर्यवसितरूपत्वात्। अथ अन्यविषयं बाधकम्, तदपि न युज्यते, यद् यद्विषयं तत्तस्यैव सत्तां विधत्ते नत्वन्यस्य विधायकं प्रतिषेधकं वा। स्वविषयपर्यवसायिन्यो हि बुद्धयः।

यदि ज्ञान द्वारा बाधित होता है ऐसा कहें तो क्या उसी के विषय से है अथवा अन्य विषय से अथवा निर्विषय से? यदि उसी के विषय से है तो उस अवस्था में उसी के स्वरूप का ही निर्माण होगा किन्तु विपर्यास नहीं हो सकेगा क्योंकि उसी के आकार में परिणत होने के कारण। यदि अन्यविषयक बाध है तो वह भी युक्तियुक्त नहीं होगा, जो जिस विषय का होता है उसी की सत्ता को बनाता है किन्तु दूसरे का विधायक या

निषेधक नहीं होता। क्योंकि बुद्धियाँ हमेशा अपने विषय की अन्तिम सीमा तक पहुँचा करती हैं।

अथ निर्विषयेण बाध्यते, न किञ्चिद् विदधाति प्रतिषेधति वा निर्विषयत्वादेव।

यदि निर्विषय द्वारा ही बाधित होता है तो वह किसी का भी विधान नहीं करता और निषेध भी नहीं कर सकता क्योंकि वह तो निर्विषय ही है।

अथ ज्ञानं बाध्यते, तस्यापि बाधा का? — किं स्वरूपव्यावृत्तिरूपा, स्वरूपापह्नवरूपा वा, विषयापहारलक्षणा वा? तद्यदि स्वरूप व्यावृत्तिरूपा बाधा, तदा सर्वं बाधितं स्यात् विज्ञानस्य विज्ञानान्तरेण [२१] निवर्त्यमानत्वात्। अथ स्वरूपापह्नवरूपा,[२२] तदयुक्तम्, मिथ्योदकविज्ञानस्यापि अनुभूयमानत्वात्। अथ विषयापहारलक्षणा बाधा उच्यते, सापि न युक्ता। यथा च विषयापहारो न शक्यते कर्त्तुं तथाऽनन्तरमेव निवेदितम्।

यदि ज्ञान बाधित होता है तो उसकी बाधा क्या है? क्या वह स्वरूप व्यावृत्ति रूप है अथवा स्वरूपनिषेधक रूप है? अथवा विषयापहारलक्षणात्मक है? यदि स्वरूप व्यावृत्तिरूप बाधा है तो सब कुछ बाधित होगा क्योंकि ज्ञान ज्ञानान्तर से निर्वृत्य हुआ करता है। यदि स्वरूपनिषेध रूप बाधा है तो वह भी सम्भव नहीं हो सकता क्योंकि मिथ्याउदकज्ञान भी अनुभूत होता ही है। यदि विषयापहारलक्षणात्मक बाधा है तो वह भी उचित नहीं क्योंकि विषय का नाश नहीं किया जा सकता, यह विषय पहले ही निवेदन किया जा चुका है।

अर्थक्रिया का खण्डन

यदि न बाध्यते किमित्यसौ अर्थक्रियां न करोति भावः? केयम् अर्थक्रिया या तेन न सम्पाद्यते पुंसाम् — किं विज्ञानरूपा, प्रवृत्तिरूपा, प्राप्तिरूपा, सुखदुःखोत्पादभोगरूपा वा? तद्यदि विज्ञानलक्षणां न करोति, तदयुक्तम्, विज्ञानलक्षणामर्थक्रियां करोत्येव तोयम्। अथ प्रवृत्तिरूपां न करोति, तदयुक्तम्, प्रवृत्तिर्हि पुरुषेच्छानुविधायिनीनार्थस्वरूपभावाभावावनुगमयति। पुरुषो हि कामतः प्रवर्त्तते वा न वा, नह्येतावता तदभावसिद्धिः। अथ प्राप्तिरूपाम् अर्थक्रियां न करोति तेनाऽसत्त्वम्, तदप्ययुक्तम्, चन्द्रार्कग्रहनक्षत्रतारकादेः प्राप्त्यभावेऽपि सत्त्वसंभवात्। अथ सुखदुःखरूपामर्थक्रियां न करोति — किं दर्शनजं सुखं न करोति आहो देहसम्बन्धजम्? तद्यदि दर्शनजं न करोति, तदयुक्तम्, करोत्येव। अथ देहसम्बन्धजं न करोति, तदा चन्द्रार्कग्रहनक्षत्रादौ व्यभिचारः तेषां देहसम्बन्धजसुखजनकत्वं नास्ति, अथ च सत्त्वम्।

---

२१ "निर्वत्य" इति मूलपाठः।

२२ "रूपम्" इति मूलपाठः।

न च अर्थक्रियाऽकर्त्तृत्वेन वस्तूनामसत्त्वं; स्वहेतोरेव विज्ञानजननमात्रस्योत्पत्तेः, सहकारिविरहाद्वा न करोति।

यदि बाधित नहीं करता है तो क्या यह समझा जाए कि यह अर्थक्रिया भी नहीं करता? यह अर्थक्रिया क्या है? जिसके बिना पुरुषों का कर्म सम्पादित नहीं होता – क्या वह विज्ञानरूप है? प्रवृत्तिरूप है? प्राप्तिरूप है? अथवा सुखदुःख उत्पादभोगरूप है? यदि यह कहा जाए कि विज्ञानरूप अर्थक्रिया नहीं करता तो यह उचित नहीं होगा क्योंकि पानी हमेशा ज्ञानलक्षणात्मक अर्थक्रिया करता ही है। यदि प्रवृत्तिरूपात्मक नहीं करता है तो वह भी उचित नहीं है क्योंकि प्रवृत्ति हमेशा पुरुष की इच्छाओं का अनुवर्तन करती है किन्तु अर्थ के स्वरूप के भाव और अभाव को नहीं दिखाती। पुरुष इच्छा से प्रवृत्त होता है अथवा नहीं होता है इस प्रसंग से उसके अभाव की सिद्धि नहीं होती। यदि प्राप्तिरूप अर्थक्रिया नहीं करता है अतएव वह नहीं है ऐसा कहें तो यह भी उचित नहीं होगा क्योंकि चन्द्र, सूर्य, तारा आदि की प्राप्ति का अभाव होने पर भी उनकी सत्ता तो है ही।

अब, यदि यह कहा जाए कि सुख-दुःखरूप अर्थक्रिया नहीं करता है तो दर्शनजन्य सुख नहीं करता है, अथवा देहसम्बन्धजन्य नहीं करता है? यदि दर्शनजन्य का नहीं करता है ऐसा मानें तो करता ही है। यदि देहसम्बन्धजन्य नहीं करता है तो यह बात चन्द्र, सूर्य, नक्षत्र आदि में व्यभिचरित होगी क्योंकि उन सबों में देहसम्बन्धजन्य सुखजनकता नहीं है। फिर भी उनकी सत्ता तो होती ही है। वस्तुस्थिति ऐसी नहीं कि किसी वस्तु की असत्ता केवल इस कारण मान ली जाए कि उसमें अर्थक्रियाकर्तृत्व नहीं है; जबकि वस्तु अपने हेतु से स्वयं के विज्ञान को तो उत्पन्न करती है लेकिन सहकारी कारणों का अभाव होने से अर्थक्रिया नहीं करती।

किञ्च, अर्थक्रियां न करोति – किमेकस्य प्रतिपत्तुः, सर्वप्रतिपत्तॄणां वा? तद्यदि एकस्य प्रतिपत्तुरर्थक्रियां न करोति तेनाऽसत्त्वम्, तदा चन्द्रार्कग्रहनक्षत्रतारकादौ व्यभिचारः मुमूर्ष्वर्थे च। अथ सर्वप्रतिपत्तॄणामर्थक्रियां न करोति तेनाऽसत्त्वम्, एवं तर्हि सर्वभावानामसत्त्वप्रसङ्गः। न हि सर्वे भावाः सर्वपुरुषार्थहेतवः, न च सर्वपुरुषार्थ-क्रियाविहीनमेतद् इत्यवगन्तुं पार्यते अर्वाग्विदा। तस्मात् स्थितमेतद् अव्यभिचारि पदमनर्थकम्।

दूसरी बात, अर्थक्रिया नहीं करता है, तो यह अर्थक्रिया अकर्तृत्व प्रतिपत्ता (बोद्धा) विशेष को लेकर है अथवा सभी प्रतिपत्ताओं को लेकर है। यदि एक प्रतिपत्ताविषयक अर्थक्रिया नहीं करता है और इसी से वह नहीं है तो चन्द्र, सूर्य, ग्रह, नक्षत्र, तारा आदि में व्यभिचार होगा और मुमूर्षु व्यक्तियों में भी। यदि सभी प्रतिपत्ताओं के विषय में अर्थक्रिया नहीं करता है और इसीलिए असत्ता है तो सभी भावपदार्थों की

असत्ता सिद्ध होगी। सभी पदार्थ सभी के पुरुषार्थ के कारण कभी नहीं होते। साथ ही सभी पदार्थ पुरुषार्थ क्रियाहीन भी नहीं होते, यह बात आप जैसे विद्वानों की समझ में तो है ही। इसी से यह निश्चय हुआ कि अव्यभिचारी पद प्रत्यक्ष के लक्षण घटक के रूप में अनर्थक या निरर्थक है।

३.७ भ्रमस्य स्मृतित्वं स्वीकुर्वतां प्राभाकराणां मतस्य विकल्प्य निरसनम् (भ्रम को स्मृति मानने वाले मत का निराकरण)

अन्ये तु मरीच्युदकविज्ञानस्य स्मृतित्वं प्रतिपद्यन्ते न भ्रान्तिरूपताम्। तस्य कथं स्मृतित्वम् — किमुदकगृहीतित्वेन, गृहीतोदकगृहीतित्वेन वा, उदकग्रहणानन्तरकाल-भावित्वेन वा, निर्विषयत्वेन वा, 'यमहमद्राक्षम्' इत्यनेनाऽऽकारेण उपजायमानत्वेन वा? तद्यदि उदकगृहीतित्वेन, तदा सर्वोदकविज्ञानानां स्मृतित्वप्रसङ्गः।

अन्य कुछ (प्रभाकर आदि) वादी गण मरीचि में जलज्ञान को "स्मृति" कहते हैं और भ्रम नहीं मानते। उसका कैसे स्मृतित्व सिद्ध होगा? क्या उदक के ग्रहण द्वारा या गृहीतउदक के ग्रहण द्वारा अथवा उदकग्रहण के बाद भाविरूप में अथवा निर्विषयरूप से अथवा "जिसको मैंने देखा है" इस प्रकार के आकार द्वारा उपजायमान रूप में? कौन सा है? यदि उदकगृहीत रूप में है तो सभी उदकज्ञानों में स्मृतित्व का प्रसंग उपस्थित होगा।

अथ गृहीतोदकगृहीतित्वेन स्मृतित्वम्, तदाऽऽद्यस्यापि गृहीतोदकगृहीतित्वे स्मृतित्वं प्रसज्यते, गृहीतोदकग्राहित्वाविशेषात्। आद्यस्य गृहीतोदकग्राहित्वं नास्ति, तदानीं भिन्नविषयत्वम्, भिन्नविषयत्वे च द्वितीयस्यापि गृहीतग्राहित्वं विहीयते। अथ एकविषयत्वम्, आयातं तर्हि प्रथमस्यापि गृहीतग्राहित्वम्, अविशिष्टार्थगृहीतिरूप-त्वात्, प्रथमोत्तरविज्ञानवत्। यथा एकनीलस्वलक्षणग्राहकयुगपदुत्पन्नानेकविज्ञानात् नीलज्ञानरूपता न भिद्यते तथेहापि। तथा, धारावाहिविज्ञानानां स्मृतिरूपता प्राप्नोति। तथा, प्रत्यभिज्ञानस्य च गृहीतग्राहित्वेन स्मृतित्वं प्रसज्यते। अथ प्रत्यभिज्ञानस्य गृहीतार्थग्राहित्वं न विद्यते, तदा प्रत्यभिज्ञानत्वं निवर्त्तते, नह्याद्यं दर्शनं 'स एवायम्' इत्युपजायते। तथा, आनुमानिकमपि विज्ञानं[२३] गृहीतार्थग्राहित्वेन स्मृतित्वमापद्यते।

अब गृहीत उदकग्रहण के रूप में स्मृति कहते हैं तो पहले गृहीत उदकग्रहण में भी स्मृतित्व होगा, क्योंकि गृहीतोदकग्राहित्व में अविशेष होने से। पहले का गृहीत-उदकग्राहित्व नहीं है क्योंकि उस समय का विषय भिन्न ही है। भिन्न विषय होने पर

---

[२३] "विज्ञान" इति मूलपाठः।

दूसरे का भी गृहीतग्राहित्व नहीं होता। यदि एक विषयत्व है तो पहले का भी गृहीतग्राहित्व होगा ही क्योंकि अविशिष्टार्थगृहीतिरूप होने से, जैसा कि द्वितीय विज्ञान हुआ करता है। उदाहरण के लिए एक नीलस्वलक्षणग्राहक युगपत् उत्पन्न अनेक विज्ञानों से नीलज्ञानरूपता भिन्न नहीं है वैसे ही यहाँ भी होगा। तथा धारावाहिक ज्ञान का भी गृहीतग्राहित्व के कारण से स्मृतित्व प्रसक्त होता ही है। यदि प्रत्यभिज्ञान का भी गृहीतार्थग्राहिता नहीं है तो उस स्थिति में प्रत्यभिज्ञानत्व की निवृत्ति हो जाएगी। आद्य दर्शन, निश्चित रूप में "वह ही यह है" ऐसा नहीं हो सकता। इसी प्रकार आनुमानिक ज्ञान भी गृहीतार्थग्राहित्व के कारण स्मृतित्व में परिणत हो जाएगा।

अथ उदकग्रहणोत्तरकालभावित्वेन स्मृतित्वम्, तदा संस्कारस्य स्मरणरूपता प्राप्नोति, उदकग्रहणोत्तरकालभावित्वेन, रससंवेदनस्य च।

माना कि उदक ग्रहणोत्तरकालभावी स्मृतित्व है तो संस्कार भी स्मृति में परिणत होगा क्योंकि संस्कार भी उदक ग्रहणोत्तरकालभावित्व रूप से घटित होता है। इससे तो रस संवेदन की भी स्मृतिरूपता प्रसक्त होगी।

अथ निर्विषयत्वेन स्मृतिरूपता उच्यते, तदयुक्तम्, पूर्वोदितानुभवावेदितार्थाकारावेदकत्वेन उदीयमानायाः कथं निर्विषयत्वम्? अथ पूर्वानुभूतार्थप्रत्यस्तमये सति समानकालार्थाभावान्निर्विषयता, तदा चोदनाजनितविज्ञानस्य निर्विषयत्वेन स्मृतित्वमापनीपद्यते, कर्त्तव्यतारूपार्थस्य तदाऽभावात्। भावे वा कर्त्तव्यरूपता नोपपद्यते। तदनुपपत्तौ सप्ततन्तुक्रियाया विलोपप्रसङ्गः। यदि च निर्विषयत्वेन स्मृतित्वम्, तदा विद्यमानघटजात्यादेः स्मरणस्यास्मृतित्वप्रसङ्गः।

यदि निर्विषयत्व के रूप में स्मृतित्व उपस्थित होता है तो वह सम्भव नहीं है क्योंकि पहले से ही उदित हुए अनुभव द्वारा बताए गए अर्थाकार का ज्ञान, जो स्पष्ट भासित हुआ करता है उसे कैसे निर्विषयत्व कहेंगे?

अब, पूर्व अनुभूतार्थज्ञान के अस्त होने के बाद समान कालिक अर्थ के अभाव से निर्विषयता कहें तो प्रेरणा द्वारा समुत्पन्न ज्ञान के निर्विषयत्व से स्मृतित्व को स्वीकार कर कर्त्तव्यतारूप अर्थ का वहाँ पर अभाव होगा। विषय का भाव होने पर भी कर्त्तव्यरूप उपलब्ध नहीं हो सकता। उसकी उपपत्ति न होने से सात तन्तु-क्रियाओं के विलोप का प्रसंग उपस्थित होगा। यदि निर्विषयत्व रूप से ही स्मृतित्व है तो विद्यमान घट जाति आदि के स्मृति को भी स्मृति कहा जाना सम्भव नहीं होगा।

अथ 'अद्राक्षम्' इत्यनेनाकारेणोपजायमानत्वेन स्मृतित्वम्, तदयुक्तम्, 'इहोदकम्'

इत्यनेनाकारेणोपजायमानायाः कथम् 'अद्राक्षम्' इत्येवंरूपतोपपद्यते? अथ विप्रमुषितता[२४] अनया भङ्ग्या उपजायते।

यदि "मैंने देखा है" इस प्रकार के बोध को स्मृति कहें तो वह भी सम्भव नहीं है क्योंकि मरीचि स्थल में जब "यहाँ पानी है" इस आकार का ज्ञान उत्पन्न होता है तो किस प्रकार उसकी ऐसी व्याख्या सम्भव हो सकेगी कि उसे "मैंने देखा है"। इसे अवान्तर रूप से विप्रमुषिता (स्मृतिप्रमोष) के रूप में लिया जा सकता है।

३.८ प्रसङ्गात् विप्रमोषपरीक्षा (विप्रमोष का खण्डन)

कोऽयं विप्रमोषो नाम? किमनुभवाकारस्वीकरणम्, स्मरणाकारप्रध्वंसो वा, अपूर्वार्थगृहीतित्वं वा, इन्द्रियार्थसन्निकर्षजत्वं वा, इन्द्रियार्थाऽसन्निकर्षजत्वं वा? तद्यदि अनुभवाकारस्वीकरणम्, तदा स्मृतिरूपता नोपपद्यते। अथ स्मृतिरूपता, तदाऽनुभवाकारस्वीकरणं नोपपद्यते, स्मृत्यनुभवाकारयोः इतरेतरपरिहारस्थितिलक्षणत्वात्। अथ स्मरणाकारप्रध्वंसः, तदयुक्तम्, विज्ञानस्य स्वयं स्मृतित्वेनाभ्युपगमात्। प्रध्वंसो हि अविज्ञानात्मकः कथं स्मृतिरूपतां विधत्ते? अथ अपूर्वार्थविषयार्थगृ[२५]हीतित्वं स्मृतिप्रमोष उच्यते, तदा अत्यन्ताऽननुभूतकनकपनसादिसंवित्तीनां स्मृतिविप्रमोषत्वमापद्यते। अथ इन्द्रियार्थसन्निकर्षजत्वं स्मृतिविप्रमोष उच्यते, तदा संवित्तीनां[२६] स्मृतिविप्रमोषत्वप्रसङ्गः। अथ इन्द्रियार्थसन्निकर्षजत्वं स्मृतिविप्रमोष उच्यते, तदा चोदनाजनितविज्ञानस्य अनुमानोपमानविज्ञानस्य च स्मृतिविप्रमोषत्वमापद्यते। तस्माद् यथा यथा विचार्यते स्मृतिविप्रमोषः तथा तथा न्यायं न विषहत इति। तस्मात् मरीच्युदकविज्ञानस्य न स्मृतिविप्रमोषरूपता अपि तु विपरीतख्यातित्वं सम्यग्ज्ञानत्वं वा।

यह विप्रमोष क्या है? क्या अनुभव के आकार की स्वीकृति है? अथवा स्मरण के आकार का ध्वंस है? अथवा अपूर्व पदार्थ का ग्रहण है? अथवा इन्द्रियार्थसन्निकर्षजन्य है? अथवा इन्द्रियार्थ-असन्निकर्षजन्य है? यदि अनुभव स्वीकृति है तो स्मृतिरूपता हो ही नहीं सकती क्योंकि स्मृतिरूपता होकर अनुभवाकार की स्वीकृति सम्भव नहीं है, स्मृति और अनुभव आपस में हमेशा विरुद्ध होते हैं। यदि स्मरणाकार प्रध्वंस है तो वह भी सम्भव नहीं है क्योंकि विज्ञान को अपने आप में ही स्मृतिरूप में स्वीकार किया जा चुका है। प्रध्वंस तो अज्ञानात्मक होता है, अतः ऐसे प्रध्वंस की स्मृतिरूपता नहीं हो

२४ "मुषिता" इति मूलगाठः।

२५ "विषयगर्थ" इति मूलपाठः।

२६ "संवित्तीना" इति मूलपाठः।

सकती। यदि अपूर्वार्थविषयग्रहण ही स्मृतिप्रमोष है तो अत्यन्त अनुभूत न हुए सोने के कटहल के ज्ञान का भी स्मृति-विप्रमोष उपस्थित होगा। यदि इन्द्रियार्थसन्निकर्षजन्य स्मृतिप्रमोष है तो सभी प्रत्यक्षज्ञानों में स्मृतिप्रमोष उपस्थित होगा। अब यदि इन्द्रियार्थ-असन्निकर्षजन्य स्मृतिप्रमोष है तो प्रमाणजन्य ज्ञानों का और अनुमान तथा उपमान आदि से जन्य ज्ञान भी स्मृतिप्रमोष होंगे। इसीलिए जितना-जितना स्मृतिप्रमोष के विषय में विचार किया जाता है उसी परिणाम में वह विचार और प्रमाण को सहन नहीं करता। अतएव मरीचि में हुए जल-ज्ञान की स्मृतिविप्रमोषता नहीं मानी जा सकती किन्तु विपरीत ख्याति अथवा सम्यक् ज्ञान ही मानना पड़ेगा – यह दिख रहा है।

३.९ व्यवसायात्मकपदस्य समालोचनम्
(व्यवसायात्मक पद का खण्डन)

तथा, व्यवसायात्मकपदमपि नोपादेय[२७]मपनेयाभावात्। ननु स्थाण्वादिकेऽर्थे इन्द्रियार्थसन्निकर्षात् सामान्यमात्रदर्शनात् विशेषानुपलब्धौ सन्देहज्ञानमुपजायते तदपनीयते, तस्मिन् सन्देहज्ञाने जाते किंचित् प्रतिभाति आहो न प्रतिभाति? तद्यदि प्रतिभाति, स किं धर्मी, धर्मो वा? तद्यदि धर्मी प्रतिभाति, स तात्त्विकः, अतात्त्विको वा? यदि तात्त्विकः, नापनेयता तद्विषयविज्ञानस्य। अथ अतात्त्विकः, तदा अव्यभिचारिपदेन अपनीतत्वात् न व्यवसायात्मकपदमुपादेयम्।

व्यवसायात्मक पद भी उपादेय नहीं है क्योंकि ऐसा कुछ नहीं जिसे इस पद के द्वारा हटाया जाए। नहीं, स्थाणु आदि पदार्थों में इन्द्रियार्थसन्निकर्ष के कारण और सामान्यमात्र दिखने से और साथ ही विशेष की अनुपलब्धि होने से भी सन्देह की स्थिति होती है, उसी को इस व्यवसाय पद द्वारा हटाने की बात है। यदि ऐसा है तो उस प्रकार का सन्देह होने पर कुछ प्रतिभासित होता है अथवा नहीं? यदि प्रतिभासित होता है तो वह धर्मी है या धर्म है? यदि धर्मी के रूप में प्रतिभासित होता है तो वह तात्त्विक है या अतात्त्विक? यदि तात्त्विक है तो उस ज्ञान को स्वीकारना ही पड़ेगा। यदि अतात्त्विक है तो अव्यभिचारी पद द्वारा ही उसको हटाया जा चुका है। अतः यह व्यवसाय पद निरर्थक हो जाता है।

अथ धर्मः प्रतिभाति, स स्थाणुत्वलक्षणः, पुरुषत्वलक्षणः, उभयं वा? तद्यदि स्थाणुत्वलक्षणो धर्मः प्रतिभाति, स तात्त्विकोऽतात्त्विको वा? यदि तात्त्विकः, कथं तद्बुद्धेः सन्देहरूपता, तात्त्विकार्थगृहीतिरूपत्वेन सत्योदकसंवेदनवत्? अथ अतात्त्विकः, तदा अव्यभिचारिपदेन अपोदितत्वात् न व्यवसायात्मकपदमुपादेयम्।

---

[२७] "अप्रमेया" इति मूलपाठः।

अथ पुरुषत्वलक्षणो धर्मः प्रतिभाति, असावपि तात्त्विकोऽतात्त्विको वा? यदि तात्त्विकः, कथं तद्बुद्धेः सन्देहरूपता? अथ अतात्त्विकः तदा अव्यभिचारिपदेन अपोदितत्वात् व्यवसायात्मकपदं न साधीयः ।

यदि धर्म प्रतीत होता है तो वह या तो स्थाणु रूप होगा? पुरुष रूप होगा? अथवा दोनों के रूप में होगा? यदि स्थाणुत्व लक्षण धर्म प्रतिभासित होता है तो वह तात्त्विक होगा या अतात्त्विक? यदि तात्त्विक है तो क्यों वह बुद्धि के सन्देह के स्वरूप में उपस्थित हुआ? तात्त्विक अर्थ में गृहीत होने पर वह सत्य उदक के संवेदन की तरह ही होगा न। यदि अतात्त्विक है तो वह अव्यभिचारि पद से हटाया जा चुका है। अतः व्यवसाय पद देने की आवश्यकता ही नहीं है। यदि पुरुषलक्षण धर्म है तो वह भी तात्त्विक या अतात्त्विक क्या है? यदि तात्त्विक है तो क्यों उस ज्ञान के विषय में सन्देहात्मकता हुई? यदि अतात्त्विक है तो अव्यभिचारी पद से ही उसे हटाया जा चुका है। अतः व्यवसाय पद फिर भी निरर्थक हो जाता है।

अथ उभयं प्रतिभाति, तदा उभयोस्तात्त्विकत्वम्, अतात्त्विकत्वं वा, अथ एकस्य तात्त्विकत्वम्, अन्यस्य अतात्त्विकत्वम्? तद्यदि उभयोस्तात्त्विकत्वम्, तदा तद्विज्ञानस्य तात्त्विकत्वमेव, न सन्देहात्मता। अथ उभावप्यतात्त्विकौ, तदा तद्विज्ञानस्य विपर्ययरूपता, न सन्देहात्मता । अथ एकस्य तात्त्विकत्वमन्यस्याऽतात्त्विकत्वम्, तदा तदेव ज्ञानं व्यभिचारि तदेवाऽव्यभिचारि अतात्त्विकार्थगृहीतिरूपत्वाद् व्यभिचारि, तात्त्विकार्थगृहीतिरूपत्वादव्यभिचारि। एतेन द्विचन्द्रज्ञानमुद्घाटितम्। तत्र हि द्रव्याकारः प्रतिभाति न गुणाकारः ।

यदि उभय रूप से प्रतीत होते हैं तो वे दोनों ही तात्त्विक या अतात्त्विक क्या हैं? यदि एक की तात्त्विकता और दूसरे की अतात्त्विकता या फिर दोनों की तात्त्विकता होने पर उस ज्ञान की तात्त्विकता ही होगी और सन्देहात्मकता न होगी। यदि दोनों ही अतात्त्विक हैं तो उस ज्ञान का विपर्यय होगा किन्तु सन्देहात्मकता नहीं। यदि एक की तात्त्विकता और दूसरे की अतात्त्विकता होगी तो वह ज्ञान व्यभिचारी तथा अव्यभिचारी दोनों ही होगा। अतात्त्विकार्थ का ग्रहण होने से व्यभिचारी और तात्त्विकार्थ के ग्रहण से अव्यभिचारी। इससे तो फिर दो चन्द्र के ज्ञान को ही दोहराना पड़ेगा। वहाँ पर द्रव्याकार ही प्रतीत होता है गुणाकार नहीं।

अथ सन्दिग्धार्थाकारप्रतिभासि सन्देहज्ञानमिति चेत्, स सन्दिग्धोऽर्थो विद्यते वा न वा? तद्यदि विद्यते, कथं तत्संवेदनस्य सन्देहरूपता अबाधितार्थगृहीतिरूपत्वात् सत्योदकसंवेदनवत्? अथ न विद्यते, तदाऽव्यभिचारिपदेन अपोदितत्वात् व्यवसायात्मकपदमपार्थकम् ।

यदि सन्दिग्ध अर्थाकार का प्रतिभास होता है जो सन्देह ज्ञान है ऐसा कहें तो वहाँ

प्रश्न खड़ा होता है कि वह सन्दिग्ध अर्थ है अथवा नहीं? यदि वह अर्थ है तो उस ज्ञान की सन्देहात्मकता सिद्ध नहीं हो सकती, अबाधितअर्थ गृहीतस्वरूप होने से, सत्य जल के ग्रहण की तरह, यदि अर्थ नहीं है तो अव्यभिचारी पद द्वारा अपोहन हो चुकने से व्यवसाय पद निरर्थक हो जाता है।

अथ न किञ्चिदपि प्रतिभाति, न तर्हि तस्य इन्द्रियार्थसन्निकर्षजत्वम्, [२८]भ्रान्तोदकविज्ञानवत्। तस्माद् व्यवसायात्मकपदमपि अनुपादेयम्।

अब, कुछ भी प्रतीत नहीं होता है ऐसा कहें तो उसकी इन्दियार्थसन्निकर्षता ही नहीं होगी जैसा कि भ्रान्त जल के ज्ञान में हुआ करता है। इससे भी यह व्यवसायात्मक पद अनुपादेय हो जाता है।

३.१० अव्यपदेश्यपदस्यासाधुत्वे लक्षणसारग्रन्थस्योल्लेखः

अव्यपदेश्यपदं च यथा न साधीयः तथा लक्षणसारे द्रष्टव्यम्।

अव्यपदेश्यपद भी उचित नहीं है यह विषय लक्षणसार नामक ग्रन्थ में देखने का कष्ट करें।

३.११ इन्द्रियार्थसन्निकर्षोत्पन्नपदस्य समीक्षा (इन्द्रियार्थसन्निकर्ष से उत्पन्न पद का खण्डन)

तथा, यन्द्रियार्थसन्निकर्षजत्वमपि नोपपद्यते तद्गत्यभावात्। इन्द्रियार्थसन्निकर्षो हि व्यवहितार्थानुपलब्धिलिङ्गो वा, आवरणलिङ्गो[२९] वा, तदुत्पादितघटादिज्ञानावसेयो वा? तद्यदि व्यवहितार्थानुपलब्धिलिङ्गः, तदयुक्तम्, तेन सह सम्बन्धाऽनुपपत्तेः, तदभावेप्यनुपलम्भसद्भावदर्शनात्। यदभावेऽपि यस्य सद्भावः स कथं तत्सद्भावावेदकः?

तथा, इन्द्रियार्थसन्निकर्षजन्य पद भी उचित नहीं है क्योंकि उसकी कोई गति ही नहीं है। इन्द्रियार्थसन्निकर्ष का क्या अर्थ है? क्या व्यवहित अर्थ की अनुपलब्धि रूप है? आवरण लिङ्ग है? अथवा उसके द्वारा उत्पादित घट आदि ज्ञान द्वारा विज्ञेय है? क्या है? यदि व्यवहितार्थानुपलब्धि लिङ्गात्मक है तो वह सम्भव नहीं क्योंकि उसके साथ कोई सम्बन्ध ही नहीं बन सकता। और उसके अभाव में भी अनुपलब्धि ही दिखती है। जिसके अभाव में भी जिसका सद्भाव होता है वह कैसे उसके सद्भाव का द्योतक होगा।

---

२८ "कर्षजभ्रान्त" इति मूलपाठः।

२९ "आ . . . तदुत्पाददित" इति मूलपाठः।

अथ आवरणलिङ्गः, तदयुक्तम्, तेन सह संगतेरभावात्, तदभावेऽपि सद्भाव-दर्शनात्, तद्भावे वा आवरणानर्थक्यम्[३०]। तदभावे तद्गतिः कथम्?

यदि आवरण लिंगात्मक है तो वह भी सम्भव नहीं है क्योंकि उसके साथ संगति का अभाव है। साथ ही वह बिना सद्भाव के भी दिखता है तो उसके भाव में भी आवरण का आनर्थक्य ही है। उसके अभाव में कैसे उसकी गति अर्थात् ज्ञान होगा।

अथ तद्भवकुम्भादिज्ञानेन अवगम्यते, तदयुक्तम्, तदनवगतौ तदुद्भवत्वस्या-नवगतेः। पिशाचपरमाणुमहेश्वरकल्पोऽसौ सन्निकर्षः। कथं तदायत्तता वेद्यते ज्ञाने? कथं च तद् इन्द्रियार्थसन्निकर्षमावेदयति ज्ञानम् — किं विज्ञानाकारतया आहो कार्याकार-तया, इन्द्रियार्थसन्निकर्षजन्याकारतया वा?

यदि इन्द्रियार्थसन्निकर्ष से उत्पन्न कुम्भ आदि के ज्ञान द्वारा जाना जाता है तो वह भी ठीक नहीं है क्योंकि उसके अज्ञान में उसके समुत्पन्न की अवगति नहीं होती। तब तो पिशाच, परमाणु या महेश्वर जैसा हुआ यह सन्निकर्ष। उसके स्वरूप का कैसे ज्ञान में निर्धारण होगा। कैसे ज्ञान इन्द्रियार्थसन्निकर्ष को आवेदित करता है? क्या ज्ञानाकाररूप से? अथवा कार्य के आकार के रूप से? अथवा इन्द्रियार्थसन्निकर्षजन्य आकार के रूप से?

तद्यदि ज्ञानस्वभावतया, तदयुक्तम्, तदभावेऽपि ज्ञानाकारस्य संभव उपमानादि-ज्ञाने। अथ कार्यात्मतया गमयति, तदप्ययुक्तम्, उपमानानुमानज्ञानमरीचिनीलजलादौ तस्य सद्भावोपपत्तेः। यो येन विना भवति स कथं तस्य ज्ञापको नाम? अन्यथा सत्त्वादेरपि गमकत्वं स्यात्।

यदि ज्ञान के स्वभाव के रूप से है तो यह उचित नहीं क्योंकि उसके न होने पर भी उपमान आदि ज्ञान में ज्ञानाकार होता ही है। यदि कार्यात्मतया ज्ञान होता है तो वह भी सम्भव नहीं है। उपमान-अनुमान ज्ञान में और मरीचिनीलजल आदि में उसका सद्भाव सम्भव होता है। जो जिसके बिना ही होता है कैसे वह उसका ज्ञापक हो सकता है? अन्यथा सत्त्वादि के भी गमकत्व की सम्भावना रहेगी।

अथ इन्द्रियार्थसन्निकर्षजन्याकारतया संसू[३१]चयतीति चेत्, असौ इन्द्रियार्थ-सन्निकर्षजन्याकारः ज्ञानाकारादव्यतिरिक्तः? व्यतिरिक्तो वा? यद्यव्यतिरिक्तः, तदा ज्ञानात्मतामात्रम्, नाऽऽकारातिरेकोऽन्योस्ति विभाव्यमानोऽनुमानादिज्ञानेषु यथा। आकारान्तरातिरेके वा ज्ञानरूपता हीयते। अथ व्यतिरिक्तः, तस्यैव तर्हि गमकत्वं न ज्ञानाकारस्य। तस्याप्यगमकत्वं तदवेदनात्।

यदि इन्द्रियार्थसन्निकर्षजन्याकारतया सूचित होता है तो यह इन्द्रियार्थसन्निकर्ष-

---

३० "आनर्थज्यम्" इति मूलपाठः।

३१ "संशूच . . ." इति मूलपाठः।

जन्याकारता ज्ञानाकार से अभिन्न है अथवा भिन्न है? यदि अव्यतिरिक्त है तो केवल ज्ञानात्मता रहेगी, आकार से अतिरेक अन्य नहीं हो सकता जैसे कि विभाव्यमान अनुमान आदि ज्ञानों में। दूसरी बात आकारान्तरातिरेक में ज्ञानरूपता नष्ट होगी। यदि व्यतिरिक्त है तो उसी का गमकत्व होगा, ज्ञानाकार का नहीं। पुनः उसी का अगमकत्व भी होगा क्योंकि उसका वेदक न होने से।

किञ्च, तदुत्पन्नम् इन्द्रियार्थसन्निकर्षाद् विज्ञानं स्वरूपेणावगाहनीयम्, ततो व्याप्तिस्मरणम्, तदनु परामर्शज्ञानम्, ततोऽनुमेयावगतिरिति। न च एतावन्तं कालं विज्ञानं स्थितिपदं बध्नाति, आशुभावित्वेन प्रत्यस्तमितत्वात्। अथ बुद्ध्यारूढेन धर्मधर्मिन्यायेन परिकल्प्यते अनुमानम्, तदा अवास्तवं प्राप्नोति सुगतानुमानवत्।

दूसरी बात, उससे अर्थात् इन्द्रियार्थसन्निकर्ष से उत्पन्न ज्ञान स्वरूपतः जाना जाता है, उसके बाद व्याप्ति का स्मरण, फिर परामर्शज्ञान, उसके बाद अनुमेय का बोध होता है। किन्तु इतने लम्बे समय तक ज्ञान नहीं रह सकता क्योंकि ज्ञान का बोध तत्काल होता है और फिर स्वयं अस्त हो जाता है। और भी, बुद्धि में आरूढ़ धर्मधर्मिन्याय द्वारा अनुमान की परिकल्पना की जाती है तो वह भी अवास्तविक ही है जैसा कि बौद्धों का अनुमान हुआ करता है।

३.१२ इन्द्रियजन्यत्वस्य प्रत्यक्षेऽसंभवप्रकटनम् (इन्द्रियजन्यत्व का खण्डन)

तथा, इन्द्रियोत्पाद्यत्वमपि नोपपद्यते, इन्द्रियोत्पाद्यत्वातिरेकानवगतेः। विज्ञानं स्वभावतयैव वेद्यते, नाकारान्तरेण, तज्ज्ञप्तौ वा ज्ञानाकारविरहप्रसङ्गः। नच ज्ञानम् इन्द्रियसम्बद्धं दृष्टं येन तद् उपलभ्यमानम् इन्द्रियं गमयति। अथ क्रिया अन्यत्र करणसाध्या दृष्टा। सैव गमिकाऽस्तु यस्याः करणसम्बन्धोऽवगतः। न चान्यस्य सम्बन्धे अन्यस्य गमकत्वं किञ्चित्साम्याद् उपपद्यते। न जातु देवदत्तनयननीलसम्बन्धे सति यज्ञदत्तेन्द्रियं घटादिकमर्थम् असति सम्बन्धे करणत्वसाम्यात् प्रकाशयद् दृष्टम्। तथा, अर्थजन्याकारोऽपि विज्ञाने अनेनैव प्रकारेण पर्युदस्तो वेदितव्यः।

इसी प्रकार इन्द्रिय द्वारा उत्पाद्य होना भी सम्भव नहीं है क्योंकि इन्द्रिय उत्पाद्यत्व से भिन्नतया का बोध न होने से ज्ञान स्वभाव से ही अवगत होता है। किन्तु आकारान्तर से नहीं, और उसकी ज्ञप्ति में ज्ञानाकार न होने की बात स्पष्ट ही है। और ज्ञान इन्द्रियों के साथ सम्बद्ध भी नहीं होता। जो दृष्ट है उसे उपलभ्यमान इन्द्रिय बोध कराती है किन्तु क्रिया तो कारण द्वारा होती है न। वही बोधक हो सकता है जिसका कारण सम्बन्ध ज्ञात हुआ है। कुछ साम्य होने पर भी दूसरे के सम्बन्ध में दूसरे का बोधकत्व सम्भव नहीं होता। देवदत्त की आँखों से नील रंगों का सम्बन्ध होने पर और यज्ञदत्त की इन्द्रिय से

घटादिपदार्थों का सम्बन्ध न होने पर भी कारणों की साम्यता के कारण प्रकाशित करता हुआ आज तक कहीं भी नहीं देखा गया है। इसी प्रकार अर्थजन्याकार के विषय में भी निरसन किया गया है, यह जान लेना चाहिए।

३.१३ अर्थस्यापि प्रत्यक्षजनकत्वखण्डनम् (अर्थ की प्रत्यक्षजनकता का खण्डन)

तथा, अर्थोऽपि विज्ञानमुत्पादयति — अनुपजाताऽतिशयः, उपजातातिशयो वा, अव्यतिरिक्तोपजातातिशयो वा, व्यतिरिक्तोपजातातिशयो वा? तद्यदि अनुपजातातिशयः करोति, तदा सर्वदा कुर्यान् न वा करणम् अकरणं वा नोपप[३२]द्येत तत्स्वरूपानति-वृत्तेः। तथा, अव्यतिरिक्तोपजातातिशयोऽपि न करोति, अकारकाकारस्यानुगतेः। अननुगतौ वा न तर्हि तदव्यतिरिक्तोऽतिशयः। अथ व्यतिरिक्तोपजातातिशयेन जन्यते तथापि नोपपद्यते[३३], अकारकाकारानतिवृत्तेः। अतिवृत्तौ वा आयातं क्षणिकत्वम्। ततश्च नेन्द्रियार्थसन्निकर्षजं विज्ञानं प्रत्यक्षलक्षणम्।

इसी तरह यदि यह कहा जाए कि वह अर्थ ही है जो विज्ञान को उत्पादित करता है तो प्रश्न उठता है कि वह अर्थ अनुपजातातिशय, उपजातातिशय, अव्यतिरिक्त उपजातातिशय अथवा व्यतिरिक्त उपजातातिशय रूप से विज्ञान का उत्पादक होता है? यदि अनुपजातातिशय रूप से अर्थ को विज्ञान का उत्पादक माना जाए तो वह सर्वदा कर सकने वाला होगा, और अर्थ के स्वरूप की स्थिति वैसी की वैसी बने रहने के चलते न करण की और न तो अकरण की आवश्यकता होगी। यदि यह माना जाए कि अर्थ अव्यतिरिक्त उपजातातिशय रूप से विज्ञान का उत्पादन करता है तो यह भी सम्भव नहीं, क्योंकि अकारक आकार में अनुगत हुआ करता है और यदि अनुगत नहीं होता तो उसे अव्यतिरिक्त उपजातातिशय ही नहीं कहा जा सकेगा। पुनः व्यतिरिक्त उपजातातिशय रूप से भी विज्ञान की अर्थजन्यता सम्भव नहीं, अकारक आकार की अतिवृति न होने से। यदि यह माना जाए कि अकारक आकार की अतिवृत्ति होती है तो अपने आप ही क्षणिकत्व का अवतरण हो जाता है। इस प्रकार इन्द्रिय और अर्थ के सन्निकर्ष से उत्पन्न होने वाला ज्ञान प्रत्यक्ष है, यह प्रत्यक्ष लक्षण किसी भी प्रकार से सिद्ध नहीं हो सकता।

---

[३२] "नोपविद्येत" इति मूलपाठः।

[३३] "नोते" इति मूलपाठः।

४

मीमांसकसम्मतस्य प्रमाणलक्षणस्य परीक्षा
(मीमांसकसम्मत प्रमाणलक्षण का खण्डन)

अन्ये तु अनधिगतार्थगन्तृत्वेन प्रमाणलक्षणमभिदधति । ते त्वयुक्तवादिनो द्रष्टव्याः । कथमयुक्तवादिता तेषामिति चेत्, उच्यतेविभिन्नकारकोत्पादितैकार्थविज्ञानानां यथाव्यवस्थितैकार्थगृहीतिरूपत्वाऽविशेषेऽपि पूर्वोत्पन्नविज्ञानस्य प्रामाण्यं नोत्तरस्य इत्यत्र नियामकं वक्तव्यम् । अथ यथाव्यवस्थितार्थगृहीतिरूपत्वाविशेषेऽपि पूर्वोत्पन्न-विज्ञानस्य प्रामाण्यमुपपद्यते न प्रथमोत्तरविज्ञानस्य, तदा अनेनैव न्यायेन प्रथमस्याप्यप्रामाण्यं प्रसक्तं गृहीतार्थग्राहित्वाऽविशेषात् । यथा एकनीलस्वलक्षणावभासितयुग-पदुत्पन्नानेकनीलविज्ञानानां नीलैकार्थगृहीतिरूपता न भिद्यते, तथा पूर्वापरोत्पन्न-विज्ञानानामपि गृहीतार्थगृहीतिरूपता न निवर्त्स्यति ।

अन्यवादी (मीमांसक) अनधिगत पदार्थ के ज्ञान को ही प्रमाण का लक्षण मानते हैं। वे तो अनुचित बात करने वाले लोग हैं यह जान लेना चाहिए। क्यों अनुचित बात करते हैं वे? देखिए, जब एक ही वस्तु का ज्ञान अनेक कारकों द्वारा उत्पन्न किया जाता है तो उस वस्तु के ज्ञान के आकार में भेद नहीं होता, क्योंकि उन सभी कारकों के द्वारा एक ही वस्तु का यथारूप में ज्ञान उत्पन्न किया गया है, फिर भी मीमांसक कहेंगे कि इस प्रक्रिया में जो ज्ञान पहले उत्पन्न हुआ है उसका तो प्रामाण्य है परन्तु बाद में उत्पन्न हुए का नहीं है । यदि ऐसा ही है तो इसका नियामक क्या है, यह मीमांसकों को बताना चाहिए? अवधेय है कि यथारूप से उत्पन्न किए गए ज्ञानों के आकार में कोई भेद नहीं होने से उनके ग्रहण में कोई विशेषता नहीं होती, फिर भी पहले उत्पन्न हुए ज्ञान का प्रामाण्य और बाद में उत्पन्न हुए का अप्रामाण्य माना जाता है तो इसी न्याय से पहले उत्पन्न हुए ज्ञान का भी अप्रामाण्य माना जा सकता है क्योंकि उसमें भी गृहीतार्थग्राहित्व समान ही है। ठीक उसी तरह जैसे एक नीलस्वलक्षण को अवभासित करने वाले युगपद् रूप से उत्पन्न अनेक विज्ञानों का उसी एक नीलस्वलक्षण की ग्राह्यता में भेद नहीं होता, वैसे ही पूर्व और अपर क्षण में समुत्पन्न विज्ञानों का गृहीतग्राही स्वरूप निवर्तित नहीं होता ।

अथ नियतविषयत्वं पूर्वोत्तरविज्ञानयोः — पूर्वोत्पन्नविज्ञानम् अनधिगतार्थाकार-स्वीकरणमुखेन उपादीयते, उत्तरं तु अधिगतार्थाकारविषयमुपजायते । यदि गृहीतार्थ-

विषयत्वम्, कथं प्रतिनियतविषयत्वम्? अथ प्रतिनियतविषयत्वम्, कथं गृहीतार्थ-ग्राहित्वम्, नियतविषयत्वगृहीतग्राहित्वयोर्विरोधात्? यदि च नियतविषयत्वम्, तदा उभयोरपि प्रामाण्यम् अनधिगतार्थगन्तृत्वाऽविशेषात्। अथ एकविषयत्वं तदा उभयोरपि प्रामाण्यमप्रामाण्यं वा गृहीतग्राहित्वाऽविशेषात् । सोऽयं गड्डुप्रवेशाक्षितारक-विनिर्गमन्यायोपनिपातः *श्रुतिलालसानां* दुरुत्तरः ।

यदि यह मानें कि पूर्व और उत्तरकालीन ज्ञान का नियत विषय होता है तो वैसी स्थिति में पूर्व काल में उत्पन्न हुए ज्ञान को अनधिगतार्थ रूप में स्वीकार करने पर उत्तरक्षण समुत्पन्न ज्ञान स्वतःस्फूर्त रूप में अधिगतार्थाकारविषय होगा ही। अब यदि गृहीतार्थविषय है तो वह कैसे प्रतिनियत विषय हो सकता है? यदि प्रतिनियतविषय है तो कैसे उसमें गृहीतार्थग्राहित्व हो सकता है? क्योंकि नियतविषयत्व का गृहीतग्राहित्व से विरोध होता है।

यदि नियतविषय है तो दोनों का प्रामाण्य हो जाएगा क्योंकि दोनों में समान रूप से अनधिगतार्थगन्तृत्व अवस्थित है। यदि एक विषयत्व स्वीकार करते हैं तो दोनों का प्रामाण्य और अप्रामाण्य स्वीकार करना पड़ेगा क्योंकि दोनों के गृहीतग्राहित्व को लेकर भेद नहीं है। यह कैसी विचित्र सी स्थिति हो गई जैसे कि कोई व्यक्ति रात में आकाश के तारों को देखते हुए किसी खाई में गिर गया हो वैसे ही वेद के प्रति लालायित इन लोगों की स्थिति हो जाती है।

नन्वधिगतविषयत्वे सत्यपि प्रामाण्याभ्युपगमे स्मृतेरपि प्रामाण्यमनुषज्यते, प्रमाणफलता वा। कोऽत्र निवारयिता? स्मृतिरिहोपजायमाना-आद्यानुभवावेदितार्था-कार विषया वा, अन्यविषया वा, निर्विषया वा? तद्यदि पूर्वोदितानुभवावेदितार्था-कारविषया, तदा तस्याः प्रमाणफलता नैव निवारयितुं पार्यते गृहीतार्थग्राहित्वाविशेषात् इत्युक्तम्। एवं च स्मृतिसञ्ज्ञकं सप्तमं प्रमाणं प्रसक्तं *मीमांसकानाम्*।

पुनः अधिगत विषयत्व में प्रामाण्य स्वीकार करने पर स्मृति का भी प्रामाण्य अथवा प्रामाण्यफल तो होगा ही। यहाँ पर इसे कौन रोक सकता है? यह आपकी उत्पन्न स्मृति क्या है? क्या पहले हुए अनुभव से आवेदित अर्थाकार है? अथवा अन्यविषयक है? या निर्विषय है? यदि पूर्वोदित अनुभवजन्य विषय का बोध है तो उसके प्रामाण्य को किसी भी हालत में नहीं रोका जा सकता क्योंकि गृहीतार्थग्राहित्व यहाँ यथावत् है। इसीलिए यह तो स्मृति नामक सातवाँ प्रमाण उपस्थित होने जा रहा है मीमांसकों के लिए।

अथ पूर्वविज्ञानानवधारितार्थविषया, यद्येवं कथं तस्याः प्रमाणफलत्वमपनेतुं पार्यते? आद्यानुभवस्येव[1] स्मृतिरूपता च न प्राप्नोति। दृष्टश्रुतार्थविषया हि स्मृतिर्ना-गृहीतार्थविषया।

---

[1] "अनुभवस्यव" इति मूलपाठः।

अब, यदि पूर्वज्ञान अनवधारितार्थविषयक है तो कैसे उसके प्रमाणफल होने को हटाया जा सकता है। आद्य अनुभव की ही स्मृतिरूपता उपस्थित हुआ करती है। स्मृति का अर्थ दृष्ट या श्रुतार्थ विषय ही है। अगृहीतार्थविषय कभी भी स्मृति के क्षेत्र में नहीं आते।

अथ निर्विषया इष्यते, तदा न गृहीतार्थग्राहित्वेन स्मृतेरप्रामाण्यम् अपि तु केशोण्डुकसंवेदनवन्निर्विषयत्वेन। अपि च यदि निर्विषया, तदा गृहीतार्थग्राहिणी कथम्? गृहीतार्थग्राहिणीति चेत्, निर्विषया इति न वक्तव्यम्। नच निर्विषया — 'मातरं पितरं शुश्रूषितवानहम्' 'सन्ति मे पंचभृत्याः' इति पूर्वानुभवावेदितार्थाकार-पर्यवसायिन्यो हि स्मृतयः, स्मृतिज्ञानेन पूर्वानुभवावेदितार्थाकारस्य प्रतिभासनात्। अथ स्मृतिविज्ञानकाले पूर्वप्रबोधविषयीकृतार्थस्य प्रत्यस्तमितत्वान्न तद्विषयत्वम्। एवं च निर्विषयत्वेन स्मृतेरप्रामाण्यं न गृहीतार्थग्राहित्वेन इत्युक्तम्।

यदि निर्विषया स्मृति की चाहना है तो गृहीतार्थग्राहित्व से स्मृति का अप्रामाण्य नहीं होगा बल्कि केशोण्डुक ज्ञान की तरह होगी स्मृति भी, विषय न होने से। फिर दूसरी बात, यदि निर्विषय है तो कैसे स्मृति गृहीतार्थग्राही होगी? यदि गृहीतार्थग्राही स्मृति है तो उसे निर्विषया नहीं कह सकते।

निर्विषयस्मृति कैसे यह कह सकती है कि "मैंने माँ – और पिता जी की सेवा की है। मेरे पाँच सेवक हैं"। इस प्रकार पूर्व अनुभवजन्य ज्ञान की ग्राहक ही स्मृतियाँ हैं। स्मृति ज्ञान द्वारा पूर्वानुभवावेदितार्थाकार का प्रतिभान हुआ करता है। यदि स्मृति ज्ञानकाल में पूर्वप्रबोधित विषय का विस्मरण होने से यह विषय नहीं होता है ऐसा मानें तो निर्विषयत्व से स्मृति का अप्रामाण्य और गृहीतार्थग्राहित्व से प्रामाण्य ऐसा कहना पड़ेगा।

यदि च अवधारितार्थविषयं प्रमाणमप्रमाणमुपपाद्यते, तदाऽनुमानज्ञानस्य अप्रामाण्यमापनीपद्येत। तदेव कथम्? कथ्यते — यदेव अविनाभावसम्बन्धग्रहणकालावधारितम् अग्नित्वसामान्यं लिङ्गाजहद्वृत्तित्वेन प्रत्यक्षेण तदेव अनुमानादवगच्छति, आहोस्वित् पावकस्वरूपम्, मत्वर्थं वा, लिङ्गव्यापारसमानकाली[२]नास्तित्वं वा, लिङ्गापसर्जनत्वं वा, अग्निव्यक्तिपारतन्त्र्यं वा अग्नित्वसामान्यस्य? तद्यदि पूर्वावधारितसामान्यविषयमभ्युपेयते, तदा प्रामाण्यं नैव समासादयति गृहीतार्थग्राहित्वेन स्मृतिवदेव। तदप्रामाण्ये नाग्निमत्त्वव्यवस्थोपपत्तिः तदनुपपत्तौ वा अर्थापत्त्या अग्निव्यक्तिसंस्थितिः। ततश्च 'अमुत्राग्निः' 'अग्निरानीयताम्' इति सकललोकव्यवहार विरहः स्यात्। अथ मा भूदेतद्व्यवहारहानिरिति चेत् पूर्वावधारितेऽप्यर्थे अनुमानस्य प्रामाण्यमभ्युपेयते, तदा अनधिगतार्थगन्तृविशेषणमपार्थकं *श्रोत्रियाणामिति*।

यदि अवधारितार्थविषय से प्रामाण्य और अप्रामाण्य का निर्धारण किया जाता है तो

---

[२] "कालीनतास्तित्वम्" इति मूलपाठः।

अनुमान ज्ञान का भी अप्रामाण्य उपस्थित होगा। वह कैसे? देखिए न – जो अविनाभावसम्बन्धग्रहणकाल का अवधारण है = वह अग्नित्व सामान्य ही, जो लिंगजन्य अजहद्वृत्ति द्वारा प्रत्यक्षतः ग्रहण होता है वही अनुमान द्वारा जाना जाता है, अथवा अग्नि का स्वरूप? मत्वर्थ का ज्ञान होता है अथवा लिंगव्यापार समानकालीनता का अस्तित्व, अथवा लिंगउपसर्जनत्व का बोध होता है अथवा अग्नि, व्यक्तिपारतन्त्र्य का? अथवा अग्नित्वसामान्य का बोध होता है? यदि पूर्वावधारित सामान्य का ज्ञान होगा तो उस स्थिति में प्रामाण्य की उपस्थिति ही नहीं होगी – गृहीतार्थग्राहित्व होने से, स्मृति की तरह। उसके अप्रामाण्य होते ही अग्निमान् पर्वत ऐसा ज्ञान नहीं हो सकता और अर्थापत्ति द्वारा अग्निव्यक्ति की उपस्थिति होगी। उस अवस्था में "वहाँ अग्नि है आग लाइए" इस प्रकार का लोकव्यवहार भी उच्छिन्न होगा। यदि ऐसा न हो यह चाहते हैं तो पूर्व अवधारित अर्थ में अनुमान का अप्रामाण्य उपस्थित होगा। उस स्थिति में वैदिकों के लिए अनधिगतार्थगन्तृत्व रूप विशेषण निरर्थक हो जाता है।

अथ पावकस्वरूपमनुमिमीषे, तत् लिङ्गाजहद्वृत्तित्वेन पूर्वमवधारितं वा, न वा? यदि पूर्वोपलब्धम्, अधिगतार्थविषयत्वमायातमनुमानस्य। अथ न पूर्वोपलब्धम्, अव्यापकोऽग्निः अनुमानात्तर्हि प्रतीयते, तदभ्युपगमे तृणजलादिविषयमप्यनुमानं प्रसज्यते।

यदि अग्नि के स्वरूप की ही चाहना है तो – जो लिंगरूप है वह अजहत् वृत्ति के रूप में पहले से अवधारित है या नहीं? यदि पहले ही उपलब्ध है तो अधिगतार्थविषयत्व ही अनुमान में आ गया। यदि पूर्वलब्ध नहीं है तो अव्यापक अग्नि अनुमान से प्रतीत होगा। यदि उसे ही आप स्वीकारते हैं तो घास, पानी आदि विषय में भी अनुमान की प्रसक्ति होगी।

अथ मत्वर्थोऽनुमीयते, स पूर्वावधारितो वा, न वा? यद्यवधारितः, कथमनधिगतार्थगन्तृविशेषणमनुमाने संभवति? अथ नैवावगतः, तदानीं जलतृणादिविषयमप्यनुमानं प्रसज्येत इत्युक्तम्।

यदि मत्वर्थ का अनुमान किया जाता है तो वह पूर्व अवधारित है या नहीं? यदि पूर्व में ही अवधारित है तो किस प्रकार अनधिगतार्थगन्तृत्व विशेषण अनुमान में सम्भव होगा। यदि पहले से ही अवगत नहीं है तो तृणजल आदि भी अनुमान हो जाएंगे।

अथ लिङ्गव्यापारसमानकालीनास्तित्वम् अग्निसामान्यस्य अनुमीयते, तदनुमानव्यापारसमानकालीनास्तित्वम् अग्नित्वसामान्याद् व्यतिरिक्तम्, अव्यतिरिक्तं वा? तद्यदि अव्यतिरिक्तम्, तदानीं पूर्वोपलब्धास्तित्वविषयमेवानुमानम्, कथमनधिगतार्थगन्तृविशेषणमपार्थकं न भवेत्? अथ व्यतिरिक्तम्, तत्किं पूर्वोपलब्धम्, अनुपलब्धं

वा? यदि पूर्वोपलब्धम्, तद्विषयत्वेऽनुमानस्य नाऽनधिगतार्थगन्तृविशेषणमुपपद्यते । अथ नोपलब्धम्, तत्कथमनुमीयते जलादिकल्पं धूमेन?

यदि लिंगव्यापार के समानकालीन अस्तित्व से ही अग्नि सामान्य का अनुमान किया जाता है तो वह अस्तित्व जो अनुमान व्यापार के समकालीन है वह अग्नि सामान्य से अतिरिक्त है या अनतिरिक्त है? यदि अव्यतिरिक्त है तो पूर्व उपलब्ध अस्तित्व विषयक ही अनुमान होगा तब कैसे अनधिगतार्थगन्तृविशेषण अनुपयुक्त न हो। यदि व्यतिरिक्त है तो क्या वह पहले से ही उपलब्ध है या अनुपलब्ध? यदि पहले से ही उपलब्ध है तो अनुमान का अनधिगतार्थगन्तृविशेषण युक्तियुक्त नहीं है। यदि अनुपलब्ध है तो कैसे अग्नि का अनुमान धूम से करेंगे क्योंकि उससे तो जल आदि का भी अनुमान किया जाना सम्भव होगा।

अथ लिङ्गोपसर्जनत्वमग्नित्वसामान्यस्य अनुमानात् प्रतीयते, तल्लिङ्गोपसर्जनत्वम् अग्नित्वसामान्याद् अभिन्नम्, भिन्नं वा? यद्यभिन्नम्, पूर्वोपलब्धाऽग्नित्वसामान्यविषयमेव अनुमानं कथं प्रामाण्यभाग् भवति? अथ भिन्नम्, तद् अविनाभाविसम्बन्धग्रहणकाले लिङ्गव्यापकत्वेन अवधारितं वा, न वा? यद्यवधारितम्, कथमनधिगतार्थविषयमनुमानम्? अथ लिङ्गव्यापकत्वेनान[३]वगतम्, तदा तद्विषयत्वेऽनुमानस्य परिकल्प्यमाने त्रिभुवनावेदकत्वं धूमस्य किन्न परिकल्प्यते, सम्बन्धाभावाऽविशेषात्?

यदि लिंग का उपसर्जनत्व ही अग्नि सामान्य है तो वह लिंग-उपसर्जनता अग्नि सामान्य से भिन्न है या अभिन्न? यदि अभिन्न है तो पूर्वोपलब्ध अग्नि सामान्य ही कैसे अनुमान प्रामाण्य का विषय होगा। यदि भिन्न है तो वह अविनाभाव सम्बन्ध के ग्रहण काल में लिंगव्यापक होकर अवधारित होता है या नहीं? यदि अवधारित होता है तो कैसे फिर अनुमान की अनधिगतार्थता? यदि लिंगव्यापकत्व से अनवगत है तो उस विषय के अनुमान की कल्पना करने पर क्यों तीनों लोकों का बोध धूम नहीं कराता है? उसे कराना ही चाहिए, क्योंकि सम्बन्ध का अभाव होने में कोई विशेष नहीं है।

अथ अग्निव्यक्तिपारतन्त्र्यमनुमीयते धूमेन अग्नित्वसामान्यस्य इति चेत्, तत्पारतन्त्र्यम् अग्नित्वसामान्यस्य धूमव्यापकत्वेन अवधारितं वा, न वा? यद्यवधारितम्, पुनरपि गृहीतग्राहित्वं नातिवर्त्ततेऽनुमानम् । अथ नावधारितं धूमव्यापकत्वेन पारतन्त्र्यम् अग्निसामान्यस्य इति चेत्, कथमनुमीयते इत्युक्तं पुरस्तात् ।

यदि अग्नि व्यक्ति-पारतन्त्र्य का अनुमान किया जाता है और धुएँ द्वारा अग्निसामान्य का तो वह पारतन्त्र्य अग्नित्वसामान्य का धूम व्यापकत्व रूप से अवधारित है या नहीं? यदि अवधारित है तो फिर भी गृहीतग्राहिता अनुमान में रहेगी ही। यदि अनवधारित है

---

[३] "व्यापकत्वेनवगम्" इति मूलपाठः।

और धूमव्यापकत्व से पारतन्त्र्य है तो अग्निसामान्य का तो वहाँ पर कैसे अनुमान सम्भव होगा। यह बात हम पहले ही कह चुके हैं।

४.१ गोत्वादिप्रतिपादकत्वेन गोशब्दादीनामप्रामाण्योद्घाटनम् (गो आदि शब्दों की प्रामाणिकता का खण्डन)

एतेन पूर्वोपलब्धगोत्वादिप्रतिपादकत्वेन गोशब्दादेरप्रामाण्यमुद्घाटितम्। तदेव कथम्? कथ्यते – किं संकेतग्रहणकालावगतगोत्वार्थवाचकत्वम्, तद्व्यतिरिक्तार्थवाचकत्वं वा प्रतिपाद्यते गोशब्दस्य? तद्यदि संकेतग्रहणकालाधिकरणगोत्वस्वरूपावेदकत्वं जेगीयते गोशब्दस्य, तदा विदितार्थाकारावेदकत्वेन न मानत्व–मासादयति गोशब्दः। अथ वेदितार्थाकार-वेदकत्वेऽपि प्रमाण्यमावहति, तदा अनधिगतार्थगन्तृविशेषणस्य विषयो वक्तव्यः। अथ तद्व्यतिरिक्तार्थवाचकत्वम्, तदानीमसंकेतित[४] एवार्थः प्रतीयते गोशब्दात्, ततश्च स्वसिद्धान्तप्रतीतिविरोधो दुर्निवारः। अथ गोत्वमेवाऽवगम्यते गोशब्देन इति चेत्, तत्रापि प्रपञ्चितमेव अप्रामाण्यकारणं[५] गृहीतग्राहित्वम्। तदप्रामाण्ये न गोत्वव्यवस्थितिः। तदनवस्थितौ नार्थापत्त्याधिकरणव्यवस्थितिः।

इससे पहले ही उपलब्ध हुए गोत्व आदि के प्रतिपादक गोशब्द आदि की अप्रामाणिकता दिखा चुके हैं। वह कैसे? देखिए – क्या संकेत ग्रहणकाल में ही गोत्व का वाच्यर्थ अवगत हो चुका होता है अथवा उससे भिन्न अर्थ का वाचकत्व है गोशब्द का? यदि संकेत ग्रहणकालाधिकरण गोत्वस्वरूप का आवेदकत्व गोशब्द में स्वीकारते हैं तो विदित (पूर्व ज्ञात) अर्थ का फिर ज्ञान कराने से गोशब्द प्रमाण हो ही नहीं सकता। यदि वैसा ही होने पर भी प्रामाण्य स्वीकार करें तो अनधिगतार्थगन्तृविशेषण का विषय क्या है? वह बताना पड़ेगा। यदि उसमें अतिरिक्तार्थवाचकता है तो गोशब्द से असंकेतितार्थ ही प्रतीत होगा और उससे अपने सिद्धान्त में उपस्थित होने वाला विरोध किसी भी हालत में नहीं हट सकता। यदि गोत्व का ही बोध होगा गोशब्द से ऐसा मानें तो उसमें गृहीतग्राहित्वरूप अप्रामाण्य का कारण बता ही चुके हैं। उसके अप्रामाण्य होने पर कैसे गोत्व की व्यवस्था करेंगे? उसकी अनवस्थिति में अर्थापत्ति द्वारा अधिकरण की व्यवस्थिति भी सम्भव नहीं है।

४.२ अर्थापत्तेरधिकरणव्यवस्थित्युपपादकत्वस्य निषेधः (अर्थापत्ति की अधिकरणव्यवस्थापकत्व का खण्डन)

इतोऽपि नार्थापत्त्याधिकरणव्यवस्थितिरूपपद्यते – किम् अर्थापत्त्या पूर्वाव

---

[४] "असंकेतन" इति मूलपाठः।

[५] "अप्रामाण्यकारण" इति मूलपाठः।

धारिताधिकरणप्रत्यायनं क्रियते, आहोस्वित् अपूर्वाधिकरणप्रत्यायनम्? तद्यदि पूर्वावधारिताधिकरणपर्यवसिताऽर्थापत्तिः, तदा प्रतिपादितार्थप्रतिपादकत्वेन न प्रमाणम् । अथ अदृष्टपिण्डावेदकत्वम्, तदा गोत्वान्यथानुपपत्त्या गज-वाजि-कल्पनापि कार्या । अथ पूर्वावधारितस्य इदानीन्तनमस्तित्वम् अर्थापत्त्याऽवसीयते इति चेत्, तद् इदानीन्तनमस्तित्वं पूर्वावधारिताद् व्यतिरिक्तम्, अव्यतिरिक्तं वा? तद्यदि अव्यति-रिक्तम्, तदा पूर्वावधारितार्थप्रतिपादकत्वेन कथम् अर्थापत्तेः प्रामाण्यं वेदविदो वदन्ति? अथ अर्थान्तरम्, कथं गोत्वान्यथानुपपत्त्या प्रतीयते? तत्प्रतीत्यभ्युपगमे वा गजवाजिविषयापि प्रतिपत्तिः स्यात् इत्यसकृत् प्रतिपादितम्। एवं च सति यदुक्तम् – 'इदानीन्तनमस्तित्वं नहि पूर्वधिया गतम् ।' (श्लोकवा. सूत्र ४, श्लोक २३४) इति तद् बालवल्गितम् ।

इससे भी, अर्थापत्ति द्वारा अधिकरण की व्यवस्थिति सम्भव नहीं दिखती । क्या अर्थापत्ति द्वारा पूर्वावधारित अधिकरण का निश्चय किया जाता है अथवा पूर्व अधिकरण का निश्चय? यदि पूर्वावधारिताधिकरणपर्यवसिता ही अर्थापत्ति है तो उस स्थिति में प्रतिपादितार्थप्रतिपादकत्व के चलते प्रमाण नहीं हो सकता। यदि अदृष्टपिण्ड का बोधक है तो गोत्वरूप अन्यथा अनुपपत्ति द्वारा हाथी, घोड़ा आदि की कल्पना भी करनी पड़ेगी। अब, पूर्वावधारित का इस समय अस्तित्व है यह अर्थापत्ति द्वारा बोध्य होगा तो यह इस समय का अस्तित्व पूर्वावधारित से पृथक् या अपृथक् क्या है? यदि अपृथक् है तो वह पूर्वावधारितार्थप्रतिपादक के रूप में कैसे अर्थापत्ति का प्रामाण्य वेदवादी गण कहते हैं?

यदि अर्थान्तर है तो कैसे गोत्वान्यथानुपपत्ति द्वारा प्रतीत होगा? यदि उसे स्वीकारते हैं तो हाथी, घोड़ा आदि विषय का भी बोध होगा ही, ऐसा अनेक बार कह चुके हैं। ऐसा होने पर भी ऐसा कहते हैं – वर्तमानकालिक अस्तित्व पूर्वबुद्धि द्वारा ज्ञात नहीं है। इस प्रकार उनका कहना वस्तुतः बालकों की लड़खड़ाती हुई जल्पना मात्र है।

४.३ प्रत्यभिज्ञानप्रामाण्यखण्डनस्य सूचनम् (प्रत्यभिज्ञा का खण्डन)

एतेन प्रत्यभिज्ञानस्यापि प्रामाण्यं प्रत्युक्तं वेदितव्यम् ॥

इससे प्रत्यभिज्ञान का भी प्रामाण्य सम्भव नहीं होता, यह समझना चाहिए।

५

ताथागतसम्मतस्य प्रमाणलक्षणस्य परीक्षा
(तथागतसम्मत प्रमाण का खण्डन)

५.१ अनधिगतार्थाधिगन्तृत्वेतिविशेषणस्यापार्थकत्वप्रदर्शनम्
(अनधिगतार्थाधिगन्तृविशेषण का खण्डन)

तथा, *ताथागतानामपि* अनधिगतार्थगन्तृविशेषणमपार्थकम् अपोह्यज्ञानाऽसंभवात्। नहि पूर्वापरकालभाविनी विज्ञाने एकविषये स्तः, न स्वलक्षणैकविषये, न सामान्यैकविषये, स्वलक्षणस्य अभिन्नैकस्वभावस्य क्रमवृत्त्यनेकविज्ञानजननशक्तिव्यतिरेकात्।

तथागत के अनुयायियों का अनधिगतार्थगन्तृत्व नामक प्रमाण का लक्षण अनुपयुक्त है क्योंकि अपोह का ज्ञान सम्भव नहीं है। पूर्वापरभावी ज्ञान एक ही विषय के कभी भी नहीं होते। ऐसा न तो स्वलक्षण के विषय में और न ही सामान्य के विषय में सम्भव है। स्वलक्षण की जो अभिन्न और एकस्वभावयुक्तता है वह क्रमवृत्ति से अनेक ज्ञान-जननशक्ति से हीन है।

अथ युगपदेकविषयोत्पन्नाऽनेकविज्ञानापनोदार्थम्, तदप्ययुक्तम्, एकविषयोत्पन्नानेकपुरुषसंवेदनस्य अप्रामाण्यमामनीपद्येत। अथ सामान्यैकविषयानेकविज्ञानापनोदार्थं विशेषणमुपादीयते, तदप्ययुक्तम्, न सामान्ये एकं विज्ञानमस्ति, नाप्यनेकं विज्ञानं तस्य स्वयमसंभवात्। तदाकारविरहे 'सामान्यविषयं विज्ञानम्' इति प्रतिकर्मव्यवस्थाहेतुर्वक्तव्यः। तदाकारे वा सामान्यस्य सदात्मता, अतात्त्विकाकारतादात्म्ये वा ज्ञानातात्त्विकत्वप्रसङ्गः।

यदि यह कहा जा रहा है कि स्वलक्षण एक विषय से युगपद् रूप में उत्पन्न होने वाले अनेक ज्ञानों की सम्भावना का आपनोदन करने वाला है तो यह उचित नहीं। इससे अनेक पुरुषों का अनुभव जो एक ही विषय को लेकर होता है उसके अप्रामाण्य की प्रसक्ति होगी। यदि सामान्य विशेषण भी एक विषय से समुत्थित अनेक ज्ञान के निषेध के लिए दिया हुआ है तो भी सम्भव नहीं है क्योंकि सामान्य में एक ज्ञान और अनेक ज्ञान दोनों ही नहीं हैं और वह सामान्य अपने आप में नहीं है। उसका आकार ही नहीं है।

यदि सामान्य में आकार-विरह है तो "सामान्य विषयक ज्ञान है" ऐसे व्यवहार का हेतु बताना पड़ेगा। उसके आकार होने पर सामान्य की सत्ता और अतात्त्विकाकार तादात्म्य में ज्ञानातात्त्विकत्व प्रसंग भी उपस्थित होगा।

किंच, एकविषये प्रवर्त्तमानयोः एकस्याऽप्रामाण्यम्, प्रमाणान्तरत्वाभावो वा? तद्यदि अप्रामाण्यम्, तदयुक्तम्, अविशिष्टैकार्थगृहीतिरूपत्वे उभयोः प्रामाण्यमप्रामाण्यं वा विकल्पानुपपत्तेः, विकल्पे बाधकविषयोत्पन्नाऽनेकपुरुषविज्ञानभेदप्रसङ्गः। अथाऽप्रमाणान्तरत्वम्, तदप्यनुपपन्नम्, किम् एकविषयोत्पादितानेकप्रत्यक्षादिज्ञानानां व्यक्तिनानात्वं नोपपद्यते, आहो आकारनानात्वम्? तद्यदि व्यक्तिनानात्वं न जाघटीति, तदसत्, एकनीलोत्पादितानेकनीलालोकविज्ञानानां व्यक्तिनानात्वदर्शनात्। अथ अनेकाकारता नोपपद्यते, तदयुक्तम्, नीलालोकविज्ञानानाम् अनेकाकारकत्वदर्शनात्। न च तदुत्पादको नीलप्रपञ्चोस्ति, एकात्मतया स्वयमनुपगमात्। अथ एकविषयत्वे प्रत्यक्षानुमानव्यपदेशानुपपत्ति, तदेतदयुक्तम्, भिन्नकारणकार्यत्वेन व्यप[1]देशोपपत्तेः। यथा एकनीलोत्पन्नानेकदेवदत्तज्ञानानां भिन्नकारणकार्यत्वेन देवदत्तविज्ञानानां[2] भिन्न-कर्तृकार्यत्वेन देवदत्तादिज्ञानव्यपदेशः तथेहापि।

दूसरी बात, एक विषय में प्रवर्तित दोनों में से एक का प्रामाण्य और दूसरे का अप्रामाण्य यह क्या है? यदि अप्रामाण्य है तो वह युक्तियुक्त नहीं है। अविशिष्टतया एकार्थगृहीत रूप में दोनों का प्रामाण्य और अप्रामाण्य रूप विकल्प सम्भव नहीं होता। विकल्प सम्भव होने पर बाधकविषयोत्पन्न अनेक पुरुषों में ज्ञान का भेद प्रसंग उपस्थित होगा। यदि अप्रमाणान्तरत्व है तो वह भी ठीक नहीं है? क्या एकविषय से उत्पादित अनेक प्रत्यक्ष आदि ज्ञानों का व्यक्तिविभिन्नत्व सम्भव नहीं होता अथवा आकार का नानात्व नहीं होता? यदि व्यक्तिशः नानात्व घटित नहीं होता है तो यह बात भी नहीं बन सकती। एक नील से उत्पादित अनेक नील आलोक ज्ञानों का व्यक्तिशः नानात्व दिखता है। यदि अनेकाकारता नहीं होती है ऐसा कहते हैं तो वह भी सम्भव नहीं है। क्योंकि नीलालोक ज्ञानों का अनेकाकारत्व दिखता ही है। किन्तु उसका उत्पादक नीलप्रपञ्च तो नहीं है, एकात्मक रूप से स्वयं वह वेद्य होने से। यदि यह कहा जाए कि एक ही विषय के प्रति प्रत्यक्षात्मक और अनुमित्यात्मक ज्ञानों का व्यपदेश नहीं किया जा सकता तो यह कहना उचित नहीं है क्योंकि कार्य-कारण भेदपूर्वक एक ही विषय के प्रति भिन्न ज्ञानों का व्यपदेश किया जाना सम्भव है। जैसा कि एक नीलोत्पन्न देवदत्त के अनेक ज्ञानों का भिन्न कारण और कार्य होने से देवदत्त के ज्ञानों के भिन्न कर्ता और कार्य होने पर भी देवदत्तादि ज्ञान कहा ही जाता है। वैसे ही यहाँ भी होगा।

---

[1] "देश्योपपत्तेः" इति मूलपाठः।

[2] "देवदत्तविज्ञानानामिति" पाठो मूले नास्ति।

५.२ अविसंवादिज्ञानमित्यस्य प्रमाणलक्षणस्यापि निरासः (अविसंवादि . . . प्रमाणलक्षण का खण्डन)

अन्ये तु *अविसंवादि ज्ञानम्* (प्रमाणवा. २.१) प्रमाणमभिदधति। कोऽयमविसंवादार्थः — किं यथाव्यवस्थितार्थ–गृहीतित्वम्, बाधारहितत्वं वा, प्रतीयमानार्थजन्यता वा, प्रतीयमानार्थं प्रति प्रवर्त्तकत्वं वा, अर्थप्रापकत्वं वा? तद्यदि यथाव्यवस्थितार्थगृहीतित्वम्, तदाऽनुमानज्ञाने[३] नोपपद्यते। अथ बाधारहितत्वम्, तदप्यनुमानज्ञाने-नोपपद्यते। अथ प्रतीयमानार्थोत्पाद्यत्वम्, तदप्यनुमानज्ञानस्य नोपपद्यते, सामान्याकारस्य जनकत्वव्यावृत्तेः। तथा, रागादिसंवेदनस्याप्यवभातार्थोत्पाद्यत्वं नोपपद्यते, स्वात्मोत्पादने सामर्थ्यव्यतिरेकात्। तथा, योगिप्रत्यक्षस्य च प्रतीयमानार्थजन्यता न संभवति व्यतीताऽनागतयोरजनकत्वात्, जनकत्वे वा अतीताऽनागतता हीयते। अथ प्रतीयमानार्थं प्रति प्रवर्त्तकत्वमविसंवादार्थः, तद् विपर्ययज्ञानस्यापि प्रवर्तकत्वं विद्यते। विपरीतोत्पन्नोदकबुद्धिः प्रवर्त्तते, न च तस्य अविसंवादोऽस्ति। सत्योदकज्ञानेऽपि जाते न प्रवर्त्तते केनापि हेतुना, तदपि विसंवादि स्यात्।

अन्य कुछ विद्वान् अविसंवादी ज्ञान को ही प्रमाण कहते हैं। यह अविसंवाद क्या है? क्या यथाव्यवस्थितार्थगृहीतत्व है, बाधारहितत्व है? अथवा प्रतीयमानार्थजन्यता है, अथवा प्रतीयमानार्थप्रतिप्रवर्त्तकत्व है? अथवा अर्थप्रापकत्व है? क्या है? यदि यथाव्यवस्थितार्थग्राहित्व है तो वह अनुमान ज्ञान में नहीं हो सकता। यदि बाधारहितत्व है तो भी वह अनुमान ज्ञान में घटित नहीं होगा, यदि प्रतीयमानार्थोत्पादकत्व है तो वह भी अनुमान में नहीं आ सकता, सामान्याकार में जनकत्व की व्यावृत्ति होने से। उसी प्रकार रागादिसंवेदन का भी बोध नहीं हो सकता, क्योंकि रागादिसंवेदन अर्थ से उत्पन्न न होकर भी किस प्रकार ज्ञान में प्रतिभात होते हैं? उसी प्रकार योगिप्रत्यक्ष की भी प्रतीयमानार्थजन्यता सम्भव नहीं होगी, क्योंकि भूत और भविष्य का ज्ञान उत्पादित करने में अर्थ समर्थ नहीं होते। यदि जनकत्व है ऐसा कहते हैं तो अतीत और भविष्य का नाश होगा। यदि प्रतीयमानार्थप्रतिप्रवर्त्तकता ही अविसंवाद का अर्थ है तो विपर्ययज्ञान की भी प्रवर्त्तकता होती ही है। विपरीततया उत्पन्न उदक-बुद्धि प्रवर्तित तो होती है किन्तु उसका अविसंवादकत्व नहीं है। उसी तरह यदि सत्य उदक के ज्ञान होने पर भी वह व्यक्ति किसी कारण से प्रवृत्त नहीं होता तो वह भी विसंवादी ही होगा।

अथ अर्थप्रापकत्वमविसंवादः, तत्र किम् — अर्थमात्रप्रापकत्वम्, आहो अवभातार्थप्रापकत्वम्, तज्जातीयोदकप्रापकत्वं वा, स्वोत्पादकाऽर्थप्रापकत्वं वा। अथ स्वोत्पादककारकाणां ध्रुवभावित्वमविसंवादः? यद्यर्थमात्रप्रापकत्वम्, केशोण्डु-

---

[३] "अनुनज्ञानने" इति मूलपाठः।

केन्दुद्वयसंवेदनस्यापि अविसंवादित्वमापद्यते । अथ अवभाततार्थप्रापकत्वम्, तदा अनुमानज्ञानस्य अविसंवादित्वं न लभ्यते अवभातार्थाऽप्रापकत्वात् । अनुमानज्ञाने हि सामान्याकारोऽवभाति, न चासौ प्राप्यते स्वयमसत्त्वात् । तथा, योगिज्ञानस्य अतीतानागतार्थे समुत्पन्नस्य अर्थप्रापकत्वं न विद्यते । तथा, रागादिसंवेदनेऽपि जाते न अवभातरागादिप्राप्तिरस्ति । तथा, प्रत्यक्षेऽपि विज्ञाने नाऽवभातार्थप्राप्तिरस्ति, क्षणिकत्वेन अस्तमितत्वात् । अथ तज्जातीयोदकप्रापकत्वेन अविसंवादित्वमुच्यते, तदयुक्तम्, उदकत्वजातेरभावात् ।

यदि अर्थप्रापकत्व ही अविसंवाद है तो क्या वहाँ अर्थमात्र का प्रापकत्व है अथवा ज्ञात अर्थ का प्रापकत्व है। अथवा तज्जातीय उदक प्रापकता है या स्वोत्पादकार्थ प्रापकत्व है? अथवा स्वोत्पादक कारकों का ध्रुवभावित्व अविसंवाद है?

यदि अर्थमात्र ही प्रापकता है तो केशोण्डुक, इन्दुद्वय आदि भी अविसंवादक होंगे। यदि अवभातार्थप्रापकत्व है तो अनुमान का अविसंवादित्व नहीं होगा क्योंकि वह तो अवभात अर्थ का अप्रापक है। अनुमान ज्ञान में सामान्याकार प्रतीत होता है परन्तु वह प्राप्त नहीं होता, स्वयं असत्व होने से। उसी प्रकार योगिज्ञान का भी अतीत अनागत के पदार्थों से समुत्पन्न अर्थप्रापकत्व नहीं होगा। वैसे ही रागादिसंवेदन में भी अवभातरागादि की प्राप्ति नहीं होगी। उसी प्रकार प्रत्यक्षज्ञान में भी अवभातार्थ प्राप्ति नहीं होगी क्योंकि क्षणिक होने से वह अस्त हो चुका होगा। यदि तज्जातीय उदकप्रापकत्व रूप से अविसंवादित्व कहते हैं तो वह भी सम्भव नहीं है क्योंकि उदकत्व जाति का ही अभाव है।

अथ अनुदकत्वव्यावृत्तिर्जातिरित्युच्यते, सा उदकव्यक्तिभ्योऽव्यतिरिक्ता, व्यतिरिक्ता वा? यद्यव्यतिरिक्ता, तदा व्यक्तिरेव न जातिः । अथ व्यतिरिक्ता, सा वस्तुभूता, अवस्तुभूता वा? यदि वस्तुभूता, अभ्युपेतहानिः । अथ अवस्तुभूता, तद्गतिः कथम्? न च उदकव्यक्तीनां नानात्वमुपपद्यते । यथा च नोपपद्यते तथा निवेदितं *नैयायिक*प्रत्यक्ष-लक्षणाधिकारे ।

यदि अनुदकत्व की व्यावृत्ति ही जाति है तो वह उदकव्यक्तियों से अभिन्न है या भिन्न? यदि अभिन्न है तो व्यक्तिमात्र है जाति नहीं। यदि भिन्न है तो वह वस्तुभूत या अवस्तुभूत क्या है? यदि वस्तुभूत है तो अभ्युपेत (स्वीकृततत्त्व) की हानि होगी। यदि अवस्तुभूत है तो उसकी गति कैसे होगी। फिर उदक व्यक्तियों का नानात्व भी सम्भव नहीं होगा। किस प्रकार से वह सम्भव नहीं होता उस विषय के बारे में नैयायिकों के प्रत्यक्षलक्षण के खण्डन के प्रसंग में बता चुके हैं।

अथ स्वोत्पादकार्थप्रापकत्वमविसंवादकत्वम्, तदयुक्तम्, नयनालोकमनस्कारादेः प्रत्यस्तमितत्वात् । अथ स्वोत्पादककारकाणां ध्रुवभावित्वम् अविसंवादस्तदभावे

तदभावप्रसङ्गात्, यद्येवं केशोण्डुकविज्ञानस्यापि ध्रुवभाविकारणाविसंवादोऽस्ति, अन्यथा आकस्मिकत्वप्रसङ्गात्। एवं चाव्यवस्थितेर्यदुक्तम् — *न ह्याभ्यामर्थं परिच्छिद्य प्रवर्त्तमानोऽर्थक्रियायां विसंवाद्यते* इति तद्बालविलसितम्।

यदि स्व-उत्पादकार्थ (वह वस्तु जो ज्ञान का उत्पादक है) का प्रापकत्व ही अविसंवाद है तो वह सम्भव नहीं होगा क्योंकि तब नयन, आलोक और मनस्कार आदि की सक्रियता का कोई मतलब नहीं होगा। यदि स्वोत्पादक कारकों का ध्रुवभावित्व ही अविसंवाद होगा, तो उसके अभाव में भी उसकी उपस्थिति होगी। यदि वैसा है तो केशोण्डुक ज्ञान का भी ध्रुवभावी कारणरूप अविसंवाद होगा, अन्यथा उसे आकस्मिक (अकारण) ही मानना होगा। ऐसी अव्यवस्था की स्थिति में कहा गया है कि "इन दोनों के द्वारा अर्थ को परिच्छिन्न करके प्रवर्तित होते हुए अर्थक्रिया में विसंवाद नहीं हो सकता" आदि। यह सब कुछ बच्चों का विलास मात्र है।

५.३ सौगतसम्मताया मानमेयसंख्याया निरसनम् (बौद्धसम्मत प्रमाण और प्रमेय व्यवस्था का खण्डन)

तथा, मानमेयसंख्यापि सौगतमते नोपपद्यते। तदेव कथम्? कथ्यते — द्वे एव प्रमाणे न मानान्तरमस्ति। तद्द्वित्वं किं व्यक्तिभेदेन, आकारभेदेन, विषयभेदेन वा? यदि व्यक्तिभेदेन, तदा अपरिसंख्येयत्वं ज्ञानव्यक्तीनामानन्त्याद् — द्वित्वानुपपत्तिः। न च ज्ञानानां भेदोऽस्ति, अज्ञानाद्धि ज्ञानं[४] ज्ञानात्मतया भिद्यते, ज्ञानान्तरात्तु कथं निवर्त्तते — किं ज्ञानात्मतया, आकारान्तरेण वा? यदि ज्ञानाकारतया भिद्यते, तदा अन्येषाम् अज्ञानात्मकत्वप्रसङ्गः रसादेरिव। अथ आकारान्तरेण व्यावर्त्तते, तदा अज्ञानात्मता तस्य उत्पद्यते रसादेरिव। अथ आकारभेदे ज्ञानयोर्भेदः, सोप्यनुपपन्न एव, ज्ञानाकार-व्यतिरेकेण प्रत्यक्षानुमानयोर्नाकारान्तरमस्ति। तदुपगमे वा ज्ञानाकारविरहः स्यात्। न च आकारसमूहात्मकं ज्ञानम्, तस्याभिन्नात्मकत्वात्।

इसी प्रकार प्रमाण और प्रमेय की व्यवस्था भी बौद्धों के मत में सिद्ध नहीं हो सकती। वह कैसे? देखिए — दो ही प्रमाण हैं, उसके अतिरिक्त कोई प्रमाण नहीं। यह दो प्रामाण्य क्या व्यक्तिभेद से हैं? आकारभेद से हैं? अथवा विषय के भेद से हैं? यदि व्यक्तियों के भेद से हैं तो व्यक्तियों के अनन्त होने से उनकी गणना ही नहीं हो सकती, उसी से दो संख्या नहीं हो सकती। और ज्ञान का भेद तो हो ही नहीं सकता। अज्ञान से ज्ञान ज्ञानात्मक रूप में भिन्न होता है परन्तु ज्ञानान्तर से वह कैसे भिन्न होगा? क्या ज्ञानात्मक रूप में? अथवा भिन्न आकार के कारण से? क्या है? यदि ज्ञानाकारतया भिन्न

---

[४] "अज्ञानाद् विज्ञानम्" इति मूलपाठः।

है तो अन्य ज्ञान अज्ञान में परिणत होंगे ही, रस आदि की तरह। यदि आकारान्तर से भिन्न होते हैं तो उनकी अज्ञानात्मता खड़ी होगी – जैसा कि रस आदि। यदि आकार के भेद से ज्ञान में भेद होता है तो वह सम्भव नहीं है क्योंकि ज्ञानाकार को छोड़कर प्रत्यक्ष और अनुमान का कोई आकार ही नहीं होता। अथवा उसे स्वीकारने पर ज्ञानाकार ही नष्ट होगा। साथ ही आकारों का समूहात्मक ज्ञान भी सम्भव नहीं है क्योंकि वह अभिन्न स्वरूप से युक्त हमेशा होता है।

अथ विषयभेदेन द्वैविध्यमुपपाद्यते, तदाऽनुमानज्ञानस्य विषयार्थो वक्तव्यः – किम् अग्न्यादिस्वलक्षणविषयम्, विद्यमानसामान्यविषयम्, अपारमार्थिकसामान्यविषयं वा, निर्विषयं वा, स्वांशविषयं वा? यदि अग्न्यादिस्वलक्षणविषयम्, तदा प्रत्यक्षानुमानयोर्भेदानुपपत्तिः, अभिन्नविषयत्वात्। अथ आनुमानिके ज्ञाने अग्निमात्रं प्रतीयते, प्रत्यक्षे तु तार्णादिविशेषात्मतया प्रतीयते, यद्येवं स्वलक्षणविषयत्वं नातिवर्त्तते अनुमानस्य यदि नाम वह्नेरेव प्रपञ्चता। अथ सत्सामान्यविषयत्वम् तथापि प्रत्यक्षानुमानयोर्न भेदोऽस्ति, सामान्यस्य स्वलक्षणरूपत्वात्। न च सत्सामान्यस्य विज्ञानविषयतोपपद्यते, नित्यत्वेन जनकत्वाकारार्पकत्वानुपपत्तेः। न च सत्सामान्यविषयत्वे भ्रान्ततोपपद्यते। भ्रान्तिरप्यर्थसम्बन्धतः प्रमा इति न वक्तव्यम्। अथ असत्सामान्यविषयम्, न तर्हि तस्य भ्रान्तता असतः स्वेन रूपेण विद्यमानत्वात्। न च असद् विषयभावं प्रतिपद्यते, जनकत्वाऽऽकारार्पकत्वव्यतिरेकात्। अव्यतिरेके वा वस्तुत्वप्रसङ्गः, तत्प्रसक्तौ च प्रत्यक्षानुमानयोर्भेदानुपपत्तिः।

यदि विषय के भेद द्वारा द्वैविध्य माना जाए तो अनुमानज्ञान के विषय का अर्थ क्या होगा, उस अवस्था में यह बताना पड़ेगा। क्या अग्नि आदि स्वलक्षण उसका विषय है अथवा विद्यमान सामान्य उसका विषय है अथवा अपारमार्थिक सामान्य उसका विषय है? अथवा निर्विषय है या स्वांशविषय है? क्या है?

यदि अग्नि आदि स्वलक्षण उसका विषय है तो प्रत्यक्ष और अनुमान का भेद भी नहीं हो सकता क्योंकि दोनों के विषय अभिन्न होंगे। यदि अनुमानजन्यज्ञान में केवल अग्नि प्रतीत होती है यह मानें तो प्रत्यक्ष में तो अन्य तृण आदि विशेष रूप से प्रतीत होते हैं। यह कहने पर तुम्हारे स्वलक्षण की विषयता ही लागू नहीं होगी अनुमान में, यदि वह्नि मात्र का प्रपञ्च है तो। यदि सत्सामान्य विषय है तो भी प्रत्यक्ष और अनुमान में भेद नहीं होगा क्योंकि सामान्य के स्वलक्षणात्मक होने से सामान्य की ज्ञानविषयता भी प्राप्त नहीं होगी क्योंकि नित्य होने से जनकत्व और स्वाकार अर्पणात्मकता दोनों ही सम्भव नहीं होंगे। सत्सामान्य में तो भ्रान्ति नहीं होगी। और "भ्रान्ति भी अर्थ के सम्बन्ध के कारण प्रमा ही होगी" यह नहीं कह सकते। यदि असत् ही सामान्य विषय है तो उसकी भ्रान्ति भी सिद्ध नहीं हो सकती क्योंकि अपने ही स्वरूप में असत् रहने के

कारण। किन्तु असत् रूप विषय तो नहीं होगा क्योंकि असत् में जनकत्वाकार अर्पकत्व सम्भव नहीं है। अव्यतिरेक में वस्तुत्व का प्रसंग भी उपस्थित होगा। और वह प्रसक्त होने पर प्रत्यक्ष और अनुमान का भेद समाप्त हो जाएगा।

अथ निर्विषयम्, न तर्हि मानयोर्भेदोऽस्ति, अनुमानज्ञानस्य विषयाऽसंभवात्। नापि भ्रान्तता निर्विषयत्वादेव। न च ज्ञानस्य स्वसत्तामात्रेण भ्रान्तता अभ्रान्तता च उपपद्यते, किन्तु परोपधानवशात्। अथ स्वांशविषयम्, तथापि प्रत्यक्षानुमानयोर्न नानात्वम् उभयोः स्वलक्षणविषयत्वात्। न चानुमानज्ञानस्य भ्रान्तता स्वांशस्याऽवञ्चनात्।

यदि निर्विषय है तो मानमेय में भेद ही नहीं रहेगा, आनुमानिक ज्ञान का विषय सम्भव न होने से। भ्रान्तता भी सिद्ध नहीं हो सकती, निर्विषय होने से। फिर ज्ञान की स्वसत्तामात्र से भ्रान्तता और अभ्रान्तता उत्पन्न नहीं होती। किन्तु दूसरे के सहयोग से उपहित होती है। यदि स्वांशविषय है तो प्रत्यक्ष और अनुमान के नानात्व की हानि होगी क्योंकि तब दोनों के विषय स्वलक्षण ही होंगे। पुनः अनुमान ज्ञान की भ्रान्तता भी सिद्ध नहीं हो सकती, स्वांश में अवंचनात्मक होने से।

तथा प्रत्यक्षस्यापि विषयो वक्तव्यः — किं रूपादिस्वलक्षणविषयम्, आत्मविषयम्, उभयविषयं वा? तद्यदि रूपादिमात्रालोचकम्, तदयुक्तम् तदनवगतौ एतद्गत्यभावात्। अथ ज्ञानमात्रकायावगाहकम्, तदपि नोपपद्यते, विषयभावस्य जनकत्वाऽऽकारार्पकत्वेन व्यवस्थितेः। न च स्वात्मनि जनकत्वमाकारार्पकत्वं चोपपद्यतेविषयिणमपेक्ष्य विषयो भवति, यथा कारणमपेक्ष्य कार्यं, कार्यं चापेक्ष्य कारणं तथेहापि। यदि च प्रत्यक्षज्ञानेन आत्ममात्रम् आत्मसात् क्रियते, तदाऽनुमानेऽप्येतदस्ति प्रत्यक्षानुमानयोर्भेदानुपपत्तिः। अथ उभयं विषयीक्रियते, तदप्ययुक्तम्, एकोपलम्भस्य द्वितीयाकारपरिहारेण व्यवस्थितत्वात्। यदि च रूपगृहीतिरेव ज्ञानगृहीतिः, तदा रूपस्य ज्ञानरूपता, ज्ञानस्य वा रूपरूपता, रूपगृहीतेर्वा रूपाऽव्यवस्थापकत्वम्। न च एकस्य आकारद्वयं पश्यामः।

इसी प्रकार प्रत्यक्ष का विषय भी बताना पड़ेगा। क्या रूप आदि स्वलक्षण विषयक प्रत्यक्ष है, आत्मविषयक है? उभयविषयक है? यदि रूपादिमात्र का आलोचक है तो वह नहीं हो सकता क्योंकि उसके ज्ञान बिना उसकी गति नहीं हो सकती। यदि ज्ञानमात्र कायावगाहक है तो वह भी नहीं हो सकता क्योंकि विषयभाव के जनकत्वरूप आकार के अर्पकत्वरूप में व्यवस्थित होने से। अपने में ही जनकत्व और आकार अर्पकत्व नहीं हो सकते क्योंकि विषयी को लेकर ही विषय उपस्थित होता है। जैसा कि कारण की अपेक्षा करके ही कार्य हुआ करता है और कार्य को आश्रित करके कारण, प्रकृत प्रसंग में भी ऐसा ही दिखता है। यदि प्रत्यक्षज्ञान द्वारा अपने मात्र को आत्मसात् किया जाता है

तो अनुमान में भी यही तो है। पुनः प्रत्यक्ष और अनुमान के भेद लुप्त होंगे। यदि दोनों का विषयीकरण किया जाता है तो वह सम्भव नहीं होगा क्योंकि एक का ग्रहण करने के लिए दूसरे का निषेध किया जाता है। यदि रूप का ग्रहण ही ज्ञान का ग्रहण है तो रूप ही ज्ञानरूप में परिणत होगा और ज्ञान रूप के आकार में पहुँचेगा तथा रूप का ग्रहण होने पर रूप का अव्यवस्थापकत्व उपस्थित होगा। यह भी कि एक के दो आकार अब तक नहीं देखे गए हैं।

न च द्वित्वावधारणमिहोप[५] पद्यते। प्रत्यक्षं ज्ञानम् आत्मानं गृह्णदुपजायते नानुमानं विषययति । तथा, अनुमानमपि आत्मानमात्मसात्कुर्वदुपजायते, न प्रत्यक्षं ज्ञानमवद्योतयति । एवं द्वित्वसंख्याव्यवहारानुपपत्तिः । अथ विकल्पेन द्वयावधारण-मिति चेत्, तदयुक्तम्, असावपि आत्मसंवेदनपर्यवसितत्वान्न द्वयं गृह्णाति । ग्रहणे वा अभ्युपेतहानम्। तदनुपपत्तौ च द्वे एवेति जडचेष्टितम् ॥

दो की अवधारणा यहाँ सम्भव नहीं है। प्रत्यक्ष ज्ञान अपने आप का ग्रहण करते हुए उपस्थित होता है और अनुमान ज्ञान को नहीं बुलाता।

उसी प्रकार अनुमान ज्ञान भी अपने को आत्मसात् करते हुए उपस्थित होता है, किन्तु प्रत्यक्ष ज्ञान को द्योतित नहीं करता। इसी प्रकार दो संख्या का व्यवहार भी सम्भव नहीं है।

यदि विकल्प द्वारा ही दो की अवधारणा आई हुई है तो वह नहीं हो सकता क्योंकि इसके द्वारा भी आत्मसंवेदन तक समाप्त होने से दो का ग्रहण नहीं किया जा सकता। यदि ग्रहण करता है तो अभ्युपेत की हानि होगी। इस तरह की अनुपपत्ति होने पर भी दो ही प्रमाण हैं यह कहना जाड्यों की चेष्टा मात्र है ।

---

[५] “अवधारणीमिह” इति मूलपाठः।

६

सौगतसम्मतस्य प्रत्यक्षलक्षणस्य परीक्षा
(बौद्धों के प्रत्यक्ष लक्षण की परीक्षा)

तथा, *प्रत्यक्षं कल्पनाऽपोढमभ्रान्तम्* (न्यायबि. १.४) इति न वक्तव्यम्, कल्पनापोढ-पदस्य अपोह्यार्थासंभवात् । ननु कल्पनैव अपोह्या, केयं कल्पना — किं गुणचलनजात्यादिविशेषणोत्पादितं विज्ञानं कल्पना, आहो स्मृत्युत्पादकं विज्ञानं कल्पना, स्मृतिरूपं वा, स्मृत्युत्पाद्यं वा, अभिलापसंसर्गनिर्भासो वा, अभिलापवती प्रतीतिर्वा कल्पना, अस्पष्टाकारा वा, अतात्त्विकार्थगृहीतिरूपा वा, स्वयं वाऽतात्त्विकी, त्रिरूपाल्लिङ्गतोऽर्थदृग्वा, अतीताऽनागतार्थनिर्भासा वा?

इसी प्रकार वह ज्ञान जो कल्पनारहित एवं अभ्रान्त है, वही प्रत्यक्ष है, यह मानें तो उचित नहीं है क्योंकि कल्पनापोढ पद का अपोहन करके अर्थ करना सम्भव नहीं है।

नहीं, कल्पना को ही अपोहित करते हैं। कल्पना क्या है? क्या गुण, कर्म, जाति आदि विशेषणों द्वारा उत्पादित ज्ञान ही कल्पना है? अथवा स्मृति द्वारा समुत्पादित ज्ञान कल्पना है? अथवा स्मृति ही कल्पना है? स्मृति से उत्पाद्य कल्पना है? अथवा अभिलापसंसर्गप्रतीति है? अथवा अभिलापवती प्रतीति कल्पना है? अथवा अस्पष्टाकार कल्पना है? अथवा अतात्त्विकार्थगृहीति है? अथवा स्वयं अतात्त्विक है? अथवा त्रिरूपलिंग से अर्थदृष्टि ही कल्पना है? अथवा अतीत-अनागत अर्थ का निर्भासन ही कल्पना है? आखिर में यह कल्पना कौन सा पदार्थ है?

तद्यदि गुणचलनजात्यादिविशेषणोत्पादितं विज्ञानं कल्पना, तत्किम् अविद्यमानगुणचलनजात्यादिविशेषणोत्पाद्यत्वेन कल्पना, उत विद्यमानोत्पाद्यत्वेन? तद्यदि अविद्यमानगुणचलनजात्यादिविशेषणोत्पाद्यत्वेन कल्पनात्वम्, तदयुक्तम्, अविद्यमानस्य जनकत्वाभावादेव अकल्पनात्वम् । अथ विद्यमानगुणचलनजात्यादि-विशेषणोत्पाद्यत्वेन कल्पना, तत्किं सविषयं कल्पनाज्ञानम्, निर्विषयं वा? तद्यदि सविषयं सत् कल्पनाज्ञानम्, तदयुक्तम्, गुणचलनजात्यादिजन्यत्वेऽपि न कल्पनात्वम् अर्थसामर्थ्यसमुद्भवत्वस्याऽनतिवृत्तेः । अथ निर्विषयं सत् कल्पना, तदा निर्विषयत्वमेव कल्पनात्वे कारणं न गुणचलनजात्यादिविशेषणजन्यत्वम् । यदि च तन्निर्विषयम्, तदा न कल्पनाज्ञानम्, नाप्यकल्पनाज्ञानम्, ज्ञानमात्रता स्यात् । ज्ञानात्मतया च कल्पनात्वे सर्वं ज्ञानं कल्पनाज्ञानं स्यात् ।

यदि यह कल्पना गुण, कर्म, जाति आदि विशेषण द्वारा उत्पादित ज्ञान है तो क्या

वह अविद्यमानगुणकर्मजात्यादिविशेषण-उत्पाद्यत्वरूप से कल्पना है या अविद्यमानोत्पाद्यत्व रूप से उपस्थित है? यदि अविद्यमानत्वेन है तो वह सम्भव नहीं है क्योंकि अविद्यमान में जनकत्व के अभाव से अकल्पनात्व ही होगा। यदि विद्यमानगुण आदि उत्पाद्यत्व रूप से है तो वह क्या सविषयक कल्पना ज्ञान होगी या निर्विषयक? यदि कल्पना सविषयक ज्ञान है तो गुणकर्मादिजन्य होने पर भी कल्पना वहाँ नहीं होगी क्योंकि अर्थसामर्थ्यसमुद्भवत्व की अतिवृत्ति नहीं होती है। यदि निर्विषयत्व होकर कल्पना होती है तो उस स्थिति में निर्विषयत्व ही कल्पना में कारण होगा किन्तु गुणकर्मजात्यादिविशेषणजन्यता नहीं होगी। यदि निर्विषयत्व ही है तो वहाँ कल्पना ज्ञान नहीं रहता और अकल्पना ज्ञान भी सम्भव नहीं होगा। केवल ज्ञानमात्रता रहती है। ज्ञानात्मक रूप से कल्पना करने पर सभी ज्ञान कल्पनाज्ञान ही होंगे।

अथ स्मृत्युत्पादकं ज्ञानं कल्पना, तदयुक्तम्, रूपादिदर्शनादपि स्मृतिरुत्पद्यते, न च कल्पनात्वम्। "*यत्सन्निधाने यो दृष्टः तद्द्रष्टेस्ततौ (.तद्वह्नौ*[१]*) स्मृतिः*" इति वचनात्।

यदि स्मृत्युत्पाद करने वाला ज्ञान ही कल्पना है तो वह भी सम्भव नहीं है क्योंकि रूप आदि दर्शन से भी स्मृति की उत्पत्ति होती है और वह कल्पना नहीं है। जिसके सन्निधान होने पर जो पदार्थ दिखता है उसके दर्शन में होने वाली उपस्थिति ही स्मृति है, ऐसा कहा जाता है।

अथ स्मृतिरूपत्वेन कल्पना, तत्रापि किं गृहीतग्राहित्वेन, निर्विषयत्वेन, अपूर्वार्थगृहीतिरूपत्वेन वा? तद्यदि गृहीतार्थग्राहित्वेन कल्पनात्वम्, तदा प्रथमानुभवस्यापि कल्पनात्वमापद्यते गृहीतार्थग्राहित्वाविशेषात् इत्युक्तं पुरस्तात्। अथ निर्विषयत्वेन, तदा न कल्पनाकारता नाप्यकल्पनाकारता ज्ञानाकारव्यतिरेकेण।

यदि स्मृतिरूपत्व से कल्पना है तो यहाँ पर भी क्या गृहीतग्राहित्व से, निर्विषयत्व से, अथवा अपूर्वार्थगृहीतिरूप से है? यदि गृहीतार्थग्राहित्व से कल्पना है तो प्रथम अनुभव का भी कल्पनात्व सिद्ध होगा क्योंकि गृहीतार्थग्राहित्व में और वहाँ पर कोई भेद नहीं है, यह बात पहले ही बता चुके हैं। यदि निर्विषयत्व से कल्पना है तो उस स्थिति में कल्पनाकारता और अकल्पनाकारता ज्ञान को छोड़कर कोई भी नहीं रहता।

अथापूर्वार्थगृहीतित्वेन कल्पनात्वम्, तदयुक्तम्, न स्मृतेरपूर्वार्थगृहीतित्वमस्ति तदभावान्न कल्पनात्वम्। यदि च अपूर्वार्थगृहीतित्वेन कल्पनात्वम्, रूपादिज्ञानानां कल्पनात्वमापद्यते।

---

[१] सन्मति, पृ. ५२३।

यदि अपूर्वार्थगृहीतत्वरूप से कल्पना कहा है तो वह भी सम्भव नहीं है क्योंकि स्मृति की अपूर्वार्थगृहीतता नहीं है। अतएव वहाँ कल्पना भी नहीं होगी। यदि अपूर्वार्थगृहीत होने से कल्पना है तो रूप आदि ज्ञान का भी कल्पनात्व उपस्थित होगा।

अथ स्मृत्युत्पाद्यत्वेन कल्पनात्वम्, तदा रूपादिज्ञानस्यापि निर्विकल्पकत्वेनाभिमतस्य स्मृत्युत्पाद्यत्वमस्ति, तदस्तु कल्पनाज्ञानम्। अथ न भवति तत् कल्पनाज्ञानं स्मृत्या बोधस्वभावतयोत्पादितं कल्पनाज्ञानं न स्मरणाकारतयोत्पाद्यते, तदिदं मद्विकल्पान्दोलितबुद्धेः निरूपपत्तिकाऽभिधानम्। न ह्येकस्य स्वभावद्वयमुत्पश्यामः।

यदि स्मृति द्वारा उत्पाद्य होने से कल्पना है तो रूप आदि ज्ञान का भी निर्विकल्पकत्वरूप जो अभिमत है, उसमें भी स्मृति का उत्पाद्यत्व होगा। इसी से वही हो जाए कल्पना ज्ञान। यदि नहीं होता है तो वह कल्पना ज्ञान स्मृति द्वारा बोधस्वभाव से उत्पादित होगी किन्तु कल्पना ज्ञान स्मरणाकारतया उत्पादित नहीं होगी, इसी से इसका मेरे विकल्पात्मक आन्दोलित बुद्धि से समाधान नहीं किया जा सकता क्योंकि एक पदार्थ के दो स्वभाव कहीं भी नहीं देखे जा सकते।

अथ अभिलापसंसर्गप्रतिभासा प्रतीतिः कल्पना, स संसर्गः पारमार्थिकः, अपारमार्थिको वा? यदि पारमार्थिकः, न तदा तस्य कल्पनात्वं रूपादिज्ञानस्येव। अथ अपार मार्थिकः, कथं तदाभं विज्ञानम्, नैरात्म्यप्रसङ्गात्। न चाऽतात्त्विके विषयार्थः कश्चिल्लभ्यते, जनकत्वाऽऽकारार्पकत्वसहोत्पादसत्तामात्रव्यतिरेकात्। यदि च अतात्त्विकार्थगृहीतिरूपम्, तदा विपर्ययज्ञानम्। तच्च अव्यभिचारिपदेन अपोदितम्, न कल्पनापोढपदमुपादेयम्।

यदि अभिलापसंसर्गप्रतिभास प्रतीति को ही कल्पना कहें तो वह संसर्ग पारमार्थिक अथवा अपारमार्थिक क्या है? यदि पारमार्थिक है तो वह कल्पना नहीं होगी जैसे कि रूप आदि का ज्ञान। यदि अपारमार्थिक है तो उससे ज्ञान कैसे होगा? वह तो नैरात्म्य की तरह ही होगा। अतात्त्विक विषयार्थ में कुछ भी प्राप्त नहीं होता क्योंकि जनकत्व, आकारार्पकत्व, साहोत्पादकत्व और सत्तामात्र न होने से। यदि अतात्त्विकार्थगृहीतिरूप है तो वह तो विपर्यय ज्ञान ही होगा। और उसे अव्यभिचारिपद से हटाया गया है, इसी से कल्पनापोढ पद उपादेय नहीं है।

अथ अभिलापवती प्रतीतिः कल्पना, किम् — अभिलापात्मिका, आहो अभिलापोत्पाद्या, अभिलापगृहीतिर्वा? तद्यदि अभिलापात्मिका, प्रतीतिः कथम्? प्रतीतिश्चेत्, 'अभिलापात्मिका' इति न वक्तव्यम्। विरुद्धाकारयोस्तादात्म्यव्यतिरेकात्। अथ अभिलापोत्पाद्या, तदा शब्दज्ञानानां कल्पनात्वमापद्यते। तेषां च कल्पनात्वे शब्दव्यवस्थाऽनुपपत्तिः स्यात्। अभिलापगृहीतित्वेन कल्पनात्वम्, तदा सर्वासाम् अभिलापगृहीतीनाम् कल्पनात्वमापद्यते, तत्कल्पनात्वे शब्दव्यवस्थानुपपत्तिः।

यदि अभिलापवती प्रतीति ही कल्पना है तो क्या वह अभिलापात्मक है अथवा अभिलाप द्वारा उत्पाद्य है? अथवा अभिलाप द्वारा गृहीत है? यदि अभिलापात्मिका है तो उसकी प्रतीति कैसे होगी? और प्रतीति है तो अभिलापात्मक कैसे होगी, इसीलिए अभिलापात्मक कहना उचित नहीं है। विरुद्धधर्मियों का तादात्म्य सम्भव नहीं है, यदि अभिलाप द्वारा उत्पाद्य है तो शाब्दिक ज्ञानों का कल्पनात्व उपस्थित होगा। उनका कल्पनात्व होते ही शब्द-व्यवस्था भंग हो जाएगी। यदि अभिलापगृहीतित्व रूप से कल्पना है तो सब कुछ अभिलापगृहीत होने से सब कुछ कल्पना ही होंगे। ऐसी स्थिति में भी कल्पना को लेकर शब्द-व्यवस्था नहीं बनेगी।

६.१ प्रसङ्गायाताया अस्पष्टताया विकल्प्य दूषणम् (अस्पष्टाकार का खण्डन)

अथ अस्पष्टाकारा प्रतीतिः कल्पना, अस्पष्टता का? किम् अविज्ञानात्मकत्वम्, आहो स्वलक्षणाजन्यत्वम्, अथ प्रतीयमानार्थाजन्यत्वम्, प्रतीयमानासत्यता वा, स्वलक्षणाप्रतिभासिता वा? तद्यदि अविज्ञानात्मकत्वमस्पष्टता, तदयुक्तं, प्रतीतिरिह अस्पष्टाकारा गीयते, सा कथं विज्ञानात्मिका भवितुमर्हति? अथ स्वलक्षणाजन्यता अस्पष्टता, तदा ज्ञानाकस्मिकत्वप्रसङ्गः। अथ प्रतीयमानार्थाजन्यत्वम्, तदा रागादिसंवेदनस्य अस्पष्टता प्राप्नोति, रागादीनां स्वात्मसंवेदनोत्पादकत्वाऽयोगात्, स्वात्मोत्पादकत्वं वस्तूनां न दृष्टपूर्वम्। तथा केशोण्डुकविज्ञानस्य[२] प्रतीयमानकेशोण्डुकोत्पाद्यत्वं न विद्यते, तदपि[३] स्पष्टाभमुपजायते न तु अस्पष्टाभम्, *न विकल्पानुबद्धस्य स्पष्टार्थप्रतिभासिता* (प्रमाणवा. ३.२८३) इति वचनात्।

यदि अस्पष्टाकार प्रतीति ही कल्पना है तो अस्पष्टता क्या है? क्या अविज्ञानात्मकता है? अथवा स्वलक्षणजन्यत्व है? अथवा प्रतीयमानार्थाजन्यत्व है? या प्रतीयमानासत्यता है? अथवा स्वलक्षणाप्रतिभासित्व है? यदि अविज्ञानात्मकता ही अस्पष्टता है तो वह सम्भव नहीं है क्योंकि प्रतीति को ही अस्पष्टाकार कहा जा रहा है तो वह कैसे अज्ञानात्मक हो सकती है? यदि स्वलक्षण-अजन्यता अस्पष्टता है तो ज्ञान ही आकस्मिक हो जाएगा। यदि प्रतीयमानार्थाजन्यत्व ही अस्पष्टता है तो राग आदि संवेदन की भी अस्पष्टता होगी क्योंकि राग आदि का स्वात्मसंवेदनोत्पादकत्व से योग सम्भव नहीं होता। दूसरी बात स्वात्मोत्पादकत्व कहीं पर भी पदार्थों का नहीं देखा गया है। ठीक वैसे ही जैसे केशोण्डुक विज्ञान में प्रतीयमान केशोण्डुक का उत्पाद्यत्व नहीं होता।

---

[२] "स्याप्रतीय" इति मूलपाठः।

[३] "तदप्यस्पष्टा" इति मूलपाठः।

वह भी स्पष्ट होता है अस्पष्ट नहीं। "विकल्प में अनुबद्ध प्रतीति का स्पष्टार्थ ज्ञान नहीं होता" इस वचन द्वारा यह भी बताया गया है।

अथ स्वलक्षणाप्रतिभासित्वमस्पष्टता, तदा निर्विकल्पाभिमतकेशोण्डुकविज्ञानस्य अस्पष्टता प्राप्नोति, तत्र स्वलक्षणस्याप्रतिभासनात् स्पष्टाभं च तद्गीयते। न च ताथागते दर्शने तथाभूतं ज्ञानमस्ति यत् स्वलक्षणाप्रतिभासि, सर्वस्मिन् ज्ञाने ज्ञान-काय[४] प्रतिभासनात्।

यदि स्वलक्षण की अप्रतिभासिता ही अस्पष्टता है तो निर्विकल्पाभिमत केशोण्डुकों की भी अस्पष्टता प्राप्त होगी। वहाँ स्वलक्षण की प्रतीति न होने से स्पष्ट ज्ञान कहा जाता है। परन्तु तथागत ज्ञानदर्शन में ऐसा ज्ञान ही नहीं है जो स्वलक्षण का अप्रतिभासक होता हो। सभी ज्ञानों में ज्ञान का कार्य ही प्रतिभासित होता है।

अथ प्रतीयमाना सत्यता अस्पष्टता, तदा केशोण्डुकेन्दुद्वयविज्ञानस्य अस्पष्टता प्राप्नोति। न च प्रतीयमानस्यासत्यता, विज्ञानकार्यस्य प्रतीयमानत्वात्। न च तस्य विसंवादोऽस्ति।

यदि प्रतीयमान की सत्यता ही अस्पष्टता है तो केशोण्डुक तथा द्विचन्द्रज्ञान की भी अस्पष्टता उत्पन्न होगी। किन्तु प्रतीयमान की असत्यता विज्ञानकार्य के प्रतीयमान होने से सम्भव नहीं। इस तरह उसकी विसंवादिता भी नहीं होगी।

अथ अतात्त्विकार्थगृहीतिरूपा कल्पना, तदा केशोण्डुकविज्ञानस्यापि कल्पना-त्वमापद्यते। अथ स्वयमतात्त्विकी, तदा प्रतीतिः कथम्? प्रतीतिश्चेद्, अतात्त्विकी कथम्?।

यदि कल्पना अतात्त्विकार्थगृहीतरूप है तो केश के गुच्छे आदि के ज्ञान का भी कल्पनात्व उपस्थित होगा। यदि स्वयं ही अतात्त्विक है तो कैसे प्रतीति होगी और यदि प्रतीति होती है तो वह अतात्त्विक कैसे होगा?

अथ त्रिरूपाल्लिङ्गतोऽर्थदृक् कल्पना इति चेत्, सापि किं लिङ्गजन्यत्वेन कल्पना, आहो निर्विषयत्वेन? तद्यदि लिङ्गजन्यत्वेन कल्पनात्वम्, तदा लिङ्गावगाहकनिर्विकल्पक-विज्ञानस्यापि कल्पनात्वमापद्यते। न च अनुमेयज्ञानस्याव्यवधानेन लिङ्गोत्पाद्य-त्वमस्ति।

यदि त्रिरूपलिंग द्वारा अर्थज्ञान ही कल्पना है तो वह क्या लिंगजन्यत्वरूप से कल्पना है अथवा निर्विषयत्वरूप से है? यदि लिंगजन्यत्वरूप से कल्पना कहा गया है तो लिंग अवगाहक निर्विकल्प ज्ञान का भी कल्पनात्व उपस्थित होगा। किन्तु अनुमेयज्ञान

---

४ "कार्य-परि."।

का अव्यवधानपूर्वक लिंग का उत्पाद्यत्व कहीं नहीं होता।

अथ निर्विषयत्वेन कल्पनात्वम्, तदपि न योयुज्यते, स्वांशविषयत्वादनुमानज्ञानस्य। अथ स्वांशविषयव्यतिरिक्तविषयो नास्ति, निर्विषयत्वेन कल्पनात्वमपदिश्यते, तदा केशोण्डुकविज्ञानस्यापि कल्पनात्वमापद्यते।

यदि निर्विषयत्वरूप से कल्पनात्व है तो वह भी सम्भव नहीं है क्योंकि स्वअंशविषयत्व से अनुमान ज्ञान होता है। यदि स्वअंशविषय व्यतिरिक्त विषय नहीं होता तो, निर्विषयरूप से कल्पनात्व का अपदेश करना पड़ेगा। उस अवस्था में केशोण्डुक ज्ञान का भी कल्पनात्व उपस्थित होगा।

अथ यत् निर्विकल्पकं तत् विस्पष्टतयोपजायते। आनुमानिकं तु अस्पष्टाभं तेन तत् कल्पनाज्ञानम्, तदयुक्तम्, अस्पष्टता च यथा न संभवति तथा प्रागेवोक्ता।

यदि वह निर्विकल्प है तो वह विस्पष्टतया उपस्थित होगा। आनुमानिक ज्ञान तो अस्पष्टाभ होता है। इसी से वह कल्पना है ऐसा मानना युक्तिपूर्ण नहीं है। किस प्रकार अस्पष्टता सम्भव नहीं होती वह पहले ही बताया जा चुका है।

६.२ प्रसङ्गायाताया प्रत्यक्षीयस्पष्टताया विकल्प्य विडम्बनम् (प्रत्यक्ष में स्पष्टता का खण्डन)

प्रत्यक्षज्ञानस्य च स्पष्टता का? किं स्वलक्षणजन्यता, आहो स्वलक्षण-प्रतिभासिता? तद्यदि स्वलक्षणजन्यता, किं प्रतीयमानस्वलक्षणजन्यता, तद्विपरीतस्वलक्षणजन्यता वा?।

प्रत्यक्षज्ञान की स्पष्टता क्या है? क्या स्वलक्षणजन्यता है अथवा स्वलक्षण का प्रतिभासित होना है? यदि स्वलक्षणजन्यता है तो क्या वह प्रतीयमानस्वलक्षणजन्यता है अथवा उसके विपरीत स्वलक्षणजन्यता है?

तद्यदि प्रतीत्यारूढस्वलक्षणजन्यता, प्रतीतौ किमवभाति किमर्थः, ज्ञानम्, उभयं वा? तद्यदि अर्थः, तदयुक्तम्, अप्रतीतायां प्रतीतौ तदनवभासनात्। अथ ज्ञानम्, न तर्हि तद् आत्मानमुत्पादयति, स्वात्मनि क्रियाव्यतिरेकात्। अथ उभयं प्रतिभाति, तदयुक्तम्, एकोपलम्भस्य द्वितीयाकारपरिहारस्थितिधर्मत्वात्। यदि चोभयं प्रतिभाति, तदा अर्थवत् ज्ञानेनापि ज्ञानमुत्पाद्यते इत्यापद्यते। तच्चायुक्तम्, स्वात्मनि क्रियाविरोधात्।

यदि प्रतीतिपूर्वक आरूढ़ स्वलक्षणजन्यता है तो प्रतीति में क्या भासित होता है? अर्थ, ज्ञान, अथवा दोनों? यदि अर्थ है तो वह उचित नहीं है क्योंकि अप्रतीयमान प्रतीति में उसका अवभास नहीं होता। यदि ज्ञान है तो वह भी सम्भव नहीं है क्योंकि क्या ज्ञान अपने आप

का उत्पादन करता है? माना कि करता है तो इससे अपने में क्रिया का विरोध होता है।

यदि दोनों हैं तो वह भी सम्भव नहीं होता क्योंकि एक उपलम्भक की दूसरे आकार के प्रति परिहारक स्थिति होती है। दूसरी बात, अर्थवत् ज्ञान से भी ज्ञान का उत्पादन किया जाता है, इस सिद्धान्त का विरोध होगा। वह उचित नहीं होता क्योंकि अपने में क्रिया का विरोध होने से।

अथ अप्रतीयमानस्वलक्षणजन्यता, तद्गतिः[५] कथम्? न प्रत्यक्षेण, अप्रतीयमानत्वादेव। नाप्यनुमानेन, स्वभावकार्यलिङ्गानवगतेः। न स्वभावानुमानं तत्कार्यतादात्म्ये, तदनवगतौ तस्याऽनवगतेः। नापि कार्यानुमानम्, तद्भूतकार्यानुपलब्धेः, पिशाचपरमाणुमहेश्वरकल्पार्थोत्पादितं कार्यं नेहोपलभ्यते। अथ ज्ञानमेव तस्य लिङ्गम्, तदयुक्तम्, तेन सह तस्य सम्बन्धानवगतेश्चिन्मात्रतयैव न त्वन्योऽर्थः, न च चित् आत्मानं जनयति। समनन्तरज्ञानं तस्य हेतुः इति चेत्, तदयुक्तम्, तदवगतौ न मानमस्ति, परसन्तानज्ञानार्थकल्पं तदपि न स्वसंवेद्यं तत्कार्यज्ञानस्य ततो भिन्नत्वात् परसन्तानज्ञानार्थवत्। नाप्यनुमानेन, तदायत्तताया अनवगतेश्चिन्मात्रतयैव आत्मानमवगाहयति नान्यायत्ततया ततोऽन्यस्य पिशाचेश्वरतुल्यत्वात्[६]। यदि च समनन्तरविज्ञानोत्पाद्यत्वेन स्पष्टता तदाऽनुमानज्ञानस्यापि समनन्तरज्ञानोत्पाद्यत्वेन निर्विकल्पकत्वमनुषक्तम्।

यदि अप्रतीयमानस्वलक्षणजन्यता है तो किस प्रकार उसका ज्ञान सम्भव होगा? प्रत्यक्ष द्वारा वह नहीं हो सकता, अप्रतीयमान होने से। अनुमान द्वारा भी वह सम्भव नहीं हो सकता, स्वभाव-कार्य-लिंग की अवगति न होने से। स्वभावानुमान भी सम्भव नहीं है, उस कार्य का तादात्म्य न होने से, पुनः उसके ज्ञान न होने से उसकी उपस्थिति नहीं होगी। कार्यानुमान भी सम्भव नहीं है क्योंकि तद्भूतकार्य की उपलब्धि न होने से। पिशाच, परमाणु और महेश्वर की कल्पना द्वारा उत्पादित कार्य का यहाँ कोई प्रयोजन नहीं दिखता। यदि ज्ञान ही उसका लिंग है तो वह भी सम्भव नहीं है। उसके साथ सम्बन्ध की अवगति न होने से "चित्" मात्रता से ही केवल अन्य अर्थ नहीं होते और "चित्" अपने आप का उत्पादन नहीं करता। यदि यह कहा जाए कि समनन्तर ज्ञान ही उसका हेतु है तो वह भी उचित नहीं है, उसके ज्ञान में कोई प्रमाण ही नहीं है। परसन्तानज्ञानार्थकल्प भी स्वसंवेद्य नहीं होता, उस कार्य का ज्ञान उससे भिन्न होने से परसन्तानज्ञानार्थ जैसे ही होगा। अनुमान भी नहीं हो सकता, उसकी आयत्तता की अनवगति का "चित्" मात्रता से ही अपने आप को अवगाहन कराता है अन्य आयत्तता के रूप में नहीं, उससे अन्य तो पिशाच, ईश्वर आदि के तरह ही हैं। यदि समनन्तर विज्ञान उत्पाद्यमान रूप से स्पष्टता है

---

५ "वद्गतिः" इति मूलपाठः।

६ ". . . श्वरे तुल्य" इति पाठः।

तो अनुमान ज्ञान का भी समनन्तरज्ञानोत्पाद्यत्वरूप से निर्विकल्पकत्व ही उपस्थित होगा।

अथ स्वलक्षणप्रतिभासिता स्पष्टता, तत्र किं प्रतिभाति किम् अर्थः, ज्ञानम्, उभयं वा? तद्यदि अर्थः, तदयुक्तम्, अप्रसिद्धायां[७] प्रसिद्धौ तत्प्रसिद्ध्यभावात्। अथ ज्ञानम्, तदनुमानेऽपि प्रतिभाति तदप्यस्तु निर्विकल्पकम्। तन्निर्विकल्पकत्वे तर्हि अपोह्यो मृग्योऽधुना कल्पनापोढपदस्य। अथोभयं प्रतिभाति, तदयुक्तम्, एकोपलम्भस्य द्वितीयाकारपरिहारस्थितिधर्मत्वाभ्युपगमात्।

यदि स्वलक्षण प्रतिभासित्व ही स्पष्टता है तो वहाँ क्या प्रतिभासित होगा – अर्थ, ज्ञान या दोनों? यदि अर्थ कहते हो तो वह सम्भव नहीं है, अप्रसिद्ध-प्रसिद्धि में उस प्रसिद्धि का अभाव है। यदि ज्ञान है तो वह तो अनुमान में भी है और तब वह भी निर्विकल्प ही होगा। उसके निर्विकल्प होने पर कल्पनापोढ के अर्थ को अपोह द्वारा इस समय खोजना पड़ेगा। यदि उभय ही प्रतीत होते हैं तो वह भी सम्भव नहीं है क्योंकि एक उपलम्भ का द्वितीयाकार परिहारस्थितिरूप धर्मत्व का अभ्युपगम होने से।

अथ अतीतानागतार्थगृहीतिरूपा कल्पना, तत्र किमवभाति अर्थः, तदभावो वा, न किंचिद्वा? यद्यतीतोऽर्थः प्रतिभाति, न तर्हि तस्य कल्पनात्वम् वर्त्तमाननीलज्ञानवत्। नाप्यर्थस्य अतीतता प्रतीयमानत्वेन नीलजलादिवत्। नहि प्रतीयमानस्य अतीतता नाम। यदि च प्रतीयमानस्यापि अतीतता उच्यते तदा सर्वस्य बुद्ध्युपलक्षितस्य अतीतता भवेत्। ततश्च वर्त्तमानव्यवहारविरहः स्यात्।

यदि अतीत-अनागतार्थगृहीतरूपता कल्पना है तो वहाँ क्या अवभासित होगा? अर्थ, उसका अभाव? अथवा कुछ भी नहीं? यदि अतीत अर्थ प्रतीत होता है तो वह कल्पना नहीं है क्योंकि वह वर्तमान नीलज्ञान की तरह है। अर्थ की अतीतता भी सम्भव नहीं दिखती क्योंकि वह प्रतीत हो रहा है, नीलजल आदि की तरह। प्रतीयमान का अतीत भी नहीं होता। यदि प्रतीयमान की अतीतता मानें तो सभी बुद्धि द्वारा उपलक्षित ज्ञानों की अतीतता उपस्थित होगी। उससे वर्तमानिक व्यवहार के विरह की प्रसक्ति होगी।

अथ तदभावः प्रतिभाति, तस्याप्यतीतता नास्ति, स्वेनरूपेण विद्यमानत्वात्। नापि तद्विषयविज्ञानस्य कल्पनात्वमुपपद्यते, अभावार्थसामर्थ्येन समुद्भवात्। असामर्थ्ये वा विषयार्थश्चिन्त्यः। अथ निर्विषयम्, न तर्हि तदतीतानागतार्थविज्ञानम् अतीतानागतार्थोपकाररहितमपदिश्यते। न च निर्विषयत्वे सति सविकल्पकत्वं निर्विकल्पकत्वं वा, अपि तु ज्ञानात्मतयैव तस्याऽव्यवस्थितिः। न च ज्ञानमात्रतया तस्य सविकल्पकत्वमिष्यते सर्वज्ञानानां सविकल्पकत्वप्रसङ्गात्। यदि च निर्विषयत्वेन अतीतानागतार्थ-

[७] "प्रसिद्धायाः" इति पाठः।

विज्ञानस्य सविकल्पकत्वमभ्युपेयते, निर्विकल्पकाभिमतकेशोण्डुकविज्ञानस्यापि सविकल्पकत्वमापद्यते । न च अतीतानागतविज्ञानस्य निर्विषयत्वमस्ति स्वांशपर्यवसितत्वात् । नापि स्वांशव्यतिरिक्तोऽर्थोऽन्योस्ति एकोपलम्भे[८] न अपोहितत्वात् । न च स्वांशस्य वञ्चनोपपद्यते, तदभावात् सर्वं विज्ञानं सविकल्पकं निर्विकल्पकं वा वक्तव्यं भेदानुपपत्तेः ।

यदि उसका अभाव प्रतीत होता है तो उसके प्रति अतीतता नहीं होगी क्योंकि वह अपने ही रूप में (अभाव रूप में) विद्यमान है। उस विषयज्ञान की कल्पना भी सम्भव नहीं होती जिसका अभावार्थसामर्थ्य से उद्‌भव होता है । असामर्थ्य में विषयार्थ चिन्तनीय है । यदि निर्विषय है तो वह अतीत अनागतार्थ ज्ञान नहीं है, अतीत अनागतार्थोपकार रहित ही व्यपदिष्ट होता है। निर्विषयत्व होने पर सविकल्पत्व या निर्विकल्प नहीं होते किन्तु ज्ञानात्मतयैव उसकी अवस्थिति होती है। ज्ञानमात्रता में भी उसका सविकल्पकत्व नहीं हो सकता। ऐसा करने पर सभी ज्ञानों में सविकल्पकता उपस्थित होने की स्थिति आएगी। यदि निर्विषयत्वरूप से अतीत–अनागतार्थ ज्ञान का सविकल्पकत्व स्वीकृत किया जाता है तो निर्विकल्पाभिमत केश गुच्छे आदि ज्ञानों का भी सविकल्पकत्व होगा। अतीत-अनागत ज्ञान का निर्विषयत्व नहीं हो सकता, क्योंकि ऐसा करने पर स्व अंश में ही पर्यवसायित्व होगा। और स्व अंशव्यतिरिक्त कोई अन्य अर्थ भी नहीं है, अतः एकमात्र की उपलम्भता होने से उसे अपोहित भी नहीं किया जा सकता और स्वांश का वञ्चन भी सम्भव नहीं होता क्योंकि उसके न होने पर सभी ज्ञान सविकल्पक तथा निर्विकल्प क्या हैं यह कहने की स्थिति नहीं रहती और दोनों में भेद भी नहीं रहता।

यदप्युक्तम् *कल्पनापोढं प्रत्यक्षम् अर्थसामर्थ्येन समुद्‌भवात् रूपादिस्वलक्षणवत्* इति, तत्र किं प्रतीयमानस्वलक्षणोद्‌भवत्वं विवक्षितम्, आहो अर्थमात्रोद्‌भवत्वम्? तद्यदि प्रतीयमानस्वलक्षणोद्‌भवत्वं विवक्षितम्, तदा रागादिसंवेदनस्य योगिप्रत्यक्षस्य च प्रतीयमानस्वलक्षणोद्‌भवत्वं न लभ्यते । अथ इन्द्रियजप्रत्यक्षविवक्षया इदममदिश्यते अर्थसामर्थ्येन समुद्‌भूतत्वादिति साधनम्, तत्रापि प्रतीयमानार्थसमुद्‌भवस्य बाह्यार्थनिराकरणपरत्वात् ।

जैसे कहा गया है – "कल्पनारहित प्रत्यक्ष है, अर्थसामर्थ्य के द्वारा समुत्पन्न होने से, रूपादि स्वलक्षण की तरह" वहाँ पर क्या प्रतीयमानस्वलक्षण का उद्‌भव विवक्षित है अथवा अर्थमात्र का उद्‌भव है? यदि प्रतीयमान स्वलक्षण मात्र का उद्‌भव विवक्षित है तो रागादि संवेदन का और योगिप्रत्यक्ष का प्रतीयमान स्वलक्षणोद्‌भवत्व उपलब्ध

---

८ "उपलस्ते" इति मूलपाठः ।

नहीं होता। यदि इन्द्रियजन्य प्रत्यक्ष की विवक्षा से उसका विधान किया जाता है तो अर्थ सामर्थ्य द्वारा समुद्‌भूत होने से साधन होगा। वहाँ पर भी प्रतीयमानार्थ के समुद्‌भव होने से आपके ही अभिमत का विरोध होगा, क्योंकि प्रतीति की बाह्यार्थ-विषयता आप मानते नहीं।

अस्तु वा बाह्योऽर्थः, तथापि किं तेन निमित्तात्मकेन उत्पाद्यते, आहो उपादानात्मकेन? तद्यदि निमित्तभूतेन उत्पाद्यते, तदा तदुत्पादितरूपस्य रूपरूपता न प्राप्नोति निमित्तभूतरूपोत्पादितज्ञानवत्। अथ उपादानात्मकेन उत्पाद्यते, तदा अनया रीत्या रूपरूपता आपद्यते ज्ञानस्य रूपोत्पादितरूपस्येव। ततः सर्वम् अविज्ञानात्मकं जगत् स्यात्। अविज्ञानात्मके च जगति मानमेयव्यवहाराभावप्रसङ्गः। तत्प्रसक्तौ च कस्येदं लक्षणं प्रस्तूयते? अथ उपादानभूतेन रूपेण रूपमुत्पाद्यते निमित्तात्मकेन तु ज्ञानमिति चेत्, तदिदं महानुभावस्य दर्शनम्। न ह्यबालिश एवं वक्तुमुत्सहेत, न ह्येकस्य अनेकाकारता नाम। न चानेकनामकरणे मेयाद्यन्यत्वमस्ति। अन्यत्वे वा न तर्हीदं वक्तव्यम् — *स्वविषयानन्तरविषयसहकारिणेन्द्रियज्ञानेन मनोविज्ञानं निष्पाद्यते*। तदेवम् इन्द्रियज्ञानस्य प्रतीयमानार्थसमुद्‌भवत्वाभावः। दृष्टान्तश्च साधनविकलः — न रूपादिस्वलक्षणस्य रूपरूपावभातार्थोद्‌भवत्वमस्ति।

माना कि बाह्यार्थ है, फिर भी यहाँ विचारणीय है कि वह बाह्यार्थ निमित्तकारण अथवा उपादानकारण रूप से अपने विज्ञान को उत्पन करता है?

यदि वह निमित्तकारणत्वेन् विज्ञान को उत्पन्न करता है तो उत्पादित विज्ञान की रूपरूपता प्राप्त नहीं होती, निमित्तभूत रूप से उत्पादित विज्ञान की तरह। यदि वह उपादानकारणत्वेन् विज्ञान को उत्पन्न करता है तो इस रीति से उत्पन्न विज्ञान रूपात्मक ही होगा, ठीक उसी तरह जैसे एक रूप दूसरे रूप को उपादानत्वेन् उत्पन्न करता है।

ऐसी स्थिति में सम्पूर्ण जगत् की अविज्ञानात्मकता प्रसक्त होगी। सम्पूर्ण जगत् के अविज्ञानात्मक होने से मानमेय व्यवहार के अभाव का प्रसंग उपस्थित हो जाएगा। तब यहाँ आखिर किसका लक्षण प्रस्तुत किया जा रहा है? यदि यह कहा जाए कि रूप उपादानकारणत्वेन् रूप को उत्पन्न करता है और निमित्तकारणत्वेन् विज्ञान को उत्पन्न करता है तो ऐसा दर्शन (मूर्खतापूर्ण दर्शन) किसी महानुभाव का ही हो सकता है। वह कोई जो बालक नहीं है, ऐसा कहने का दुःसाहस नहीं कर सकता। ऐसा किसी के अनुभव में नहीं आता कि एक ही वस्तु के अनेक आकार होते हैं। एक ही वस्तु के अनेकविध नामकरण से उसके मेयत्व का अन्यत्व नहीं हो जाता। यदि व्यवहार की विवक्षा से उसके अन्यत्व को माना भी जाता है तो फिर यह नहीं कहा जा सकता कि स्वविषयान्तर विषयसहकारी इन्द्रिय प्रत्यक्ष के द्वारा

मनोविज्ञान निष्पन्न होता है। अतः इन्द्रिय प्रत्यक्ष का कारण बाह्यार्थ नहीं होता जो उसमें प्रतीयमान हुआ करता है। पुनः इसके पक्ष में जो दृष्टान्त दिया जाता है वह भी साधन-विकल ही है, क्योंकि वस्तुस्थिति यह नहीं कि रूपादिस्वलक्षण रूपादि बाह्यार्थ से समुत्पन्न होकर प्रत्यक्ष में रूपादि रूप से प्रतिभासित होते हैं।

अथ अप्रतीयमानस्वलक्षणोद्भवत्वं मे विवक्षितम्, तदाऽतीतानागतानुमान-विकल्पानाम् अप्रतीयमानार्थोद्भवत्वेन निर्विकल्पकत्वमापद्यते ।

यदि यहाँ विवक्षित हो कि प्रत्यक्ष स्वलक्षण के अर्थबल से उत्पन्न होता है लेकिन वह स्वलक्षण प्रत्यक्ष के लिए ज्ञेय नहीं होता तो ऐसी स्थिति में अतीत-अनागत आनुमानिक विकल्पों का भी अप्रतीयमान अर्थ से उद्भूत होने के कारण उसके भी निर्विकल्पकत्व की प्रसक्ति होगी।

६.३ एकोपलम्भसामर्थ्यात् विकल्पिकायाः समुद्भव इत्याद्युक्तेर्निरसनम् (विकल्पात्मक समुद्भवत्व का निरास)

यदप्यन्यदुक्तम् — *एकोपलम्भसामर्थ्याद् विकल्पिकायाः समुद्भवः — इदमुपलभे इदं नोपलभे इति किल एकभूतलोपलम्भे सति विकल्पिका बुद्धिरुत्पद्यते — इदमुपलभे इदं नोपलभे इत्यादिका* एतदपि न युक्तम् । यथा रूपस्वलक्षणस्य सविकल्पक-विज्ञानजनकत्वं नास्ति अविकल्पकत्वात्, तथा विज्ञानस्वलक्षणमपि सविकल्पक-विज्ञानोत्पादकत्वमतिवर्त्तते अविचारकत्वाऽविशेषात् अथ अविचारकत्वाऽविशेषेऽपि निर्विकल्पकविज्ञानस्य सविकल्पकविज्ञानोदयदानसामर्थ्यं जेगीयते, तदा रूपादिस्व-लक्षणस्याप्येतदस्तु, ततश्च प्रत्यक्षानुमानयोर्भेदानुपपत्तिः ।

एक दूसरी बात भी कही गई है — कोई काल्पनिक भी किसी उपलम्भ सामर्थ्य से उत्पन्न होता है। जब एक भूतल को देखते हैं तब कहते हैं कि मैंने देखा, मैंने नहीं देखा। एक भूतल के उपलब्ध होने पर ही उसके सन्दर्भ में "ऐसी उपलब्धि हुई" और "ऐसी उपलब्धि नहीं हुई" इस प्रकार के विकल्पात्मक निश्चय हुआ करते हैं। परन्तु यह भी उचित नहीं। रूप स्वलक्षण में सविकल्प-विज्ञान-जनकता नहीं, क्योंकि वह स्वरूपतः निर्विकल्पक है। उसी तरह विज्ञान स्वलक्षण भी सविकल्प बुद्धि को उत्पन्न नहीं कर सकता, क्योंकि वह भी अपने स्वकीय स्वरूप में निर्विकल्पक ही है। परन्तु इस बात को मान भी लिया जाए कि रूप स्वलक्षण और विज्ञान स्वलक्षण दोनों ही निर्विकल्पक विज्ञान उत्पन्न कर सकते हैं तो भी बौद्ध अपना पक्ष इस रूप में रख सकते हैं कि वह निर्विकल्पक विज्ञान ही है जिसमें सविकल्पक बुद्धि को उदित करने की सामर्थ्य है। ऐसी स्थिति में तब यही सामर्थ्य रूप स्वलक्षण में क्यों न मान लिया जाए? तब प्रत्यक्षात्मक और आनुमानिक विज्ञान में भेद करना सम्भव नहीं हो सकेगा।

६.४ प्रत्यक्षसाधन एवेत्यादेर्बौद्धोक्तस्य खण्डनम्
("प्रत्यक्षसाधन में ही कल्पनाराहित्य" इसका खण्डन)

यदप्यन्यदुक्तम् — *प्रत्यक्षसाधन एव इन्द्रियधियः कल्पनाविरहः*। अथ कोऽयं कल्पनाविरहो नाम? किं ज्ञानकायतादात्म्यव्यवस्थितदेहः, तद्विपरीतो वा? यद्यदि ज्ञानतादात्म्येन व्यवस्थितः, तदा प्रत्यक्षसाधनः कल्पनाविरहः इति। किमुक्तं भवति? प्रत्यक्षसाधनो विज्ञानाकारः प्रत्यक्षधियः। न केवलं प्रत्यक्षकल्पनाविरहः प्रत्यक्ष-साध[९]नोऽनुमानधियोऽपि प्रत्यक्षसाधन एव, ज्ञानाकारस्य अनुमानज्ञानेऽपि भावात्। अथ अनुमानज्ञानस्यापि आत्मसंवित्तौ कल्पनारहितत्वं बाह्यार्थापेक्षया कल्पनात्मक-त्वमिति चेत्, तदेतन्मुग्धाभिधानं[१०] दुनोति मानसम् — *कथं स्युर्विविधाकाराः तदेकस्य वस्तुनः*।

ऐसे ही एक दूसरी बात भी कही गई है — वह यह कि इन्द्रिय प्रत्यक्ष में कल्पनाराहित्य प्रत्यक्ष के कारण ही हुआ करती है। तब यहाँ कल्पनाराहित्य का क्या अर्थ है? क्या यह "ज्ञानकायतादात्म्य व्यवस्थित देह" है अथवा कुछ उसके विपरीत है? ज्ञानतादात्म्य रूप से व्यवस्थित मानने पर ही प्रत्यक्ष को कल्पनाराहित्य का हेतु कहा जा सकेगा। परन्तु इस कथन का तात्पर्य क्या है? इसका तात्पर्य यह है कि विज्ञानाकार रूप प्रत्यक्षबुद्धि का हेतु प्रत्यक्ष ही है। परन्तु यह कहना उचित नहीं कि प्रत्यक्ष के कल्पनाराहित्य का हेतु प्रत्यक्ष ही है, क्योंकि अनुमान भी प्रत्यक्षपूर्वक होता है और ज्ञानाकारता जैसे प्रत्यक्ष में होती है वैसे ही अनुमान में भी होती है।

इस पर बौद्ध पक्ष से यह कहा जा सकता है कि ज्ञानमात्र की स्वसंवित्ति होती है, अतः स्वसंवित्ति की अपेक्षा से आनुमानिक ज्ञान में भी कल्पनाराहित्य होती है और उसकी कल्पनायुक्तता बाह्यार्थ की अपेक्षा से है। परन्तु इस प्रकार के उत्तर को मूर्खतापूर्ण कहा जा सकता है जो मेरी बुद्धि को भी भ्रष्ट कर सकता है। मेरी बुद्धि में तो इतना ही आता है कि एक ही वस्तु भला किस प्रकार अनेकविध आकारों को धारण कर सकती है?

अथ भेदेन व्यवस्थितः, तद्गतिः कथम्? न स्वसंवेद्योऽसौ, ज्ञानाकारव्यतिरेकात्। नापि जनकत्वाऽऽकारार्पकत्वेन गृह्यते, विरहस्य सामर्थ्यव्यतिरेकात्। एवं च सति यदुक्तम् — *प्रत्यक्षसाधन एव इन्द्रियधियः कल्पनाविरहः*[११] इति तद्बालवल्गितम्॥

---

[९] "साधना" इति पाठः।

[१०] "अभिधान" इति मूलपाठः।

[११] "विरहः" इति मूलपाठः।

यदि ज्ञानातादात्म्य रूप से व्यवस्थित न मानकर भेदरूपेण व्यवस्थित माना जाए तो आखिरकार इसे किस रूप में समझा जाए। यह स्वसंवेद्य भी नहीं हो सकता, ज्ञानाकार से व्यतिरिक्त होने से। इसका ग्रहण उस बाह्यार्थ के रूप में भी नहीं होता जो ज्ञान में अपना आकार अर्पित करता है। ऐसा इसलिए कि अभाव में अर्थक्रिया सामर्थ्य नहीं। ऐसी स्थिति में जो यह कहा गया कि इन्द्रिय प्रत्यक्ष का विकल्पविरहित होना प्रत्यक्ष हेतुक है, वह कुछ नहीं बल्कि बुद्धि की बड़बड़ाहट मात्र है।

गो इत्यादि ज्ञान का खण्डन

अथ 'गौः' इत्यादि ज्ञानं कल्पना। कथमस्य कल्पनात्वम्, अर्थेनाऽजनितत्वात्? यदि गवादेरर्थस्य गौरित्यादिज्ञानोत्पादनसामर्थ्यं स्यात् तदा प्रथमाक्षसन्निपातवेलायामपि कुर्यात् तदाऽत्मनोऽविशेषात्। तदुक्तम् —

यः प्रागजनको बुद्धेरुपयोगाविशेषतः।
स पश्चादपि तेन स्यादर्थापायेऽपि नेत्रधीः॥

यदि यह कहा जाता है कि "यह गो है" इत्याकारक ज्ञान कल्पना है तो इसका कल्पनात्व किस प्रकार से है? क्या यह अर्थ से उत्पन्न न होने के कारण कल्पनात्मक है? यदि गवादि अर्थ का सामर्थ्य गौ इत्यादि ज्ञान को उत्पन्न करने में है तो वह अक्षिपात के प्रथम क्षण में ही गौ इत्याकारक ज्ञान को उत्पन्न करेगा। ऐसा नहीं कि वह प्रथम क्षण में निर्विकल्पक गौ-ज्ञान को उत्पन्न करेगा और बाद के क्षणों में सविकल्पक। क्योंकि, बाद के क्षणों में गवादि अर्थ तो वही रहता है, उसके स्वरूप में कोई विशेषता उत्पन्न नहीं हो जाती। कहा भी गया है — वह अर्थ जो अपनी अविशेषता के कारण किसी ज्ञान-विशेष को उत्पन्न नहीं करता वह बाद में भी वैसा ही रहेगा, अन्यथा अर्थ के अनुपस्थित होने पर भी उसके प्रत्यक्ष की प्रसक्ति होगी।

अथ शब्दस्मरणमपेक्ष्य उत्पादयति, तदेवास्तु तद्देहानन्तरफलत्वाद् 'गौः' इत्यादिज्ञानस्य। तदुक्तम् —

अर्थोपयोगेऽपि पुनः स्मार्त्तं शब्दानुयोजनम्।
अक्षधीर्यद्यपेक्षेत सोऽर्थो व्यवहितो भवेद्॥

तदेतदयुक्तम्। प्राथमिकज्ञानं 'गौः' इतिज्ञानम्, गोपिण्डावगाहिनि विज्ञाने 'गौः' इतिज्ञानसंज्ञा। ततश्च प्रथमाक्षसन्निपातजमपि भवति। एवं च पूर्वापरविज्ञानयोः एकविषयत्वे उभयोः 'गौः' इतिज्ञानसंज्ञाविषयत्वम्।

यदि यह कहा जाए कि "यह गौ है" इत्याकारक ज्ञान इसलिए कल्पना है, क्योंकि ऐसा प्रत्यक्ष शब्द-स्मरणापेक्ष्य उत्पन्न होता है। इस रूप में गो-शब्द-

स्मरणापेक्ष्य गौ-ज्ञान अर्थबल से उत्पन्न "गौ-ज्ञान" का ही अनन्तरभावी फल होता है। कहा भी गया है — ज्ञानोत्पादन में अर्थ का उपयोग हो चुकने पर पुनः स्मरणपूर्वक शब्द-योजना होती है। अतः इन्द्रिय प्रत्यक्ष की अपेक्षा से शब्द-योजना-पुरस्सर ज्ञान व्यवहित अर्थ वाला होता है। परन्तु ऐसा कहना उचित नहीं। प्रथमतया अर्थबल से उत्पन्न गौ-ज्ञान और फिर गोपिण्डावगाही विज्ञान भी गौ-ज्ञान संज्ञक ही है। दोनों प्रथम अक्षिपात से ही जन्य हैं। इस प्रकार पूर्व और अपर दोनों ही विज्ञानों की विषयता एक ही विषय में होने से उभय गौ-ज्ञान समान रूप से ज्ञानसंज्ञक हैं (अर्थात् ऐसा नहीं कि अर्थबल से उत्पन्न गौ-ज्ञान निर्विकल्पक और तदनन्तरभावी शब्द-स्मरणापेक्ष्य गौ-ज्ञान सविकल्पक होने से मानस-कल्पना मात्र है)।

क्रमभाविज्ञानस्य खण्डनम्
(क्रमभावी ज्ञान का खण्डन)

नन्वेकस्य क्रमभाविविज्ञानजनकत्वम् किम् — एकेन स्वरूपेण, स्वरूपान्तरेण वा? एकेनैव स्वभावेन जनयति इति ब्रूमः। नन्वेककालीनता पूर्वापरविज्ञानयोः एकस्वभावायत्तत्वे सति आपद्यते, यद्येवम् एकनीलोत्पादितनयनालोकविज्ञानानाम् एकदेशसम्बन्धित्वम् एकाकारता एकव्यक्तित्वमापद्यते एकनीलोत्पाद्यत्वाऽविशेषात्। अथ एवंभूतं तत् तस्य स्वरूपं यत् चित्रकार्यकरणात्मकम्, यद्येवं मामकेऽपि पक्षे क्रमभाव्यनेककार्यकरणात्मकमेव स्वरूपं स्वहेतुसामर्थ्यनियमितस्योत्पत्तेः। अथवा, यथा त्वदीये पक्षे मनोज्ञानं स्वलक्षणविषयं न च प्रथमाक्षसन्निपातजम् अपि तु इन्द्रियज्ञानेन स्वविषयानन्तरविषयसहकारिणा उत्पाद्यते तथा 'गौः' इत्यादिकमपि ज्ञानं प्रथमाक्षजेन विज्ञानेन स्वविषयानन्तरविषयसहकारिणा स्मरणाद्युपहितेन चोत्पाद्यते इति निर्विषयत्वाभावः, विषयान्तर[१२]स्वकारणसामर्थ्यानुरोधेन 'गौः' इत्यादिज्ञानजननयोग्यस्योत्पत्तेः, स्मरणमपि समर्थमुत्पन्नं सत् 'गौः' इत्युत्पादयति। एवं सति यदुक्तम् — *यः प्रागजनको बुद्धेः* इत्यादि, तत् स्वपरमतमनालोच्यैव जेगीयते। न च ज्ञानाकारव्यतिरेकेण[१३]विकल्पाकारोऽन्योऽस्ति। कल्पनाकारो हि ज्ञानतादात्म्येन व्यवस्थितः। ततश्च *कल्पनापोढं प्रत्यक्षम्*। किमुक्तं भवति? ज्ञानापोढं प्रत्यक्षम्। यो यत्स्वभावोपनिबद्धः स निवर्त्तमानः तमादाय निवर्त्तते। ततश्च अज्ञानात्मकं प्रत्यक्षं *भिक्षूणां* प्रसक्तम्॥

एक ही क्रमभावी ज्ञानजनकत्व का क्या अर्थ है? एक ही स्वरूप से अथवा भिन्न स्वरूप से? एक ही स्वभावजन्य होता है ऐसा हम कहते हैं। यदि नहीं है तो, अनेककालीनता

---

[१२] "विषयान्तरस्वका" इति मूलपाठः।

[१३] "वैकल्पा" इति मूलपाठः।

पूर्व और पर विज्ञानों का एक स्वभाव होने से कैसे सम्भव होगा? यदि ऐसा है तो एक ही नील से उत्पादित नयनालोक ज्ञानों का एक देश से सम्बन्ध, एकाकारता ही एक व्यक्तित्व है क्योंकि एक नीलउत्पाद्य में विशेष न होने से। यदि इस प्रकार का उसका स्वरूप है तो वह चित्र (अनेक) कार्यकरणात्मक होगा !

यदि ऐसा है तो मेरे पक्ष में भी एक ही वस्तु का स्वरूप ऐसा हो सकता है जो क्रमभावी रूप से अनेक कार्यों को उत्पन्न करने वाला हो, क्योंकि कार्य सदैव अपने कारण के सामर्थ्य से नियमित होता है। जैसा कि आपके पक्ष में भी मानस प्रत्यक्ष स्वलक्षणविषयक होता है लेकिन उसका कारण प्रथम अक्षिसन्निपात वाला इन्द्रिय प्रत्यक्ष नहीं होता, अपितु स्वविषय के अनन्तर विषय के सहकारी इन्द्रिय ज्ञानरूपी समनन्तर प्रत्यक्ष (हेतु) द्वारा उत्पन्न होता है। इसी तरह "गौ" इत्यादि ज्ञान भी प्रथम इन्द्रियजन्यत्वज्ञानरूप से स्वविषयानन्तरविषयसहकारी स्मरण आदि से युक्त होकर उत्पादित होता है। ऐसा निर्विषयत्वाभाव अपने विषयान्तर कारण के सामर्थ्यानुरोध से "गौ" ऐसी ज्ञानजनन योग्यता की उत्पत्ति होने से स्मृति भी समर्थ होकर "गौ" ऐसा उत्पादन करती है। ऐसा होने पर जो कहा गया है कि पहले जिस बुद्धि की अजनकता इत्यादि, अपने और दूसरे के मत का ठीक से चिन्तन न किया हुआ जान पड़ता है। ज्ञान के आकार को छोड़कर वैकल्पिक और कोई भी आकार नहीं है। कल्पना का आकार ज्ञानतादात्म्य द्वारा व्यवस्थित होता है। उसके बाद कल्पनारहित प्रत्यक्ष होता है। क्या कहा गया है? ज्ञानरहित प्रत्यक्ष होता है यही कहा गया है। जो जिस स्वभाव के साथ सम्बन्धित होता है वह निवृत्त होने पर उसी स्वभाव को लेकर ही निवृत्त होता है। इसीलिए हा हा हा ! अज्ञानात्मक प्रत्यक्ष ही भिक्षुओं के लिए उपस्थित होता है।

६.५ प्रत्यक्षलक्षणगतस्य अव्यभिचारिपदस्य निरसनम् (अव्यभिचारी पद का खण्डन)

तथा अव्यभिचारि पदमपि नोपादेयम् अपोह्यज्ञानाऽसंभवात्। ननु मार्त्तण्डपाद-संघातोत्पादितं विज्ञानमपोह्यमस्ति। कथं तदपोह्यम्? अतथ्योदकविषयत्वात्। यद्यतथ्योदकविषयम्, कथं तदपनीयते, अतथ्योदकाकारस्य स्वेन रूपेण विद्यमानत्वाद् मधुरोदकदीर्घोदकाकारवत्? अथ तत्र मधुरोदकं विद्यते, स्वेन रूपेण प्रतीयमानत्वात्, तदिहाप्युदकं प्रतीयते *उदकं गृह्णामि* इति व्यवहारदर्शनात्। सत्यम्, प्रतिभाति, अतथ्यं तु प्रतिभाति।

इसी प्रकार अव्यभिचारी पद भी उपादेय नहीं है। अपोह द्वारा ज्ञान की सम्भावना ही न होने से। नहीं, सूर्य के किरणसमूह द्वारा उत्पादित ज्ञान तो अपोह्य है ही। कैसे वह अपोह्य हुआ? अतथ्यजल विषयक होने से। यदि अतथ्यजल ही विषय है तो कैसे उसे

हटाएंगे। अतथ्य उदकाकार का अपने रूप में विद्यमान होने से मधुर जल और लम्बे पानी के आकार की तरह। यदि वहाँ मधुरजल है तो अपने ही स्वरूप में प्रतीत होता है। वैसे ही यहाँ भी पानी प्रतीत होता है और पानी लेता हूँ ऐसा व्यवहार देखा भी जाता है। हाँ, दिखता है किन्तु अतथ्य भी तो प्रतीत हुआ है न।

६.६ प्रसङ्गायाताया अतथ्यताया विकल्प्य दूषणम् (अतथ्यता का निराकरण)

अतथ्यता का? किं प्रतीयमानस्याभावः, अथ प्रतीयमान एवाभावः, यदि प्रतीयमानस्याभावः, सोऽत्र नावभाति, उदकाकार एवावभाति। अथ प्रतीयमाने अभावकल्पनायुक्ता, अन्यथा रसाकारे प्रतीयमाने रूपाकारः परिकल्पयितव्यः। ततश्चालूनविशीर्णं जगत् स्यात्। यदि च अभावः प्रतिभाति, कथं तदुदकज्ञानम्, मिथ्या ज्ञानं चोच्यते अभावविषयस्य स्वेन रूपेण विद्यमानत्वात्?

अतथ्यता क्या है? क्या प्रतीयमान का अभाव है? अथवा प्रतीयमान ही अभाव है, यदि प्रतीयमान का अभाव है तो वह यहाँ प्रतीत नहीं होता। केवल उदकाकार ही दिखता है। यदि प्रतीयमान ही अभाव है तो वह भी सम्भव नहीं होगा – भावाकार प्रतीत होने पर अभाव की कल्पना उचित नहीं होती, अन्यथा रसाकार प्रतीत होने पर रूपाकार की कल्पना करनी पड़ेगी। उससे तो समग्र जगत् नोचकर छिया-छिया किया जाने जैसा होगा। यदि अभाव प्रतीत होता है तो कैसे वह जल ज्ञान होता है। यदि मिथ्या ज्ञान कहते हैं तो – अभावात्मक होने से वह नहीं हो सकता क्योंकि वह अपना रूप ही दिखा रहा है।

तदेतदुदकज्ञानम् उदकं विषययति, उदकाभावम्, आत्मानम्, न किंचिद्वा? तद्यदि उदकं विषययति, तदा न तस्य मिथ्यात्वं मधुरोदकसंवेदनस्येव। तत्र तथ्योदकं प्रतिभाति, किं यत् प्रतिभाति तत् तथ्योदकम्, आहो यत् तथ्यं तत् प्रतिभाति? तद्यदि यत् प्रतिभाति तत् तथ्यम्, इहाप्युदकं प्रतिभाति, प्राप्ता तस्यापि तथ्यता।

क्या उस जल का ज्ञान उदक को विषय बनाता है? अथवा जल के अभाव को बनाता है अथवा अपने आप को बनाता है अथवा किसी को भी नहीं? यदि जल को विषय बनाता है तो वह मिथ्या नहीं हो सकता क्योंकि मधुर जल की संवेदना की तरह वहाँ पर तथ्योदक भासित होता है। क्यों जो प्रतीत होता है वह तथ्य जल है अथवा जो तथ्य है वही प्रतीत होता है। यदि जो प्रतीत होता है वह तथ्य है तो यहाँ भी उदक प्रतीत होता है और उसकी भी तथ्यता माननी पड़ेगी।

अथ यत् तथ्यं तत् प्रतिभाति, तस्य तथ्यता कथं ज्ञायते किं प्रतीत्या, अन्यथा वा? यदि प्रतीत्या, इहापि प्रतीतिरुत्पद्यते, अस्तु तथ्यता। अथ प्रतीतिमन्तरेण तथ्यता उपपाद्यते, तदा सुस्थितानि वस्तूनि। सर्ववादसिद्धिः स्यात्। अथ प्रतीयते –

यदि नाम बाध्यते, *प्रतीयते बाध्यते च* इति चित्रम्। प्रतीयमानत्वं च जनकत्वाऽऽकारार्पकत्वेन व्याप्तम्, यच्च न जनयति नाकारमर्पयति [१४] तन्नावभाति, यथा रूपज्ञाने रसः। प्रतीयते च अत्र उदकम्, जनकत्वाऽऽकारार्पकत्वोपपत्तिः, तदुपपत्तौ न च बाधोपपत्तिः, जनकत्वाऽऽकारार्पकत्वस्य सत्त्वनिबन्धनत्वात्।

अब, यदि जो तथ्य है वही प्रतीत होता है तो उसकी तथ्यता का ज्ञान कैसे होगा, क्या प्रतीति द्वारा? अथवा अन्यथारूप से? यदि प्रतीति द्वारा है तो यहाँ पर भी प्रतीति उत्पन्न होगी। हो न तो वह। यदि प्रतीति के बिना ही तथ्यता का उपपादन किया जाता है तो अनेक पदार्थ अवस्थित हैं इसीलिए सभी वाद सिद्ध होंगे ही। यदि प्रतीयते का अर्थ बाधित होना है तो प्रतीति और बाध भी दोनों होने पर यह चित्रता होगी। प्रतीयमानता तो जनकत्व के आकार अर्पकत्व से व्याप्त रहती है। जो उत्पादन नहीं करता वह आकार का अर्पण भी नहीं करता और अवभात भी नहीं होता। जैसा कि रूप के ज्ञान में रस। यहाँ उदक प्रतीत होता है। जनकत्व के आकार का अर्पकत्व भी सिद्ध होता है। उसकी उत्पत्ति में बाध नहीं होता क्योंकि जनकत्वरूप आकार के अर्पकत्व में सत्त्वनिबन्धन होने से।

अथ अभावं विषययति, न तर्हि उदकज्ञानरूपता अभावगृहीतिरूपत्वात्। नापि तस्य मिथ्यात्वम्, अभावविषयत्वस्योपपत्तेः। न च *सौगतमते* अभावे कश्चिद् विषयार्थ उपपद्यते जनकत्वाऽऽकारार्पकत्वव्यतिरेकात्। उदकाकारो हि प्रतीत्युत्कलितः, तदभावश्च अप्रातीतिक इहोपपाद्यते मुग्धबौद्धैः।

यदि अभाव को विषय करता है तो उदकज्ञानरूपता नहीं हो सकती, क्योंकि अभाव गृहीत होने से। उसके मिथ्यात्व का ग्रहण भी सम्भव नहीं होता, क्योंकि अभाव विषय की उपस्थिति होने से। और सौगतसिद्धान्त में अभावविषयक कोई भी अर्थ नहीं होता क्योंकि जनकत्व–आकार अर्पकत्व न होने से। उदकाकार ही प्रतीति द्वारा कल्पित होता है और उसका अभाव प्रतीत नहीं होता, यह बात मूर्ख बौद्ध लोग बताते रहते हैं।

अथ आत्मविषयम्, तथापि व्यभिचारिता नोपपद्यते स्वंशस्याऽवञ्चनात्, नहि ज्ञानम् आत्मानं विसंवदति। नापि तद् उदकज्ञानत्वेन व्यपदेश्यं रागादिसंवेदनवत्। नहि नीलाभं संवेदनं रसविज्ञानात्मकत्वेन व्यपदिश्यमानं दृष्टम्।

यदि अपने को ही ज्ञान प्रतीत कराता है ऐसा कहें तो उसमें भी व्यभिचारिता उपपन्न नहीं हो सकती, स्वअंश की वञ्चना न होने से। ज्ञान अपने आप को कभी भी नहीं ठगता। उस उदक ज्ञान से भी अपनी वञ्चना नही करता जैसा कि रागादि की संवेदना में हुआ करता है। नीलज्ञान के संवेदन से रस ज्ञानात्मकरूप से व्यपदिश्यमान नहीं दिखता।

---

[१४] "यन्नाव भाति" इति मूलपाठः।

अथ निर्विषयम्, न तर्हि तदुदकज्ञानम्, उदकज्ञानतया तु प्रतिभाति, तेन जानीमो न निर्विषयम्। यदि न निर्विषयम्, कथं तन्मिथ्याज्ञानम्? ज्ञानमात्रानुरोधेन न मिथ्याज्ञानं नापि सम्यग्ज्ञानम्। न च भवतां पक्षे ज्ञानं निरालम्बनमस्ति स्वांशपर्यवसितत्वात्।

यदि निर्विषय है तो वह उदक ज्ञान नहीं है। उदकज्ञान के रूप में तो भासित होता है किन्तु उसके द्वारा निर्विषय को हम नहीं जानते। यदि निर्विषय है तो वह कैसे मिथ्या होगा। ज्ञानमात्र कहने से वह न मिथ्या होता है और न सम्यक् ही होता है और आपके (पक्ष में) मत में ज्ञान निरालम्बन नहीं होता, स्वांशपर्यवसायी होने के कारण।

६.७ व्यभिचारित्वस्य विकल्प्य खण्डनम्
(व्यभिचारित्व का खण्डन)

विज्ञानस्य व्यभिचारिता किम् — स्वसत्तामात्रानुरोधेन, आहो परसत्तानुरोधेन? तद्यदि स्वसत्तानुरोधेन, तदा सर्वविज्ञानानां व्यभिचारिता प्राप्नोति, ज्ञानरूपतायाः सर्वत्र भावात्, न किञ्चिद्विज्ञानमव्यभिचारि स्यात्।

ज्ञान की व्यभिचारिता का क्या अर्थ है? केवल अपनी सत्ता के कारण से है अथवा दूसरे की सत्ता के कारण से है? यदि अपनी सत्ता के कारण से है तो सभी ज्ञानों की व्यभिचारिता उपस्थित होगी क्योंकि ज्ञानरूपता तो सर्वत्र ही है। तब कोई भी ज्ञान अव्यभिचारी होगा ही नहीं।

अथ परसत्तानुरोधेन व्यभिचारिता उच्यते किम् — अनुपकारकपरसत्तानुरोधेन, आहो उपकारकपरसत्तानुरोधेन? तद्यदि अनुपकारकपरसत्तानुरोधेन व्यभिचारिता, तदा सर्वसंवित्तीनां व्यभिचारिता प्राप्नोति, अनुपकारकपरसत्ताऽविशेषात्। अथ उपकारक-परसत्तानुरोधेन व्यभिचारि अभिधीयते किं — करणभूतपरोपकारकपरसत्तानुरोधेन, आहो कर्मतापन्नोपकारकपरसत्तानुरोधेन? तद्यदि करणभूतपरोपकारकसत्तानुरोधेन[१५], तदा सर्वासां संवित्तीनां मिथ्यात्वमापद्यते करणभूतपरोपकारकसत्ताऽविशेषात्।

यदि परसत्ता के अनुरोध से व्यभिचार है तो क्या अनुपकारक परसत्तानुरोध द्वारा है अथवा उपकारकपरसत्तानुरोध से है? यदि अनुपकारक परसत्ता द्वारा व्यभिचार है तो सभी ज्ञानों की व्यभिचारिता उपस्थित होगी, क्योंकि अनुपकारक परसत्तारूप अविशेष सभी पर लागू होता है। यदि उपकारक परसत्तानुरोध से व्यभिचार है तो उसमें कारणभूत परोपकारपरसत्तानुरोध है अथवा कर्मतापन्न उपकारकपरसत्तानुरोध से है?

यदि करणभूतपरोपकारकसत्ता के अनुबन्धन से है तो सभी ज्ञान मिथ्या होंगे क्योंकि करणभूतपरोपकारक सत्तात्मकता अविशेषतया सब में रहता है।

---

१५ "सत्तानुवेधेन" इति मूलपाठः।

अथ कर्मकारकोपकारकपरसत्तानुरोधेन[१६] मिथ्यात्वम्, तदयुक्तम्, न तस्य मिथ्यात्वं सत्योदकज्ञानस्येव कर्मकारकेण उपक्रियमाणत्वात् ।

यदि कर्मकारकोपकारकपरसत्तानुरोध से मिथ्यात्व है तो उसका मिथ्यात्व सत्य उदक ज्ञान की तरह ही कर्मकारक द्वारा उपक्रियमाण होने से सम्भव नहीं है।

६.८ ज्ञानगतस्य सम्यक्त्वस्यापि विकल्प्य विदलनम् (ज्ञानगत सम्यक्त्व का खण्डन)

तथा सम्यग्ज्ञानत्वमपि कथम्? किं ज्ञानसत्तामात्रानुरोधेन, आहो परसत्तानुरोधेन? तद्यदि ज्ञानसत्तामात्रानुरोधेन सम्यक्त्वम्, तदा सर्वसंवित्तीनां सम्यक्त्वं प्राप्नोति ज्ञानाकारस्योपपत्तेः ।

उसी प्रकार सम्यक् ज्ञानत्व भी कैसे होगा? क्या ज्ञान का सम्यकत्व सत्तामात्र के अनुरोध से है अथवा परसत्तानुरोध से है? यदि ज्ञानसत्तामात्र के अनुरोध से सम्यक्त्व है तो सभी ज्ञानों का सम्यक्त्व सिद्ध होगा, क्योंकि ज्ञानाकार ज्ञानमात्र में उपलब्ध है ।

अथ परसत्तानुरोधेन सम्यक्त्वम्, तदा किमनुपकारकपरसत्तानुरोधेन, किंवा उपकारकपरसत्तानुरोधेन? तद्यदि अनुपकारकपरसत्तानुरोधेन सम्यक्त्वम्, तदा सर्वासां संवित्तीनां सम्यक्त्वमापद्यते, अनुपकारकपरसत्ताऽविशेषात् । अथ उपकारकपरसत्तानुरोधेन किम् — करणभूतपरोपकारकपरसत्तानुरोधेन[१७], आहो कर्मतापन्नोपकारकसत्तानुरोधेन[१८] ? तद्यदि करणभूतपरोपकारकसत्तानुरोधेन[१९], तदा सर्वासां संवित्तीनां सम्यक्त्वमापद्यते, करणभूतपरोपकारकसत्ताऽविशेषात् । अथ कर्मतापन्नपरसत्तानुरोधेन सम्यक्त्वमभिधीयते, तदा रागादिसंवेदनस्य सम्यक्त्वं न प्राप्नोति अतीतानागतार्थविषयत्वे योगिज्ञानस्य च ।

यदि परसत्तानुरोध से सम्यक्त्व है तो क्या वहाँ अनुपकारकपरसत्तानुरोध से है अथवा उपकारकपरसत्तानुरोध से? यदि अनुपकारकपरसत्तानुरोध से है तो फिर सभी ज्ञान सम्यक् होंगे क्योंकि अनुपकारकपरसत्ता सभी में समान है। यदि उपकारकपरसत्तानुरोध से है तो क्या करणभूतउपकारकपरसत्तानुरोध से है अथवा कर्मतापन्नउपकारकसत्तानुरोध से है? यदि करणभूतपरोपकारकसत्तानुरोध से है तो फिर भी सभी ज्ञान सम्यक् होंगे क्योंकि करणभूतपरोपकारसत्ता समान है सभी जगह। यदि कर्मतापन्नपर-

---

१६ "सत्तानुवेधेन" इति मूलपाठः ।

१७ "वेधेन" इति मूलपाठः ।

१८ "वेधेन" इति मूलपाठः ।

१९ "वेधेन" इति मूलपाठः ।

सत्तानुरोध से सम्यक्त्व है तो रागादि संवेदन का भी सम्यक्त्व न होगा, और वैसे ही अतीत, अनागतार्थ विषयत्व में तथा योगिज्ञान में भी समझना चाहिए।

यत् तद् व्यभिचारि ज्ञानम् तत्किम् — व्यभिचारिभूतेन उपादानज्ञानेन जन्यते, आहो अव्यभिचारिभूतेनोपादानज्ञानेन जन्यते? तद्यदि व्यभिचारिभूतेन उपादानज्ञानेन जन्यते, तदपि व्यभिचारिभूतेनप्राप्ता व्यभिचारिपरंपरा। संग्राह्यमव्यभिचारि न लभ्यते।

जो जो व्यभिचारी ज्ञान है क्या वह व्यभिचारिभूत उपादानज्ञान द्वारा उत्पन्न होता है अथवा अव्यभिचारिभूत उपादान द्वारा? यदि व्यभिचारिभूत उपादानज्ञान द्वारा उत्पन्न होता है तो वह भी व्यभिचारिता के कारण से हमेशा व्यभिचारपरम्परा को प्राप्त किए रहेगी और अव्यभिचारिता कहीं उपलब्ध न होगी।

अथ अव्यभिचारिभूतेनोपादानज्ञानेन जन्यते, तद् उपादानकारणमनुकुर्वद्वा उपजायते, अननुकुर्वद्वा? तद्यदि उपादानकारणानुकारेणोत्पाद्यते, तदा किमाप्नोति? अव्यभिचारि स्वरूपानुकारेण उत्पाद्यते। कथम्? अव्यभिचारस्य ज्ञानतादात्म्येन व्यवस्थितेः। न च एकदेशानुकारित्वमस्ति उपादानकारणस्य निरवयवत्वात्। एवं सर्वं विज्ञानमव्यभिचारि प्रसक्तम् — अपोह्यज्ञानानुपपत्तिः। नच व्यभिचाराऽव्यभिचारौ ज्ञानाद् व्यतिरिक्तौ स्तः। यथा रसाकारो रूपाकारो वा ज्ञानाकाराद् भिन्नो न तथा व्यभिचाराऽव्यभिचारौ ज्ञानाद् व्यतिरिक्तौ। ततश्च व्यभिचाराकारोऽत्र निराक्रियते। किमुक्तं भवति? ज्ञानाकारोऽत्र निराक्रियते। ततश्च अज्ञानात्मकं प्रत्यक्षं प्रसक्तं *सौगतानाम्*।

यदि अव्यभिचारी उपादानज्ञान द्वारा उत्पन्न होता है तो वह उपादानकारण के अनुकरण-पूर्वक होता है अथवा अनुकरण के बिना ही होता है? यदि उपादानकारण के अनुकरण द्वारा उत्पन्न होता है तो क्या प्राप्त होगा? क्या इसका मतलब यह लिया जाए कि अपने ही स्वरूप का अनुकरण करते हुए ज्ञान को उत्पन्न करता है जो व्यभिचारी नहीं है। परन्तु यह कैसे सम्भव होता है? अव्यभिचार तो सदैव ज्ञानतादात्म्य द्वारा व्यवस्थित हुआ करता है। यह भी नहीं कहा जा सकता कि वह उपादान कारण के एकदेश का अनुकरण करता है। प्रकृत में कारणभूत उपादान निरवयव है।

इस प्रकार सभी ज्ञान अव्यभिचारी होंगे। तब कोई भी ज्ञान व्यभिचारी नहीं होगा जिससे कि अव्यवभिचारी को व्यभिचारी से व्यावृत्त किया जा सके। जिस प्रकार रसाकार और रूपाकार ज्ञानाकार से भिन्न है, उसी प्रकार व्यभिचारी और अव्यभिचारी ज्ञान से भिन्न नहीं है। इससे व्यभिचारी आकार का यहाँ निराकरण किया जाता है। इस कथन का क्या तात्पर्य है? हाँ, ज्ञानाकार ही यहाँ निषिद्ध होता है। इसीलिए सौगतों का प्रत्यक्ष अज्ञानात्मक हो जाता है।

अपि च यथा रूपेण उपादानभूतेन जन्यते रूपम् तथा ज्ञानमपि उपादानभूतेनैव जन्यते। य एव तस्य रूपोत्पादने आत्मा स एव तस्य ज्ञानोत्पादनेऽपि। नहि तस्य ज्ञानोत्पादने आत्मान्यत्वम्।

जैसा कि उपादानभूत रूप द्वारा ही रूप उत्पन्न होता है, उसी प्रकार ज्ञान भी उपादानभूत ज्ञान द्वारा उत्पन्न होता है। जो उस रूप के उत्पादन में आत्मा (आकार) है वही ज्ञानोत्पादन में भी है। उसके ज्ञानोत्पादन में दूसरी आत्मा (आकार) रह ही नहीं सकती।

परलोकस्याभावनिदर्शनम्
(परलोक भाव का निदर्शन)

अथ निमित्तभूतेन ज्ञानमुत्पाद्यते, उपादानभूतेन रूपमिति चेत्, तत्कथमेकस्य अनेकाकारयोगितोपपद्यते? न च संज्ञान्यत्वे मेयान्यत्वमुपपद्यते, रूपवद् विज्ञानस्यापि रूपरूपता प्राप्नोति। तत्प्राप्तौ च न परलोकी आत्मा, तदभावान्न परलोकः। इदमेवं चेतसि समारोप्याह भगवान् *बृहस्पतिः — परलोकिनोऽभावात् परलोकाभावः*।

यदि निमित्त द्वारा ज्ञान उत्पन्न किया जाता है और उपादान द्वारा रूप, तब कैसे एक से अनेक आकार का योग किया जा सकता है? नाम दूसरा होते ही प्रमेय दूसरा नहीं हो जाता, जैसे कि रूप के सन्दर्भ में वैसे ही विज्ञान की भी रूपरूपता प्राप्त होती है। उसकी प्राप्ति के बाद यह नहीं कहा जा सकता कि आत्मा परलोकी हो जाती है। अतः उसके न होने पर परलोक नहीं रह सकता। इसी विषय को अपने चित्त में रखकर भगवान् बृहस्पति कहते हैं — "परलोकी आत्मा के अभाव के कारण परलोक का भी अभाव हो जाता है।"

कार्यानुमानस्य खण्डनम्
(कार्यानुभाव का खण्डन)

अथ रूपोपादानजन्यत्वेपि ज्ञानरूपतैव, रूपस्यापि ज्ञानरूपता प्राप्ता रूपोपादानजन्यत्वात् ज्ञानरूपवत्। अथ ज्ञानं ज्ञानेन उपादानभूतेन जन्यते, रूपमपि तेनैव जन्यते, नहि तस्य रूपोपादाने आत्माऽन्यत्वम्। एवं च —

तदतद्रूपिणो भावाः तदतद्रूपहेतुजाः।
तद्रूपादि [२०] ***किमज्ञानं विज्ञानाभिन्नहेतुजम्॥* (प्र.वा. ३.२५१)**

यदि रूपोपादानजन्यत्व में भी ज्ञानरूपता ही रहती है तो रूप भी ज्ञानरूप ही होगा

[२०] ".दिकमज्ञा. –परि."।

— रूपोपादानजन्य होने से, जैसे ज्ञान का रूप। यदि ज्ञान उपादानभूत ज्ञान से उत्पन्न होता है तो रूप भी उसी से उत्पन्न होगा। उस रूप के उपादान में आत्मान्यत्व (अन्य आकार) नहीं रहता। कहा भी है — भावपदार्थ तद्रूपी और अतद्रूपी दोनों हैं — तद्रूप और अतद्रूप हेतु से उत्पन्न होते हैं। वे रूप आदि क्या अज्ञान हैं जो ज्ञानाभिन्न हेतु से उत्पन्न होते हैं।

अथ रूपोपादानजन्यत्वे विज्ञानस्य न रूपात्मता तथा[२१] ज्ञानोपादानजन्यत्वेऽपि विज्ञानस्य न ज्ञानरूपता, ततश्च नैरात्म्यप्रसङ्गः। अथ ज्ञानोत्पादानजन्यत्वे ज्ञानाकार-परिकल्पना तथा रूपोपादानजन्यत्वे रूपाकारता, आलोकोपादानजन्यत्वेन आलोका-कारता प्राप्नोति, ततश्च आकारकदम्बात्मकं ज्ञानं प्रसक्तम्। अनिष्टं चैतत्, अद्वयरूप-त्वेनाऽभ्युपगमात्। यत् तद्रूपोत्पाद्यं विज्ञानं तत्किम् — एकदेशेन रूपोत्पाद्यत्वेन स्थितम्, सर्वात्मना वा उत्पाद्यत्वेन पर्यवसितम्? तद्यदि एकदेशेन स्थितम्, तदयुक्तम्, अखण्डस्य एकदेशविरहात्। अथ सर्वात्मना रूपोत्पाद्यत्वेन पर्यवसितम्, तदा विज्ञानो-त्पाद्यं न प्राप्नोति यथा एककारकसमूहोत्पाद्यत्वेन पर्यवसितस्य संघातान्तरोत्पाद्यत्वं न दृष्टम्, ततश्च कारकसंघातानुपपत्तिः।

जैसे रूप उपादानजन्य होकर ज्ञान की रूपात्मता होती है उसी प्रकार ज्ञानोत्पादानजन्यत्व में ज्ञान की ज्ञानरूपता नहीं होती। उसमें नैरात्म्य की स्थिति आती है। यदि यह कहा जाए कि जैसे ज्ञानोत्पादानजन्यत्व में ज्ञानाकारपरिकल्पना तथा रूपोपादानजन्यत्व में रूपाकारता उपस्थित होती है वैसे ही आलोक उपादानजन्यत्व से आलोकाकार उपस्थित होता है और तब आकारसमूहात्मक ज्ञान प्रसक्त होता है। यह अनिष्ट है। क्योंकि उसमें अद्वयस्वरूप उपस्थित होता है। वह जो रूप से उत्पाद्य ज्ञान है वह क्या है? रूप के एक देश से उत्पाद्य होकर स्थित है अथवा सर्वात्मना उत्पाद्य होकर अवस्थित है? यदि एकदेश से अवस्थित है तो वह युक्तियुक्त नहीं है, अखण्ड में एकदेश नहीं रहता। यदि सर्वात्मना रूपोत्पाद्यरूप से स्थित है तो ज्ञान की उत्पादनता ही नहीं रहेगी, जैसा कि एककारकसमूह द्वारा उत्पाद्य हुआ दूसरे कारक समूह द्वारा उत्पाद्य होता कहीं नहीं दिखता। इस तरह विज्ञानसंघात की स्थिति ही नहीं बनती ।

तथा रूपमपि ज्ञानम् एकदेशेन कुर्यात्, सर्वात्मना करणपर्यवसितं वा? तद्यदि एकदेशेन करोति, तदयुक्तम्, अखण्डस्य एकदेशाऽयोगात्। अथ सर्वात्मना करोति, तदा रूपं सर्वात्मना विज्ञानकरणे पर्यवसितं न रूपान्तरकरणे प्रवर्त्तते, यथा एक-कारकसामग्री एककार्योत्पादनपर्यवसिता कार्यान्तरसवित्री न भवति, तथा रूपमपि रूपान्तरोत्पादकं न भवति, ततश्च रूपान्तरस्य आकस्मिकत्वं कथं [२२] तदाऽऽकस्मिकत्वे कार्यानुमानं विलुप्यते *सौगतानाम्*।

---

[२१] "ज्ञानोत्पादन" इति मूलपाठः।

[२२] "तदाकत्वम्" इति मूलपाठः।

इसी तरह रूप अपने ज्ञान को आंशिक रूप से (एकदेशेन) उत्पन्न करता है अथवा सर्वात्मना उत्पन्न करता है। यदि कहते हो कि आंशिक रूप से उत्पन्न करता है तो यह उचित नहीं, क्योंकि जो अखण्ड है उसके अंशमात्र नहीं होते। यदि कहो कि सर्वात्मना अपने ज्ञान को उत्पन्न करता है तो वैसी स्थिति में सर्वात्मना अपने ज्ञान को उत्पन्न करता हुआ "रूप" किसी अन्य रूप (ज्ञान) को उत्पन्न करने में प्रवृत्त नहीं हो सकता। एक कारक-साकल्य के द्वारा जब एक कार्य किया जाता है तो उसी समय उसके द्वारा दूसरा कार्य नहीं किया जा सकता। उसी प्रकार रूप भी रूपोन्तरोत्पादक नहीं होता। तब रूपान्तर का आकस्मिकत्व कैसे व्याख्यायित होगा? यदि यह अकारण होता है तो सौगतों को कारणपूर्वक होने वाले कार्यानुमान को भूल ही जाना पड़ेगा।

अथ अनेककार्येत्पादकत्वेन पर्यवसितं रूपस्वरूपम्, तदा घट-संख्या-सामान्यादेरपि अनेकाधिकरणाश्रितात्मकं रूपम्, वृत्तिविकल्पदोषानुपपत्तिः।

अच्छा, यदि यह कहते हो कि रूप का स्वरूप अनेक कार्योत्पादन में पर्यवसित होता है तो घर, संख्या और जाति इत्यादि को भी अनेक अधिकरणाश्रित रूप ही मानना होगा। इससे "वृत्तिविकल्पदोष" की उपपत्ति होगी।

६.९ जातिं प्रतिवदितुं बौद्धैर्दत्तानां दूषणानामेकैकशो निरासः (सामान्य विरोधी बौद्धयुक्तियों का खण्डन)

इतोऽपि वृत्तिविकल्पदोषानुपपत्तिः — वृत्तिविकल्पदोषेण वृत्तेरेव निराकरणं कृतम्, न घट-संख्या-सामान्यादेः, ततोऽन्यत्वात्। नहि अन्यस्याभावे अन्यस्याभावोऽस्ति असम्बन्धात्। नहि अनुदकः कमण्डलुः इत्युक्ते कमण्डलोरभावः प्रतीयते, कपालानां तदुदकस्य वा, अपि तु कमण्डलुना साकम् उदकस्य विश्लेषमात्रं प्रतीयते।

यहाँ कोई कह सकता है कि वृत्तिविकल्पदोषों की उपपत्ति नहीं हो सकती, क्योंकि वृत्तिविकल्प-दोष द्वारा वृत्ति का ही निराकरण किया गया है, किन्तु घट, संख्या, सामान्य आदि का नहीं, उससे भिन्न होने के कारण से। अन्य के अभाव होने पर अन्य का भी अभाव नहीं होता, असम्बन्धित होने से। जलरहित कमण्डलु कहने पर कमण्डलु ही नहीं है ऐसा ज्ञान नहीं होता अथवा कपालों का अथवा उसमें अवस्थित जल का भी, किन्तु कमण्डलु के साथ जल का अभावमात्र द्योतित होता है।

ननु *नैयायिकैः* वृत्तिमद् घटसामान्यमभ्युपेयते, तदभावे कथं तस्य संस्थितिः? यद्येवं रूपरसविज्ञानानामपि वृत्तिरभ्युपेयते नैयायिकैः, तदभावेऽपि सद्भावोऽभ्युपगम्यते

तेषां भवद्भिः । अथ तानि प्रतिभान्ति वृत्त्यभावेऽपि, तेन तेषामभ्युपगमः क्रियते, यद्येवं घट-संख्या-सामान्यादेरपि स्वरूपं प्रतिभाति अभिन्नानुगतात्मतया । न चानुभूयमानस्य निह्नवो युक्तः सर्वापलापप्रसङ्गात् । अनुपलब्धौ वा सैव समर्था, अलं वृत्तिविकल्पदोषेण । यद्युपलभ्यते, तदा वृत्तिविकल्पदोषो न वक्तव्यः । अथ नोपलभ्यते, तथापि न वक्तव्यः ।

नहीं, नैयायिक तो वृत्तिमत् घटसामान्य को स्वीकार करते हैं न ! उस जाति के अभाव में कैसे घट रहता है? यदि ऐसा है तो रूप एवं रस आदि ज्ञानों का भी नैयायिकगणों को वृत्ति स्वीकारना पड़ेगा । जाति के न होने पर भी घट आदि का सद्भाव आप सब स्वीकारते हैं । वृत्ति के अभाव में भी वे पदार्थ प्रतीत होते हैं तो उनका अभ्युपगम = अनुवर्तन किया जाता है । यदि ऐसा है तो घट, संख्या, सामान्यादि का भी स्वरूप प्रतीत होता है अभिन्न अनुगत होने से । किन्तु अनुभूयमान का निराकरण करना उचित नहीं होता, उससे सभी का अपलाप हो जाएगा ।

चूँकि अनुपलब्धि में भी अनुभव ही समर्थ होता है, इसलिए अनुपलब्धि भी वृत्तिविकल्पदोषापन्न ही है। ऐसा नहीं कि उपलब्धि के सन्दर्भ में ही वृत्तिविकल्पदोष होता है। उपलब्धि के न होने पर भी वृत्तिविकल्पदोष होता ही है। अतः वृत्तिविकल्प-दोष अकिंचित्कर ही है।

६.१० देशभेदेनाऽग्रहणात् इत्यादेः समालोच्य प्रतिविधानम् (देशभेद पूर्वक अग्रहण युक्ति का खण्डन)

यदप्युक्तम् – *देशभेदेनाऽग्रहणात् घट-सामान्यानुपपत्तिः*, तदप्ययुक्तम्, न देशभेदेन वस्तूनां भेदोऽपितु आकारभेदेन, अभिन्नानुगतात्मतया तयोः स्वरूपमनुभूयते । न देशभेदाग्रहणेन स्वावयवाधिकरणेन सह तयोस्तादात्म्यं सिद्धयति असत्त्वं वा । यद्याकार भेदेन ग्रहणम्, तदा देशभेदेनाग्रहणस्य अप्रयोजक[२३]त्वम्, आकारभेदग्रहणेन स्वरूपान्यत्वस्य प्रबोधितत्वात् । अथ आकारान्यत्वेन नावबोधोऽस्ति, स एवास्तु, असद्व्यवहारसमर्थत्वात्, किं देशभेदाग्रहणेन? स्वहेतोरेव नियतदेशकालनियमित-स्योत्पत्तेर्न देशान्तरादौ ग्रहणम्, अन्यथा रूपादेरसत्त्वं स्यात् इतरदेशलग्नस्याऽग्रहणात् ।

जैसा कि यह भी कहा गया है "घट सामान्य की प्रतिपत्ति नहीं होती, देशभेद के साथ ग्रहण नहीं होने से" यह कथन उचित नहीं है। देशभेद होने के कारण से वस्तुओं में भेद नहीं होता, अपितु आकार के भेद से उनका भेद होता है। अभिन्न अनुगत आकार में ही उन दोनों (घट व्यक्ति और घट सामान्य) का स्वरूप अनुभूत

---

[२३] "अप्रयोजकत्वम्-परिव".।

होता है। देशभेद के अग्रहण से अपने अवयव के अधिकरण के साथ उनका तादात्म्य अथवा असत्ता सिद्ध नहीं होती। यदि आकार भेद से ग्रहण होता है तो देशभेद से अग्रहण का अप्रयोजकत्व भी तो फलित होगा। ऐसा इसलिए कि आकारभेद के ग्रहण से स्वरूपभेद का बोध होता है। यदि आकार अन्यत्व से अवबोध नहीं होता, तो न हो, असद्व्यवहार के सामर्थ्य से, तब देशभेद के साथ ग्रहण नहीं होने का प्रयोजन ही क्या रह जाता है। अपने ही हेतुओं द्वारा वस्तुओं की उत्पत्ति देश-काल विशेष में होती है, एतावता देशान्तर आदि में ग्रहण सम्भव नहीं होता, अन्यथा रूप आदि की असत्ता होती, इतर देश में उनकी अवस्थिति का ग्रहण न होने से।

६.११ नास्ति घट-सामान्यम्, तदग्रहेऽग्रहात् इत्यस्य विभञ्जनम् (तदग्रहे-अग्रहात् युक्ति का खण्डन)

यदप्युक्तम् – *नास्ति घट-सामान्यम्, तदग्रहेऽग्रहात्* किमनेन क्रियते? किम् अवयवाधिकरणाऽव्यतिरेकप्रतिपादनम्, आहो असत्त्वप्रतिपादनम्? तद्यदि अव्यतिरेकप्रतिपादनं क्रियते, कस्यात्र पक्षीकरणम्? किं घटसामान्यस्य, आहो तदवयवाधिकरणस्य?

जो यह कहा गया है – "घट सामान्य नहीं है उसके (घट) अग्रहण में उसका (घट सामान्य) ग्रहण न होने से"। इससे क्या कहना चाहते हो? क्या यह अवयवाधिकरण अव्यतिरेक प्रतिपादन है? अथवा असत्ता का प्रतिपादन है? यदि अव्यतिरेक प्रतिपादन है तो किसे यहाँ पक्ष बनाया जाएगा? क्या घट सामान्य को अथवा उसके अवयवाधिकरण को पक्ष बनाना है?

तद्यदि घटसामान्यस्य पक्षीकरणम् तत्किम् – अवगतस्य, अनवगतस्य वा? तद्यदि अनवगतस्य, तदयुक्तम्, नह्यनवगते धर्मिणि हेतोरुत्थानमस्ति। न चाश्रयवैकल्ये[२४] गमकत्वम्। अथ अवगतस्य, तदा तेनैव भिन्नाकारावगमेन अव्यतिरेकप्रत्यायकसाधनं बाध्यते।

यदि घट सामान्य को पक्ष बनाना है तो क्या अवगत का या अनवगत का? यदि अवगत का है तो वह नहीं हो सकता। क्योंकि अनवगत धर्मी में हेतु का उत्थान सम्भव नहीं होता। साथ ही आश्रय विकलता यहाँ सम्भव नहीं है। यदि अवगत का है तो उसी से भिन्न आकार के ज्ञान द्वारा अव्यतिरेक प्रत्यायक साधन बाधित होता है।

अथ तदवयवाधिकरणस्य पक्षीकरणम्, तत्रापि किम्–स्वस्मात् स्वरूपाद् अव्यतिरेकः साध्यते, [आहो[२५] परस्मात्] इति? यदि स्वस्मात् स्वरूपादव्यतिरेकः साध्यते,

[२४] "वैकल्य गम" इति मूलपाठः।

[२५] कोष्ठकगतः पाठः ताडपत्रे नास्ति। अर्थानुसन्धानबलात् अस्माभिरत्र प्रक्षिप्तः।

सिद्धसाध्यतया सम्बोधयितव्याः । अथ परस्मादव्यतिरेकः साध्यते, स परात्मा प्रतिपन्नः, अप्रतिपन्नो वा? यदि प्रतिपन्नः, स किम् — भिन्नाकारतया अवगतः, अभिन्नाकारतया वा? तद्यदि भिन्नाकारतयोपलब्धः, तदाऽनेनैव भिन्नाकारावगमेन अभेदप्रत्यायकं साधनं बाध्यते। अथ अभिन्नाकारतयाऽवगतः, न तर्हि परात्मा, इदानीं स्वस्मात् स्वरूपादव्यतिरेकः साध्यत इति सिद्धसाध्यतया संबोधयितव्याः । अथ अनवगतः, न तर्हि एकत्वं रथतुरगविषाणयोरिव ।

यदि उस अवयवाधिकरण को पक्ष बनाना है तो वहाँ पर भी क्या अपने ही स्वरूप से अव्यतिरेक सिद्ध किया जाता है? अथवा परस्वरूप से। यदि अपने ही स्वरूप से व्यतिरेक सिद्ध किया जाता है तो सिद्ध साध्य रूप में कहना पड़ेगा। यदि दूसरे से अव्यतिरेक सिद्ध किया जाता है तो वह परात्मा प्रतिपन्न है या अप्रतिपन्न? यदि प्रतिपन्न है तो क्या वह भिन्नाकार रूप से अवगत है या अभिन्नाकार रूप से? यदि भिन्नाकार रूप से उपलब्ध है तो उसी भिन्नाकार अवगम द्वारा अभेद सिद्ध करने वाला साधन बाधित होगा। यदि अभिन्नाकार रूप से अवगत है तो परात्मा नहीं हो सकता, अभी अपने ही स्वरूप से अव्यतिरेक साधित होने से सिद्ध साध्यता (दोष) उपस्थित होगा। यदि वह अनवगत है तो वह एकत्व नहीं हो सकता जैसे कि रथ के घोड़ों के सींगों की तरह।

अथ अभावः साध्यः, तत्रापि कस्य पक्षीकरणम् — किं घटसामान्यस्य, आहो तदवयवाधिकरणस्य? तद्यदि घटसामान्यस्य पक्षीकरणम्, तत्किम् — अवगतस्य, अनवगतस्य वा? यद्यवगतस्य, तदा तेनैव सद्भावावगमेन अभावहेतोर्बाध्यमानत्वात् अगमकत्वम्। अथ नावगतम्, कथं तस्य पक्षीकरणम् स्वयमनवगतस्य पक्षीकरणायोगात्?

यदि अभाव ही साध्य होता है तो वहाँ किसे पक्ष बनाएंगे? क्या घटसामान्य को अथवा घटावयव अधिकरण को? यदि घटसामान्य को पक्ष बनाएंगे तो क्या अवगत को अथवा अनवगत को? यदि अवगत को बनाएंगे तो उसके सद्भाव के बोध द्वारा अभावहेतु बाधित होने से अगमकत्व उपस्थित होगा। यदि अनवगत को बनाएंगे तो कैसे उसे पक्ष बनाया जा सकता है? स्वयं न जानते हुए किसी को पक्ष बनाना कैसे सम्भव हो सकता है।

अथ अवयवाधिकरणस्य पक्षीकरणम्, घटसामान्यं नास्तीति प्रतिज्ञा, तदग्रहेऽग्रहात् इत्यस्य हेतोः तदभावेन सह सम्बन्धो नास्ति। तादात्म्यतदुत्पत्तिसम्बन्धाभावे सति कथं गमकत्वम्?

यदि अवयवाधिकरण को पक्ष बनाएंगे तो घटसामान्य नहीं है यह प्रतिज्ञावाक्य होगा। उसके अग्रहण में अग्रहण ही कारण होगा। इस हेतु में उसके अभाव का सम्बन्ध

नहीं है। तादात्म्य और तदुत्पत्ति सम्बन्ध न होने से कैसे उसका गमकत्व सम्भव होगा।

तदग्रहेऽग्रहादित्यस्य कोऽर्थः? किम् — अवयवाधिकरणग्रहणमेव घटसामान्यस्य ग्रहणम्, आहो अवयवाधिकरणग्रहणानन्तरं घटसामान्यस्य ग्रहणम्, किं वा घटसामान्यस्याग्रहणमेव विवक्षितम्? तद्यदि अवयवाधिकरणग्रहणमेव घटसामान्यस्य ग्रहणं विवक्षितम्, तदा नानेनाव्यतिरेकः अन्यतरासत्त्वं वा प्रतिपाद्यते, यथा नीलतद्धियोः एकोपलम्भेऽपि नान्यतराभावः, अव्यतिरेको वा, तथा नीललोहितयोः एकोपलम्भेऽपि नान्यतराभावः, अव्यतिरेको वा।

"उसके अग्रहण में अग्रहण कारण है" इस कथन का क्या अर्थ है? क्या अवयवाधिकरण का ग्रहण ही घटसामान्य का ग्रहण है? अथवा अवयवाधिकरण के ग्रहण के बाद घटसामान्य का ग्रहण होगा? अथवा घटसामान्य का अग्रहण ही विवक्षित है? अब यदि अवयवाधिकरण ग्रहण से ही घटसामान्य का ग्रहण विवक्षित है तो उसके द्वारा वह व्यतिरेक नहीं होगा। दूसरी ही सत्ता प्रतिपादित होगी। जैसा कि नील और नीलबुद्धि का एक ही अवलम्बन होने पर भी एक का दूसरे में अभाव नहीं होता, अव्यतिरेक भी नहीं होता और उसी प्रकार नील और लोहित का एक ही आश्रय होने पर एक-दूसरे का अभाव या अव्यतिरेक नहीं होता।

अथ अवयवाधिकरणग्रहणानन्तरं घटसामान्यग्रहणं विवक्षितम्, तदा नानेनाव्यतिरेकः साध्यते अन्यतरासत्त्वं वा, यथा रूपग्रहणानन्तरं रससंवेदनं न तयोरेकतां गमयति अन्यतरासत्त्वं वा।

यदि अवयवाधिकरण के ग्रहण के बाद घटसामान्य का ग्रहण विवक्षित होता है तो इससे भी व्यतिरेक नहीं हो सकता, अन्यतर सत्ता भी नहीं होगी, जैसे रूप ग्रहण के बाद रस की संवेदना नहीं होती, साथ ही दोनों की एकता और सत्तात्मकभिन्नता भी बोधित नहीं होती।

अथ अग्रहणमेव विवक्षितं घट-सामान्यस्य, तदा 'तदग्रहेऽग्रहात्' इत्येतन्न वक्तव्यम्, 'अग्रहात्' इत्येतावदस्तु। नहि अन्यस्याऽग्रहे तदनुपलम्भसिद्धिः, तत्स्वभावविनिवृत्तिनिबन्धनत्वात् तदनुपलम्भस्य।

यदि घटसामान्य का अग्रहण ही विवक्षित है तो "उसके अग्रहण में उसका अग्रहण" इत्यादि कहना उचित नहीं होगा। केवल "अग्रहण होने से" इतना कहना ही काफी है। अन्य के अग्रहण से उसके अभाव की सिद्धि नहीं होती। वास्तव में अभाव की सिद्धि स्वभाव की निवृत्ति पर निर्भर करती है।

न चायं व्यतिरेकार्थो लभ्यते, 'तदग्रहेऽग्रहात्' इत्यस्य हेतोः घटसामान्यस्याग्रहणमेव, अपि तु अवयवाधिकरणग्रहणानन्तरं घटसामान्यस्य ग्रहणं लभ्यते ततश्च विपरीतसाधनाद् विरुद्धो भवति।

यहाँ व्यतिरेकार्थ भी उपलब्ध नहीं होता। "उसके अग्रहण में ग्रहण नहीं होता" इस हेतु से घटसामान्य का अग्रहण ही होगा, किन्तु अवयवाधिकरण के ग्रहण के बाद घटसामान्य का ग्रहण उपलब्ध होता है। अतः "तदग्रहेऽग्रहात्" हेतु वास्तव में विरुद्ध हेतु है क्योंकि विपरीत का साधन करने वाला है।

६.१२ एकपिण्डग्रहणकाले उपलब्धिलक्षणप्राप्तस्येत्यादेः समीक्ष्य प्रतिवचनम्
(उपलब्धि लक्षण प्राप्त अनुपलब्धि युक्ति का खण्डन)

यदप्यभ्यधायि – *एकपिण्डग्रहणकाले उपलब्धिलक्षणप्राप्तस्य अनुपलब्धेर्नास्ति सामान्यम्*। क एवमाह – नोपलब्धं सामान्यम्। अपि तु उपलब्धमेव। कथं ज्ञायते? द्वितीयादिपिण्डदर्शने सति पूर्वे पिण्डे स्मृतिदर्शनात् 'अनेन सदृशोऽसौ' एवमनुस्मरति। अथवा एकपिण्डग्रहणकाले तद् उपलब्धिलक्षणप्राप्तं न भवति तेन नोपलभ्यते। उपलब्धिलक्षणप्राप्तिरिह अनेकसहकारिपिण्डोपनिपातः यदि चोपलब्धिलक्षणं प्राप्तम्, कथं नोपलभ्यते? अथ नोपलभ्यते, न तर्हि उपलब्धिलक्षणप्राप्तम्। उपलब्धिलक्षण-प्राप्तिरिह प्रत्ययान्तरसाकल्यं[२६] स्वभावविशेषश्च[२७]। एतच्चेद् विद्यते, कथमनुपलब्धिः? एवंभूतस्याप्यनुपलम्भे परिकल्प्यमाने सर्ववस्तूनामनुपलम्भप्रसङ्गः। उपलब्धौ वा अन्यत् कारणमन्वेष्टव्यम्। अथ प्रत्ययान्तरसाकल्यमात्रं विवक्षितम्, न तत्स्वभावविशेषः, यद्येवम् अदृश्यस्यैव अनुपलब्धिः न दृश्यानुपलब्धिरस्ति। यदि च अन्यकारकसाकल्यम् उपलब्धिलक्षणप्राप्तिरभिधीयते, तदापि उपलब्ध्या भवितव्यम् नानुपलब्ध्या। इतरकार-कसाकल्यं हि उपलम्भजननसामर्थ्यम्। तच्चेद् विद्यते, कथमनुपलब्धिः? तस्मादनुपलब्धिलक्षणप्राप्तस्यैव [२८] अनुपलब्धिः, नोपलब्धिलक्षण-प्राप्तस्य।

ऐसा भी कहा गया है – "एकपिण्ड के ग्रहण काल में उपलब्धि लक्षण प्राप्त अनुपलब्धि का सामान्य नहीं होता"। किसने ऐसा कहा है कि सामान्य की उपलब्धता नहीं है। किन्तु वह उपलब्ध है। कैसे पता होगा? दूसरे पिण्डों के दर्शन होने पर पूर्वपिण्ड की स्मृति देखी जाती है और "इसकी तरह यह है" ऐसी स्मृति होती है। अथवा एकपिण्ड ग्रहणकाल में जो उपलब्धिलक्षण द्वारा प्राप्त नहीं होता उसके द्वारा प्राप्त नहीं किया जा सकता। उपलब्धि लक्षण की प्राप्ति का अर्थ अनेक सहकारी पिण्डों का उपनिपात है। यदि उपलब्धि लक्षण प्राप्त है तो क्यों उपलब्ध नहीं होता? यदि उपलब्ध नहीं होता तो

[२६] "साकल्य" इति मूलपाठः।

[२७] "विशेषस्स" इति मूलपाठः।

[२८] "अनुपलब्धेः" इति मूलपाठः।

उपलब्धि लक्षण प्राप्ति वह नहीं है। उपलब्धि लक्षण प्राप्ति का अर्थ है प्रत्यय के बाद समग्रता और स्वभावविशेष की उपलब्धि भी। यदि वह है तो कैसे अनुपलब्धि भी होगी? ऐसी स्थिति में भी अनुपलब्धि की कल्पना करने पर सभी पदार्थों का अनुपलम्भ प्रसंग उपस्थित होगा। उपलब्ध होने पर भी दूसरा ही कारण ढूँढ़ना होगा। यदि प्रत्ययान्तर साकल्यमात्र विवक्षित है तो वह स्वभाव विशेष नहीं है। यदि ऐसा है तो अदृश्य का ही अनुपलम्भ होता है। किन्तु दृश्य की अनुपलब्धि तो नहीं होगी। यदि दूसरे कारक का साकल्य है और उससे उपलब्धि लक्षण की प्राप्ति है ऐसा कहा जाता है तो उस स्थिति में भी उपलब्धि को होना चाहिए किन्तु अनुपलब्धि को नहीं। दूसरा, कारक साकल्य का तात्पर्य उपलम्भजनन सामर्थ्य से है। यदि वह है तो कैसे अनुपलब्धि होगी। इसीलिए अनुपलब्धि लक्षण प्राप्त की अनुपलब्धि होती है किन्तु उपलब्धि लक्षण प्राप्त की नहीं।

६.१३ क्षीरोदकवद्विवेकेनाग्रहणान्नास्ति सामान्यमित्युक्तेः खण्डनम् (क्षीरोदक . . . युक्ति का खण्डन)

यदप्युवाच — *क्षीरोदकवद् विवेकेनाऽग्रहणात् नास्ति सामान्यम्,* तदप्ययुक्तम्, विवेको हि आकारान्यत्वं व्यक्तीनामननुगमरूपता, सामान्यं तु अनुगताकारम्, अनयोः सारूप्यम्। तैः सह सारूप्यमस्य इति विविक्ताकारावगमदर्शनात् तथा, क्षीरोदकयोरपि विविक्तमेव ग्रहणम्। तत्र क्षीरोदकयोः एकभाजननिक्षेपे सति किम् — केवलं क्षीरं प्रतिभाति, आहो उदकम्, उभयं वा? तद्यदि क्षीरमेव प्रतिभाति, कथं तद् उदकाकारान्न विविक्तं भवति?

ऐसा भी कहते हैं — "दूध और पानी की तरह ही विवेक ग्रहण से अलग न किया जा सकने के कारण सामान्य नहीं" यह कथन उचित नहीं है। विवेक से ही आकार की भिन्नता और व्यक्तियों के अननुगम स्वरूप को अलग किया जाता है। सामान्य तो अनुगताकार ही है। इन दोनों की सारूप्यता होती है। उनके साथ इनकी सारूप्यता है इसीलिए विविक्त आकार के बोध होने से और उसी प्रकार दूध और पानी का भी विविक्तस्वरूप ही ग्राह्य होता है। दूध और पानी को एक ही बर्तन में मिलाकर रखने से क्या केवल दूधमात्र दिखता है अथवा पानीमात्र? अथवा दोनों? यदि केवल दूधमात्र प्रतीत होता है तो क्यों उदक के आकार से विविक्त-अलग (अकेले) नहीं होता।

अथ उदकं केवलं प्रतिभाति, तदपि कथं क्षीरान्न विविक्तं भवति?

यदि केवल पानीमात्र दिखता है तो वह भी क्यों दूध से भिन्न नहीं होता?

अथ उभयं प्रतिभाति, तदा उभयोरितरेतराकारविविक्तयोर्ग्रहणं तादात्म्यव्यतिरेकात्।

यदि दोनों ही दिखते हैं तो दोनों में एक दूसरे के आकार के भेद का ग्रहण होना चाहिए क्योंकि यहाँ पर तादात्म्य नहीं है।

६.१४ एकत्र दृष्टो भेदो हि – इत्यादेः कारिकायाः प्रतिवदनम् (एकत्र दृष्टो भेदो हि . . . युक्ति का खण्डन)

यदप्यन्यदुक्तम् –

एकत्र दृष्टो भेदो हि क्वचिन्नान्यत्र दृश्यते।
न तस्माद् भिन्नमस्त्यन्यत् सामान्यं बुद्ध्यभेदतः॥

(प्रमाणवा. ३.१२६)

इत्येतदप्ययुक्तम्। एकत्र दृष्टस्य[२१] भेदस्य अन्यत्र दर्शनमस्त्येव, यथा घटवस्त्रादेः एकावयवोपरिदृष्टस्य अवयवान्तरलग्नस्य उपलम्भात्, तथा सामान्यमपि भिन्नमस्ति, अनुगताकारस्य बुद्धिभेदेनाध्यवसीयमानत्वात्।

और भी कथन ऐसे हैं – एक जगह दिखा हुआ भेद कहीं दूसरी जगह नहीं दिखता क्योंकि उससे भिन्न सामान्य ही नहीं है और वहाँ बुद्धि का भेद नहीं है, अभेद है।

यह कथन भी ठीक नहीं है। एक जगह में दिखा हुआ भेद दूसरी जगह में भी दिखता है। जैसे घड़ा, वस्त्र आदि के एक अवयव को देखने के बाद अवयवान्तर का साम्य उपस्थित होता है। उसी प्रकार सामान्य भिन्न है। अनुगताकार का बुद्धि से भेद होने पर भी उसे फिर बुद्धि उसी रूप में ग्रहण करती है।

६.१५ नित्यस्य क्रमेतराभ्यामित्यादेः प्रतिसमाधानम् (नित्य के क्रम–अक्रम का खण्डन)

यदप्यन्यदुक्तम् – *नित्यस्य क्रमेतराभ्यामर्थक्रियाकरणसामर्थ्यं नास्तीत्यसत् सामान्यम्,* तदेतदयुक्तम्, उभयथाप्यर्थक्रियासम्पादनमुपपद्यते युगपत्, क्रमेण च। ननु क्रमकर्तृत्वमभिन्नस्य नोपपद्यते, कार्यस्यैककालीनता प्राप्नोति, एतच्चाऽसमीचीनम्, यथा भवतां पक्षे एकं नीलस्वलक्षणम् अनेकाकारकार्यं नियतदेशसम्बन्धि जनयति नयनालोकमनस्कारादिरूपम्, न च कार्याणाम् एकाकारता एकदेशसम्बन्धिता वा विद्यते एकस्वभावसमुद्भवत्वेऽपि, तथा इहापि एवंभूतं तत्सामान्यं यत् क्रमेतराभ्यां कार्योत्पादात्मकम्।

दूसरा कथन भी ऐसा है – "नित्य का क्रम और अक्रम रूप से अर्थक्रिया करने में सामर्थ्य नहीं होता, इसीलिए सामान्य असत् है"। यह उचित नहीं है। दोनों प्रकार से अर्थक्रिया सम्पादन अर्थात् युगपद् रूप से किया जा सकता है और क्रमशः भी। नहीं,

[२१] "दृष्टेश्च" इति मूलपाठः।

क्रमशः कर्तृता अभिन्न की नहीं होती, अपितु उसमें सभी कार्यों की एककालीनता उपलब्ध होती है। यह ठीक नहीं है। जैसा कि आपके पक्ष में एक नील स्वलक्षण से अनेकाकार कार्य नियत देश में किया जाता है, जो नयन, आलोक और मनस्कारादिस्वरूप होते हैं। परन्तु जिस प्रकार एकस्वभाव से उत्पन्न होने पर भी कार्यों का एकाकार रूप एकदेश-सम्बन्धी होकर नहीं होता, उसी प्रकार यहाँ भी वैसे ही वह सामान्य क्रम और अक्रम द्वारा कार्य उत्पादन करने में सामर्थ्य सम्पन्न होता है।

ननु यदि क्रमेण कार्यं करोति तदा तदेव जनकम्, तदेव चाऽजनकम्, सत्यम्, तदेव जनकं तदेव चाऽजनकम्। ननु जनकाऽजनकयोर्भेदप्रसङ्गः, न प्रसङ्गोस्ति, यथा त्वदीये पक्षे एकं नीलस्वलक्षणं स्वकार्यापेक्षया जनकम्, स्वकारणात्मापेक्षया तु अजनकम्, न तस्य स्वरूपभेदोऽस्ति।

यदि क्रम से कार्य करता है तो उस स्थिति में वही उत्पादक और अनुत्पादक दोनों हो जाता है। माना कि आपकी बात सही है कि वही जनक और वही अजनक होता है। तब क्या जनक और अजनक के भेद का प्रसंग नहीं है? हाँ, यह प्रसंग ही नहीं है। जैसे तुम्हारे पक्ष में एक नीलस्वलक्षण कार्यापेक्षा से जनक और स्वकरणात्मक अपेक्षा से अजनक होता है किन्तु उसके स्वरूप में कोई भेद नहीं होता।

अथ स्वकारणमात्मानं च जनयति, तदयुक्तम्, तद् आत्मानं कुर्वद् उत्पन्नं वा कुर्यात्, अनुत्पन्नं वा? तद्यदि उत्पन्नं करोति, तदयुक्तम्, कृतस्य करणायोगात्। अथाऽनुत्पन्नं करोति, असतः कः कारकार्थः? तथा, स्वकारणमपि न जनयति इतरेतराश्रयत्वदोष-प्रसङ्गात्। अतः तदेव कारकं तदेव च अकारकमिति, तथा सामान्यमपि जनकमजनकं च।

यदि स्वयं कारण और स्वयं का उत्पादन भी करता है तो यह उचित नहीं है क्योंकि स्वयं को निर्मित करते हुए उत्पन्न करता है या अनुत्पन्न? यदि उत्पन्न करता है तो वह नहीं हो सकता क्योंकि जो निर्मित हो चुका है उसका पुनः निर्माण सम्भव नहीं। यदि अनुत्पन्न का निर्माण करता है तो असत् के निर्माण का क्या अर्थ होगा। उसी प्रकार अपने कारण का भी उत्पादन नहीं करता है क्योंकि इससे "इतरेतराश्रयत्व" दोष उत्पन्न होगा। अतः वही कारक और वही अकारक भी, तब तो सामान्य भी जनक तथा अजनक हो जाएगा।

न चार्थक्रियाकर्त्तृत्वाभावेऽसत्त्वं सिद्धयति, यथा वह्नेः अयोगोलकाङ्गारावस्थायां धूमोत्पादकत्वाभावेऽपि न निवर्त्तते वह्निरूपता, स्वहेतोरेव तथाभूतस्योत्पत्तेर्वह्नि-स्वभावस्य धूमजनकात्मकस्य च, तथा अन्यदपि कार्यं स्वहेतुनोत्पादितं यत् वस्तु-स्वभावं कार्याऽजनकात्मकं च, तथा सामान्यमपि वस्तुभूतं न च कार्यमुत्पादयति।

यह भी नहीं कहा जा सकता कि अर्थक्रियाकारिता न होने पर असत्ता की सिद्धि होती है। जैसे कि आग के अयोगोलक और कोयले की अवस्था में धुएँ का उत्पादन न करने की स्थिति में भी वह्निरूपता निवृत्त नहीं होती और अपने ही से उत्पन्न वह्नि धूमजनकात्मकता नामक स्वभाव को नहीं छोड़ती। इसी तरह अन्य कार्य भी अपने कारणों से उत्पन्न होकर अपने स्वभाव में रहते हुए भी कार्य का अजनक हो सकते हैं, उसी प्रकार सामान्य भी वस्तुभूत होते हुए कार्य का अनुत्पादक हो सकता है।

ननु यदि कार्यं नोत्पादयति, तदस्तीति कथं वेत्सि? तदुपलब्ध्या। ननु तदनुत्पाद्या कथं तद्गृहीतिर्भवति? स्वहेतुसामर्थ्यनियमितायाः तद्गृहीत्यात्मतयोत्पत्तेः। चन तदुत्पाद्यत्वेन तद्गृहीतित्वम्, चक्षुरादेरपि संवेद्यत्वप्रसङ्गात्। न च विषयाकारयोगित्वेन तद्गृहीतित्वं[३०] विज्ञानात्मना व्यतिरेकेण विषयाकारसमावेशायोगात्। योऽसौ आकारो विषयार्पितः स किं ज्ञानाकाराद् भिन्नः, अभिन्नो वा? यदि भिन्नः, स तात्त्विकः, अतात्त्विको वा? यदि तात्त्विकः, तद्गतिः कथम्? किं स्वसंवेद्यत्वेन, आहो जनकत्वाकारार्पकत्वेन? तद्यदि स्वसंवेद्यत्वेन, तदयुक्तम्, अज्ञानात्मतया स्वसंवेद्यत्वायोगात्। अथ जनकत्वाऽऽकारार्पकत्वेन, तदा प्राप्ता आकारपरम्परा। अतात्त्विकः, तद्गतिर्नोपपद्यते, स्वसंवेद्यत्वजनकत्वव्यतिरेकात्।

यदि कार्य का उत्पादन नहीं करता है तो वह है यह कैसे जानते हैं? क्या उसकी उपलब्धि से? उसका अनुत्पाद्य स्वभाव होने से उसका ग्रहण कैसे हो सकता है? क्या अपने हेतु के सामर्थ्यजन्य नियमितता द्वारा उसका ग्रहण अपने ही स्वभाव द्वारा होता है? उसके उत्पादन द्वारा उसका ग्रहण कभी नहीं होता। ऐसा करने पर चक्षु आदि का भी संवेद्य प्रसंग उपस्थित होगा। विषयाकारयोगित्व से उसका ग्रहण नहीं होता क्योंकि विज्ञानात्मा को छोड़कर विषयाकार समावेश का योग न होने से। जो यह आकार विषयार्पित है क्या वह ज्ञानाकार से भिन्न है? या अभिन्न है? यदि भिन्न है तो वह तात्त्विक है या अतात्त्विक। यदि तात्त्विक है तो उसकी गति कैसे होगी। क्या संवेद्यत्वरूप से? अथवा जनकत्वेन? या फिर आकार के समर्पण से? यदि संवेद्यरूप से है तो वह सम्भव नहीं होगा क्योंकि अज्ञानात्मकता से स्वसंवेद्यत्व का योग नहीं होता। यदि जनकत्वरूप से तथा आकार अर्पकत्वरूप से है तो आकार परम्परा की प्राप्ति होगी। यदि अतात्त्विक है तो उसकी गति कैसे होगी? क्योंकि स्वसंवेद्यत्व और जनकत्व में परस्पर विरोध है।

अथ अव्यतिरिक्तः, स तात्त्विकः, अतात्त्विको वा? यदि तात्त्विकः, स जडात्मा, तद्विपरीतो वा? यदि जडात्मा, न तर्हि चिता सह तादात्म्यम् — चिदचितोः

---

[३०] "तद्गृहीत्व" इति मूलपाठः।

तादात्म्यानुपपत्तिः । अथ तद्विपरीतः, तदा ज्ञानमात्रता स्यात् । ज्ञानरूपता च सर्वज्ञान[31] साधारणप्रतिकर्मव्यवस्थानुपपत्तिः । अथ अतात्त्विकः, तदा ज्ञानस्यापि अतात्त्विकत्वं प्राप्नोति । यदि च विज्ञानतादात्म्येन आकारोत्पत्तिर्भवति, विज्ञानं सर्वकारकनिष्पाद्येन साधारणम् – प्रतिकर्मव्यवस्थानुपपत्तिः । एवं च सति यदुक्तम् –

अर्थेन घटयत्येनां नहि मुक्त्वार्थरूपताम् ।
तस्मादर्थाधिगतेः प्रमाणं मेयरूपता ॥
तन्मुग्धविलसितं *सौगतानाम्* ।

यदि अव्यतिरिक्त है तो वह तात्त्विक है या अतात्त्विक? यदि तात्त्विक है तो वह जड़ात्मा है या उससे भिन्न है? यदि जड़ात्मा है तो उसका "चित्" के साथ तादात्म्य होना सम्भव नहीं। क्योंकि चित् और अचित् का तादात्म्य कैसे सम्भव होगा। यदि तद्विपरीत है तो ज्ञानमात्रता ही होगी। ज्ञानमात्रता कहने से प्रतिकर्म व्यवस्था ही हानि होगी, क्योंकि ज्ञानरूपता तो ज्ञानमात्र में सर्वसाधारण है। यदि अतात्त्विक है तो ज्ञान की भी अतात्त्विकता उपस्थित होगी। यदि विज्ञानतादात्म्य द्वारा आकार की उत्पत्ति होती है तो विज्ञान सर्वकारकनिष्पाद्य रूप से साधारण होता है। इसी तरह पुनः प्रतिकर्म व्यवस्था की स्थिति नहीं होगी। ऐसी स्थिति में जैसा कि कहा गया है –

अर्थ से इसका निर्केवल किया जाता है, किन्तु मुक्तार्थ के स्वरूप का निरूपण यह नहीं करता। इसीलिए अर्थ के ज्ञान द्वारा प्रमाण ही प्रमेयरूपता में परिणत होता है। यह सब कुछ मूर्खतापूर्ण कथन बुद्ध के अनुयायियों का वाग्विलासमात्र है।

तदेवं वृत्तिविकल्पादिदूषणं सामान्यादौ न संभवति । यथा एकं रूपम् अनेककार्योत्पादकत्वेन साधारणम्, तथा एकं सामान्यम् अनेकाधारसाधारणम् ।

इस प्रकार वृत्तिविकल्प आदि दूषण सामान्य आदि में सम्भव नहीं होते। जैसे एक रूप अनेक कार्योत्पादकत्व रूप से साधारण होता है, उसी प्रकार एक सामान्य भी अनेक आधारों में साधारण रूप से उपस्थित होता है।

अथ एकरूपं नानेकं कार्यं जनयति अपि तु एकमेव, तत्रापि किं रूपमेव केवलमुत्पादयति, उत ज्ञानमेव? तद्यदि रूपमेव केवलमुत्पादयति, तदा रूपस्याऽग्रहणं प्राप्नोति विज्ञानाऽजननात् ।

यदि एक रूप से अनेक कार्यों का उत्पादन नहीं करता है, किन्तु एक मात्र का करता है तो उसमें भी क्या केवल रूप मात्र का उत्पादन करता है अथवा ज्ञानमात्र का? यदि रूप का मात्र उत्पादन करता है तो रूप का अग्रहण प्राप्त होगा क्योंकि इसके द्वारा ज्ञान का उत्पादन न होने से।

---

[31] "ज्ञानावधारणा" इति मूलपाठः ।

अथ ज्ञानमेव केवलमुत्पादयति तथापि मानसं प्रत्यक्षं न प्राप्नोति। स्व[३२] विषयानन्तरविषयसहकारिणेन्द्रियज्ञानेन यज्जन्यते तत् मानसं प्रत्यक्षम्। न च स्वविषयानन्तरभावी विषयोऽस्ति रूपान्तराजनकात्। तस्मादेकमेव रूपं विज्ञाननीलादिकार्यसाधारणं प्रतिपत्तव्यम्।

यदि केवल ज्ञानमात्र का उत्पादन करता है तो भी मानस प्रत्यक्ष का उत्पादन नहीं करेगा। स्वविषयान्तरविषयसहकारी इन्द्रियज्ञान द्वारा जो उत्पन्न होता है वह मानस प्रत्यक्ष है। किन्तु अन्यरूप का जनकत्व न होने से स्वविषयान्तरभावी विषय नहीं है। इसीलिए एक रूप को ही ज्ञान–नील आदि साधारण रूप में जानना पड़ता है।

चक्षूरूपालोकादीनि कारणानि विज्ञानमुत्पादयन्ति, तानि किम् एकस्वभावयुक्तानि, आहो नियतस्वभावयुक्तानि? तद्यदि एकस्वभावतया उत्पादयन्ति[३३], तदा कारकैकत्वं प्राप्नोति अभिन्नस्वभावयोगित्वात्। अथ नियतस्वभावयुक्तानि ज्ञानरूपं कार्यं जनयन्ति, तदा विज्ञानस्य अभेदरूपता निवर्त्तते नियतस्वभावकारकजन्यत्वाद् रूपशब्दादिवत्।

चक्षु, रूप, आलोक आदि कारणों से ज्ञान का उत्पादन होता है। वे क्या एकस्वभावयुक्त हैं? अथवा उनमें से प्रत्येक नियत स्वभावयुक्त हैं? यदि एकस्वभावरूप से उत्पादन करते हैं तो कारकों का एकत्व प्राप्त होगा, अभिन्न स्वभावयोगित्व होने से। यदि नियतस्वभावयुक्त रूप से ज्ञानरूप कार्य का उत्पादन करते हैं तो ज्ञान का अभेदस्वरूप निवृत्त होगा, रूप शब्द आदि के समान नियत स्वभाव और नियत कारण से जन्य होने से।

अथ विविधादपि कारणाद् अखण्डितरूपं कार्यं भवति, एवं च कार्यभेदात् भिन्नकारणानुमानं निवर्त्तते – एकस्वभावादपि विज्ञानाद् अनेकं नयनालोकादिकार्यमुत्पद्यते, अनेकस्मादपि एकं भवति। एवं च सति नियतकार्यदर्शने नियतकारणानुमानं निवर्त्तते।

यदि विविध कारण से भी अखण्डितरूप कार्य होता है, यह माना जाए तो कार्यभेद से होने वाला भिन्नकारणात्मक अनुमान निवृत्त होगा। वस्तुतः एकस्वभावयुक्त विज्ञान से अनेक नयन आलोक आदि कार्यों की उत्पत्ति होती है, अनेकों से भी एक होता है। इससे भी निश्चित कार्य दर्शन से नियतकारणात्मक अनुमान सम्भव नहीं होगा।

---

[३२] "तलय"– न्यायवि. १.९

[३३] "उत्पादयति" इति मूलपाठः।

अथ एकस्मादेव कारणादेकं कार्यं भवति न बहूनां संकलितानाम् एकफलोत्पादकत्वम्। ततश्च नियतकार्यदर्शने नियतकारणानुमानं केन निवार्यते? तदेतदसमीचीनम्, यद्येकं कारणम् एकं कार्यं जनयति तदाऽभ्युपगमविरोधः — *चतुर्भ्यश्चित्तचैत्ता भवन्ति, बोधादबोधरूपता विषयकारता* इत्यादि।

यदि एक ही कारण से एक कार्य होता है किन्तु अनेक संकलित कारणों का एकफलोत्पादकत्व नहीं होता है। उसके बाद नियत कार्यदर्शन से नियत कारणानुमान का कौन निवारण कर सकता है? वस्तुतः यह अच्छी बात नहीं है। यदि एक कारण से एकमात्र कार्य का उत्पादन होता है तो अभ्युपगम विरोध उपस्थित होगा — "चारों से चित्तचैत्त होते हैं, बोध से बोधरूपविषयकारता" आदि।

एकमेव जनयति किम् — समानजातीयत्वेन, आहो तदाकारत्वेन, किं वा पूर्वापरकालभावित्वेन? तद्यदि समानजातीयत्वेन जनकत्वम्, तदा समानकालीनं पश्चादुत्पन्नमपि जनयेत्। अथ तदाकारानुकारित्वेन जनकम्, तत्राप्येतदेव दूषणम्। अथ पूर्वापरकालभावित्वेन जनकम्, न तर्हीदं वक्तव्यम् "एकमेव जनकम्", चक्षूरूपालोकमनस्काराणां पूर्वकालभावित्वाऽविशेषात्। एवं च अनेकोपादानोत्पाद्यत्वेन आकारकदम्बकस्वरूपं विज्ञानं प्रसक्तम्। रूपाद्याकार परिहारे वा विज्ञानाकारस्याप्यनुपपत्तिः। तदनुपपत्तौ नैरात्म्यप्रसङ्गः।

एकमात्र का उत्पादन करता है इस कथन का तात्पर्य क्या है? क्या सजातीय रूप से, अथवा उसके आकारत्व रूप से, अथवा पूर्वापरकालभावित्वरूप से? यदि समानजातीयरूप से जनकत्व है तो समानकालीन भी पश्चात् उत्पन्न होकर भी उत्पादन कर सकता है। यदि तदाकारानुकारित्व रूप से जनक है तो वहाँ पर भी यही दूषण होगा। यदि पूर्वापरकालभावित्वरूप से जनक है तो ऐसा कहना उचित नहीं है — एकमात्र जनक है, चक्षु, रूप, आलोक-मनस्कारों का पूर्वकालभावित्व के साथ अविशेष होने से। इस प्रकार अनेक उपादानोत्पाद्यत्व रूप से आकार समूहरूपी ज्ञान उपस्थित होगा। रूप आदि आकार का परिहार करने पर विज्ञानाकार की भी अनुपपत्ति होगी। उसकी अनुपपत्ति में नैरात्म्य का प्रसंग उपस्थित होगा।

किंच, ज्ञानं कार्यैकस्वभावम्, कारणैकस्वभावम्, उभयस्वभावं वा? तद्यदि कारणैकस्वभावम्, तदा कार्यरूपता न संभवति, तदभावे न वस्तुत्वम्, संस्कृतानां वस्तुत्वाभ्युपगमात्। नापि कारणरूपता उपपद्यते, अनाधीयमानाऽतिशयत्वेन जनकत्वाऽयोगात्, अथ कार्यैकस्वभावम्, तथापि न सदात्मकम्, अर्थक्रियाऽकरणे वस्तुत्वविरहात्। अथ उभयात्मकम्, एकमनेकात्मकं भवति? केन त्वं विप्रलम्भितः? नहि एकस्य अनेकनामकरणे नानातोपपद्यते। न चानेकनामक[३४] रणमुपपद्यते, निमित्त-

[३४] "नामकारणम्" इति मूलपाठः।

स्याविचित्रत्वात् । एवं विज्ञानस्याऽसंभवे सति सन्तानानुपपत्तिः, अभ्रान्तभ्रान्तद्वैतस्याऽनुपपत्तिश्च ।

और यह भी कि, ज्ञान अपने स्वरूप में केवल कार्यस्वभाव वाला है? अथवा मात्र कारणस्वभाव वाला है? अथवा उभयरूप है? यदि मात्र कारणात्मक स्वभाव है तो कार्यरूपता सम्भव नहीं। उसके अभाव में वस्तुत्व भी नहीं क्योंकि संस्कृत पदार्थों का ही वस्तुत्व स्वीकार किया गया है। कारणरूपता भी उत्पन्न नहीं होगी। अनाधीयमान अतिशय रूप से जनकत्व का अयोग होने से। यदि कार्यैकस्वभाव है तो भी उसमें सदात्मकता नहीं होगी, अर्थक्रिया अकरण में वस्तुत्व न होने से। यदि उभयात्मक है तो एक ही अनेकात्मक होगा? किस कारण से तुम असमञ्जस में हो? ठगे गए हो? एक का अनेक नाम करने से नानात्व नहीं होता। अनेक नाम-निर्माण भी सम्भव नहीं होते, निमित्त के अविचित्र होने से। इस प्रकार विज्ञान के असम्भव होने से सन्तान की उपपत्ति नहीं होगी, साथ ही अभ्रान्त और भ्रान्त द्वैत की भी उपपत्ति नहीं होगी।

६.१६ प्रसङ्गात् बौद्धाभिमतस्य सन्तानस्य असिद्धत्वप्रदर्शनम् (बौद्धाभिमत ज्ञान सन्तान का खण्डन)

इतोऽपि सन्तानस्याऽसिद्धिः, विज्ञानस्य एकत्वात् । तदेकत्वं च आकारान्तर-स्यानुपपत्तेः, उपपत्तौ वा ज्ञानाकारविरहप्रसङ्गः । तत्प्रसक्तौ च सन्तानाऽनुपपत्तिः ।

इससे भी ज्ञान सन्तान की सिद्धि नहीं हो सकती। विज्ञान के एक होने से। उसकी एकता मानने पर आकारान्तर की अनुपपत्ति होगी। उपपत्ति होने पर ज्ञानाकार रहित होने का प्रसंग उपस्थित होगा। उसकी प्रसक्ति होने पर ज्ञान सन्तान की अनुपपत्ति होगी।

इतोऽपि विज्ञानसन्तानानुपपत्तिः – विज्ञानम् असद्धर्मात् सदात्मतया निवर्त्तते, स्वरूपान्तरात्तु कथं व्यावर्त्तते? किं सदात्मतया, आहो आकारान्तरेण? तद्यदि सदात्मतया व्यावर्त्तते, तदा रूपादेः असदाकारता प्राप्नोति, वाजिविषाणयोरिव । अथ आकारान्तरेण निवर्त्तते, तदा ज्ञानस्य असत्स्वभावता प्राप्नोति, तुरगविषाणवदिति ।

इस कारण से भी ज्ञान सन्तान की अनुपपत्ति होगी – विज्ञान असत् से सत् रूप में निवर्तित होता है। दूसरे स्वरूप से तब कैसे व्यावर्तित होगा? क्या सत् के रूप में? अथवा आकारान्तर के रूप में? यदि सत् के रूप में व्यावर्तित माना जाए तो रूप आदि का असत् आकार प्राप्त होता है, घोड़े के दो सींग की तरह। यदि आकारान्तर के रूप में निवर्तित होता है तो ज्ञान ही असत् स्वभाव में परिणत हो जाएगा, जैसा कि घोड़े का सींग।

अथ विज्ञानाकारतया निवर्त्तते रूपादिभ्यो विज्ञानम्, सा विज्ञानाकारता

सत्स्वभावा, असत्स्वभावा वा[३५] ? तद्यदि सत्स्वभावा, तदा ज्ञानाकारतया निवर्त्तत इति किमुक्तं भवति? सदात्मतया निवर्त्तते, विज्ञानसदाकारयोरव्यतिरेकात्। ततश्च रूपादेरसदाकारता प्राप्नोति तुरगविषाणवदिति पूर्वोदितमेव दूषणमापद्यते। अथ असत्स्वभावा, तदा खरविषाणवद् विज्ञानरूपतां परित्यजति, त्यागे विज्ञानसन्तानानुपपत्तिः, तदनुपपत्तौ चैत्यवन्दनादिक्रियाऽनर्थक्यम्।

यदि रूप आदि से विज्ञान विज्ञानाकारतया निवृत्त होता है तो वह विज्ञानाकारता सत् है अथवा असत् है, क्या है? यदि सत् है तो ज्ञानाकार के रूप में निवृत्त होता है यह कहकर क्या बताया जा रहा है – सदात्मक रूप में निवृत्त होता है, क्योंकि ज्ञान, विज्ञान और सत् आकारों से भिन्न नहीं है। उसके बाद रूप आदि से असत् आकारता प्राप्त होती है जैसा कि घोड़े के दो सींग, यह विषय पहले ही बताया जा चुका है।

यदि वह असत् स्वभाव है तो गधे के सींग की तरह विज्ञानरूपता का त्याग करेगा। त्याग के बाद विज्ञान सन्तान की सिद्धि नहीं होगी। उसकी अनुपत्ति में चैत्यवन्दन इत्यादि बौद्धकर्म अनर्थक हो जाएंगे।

इतोऽपि विज्ञानसन्तानानुपपत्तिः, तदुत्पादकविज्ञानस्य पूर्वापरसहोत्पन्नविज्ञानं प्रति स्वरूपाविशेषात् – यदेव पूर्वसहोत्पन्नविज्ञानापेक्षया स्वरूपं तदेव अपरविज्ञानापेक्षयापि स्वरूपं विज्ञानस्य निरवयवत्वेन[३६], ततश्च यथा पूर्वसहोत्पन्नविज्ञानस्य हेतुर्न भवति, एवम् अपरविज्ञानस्यापि हेतुर्न भवति तत्स्वरूपव्यतिरिक्तव्यापारातिशयस्यानुपलब्धेः।

पुनः इस कारण से भी विज्ञानसन्तान की उपपत्ति नहीं हो सकती, उसके उत्पादक विज्ञान का स्वरूप पूर्वापरसहोत्पन्न विज्ञान के प्रति अविशेष होने से। दूसरे शब्दों में, चूँकि विज्ञान का स्वरूप निरवयव होता है, इसलिए पूर्वसहोत्पन्नविज्ञानापेक्षा से उपलब्ध उसका स्वरूप जैसा है वैसा ही अपरविज्ञानापेक्षा से उपलब्ध स्वरूप भी है। अतः जैसे पूर्वसहोत्पन्न विज्ञान का हेतु नहीं होता है वैसे ही अपरविज्ञान का भी हेतु नहीं होगा, क्योंकि विज्ञान में स्वरूपव्यतिरिक्त-व्यापार रूपी अतिशय का अभाव होता है।

अथ पूर्वकालभाव एवातिशयः, तेन तस्य हेतुत्वमुपपाद्यते, यद्येवं यथा देवदत्तज्ञानपूर्वकालभावि देवदत्तज्ञानकारणं तथा सर्वपुरुषज्ञानानां देवदत्तज्ञानकालोत्पन्नानां देवदत्तज्ञानं प्रति हेतुत्वं प्रसक्तम्, तत्प्रसक्तौ अनेकद्वीपदेशान्तरितपुरुषानुनुभू[३७]तार्थानुस्मरणं

---

३५ "वा" इति पदं मूले नास्ति।

३६ "निरवयत्वेन" इति मूलपाठः।

३७ "पुरुषानुस्यूतार्था . . ." इति मूलपाठः।

स्यात्। तथा, स्वजनभुजङ्गमादावन[३८] नुभूतेप्यर्थेऽनुस्मरणं स्यात्। तथा, तथागतावदातज्ञानजन्यत्वे देवदत्तज्ञानानामवदातता स्यात्। ततश्च सर्वे सर्वज्ञाः स्युः। अथ नैव अवदातता देवदत्तादिज्ञानानाम्, तथागतावदातज्ञानोपादानजन्यत्वेऽपि देवदत्तादिज्ञानेनापि जनितत्वात्, तज्जन्यत्वेनैव तथागतज्ञानस्याप्यवदातरूपता न प्राप्नोति। ततश्चासावपि अवीतरागः स्यादसर्वज्ञश्च।

यदि पूर्वकाल भाव ही अतिशय है और उसी से उसके हेतु का उपपादन किया जाता है तो, जैसे देवदत्तज्ञान के पूर्वकाल में होने वाले देवदत्तज्ञान के कारण हैं उसी प्रकार सभी पुरुषों के ज्ञान को भी देवदत्तज्ञान के कारण कोटि में रखना पड़ेगा जो उन्हें देवदत्तज्ञानकाल में हुआ है। उस स्थिति में अनेक द्वीप–देशों में हुए व्यक्तियों के अनुभूत पदार्थों का स्मरण भी हो जाएगा। उसी प्रकार स्वजनों और अन्य सर्प आदि के द्वारा अनुभव किए हुए विषयों का भी स्मरण होने लगेगा। फिर तथागत के द्वारा अनुभूत ज्ञानों का स्मरण और अनुभूति देवदत्त को भी होंगे। इस प्रकार सभी लोग सर्वज्ञ हो जाएंगे। यदि देवदत्त आदि ज्ञानों की अनुभूति नहीं होती है तो तथागत अनुभूत ज्ञानोपादान द्वारा जन्य होकर भी देवदत्त आदि के ज्ञान द्वारा जन्य नहीं बल्कि जनित होने से, तथागत ज्ञान की अनुभूति न होगी। इस प्रकार अब तो तथागत भी अवीतराग और असर्वज्ञ हो जाएंगे।

इतश्च सन्तानानुपपत्तिः, विज्ञानयोः सहोत्पादे हेतुफलभावानुपपत्तेः। यदैव कारणज्ञानं विनश्यति तदैव कार्यज्ञानं जायत इति वः सिद्धान्तः। कारणज्ञानस्य च विनाशः तदुत्पाद एव। ततश्च कारणज्ञानविनाशकाले कार्यज्ञानं भवति। किमुक्तं भवति? कारणज्ञानोत्पादकाल एव भवति। ततश्च सहोत्पन्नयोः हेतुफलभावानुपपत्तिः एककालोद्गतयोः गोविषाणयोरिव। कारणज्ञानस्य चानुत्प[३९]न्नस्योत्पत्तिवद् अनुत्पन्नस्य विनाशप्रसङ्गः, तदात्मभूतविनाशस्य उपलम्भविघाताकर्तृत्वात्। विघातकर्तृत्वे वा एकक्षणोपलम्भस्यापि अनुपपत्तिप्रसङ्गः। अथ एकक्षणोपलभ्यस्वभावकं संजातं तेन न[४०] सततोपलब्धिः अनुपलब्धिर्वा, यद्येवं द्वादशाष्टक्षणोपलभ्यस्वभावकं संजातं किन्न कल्प्यते? किंच, उत्पादविनाशयोरभेदे सति कार्यकारणयोः समं विनाशः स्यात्।

और इससे भी ज्ञानसन्तान की उपलब्धि नहीं हो सकती। विज्ञानद्वय के सह उत्पादन में हेतु और फल की उपपत्ति भी नहीं हो सकती। कारणज्ञान के नष्ट होते ही कार्यज्ञान उत्पन्न होता है यह तुम लोगों का सिद्धान्त है। कारणज्ञान का विनाश ही उसका

३८ "भुजङ्गमादौनभूते. . ." इति मूलपाठः।

३९ "चानुपपन्नस्य" इति मूलपाठः।

४० "न" इति मूले नास्ति।

उत्पादन है। उसके बाद कारणज्ञानविनाशकाल में कार्यज्ञान होता है। क्या अर्थ है इस कथन का? कारणज्ञान उत्पादकाल में ही होता है। अब देखिए – सह उत्पन्न दोनों का कारण और कार्यभाव नहीं होगा। जैसा कि गाय के दो सींगों का कार्यकारणभाव नहीं होता। अनुत्पन्न कारणज्ञान की उत्पत्ति की तरह अनुत्पन्न के विनाश के प्रसंग उपस्थित होंगे। उसके बाद क्षण की उपलब्धि भी न होगी। उपलब्ध होने पर निरन्तर होगा ही। उस स्थिति में स्वयं होने वाला विनाश प्रभावित होगा, क्योंकि उपलम्भ विघात का कर्ता होने से। विघात कर्तृत्व में एकक्षण के उपलम्भ की भी उपपत्ति नहीं होगी। यदि एक क्षण का उपलम्भ स्वभावयुक्त होता है तो उसके साथ सततः उपलब्धि अथवा अनुपलब्धि नहीं होती क्योंकि ऐसा होने पर तो १२ और ८ क्षणों की उपलब्धि स्वभाव की कल्पना क्यों न की जाए? और फिर, उत्पाद और विनाश का भेद न होने पर कार्य और कारण का विनाश भी समानकाल में और समानरूप से होंगे।

यदप्यन्यदुक्तम् – *मातुरुदरनिष्क्रमणानन्तरं यदाद्यं ज्ञानं तज्ज्ञानान्तरपूर्वकं ज्ञानत्वात् द्वितीयज्ञानवत्*। न, असिद्धत्वात् दृष्टान्तस्य, द्वितीयादिज्ञानस्यापि यथा ज्ञानपूर्वकत्वं नावगाहयितुं पार्यते तथा प्रागेव आवेदितम्। किंच, यद्धि[४१] ज्ञानत्वात् ज्ञानपूर्वकत्वानुमानम्, न किलाऽवबोधात्मककारणमन्तरेण बोधात्मकं कार्यमुपपद्यते। एतच्चावद्यम् अबोधात्मकादपि नीलालोकलोचनादिकारणादुपजायते – तदा गर्भादौ यदाद्यं विज्ञानं तद् भूतसंघातादेव भविष्यति न ज्ञानान्तरं परिकल्पनीयम्। यस्यानन्तरं यद् भवति तत् तस्य कारणं नापरिदृष्टसामर्थ्यम्, विज्ञानाभावे विज्ञानजन्याकारता निवृत्ता न तु ज्ञानाकारता, यथा इन्द्रियव्यापारमन्तरेणोपजायमाने मनोविज्ञाने इन्द्रियजन्याकारता निवर्त्तते न तु ज्ञानाकारता।

ऐसा भी कहा है – "माँ के पेट से निकलने के बाद जो पहला ज्ञान हुआ वह भी ज्ञानान्तरपूर्वक ही है, ज्ञान होने से, दूसरे ज्ञान की तरह" इत्यादि। यह कथन ठीक नहीं है, दृष्टान्त असिद्ध होने से।

द्वितीय ज्ञान का भी ज्ञानपूर्वकत्व स्वीकार नहीं किया जा सकता, यह पहले ही निवेदन किया जा चुका है। यदि ज्ञान होने के कारण ज्ञानपूर्वकत्व का अनुमान किया गया है तो इसका मतलब यह हुआ कि अवबोधात्मक कारण के बिना बोधात्मक कार्य नहीं हो सकता। परन्तु यह उचित नहीं क्योंकि ज्ञान अबोधात्मक नील आलोक लोचन आदि कारणों से उत्पन्न होता है – इसीलिए गर्भ आदि में जो पहला ज्ञान होता है वह भी संघात से ही होता है। इसीलिए ज्ञानान्तर की कल्पना करने की आवश्यकता नहीं है। जिसके पीछे जो होता है वह उसका कारण होता है और उसका सामर्थ्य भी दृष्ट

---

[४१] "यदि" इति मूलपाठः।

ही होता है। ज्ञान के अभाव में ज्ञानजन्याकारता निवृत्त होती है किन्तु ज्ञानाकारता नहीं, जैसे इन्द्रियों के व्यापार से होने वाले मनोविज्ञान में इन्द्रियजन्य आकारता का निवर्तन होता है किन्तु ज्ञानाकार का नहीं।

यदि च सदृशात् सदृशस्योत्पत्तिर्नियम्यते तदा धूमेन दहनानुपमानं न प्राप्नोति, दहनस्य धूमसारूप्यमन्तरेण उपादानकारणात्वायोगात्। अथ रूपरूपता सारूप्यमुभयोरिति चेत्, तदिहापि स्वलक्षणरूपता सारूप्यं भूतविज्ञानयोः, अलं परलोकविज्ञानकल्पनया। अथ विज्ञानरूपता भूतानां न विद्यते तेन तेषामुपादानकारणत्वं नास्ति विज्ञानं[४२] **प्रतीति चेत्, इहापि धूमरूपता नास्ति दहनस्य, नोपादानकारणत्वम्, तदभावे न दहनानुमानम्।**

यदि सदृश से सदृश की उत्पत्ति का नियमन किया जाता है तो धुएँ द्वारा अग्नि का अनुमान नहीं हो सकता। आग का धुएँ के साथ सारूप्य बिना उपादानकारणत्व के नहीं हो सकता। यदि रूप की रूपता में सारूप्य है तो यहाँ पर भी स्वलक्षण रूप सारूप्य है भूत और विज्ञान का। इसीलिए परलोकज्ञानकल्पना व्यर्थ है। यदि भूतों की ज्ञानरूपता नहीं है तो उनका उपादानकारणत्व भी नहीं होगा और ज्ञान एवं उसकी प्रतीति मानते हैं तो भी अग्नि की धूमरूपता न होगी, साथ ही उपादानकारणता भी न होगी, उसके अभाव में अग्नि का अनुमान सम्भव नहीं होगा।

तथा, अनुभवज्ञानादनुभवज्ञानस्यैव निष्पत्तिरभ्युपेया उपादानकारणानुकारित्वेन कार्यस्य निष्पत्त्यभ्युपगमात् न च एकदेशानुकारित्वमस्ति तद्बीजस्याऽविचित्रत्वात्। अनुभवाकाराननुकारित्वे च ज्ञानाकारताविरहः स्यात्, अनुकरोति च विज्ञानरूपताम्, तेन कथं नानुभवात्मकम्? तदुपपत्तौ च प्राप्ता अनुभवपरम्परा इत्यतः स्मरणानुपपत्तिः, तदनुपपत्तौ च अनुमानज्ञानस्याप्यनुपपत्तिः, ततश्च सर्वव्यवहारविलोपप्रसङ्गः[४३]**। एवं च न सन्तानसिद्धिः, नापि सविकल्पकनिर्विकल्पकज्ञानद्वैराश्यमस्ति, नापि व्यभिचाराव्यभिचारद्वैविध्यमुपपद्यते सौगते मते।**[४४]

उसी प्रकार, अनुभवज्ञान से अनुभव ज्ञान की ही निष्पत्ति होती है क्योंकि उपादानकारण के अनुकारित्व द्वारा कार्य की निष्पत्ति को स्वीकार किया गया है और यहाँ एकदेशानुकारित्व भी नहीं है क्योंकि कारण का अपने कार्य के प्रति अविचित्रत्व होने से। अनुभवाकार के अननुकारित्व में ज्ञानाकार का विरह होता है। अतः विज्ञानरूपता से अनुकरण किया जाता है। तब वह कैसे अनुभवात्मक नहीं होगा। उसकी उपपत्ति न होने

---

[४२] "प्रतीतिश्चेत्" इति मूलपाठः।

[४३] "प्रसङ्गश्च एवम्" इति मूलपाठः।

[४४] "॥छ॥" इति मूले वर्तते।

से अनुभव-परम्परा की प्रसक्ति होगी और तब स्मरण ही व्याख्या सम्भव नहीं हो सकेगी तथा उसकी उपपत्ति न होने से अनुमान ज्ञान की भी उपपत्ति नहीं होगी। उसके बाद सभी व्यवहारों के लोप का प्रसंग उपस्थित होगा। इस प्रकार ज्ञानसन्तान की सिद्धि नहीं हो सकती और सविकल्प एवं निर्विकल्प ज्ञान का द्वैराश्य भी सम्भव नहीं है। साथ ही व्यभिचार एवं अव्यभिचार रूप द्वैविध्य भी सौगतमत में सम्भव नहीं दिखता।

७

मीमांसकाभिमतस्य प्रत्यक्षस्य निरासः
(मीमांसकों के प्रत्यक्ष का खण्डन)

तथा, *सत्संप्रयोग - पुरुषस्येन्द्रियाणां बुद्धिजन्म तत् प्रत्यक्षम्* (जैमि. सू. १.१.४), तदपि प्रत्युक्तम्। कथम्? एतत्सूत्रं कदाचित् लक्षणपरम्, कदाच्चिकारक-संख्याप्रतिपादनपरम् कदाचिच्चानुवादपरम्। तद्यदि लक्षणपरम्, तदावबोधस्या-व्यभिचारित्वं नावगन्तुं पार्यते – नादुष्टकारणजन्यत्वेन, नापि प्रवृत्तिसामर्थ्येन, नापि बाधारहितत्वेन, नान्यथा वा सर्वं पूर्वोदितमनुस्मृत्य वक्तव्यम्।

विषयों के साथ इन्द्रियों के सत्संप्रयोग होने के बाद जैसी बुद्धिवृत्ति होती है वह ही प्रत्यक्ष है, यह जैमिनि इत्यादि का कहना है। इसका खण्डन किया जाता है। कैसे? यह सूत्र कदाचित् लक्षणपरक है, कहीं कारकसंख्या प्रतिपादनपरक भी हो सकता है, और फिर कहीं अनुवादपरक अर्थ भी इस सूत्र का किया गया है। यदि वह लक्षणपरक है तो ऐसे प्रत्यक्षात्मक ज्ञान के अव्यभिचारित्व को नहीं जाना जा सकता – क्योंकि, अदुष्ट कारणजन्यत्व से और प्रवृत्तिसामर्थ्य से तथा बाधाराहित्य से एवं अन्यथा रूप से और पूर्वोदित सभी ज्ञानों का स्मरण करके भी उसके अव्यभिचारित्व को नहीं समझा जा सकता ।

नापि इन्द्रियार्थसम्प्रयोगजत्वं विज्ञानस्यावबोधस्य चार्वाग्भागविदावगम्यते, तदतीन्द्रियत्वेन तदायत्तताऽनधिगतेः। नापि इन्द्रियजन्यत्वमवगन्तुं पार्यते, इन्द्रियाणा-मतीन्द्रियत्वादेव। अथ अवबोधान्यथानुपपत्त्या सन्निकर्षपरिकल्पना क्रियते, अवबोधस्य अन्यथानुपपत्तिर्न भवति काऽनुमा?

वह व्यक्ति जो किसी वस्तु के अर्वाग्भाग को जानने वाला है, वह कैसे जान सकता है कि इन्द्रियार्थसम्प्रयोग उस वस्तु के सम्पूर्ण भाग से घटित हुआ है। इन्द्रियार्थसम्प्रयोग का ज्ञान इन्द्रियों के अतीन्द्रिय होने से उनके ग्रहण-क्षेत्र में नहीं आता। अतः प्रत्यक्षात्मक अवबोध की इन्द्रियजन्यता को भी नहीं जाना जा सकता, क्योंकि इन्द्रियाँ अतीन्द्रिय हैं। यदि यह कहा जाए कि इसका अनुमान होता है क्योंकि इस प्रकार का ज्ञान सन्निकर्ष को माने बिना सम्भव नहीं, तो यह उचित नहीं क्योंकि इसकी व्याख्या दूसरे प्रकार से भी की जा सकती है। अतः अनुमान के लिए यहाँ अवकाश ही कहाँ है।

अथ कारकसंख्यार्थम्, किं तेन परिसंख्यातेन प्रयोजनम्? आलोकादीनामपि कारकत्वात् तान्यपि परिसंख्येयानि भवन्ति।

यदि कारकसंख्या के लिए है तो, क्या प्रयोजन हो सकता है इस संख्या द्वारा? आलोक आदि का भी कारकत्व होने से वे भी परिसंख्येय हो जाएंगे।

अथ अनुवादपरता, प्रसिद्धस्यानुवादो नाऽप्रसिद्धस्य। न च अध्यक्षं क्वचिद्विदितम्। ननु लोके विदितम्, 'न विदितम्' इति ब्रूमः, अव्यभिचारितयाऽनवगतेः। नापि सत्सं-प्रयोगजत्वं विदितम्, ततश्च प्रत्यक्षानधिगतिः, तदनवगतौ चानुवादानुपपत्तिः।

यदि अनुवादपरक है तो भी प्रसिद्ध का अनुवाद हो सकता है, अप्रसिद्ध का नहीं। कहीं भी अध्यक्षता विदित नहीं है। यदि लोक में विदित है ऐसा कहते हैं तो विदित नहीं है ऐसा कहना पड़ेगा हम लोगों को क्योंकि अव्यभिचारितया उसकी अवगति नहीं होती। साथ ही सत्संप्रयोगजत्व भी ज्ञात नहीं है। इसीलिए प्रत्यक्ष का अधिगम नहीं हो सकता। उसकी अनवगति में अनुवाद भी सम्भव नहीं है।

इतोप्यनुवादानुपपत्तिः प्रयोजनाभावात्। नहि प्रयोजनं विना अनुवादः प्रवर्त्तते, अनूद्य क्वचित् किंचिद्विधीयते प्रतिषिध्यते वा।

इससे भी अनुवाद की उपपत्ति सम्भव नहीं है, प्रयोजन का अभाव होने से। प्रयोजन के बिना अनुवाद की प्रवृत्ति ही नहीं होती। अनुवाद करके या तो कुछ विधान किया जाता है या फिर निषेध किया जाता है।

नन्वत्रापि धर्मं प्रति निमित्तत्वं प्रतिषिध्यते। तदुक्तम् — *धर्मं प्रत्यनिमित्तं प्रत्यक्षं विद्यमानोपलम्भनत्वात् सम्प्रयोगजत्वाच्च*। तत्र किम् अन्यपदार्थावभासोत्पन्नं प्रत्यक्षं धर्मं प्रति निमित्तत्वेन प्रतिषिध्यते, किं वा धर्मावभासोत्पन्नम्, अनुत्पन्नं वा? तद्यदि अन्यपदार्थावभासोत्पन्नप्रत्यक्षव्यावृत्तिः क्रियते, तदाऽविप्रतिपत्त्या संबोधयितव्या जडमतयः।

नहीं, यहाँ पर भी धर्म को लेकर निमित्तत्व का प्रतिषेध किया जाता है। जैसा कहा है — "धर्म के प्रति प्रत्यक्ष अनिमित्त होता है क्योंकि विद्यमान का उपलम्भ मात्र प्रत्यक्ष में होने से और सम्प्रयोग से उत्पन्न होने से भी"। क्या वहाँ अन्यपदार्थावभास से समुत्पन्न प्रत्यक्ष का धर्म के प्रति निमित्त के रूप में निषेध किया गया है अथवा धर्मावभास से समुत्पन्न? या असमुत्पन्न का निषेध किया जाता है? यदि अन्य-पदार्थावभासोत्पन्न प्रत्यक्ष की व्यावृत्ति है तो बिना किसी विप्रतिपत्ति के इन जडबुद्धि मीमांसकों को सम्बोधित किया जाना चाहिए।

अथ धर्मा[1]वबोधकोत्पन्नप्रत्यक्षव्यावृत्तिः क्रियते, तदा विरोधेन प्रत्यवस्थेयो भवति – धर्मावबोधकोत्पन्नं प्रत्यक्षम्, न च धर्मनिमित्तम् इति व्याहतमपदिश्यते, अन्यथा चोदनावचनजनितविज्ञानस्यापि धर्मावबोधकत्वेन उत्पन्नस्यातन्निमित्तत्वं स्यात्। अथानुत्पन्नस्य धर्मावबोधकत्वं नास्ति, केनात्र प्रतिपद्यते – यन्नोत्पन्नं तद् धर्मावबोधकम्? नापि कमलदलावबोधकं स्वयमसत्त्वात्।

यदि धर्मों के अवबोधकजन्य प्रत्यक्ष की व्यावृत्ति के लिए मीमांसक ऐसा करते हैं तो उसे विरोध द्वारा प्रतिस्थापित किया जाना चाहिए – धर्मावबोधक से समुत्पन्न प्रत्यक्ष है और वह धर्म के प्रति निमित्त भी नहीं होगा, ऐसी व्याहति का उपदेश करना पड़ सकता है। अन्यथा चोदनावचनजनित विज्ञान का भी धर्म के अवबोधक होने से उत्पन्न का अनिमित्तत्व होगा। यदि अनुत्पन्न का धर्मावबोधकत्व नहीं है तो किससे यहाँ यह निश्चय किया जाएगा कि जहाँ जो उत्पन्न नहीं होता वही धर्म का अवबोधक होता है? जो कमल उत्पन्न ही नहीं हुआ फिर भी वह अपने दलों का अवबोधक कैसे हो सकता है।

यदप्युक्तम् – 'सत्संप्रयोगजत्वात्' इति, तदप्ययुक्तम्, सत्संप्रयोगजत्वं यथा न भवति तथा प्रागेवोक्तम्।

यह जो कहा गया है "सत्संप्रयोग से" इत्यादि यह भी अयुक्त है। किस कारण से सत्संप्रयोगजन्य नहीं होता वह कारण पहले ही बता चुके हैं।

यदप्यन्यदुक्तम् – *विद्यमानोपलम्भनत्वात् किल प्रत्यक्षं विज्ञानं विद्यमानमवबोधयति,* यद्येवं न केवलं प्रत्यक्षम् अपि तु सर्वप्रमाणोत्पादितं विज्ञानं विद्यमानावबोधकम्।

दूसरे इस कथन को देखें – "विद्यमान मात्र का प्रत्यक्ष से ग्रहण किया जा सकने के कारण प्रत्यक्षज्ञान से विद्यमान मात्र का ज्ञान संभव है" इत्यादि। यदि ऐसा है तो केवल प्रत्यक्षमात्र नहीं वरन सभी प्रमाणों से उत्पन्न ज्ञान विद्यमान मात्र का ही ज्ञान कराएगा।

अथ चोदनाजनितं विज्ञानम् अविद्यमानकर्त्तव्यार्थावबोधकम्, यद्यविद्यमानम्, कथमवबोध्यते? अथ अवबोध्यते, कथमविद्यमानता? अवबोध्यमानत्वेनैव विद्यमानता प्रत्यक्षप्रमाणावबोधितार्थवदिति। नाप्यवबोधनमवबोध्यमन्तरेण उपजायते प्रत्यक्षावबोधनवत्।

यदि चोदनाजनित ज्ञान अविद्यमानकर्त्तव्यार्थ का अवबोधक है तो, अविद्यमान का बोध कैसे करेंगे? यदि जाना जाता है तो वह अविद्यमान कैसे हुआ? अवबोध्यमानत्वरूप से ही विद्यमानता प्रत्यक्षप्रमाण द्वारा अवबोधितार्थ जैसा ही होगा। फिर, अवबोधन अवबोध्य के अनन्तर उत्पन्न नहीं होता जैसा कि प्रत्यक्षात्मक अवबोध में होता है।

---

[1] "धर्म्यव" इति मूलपाठः।

अपि च चोदनावचनजनितविज्ञानस्य मिथ्यात्वमुपपद्यते, अविद्यमानविषयत्वात् केशोण्डुकज्ञानवत् । केशोण्डुकविज्ञानस्यापि प्रतीयमानोपकारकार्थाभावे मिथ्यात्वम्, तदिहापि प्रतीयमानोपकारकार्थो[२] नास्त्येव, कथं न मिथ्यात्वम्? तदन्वये वा कर्त्तव्यार्थविषयत्वं प्रतिहीयेत चोदनावचसः ।

और तब तो चोदना वचन द्वारा समुत्पन्न ज्ञान भी मिथ्या ही हो जाएगा। उसका विषय अविद्यमान होने से, केशोण्डुक की तरह। केशोण्डुक ज्ञान भी प्रतीयमान का उपकारक न होने से मिथ्या होता है। उसी प्रकार यहाँ भी प्रतीयमान का उपकारक न होने से मिथ्या ही मानना पड़ेगा। यदि ऐसा नहीं है तो कर्त्तव्यार्थविषय ही नष्ट होगा जो चोदनावचन से दिखाया गया है।

किंच, चोदनाजनितं विज्ञानं कर्त्तव्यतार्थविषयं वा, तदभावविषयम्, निर्विषयं वा? तद्यदि कर्त्तव्यतार्थविषयम्, तदा तस्य वर्त्तमानतैव प्रतीत्युत्कलितत्वाद् विद्यमानतोयादिवत् । तो[३] यादेरप्रतीयमानत्वं स्वसत्ताधूमादग्नौ सति जनकत्वादिना निमित्तेन । एतच्चेद् विद्यते, कथमविद्यमानता? अथ तदभावविषयम्, तस्यापि स्वेन रूपेण विद्यमानत्वात् न कर्त्तव्यता । अथ निर्विषयम्, न तर्हि चोदना कर्त्तव्यावबोधिका अपि तु निर्विषया इत्येवं वक्तव्यम् । एवं स्थिते यथा प्रत्यक्षं विद्यमानोपलम्भकं तथा अन्यान्यपि प्रमाणानि ।

यह चोदना से उत्पन्न ज्ञान क्या कर्त्तव्यार्थविषयक है? अथवा उसके अभाव को विषय बनाता है? अथवा निर्विषय है? यदि कर्त्तव्यार्थ विषय है तो उसके वर्तमान का ही भाव होने से भावी कर्म की प्रतीति कैसे करेंगे जैसा कि वर्तमान जल आदि। यदि वह है तो कैसे उसकी अविद्यमानता हुई? यदि उसके अभाव का प्रसंग है तो भी अपने स्वरूप में अवस्थित ही है, इसीलिए कर्त्तव्यता उदित नहीं हो सकती।

यदि निर्विषय है तो वहाँ चोदना कर्त्तव्यावबोधक नहीं हो सकती किन्तु निर्विषय मात्र होती है। ऐसी अवस्था में जैसे प्रत्यक्ष विद्यमान का ग्राहक होता है उसी प्रकार अन्य प्रमाण भी होंगे।

बुद्धिजन्म प्रत्यक्षम्, न च बुद्ध्यवगमे प्रमाणमस्ति । प्रत्यक्षावसेया सा न भवति, स्वयमनभ्युपगमात्, अनुमानगम्यापि न भवति, तया प्रतिबद्धलिङ्गानवगतेः ।

बुद्धि जन्म (उत्पत्ति) ही प्रत्यक्ष है। किन्तु बुद्धि के अवगमन में प्रमाण ही नहीं है। प्रत्यक्ष के बिना वह नहीं हो सकता। स्वयं अभ्युपगम न होने से। अनुमान द्वारा भी बोध नहीं हो सकता। उसके द्वारा प्रतिबद्ध हेतु का बोध न होने से।

---

[२] "कारकार्थोस्त्येव" इति मूलपाठः।

[३] अयं पाठः पश्चात् वर्धित इव प्रतिभाति मूलग्रन्थे।

अथ अर्थापत्त्या प्रतीयते, किम् — घटार्थान्यथानुपपत्त्या, आहो तदुपादानपरित्यागान्यथानुपपत्त्या, घटावबोधान्यथानुपपत्त्या वा? तद्यदि घटार्थान्यथानुपपत्त्या, तदयुक्तम्, न बुद्धिकार्यो घटः, अपि तु बुद्धिरिह तत्कार्या, अथ घटोपादानपरित्यागान्यथानुपपत्त्या बुद्धिपरिकल्पना क्रियते, तदयुक्तम्, बुद्धिस्वरूपस्यानेककालान्तरावस्थानायोगात् अर्थापत्तेर्निर्विषयत्वम्। केनापि बलवता प्रेरितो बुद्धिमन्तरेण वा तदुपप्लवाद्वा घटोपादानपरित्यागाय घटते तेन संदिग्धाऽर्थापत्तिः। न च सम्बन्धग्रहणमन्तरेण नियतायां बुद्धौ प्रतिपत्तिरूपपद्यते। अर्थापत्तितस्तु तदनुपपत्तौ इन्द्रियकल्पनापि दुर्घटा।

यदि अर्थापत्ति द्वारा वह प्रतीत होता है तो उसमें कैसे? क्या घटार्थान्यथानुपपत्ति द्वारा अथवा उसके उपादान परित्याग रूप अन्यथानुपपत्ति द्वारा? अथवा घटावबोधान्यथानुपपत्ति द्वारा?

यदि घटार्थान्यथानुपपत्ति द्वारा उसकी प्रतीति होती है तो यह सम्भव नहीं, क्योंकि बुद्धि के द्वारा घट निर्मित नहीं होता बल्कि बुद्धि ही यहाँ उसका कार्य है।

यदि यह कहा जाए कि 'घटोपादानपरित्यागान्यथानुपपत्ति' के द्वारा प्रत्यक्षात्मक बुद्धि अवगमित होती है तो यह उचित नहीं, क्योंकि बुद्धि का स्वरूप लम्बे समय तक अवस्थान करने वाली नहीं होने से तद्विषयक अर्थापत्ति वस्तुत: निर्विषयक ही कही जाएगी। पुनः किसी बलवान कारक से प्रेरित हुए बिना, अथवा संदेहवशात् बुद्धि घटोपादान का परित्याग करते हुए घटित होती है तो तद्विषयक अर्थापत्ति संदिग्धार्थापत्ति ही कही जाएगी। वस्तुस्थिति ऐसी भी नहीं कि सम्बन्ध ग्रहण के बिना ही विशिष्ट-बुद्धि की प्रतिपत्ति हो जाती है। अतः अर्थापत्ति के द्वारा यदि ऐसा सम्भव नहीं तो अर्थापत्तिपूर्वक इन्द्रियों की कल्पना भी एक दुर्घट कार्य ही है।

अथ अवबोधान्यथानुपपत्त्या बुद्धिपरिकल्पना क्रियते, तस्यापि बुद्ध्या सह सम्बन्धो नास्ति, कथमवबोधयति? अवबोधे चावगते प्रत्यक्षावगतैव बुद्धिः नावबोधगम्या, अवबोध-बुद्धि-विज्ञानशब्दानां पर्यायत्वाद् अवबुध्यते ज्ञायत इत्येकोऽर्थः।

यदि अवबोधान्यथानुपपत्ति द्वारा बुद्धि की कल्पना की जाए तो उसका भी बुद्धि के साथ सम्बन्ध नहीं है। तब कैसे वह बोध कराता है? अवगत हुए अवबोध की प्रत्यक्षावगतियुक्त बुद्धि होती है, अवबोधान्यथानुपपत्तियुक्त बुद्धि नहीं होती। अवबोध, बुद्धि, विज्ञान आदि शब्द पर्यायवाची होने से अवबोध होना, जानना इत्यादि का एक ही अर्थ होता है।

सांख्यसम्मतस्य प्रत्यक्षलक्षणस्य निरसनम्
(सांख्यों के प्रत्यक्ष का खण्डन)

तथा *श्रोत्रादिवृत्तिरविकल्पिका* एतदपि प्रत्युक्तम्, श्रोत्रादिक[1] रणानां शब्दादिविषयाकारतया विपरिणामो वृत्तिशब्देनाभिधीयते। सा चानेकप्रकारा भवति — सम्यग्ज्ञानरूपा विपर्ययज्ञानसंदेहरूपा च। तदुक्तम् — *तमो मोहो महामोहस्तामिस्रोऽन्धतामिस्रः*। इत्यादि।

तद्यदि श्रोत्रादिवृत्तेः प्रत्यक्षत्वम्, तदा विपर्ययादिवृत्तेरपि प्रत्यक्षत्वं प्राप्नोति। अथ अबाधितपदोपादानं क्रियते, तत् सूत्रे न श्रूयते। भवतु वा तस्य कल्पना, तथापि अव्यभिचारित्वं ज्ञातुं न शक्यते। तच्च नैयायिकप्रत्यक्षलक्षणाधिकारे प्रपञ्चितम्। यदि च अव्यभिचारिपदेन विपर्ययरूपा वृत्तिरपोह्यते तत् तदात्मतया व्यवस्थिता सम्यग्रूपापि वृत्तिरपोदिता भवति। ततश्च संग्राह्या न लभ्यते वृत्तिः।

"श्रोत्र आदि वृत्ति अविकल्पक होते हैं" इत्यादि कथन भी निराकृत हैं। श्रोत्र आदि करण का शब्दादि विषयाकाररूप से विपरिणाम ही वृत्ति है। वह अनेक प्रकार की होती है। सम्यग्ज्ञानरूपा, विपर्ययज्ञानरूपा और सन्देहज्ञानरूपा। जैसा कि कहा है — "तमस्, मोह, महामोह, तामिस्र, अन्धतामिस्र" इत्यादि। यदि श्रोत्र आदि वृत्ति की प्रत्यक्षता है तो विपर्ययादि वृत्ति का भी प्रत्यक्षत्व प्राप्त होगा। यदि अबाधित पद देते हैं तो वह सूत्र में नहीं है। यदि उसकी कल्पना की जाती है तो भी अव्यभिचारित्व को नहीं जाना जा सकता। इन सबको हम नैयायिकों के प्रत्यक्ष लक्षणाधिकार में प्रपञ्चित कर चुके हैं। अव्यभिचार पद द्वारा विपर्ययरूप वृत्ति को अपोहित कर उसी रूप में व्यवस्थित सम्यक् वृत्ति अपोदित होती है। उसके बाद संग्रहपूर्वक वृत्ति उपलब्ध ही नहीं है।

अथ सम्यग्रूपा वृत्तिरिह संग्राह्या, तदाऽपोह्या न लभ्यते, वृत्तीनां स्वरूपैकताभ्युपगमात्। भेदानभ्युपगमे च अभ्युपेतहानम्। नहि भवतां पक्षे इन्द्रियाद् भिद्यन्ते वृत्तयः। तच्चेदभिन्नम्, कथं वृत्तीनां भेदः? भेदाभ्युपगमे इन्द्रियैकत्वं हीयते। इन्द्रियाव्यतिरेकित्वं न वक्तव्यम्। इन्द्रियाव्यतिरेकित्वेऽभ्युपगम्यमाने नीललोहितघटादीनां सर्वदा उपलम्भः स्यात्, इन्द्रियावस्थाने तदव्यतिरिक्ताया वृत्तेः अवस्थानसंभवात्, तत्संभवे च घटाद्यनुपलम्भानुपपत्तिः।

---

[1] "कारणानाम्" इति मूलपाठः।

यदि सम्यक् वृत्ति का यहाँ संग्रह किया जाता है तो भी अपोह द्वारा वह उपलब्ध नहीं होता। वृत्तियों का एक ही स्वरूप होने से। भेद का ज्ञान न होने से अभ्युपेत का नाश होगा। आपके सिद्धान्त में इन्द्रियों से भिन्न वृत्ति नहीं होती। यदि अभिन्न है तो वृत्तियों का भेद कैसे होगा। भेद मानने पर इन्द्रियों की एकता नष्ट होगी। इन्द्रिय अभिन्न है यह कहना भी उचित नहीं है। इन्द्रियों को अभिन्न स्वीकारने पर नील-लोहित घट आदि की सर्वदा उपलब्धि होगी। इन्द्रिय के अवस्थित होने पर उससे अभिन्न वृत्ति का अवस्थान सम्भव होने से और उसके सम्भव होने पर घटादि अनुपलम्भ की अनुपपत्ति उपस्थित होगी।

अथ वृत्तिसद्भावेपि अनुपलब्धिः, न कदाचिदुपलब्धिः स्यात्, नहि भवतां पक्षे किंचिदपूर्वं जायते पूर्वं वा निरुद्ध्यते। ततश्च सर्वस्याऽस्तित्वे उपलब्ध्यनुपलब्धी किंकृते? सदोपलब्धिरनुप[२] लब्धिर्वा। नह्येवं वादिनो द्वितीया गतिरस्ति।

वृत्ति रहने पर भी अनुपलब्धि होती है। कदाचित् भी अपलब्धि नहीं हो सकती। आपके पक्ष में कुछ भी अपूर्व उत्पन्न नहीं होगा और निरोध भी नहीं होगा। उसके बाद सभी के अस्तित्व में उपलब्धि और अनुपलब्धि किसलिए होगी? हमेशा ही उपलब्धि या अनुपलब्धि होगी। ऐसे वादियों की दूसरी कोई गति सम्भव नहीं है।

किंच, शब्दादय उपलभ्यन्ते किम् — अनुपलभ्यस्वभावा उपलभ्यन्ते, आहोस्विदुपलभ्यस्वभावाः[३]? तद्यदि अनुपलभ्यस्वभावा उपलभ्यन्ते, तदा उपलब्धिः कथम्? यदि अनुपलभ्यस्वभावाः, कथम् उपलभ्येरन्? अन्यथा आत्मादेरप्युपलब्धिः स्यात्।

परन्तु, क्या शब्द आदि उपलब्ध होते हैं। क्या अनुपलभ्य स्वभाव वाले भी उपलब्ध होते हैं? अथवा उपलभ्यस्वभावयुक्त मात्र? यदि अनुपलभ्यस्वभावयुक्त उपलब्ध होते हैं तो कैसे उपलब्ध होते हैं। फिर अनुपलभ्यस्वभाव हैं तो उपलब्ध होने की सम्भावना भी कैसे होगी। ऐसा होने पर आत्मा आदि की भी उपलब्धि होगी ही।

अथ उपलभ्यस्वभावा उपलभ्यन्ते, अनुपलब्धिः कथम्? किं तेनैवाकारेण, आहोस्विद् आकारान्तरेण? यदि तेनैव आकारेण अनुपलब्धिः, आत्मादेरपि अनुपलब्धिर्न प्राप्नोति, उपलब्धौ वा बीजान्तरं वचनीयम्। अथ आकारान्तरेण नोपलभ्यन्ते, तथापि उपलभ्यमानाऽनुपलभ्यमानयोः नैकत्वम्, शाब्दात्माकारयोरिव, न हि उपलभ्यस्वभावाच्छब्दादनुपलभ्यस्वभाव आत्माऽव्यतिरिक्तो दृष्टः।

यदि उपलभ्यस्वभावयुक्त ही उपलब्ध होते हैं तो कैसे अनुपलब्धि है? क्या उसी

---

२ "अनुपब्धिर्वा" इति मूलपाठः।

३ "स्वभावा" इति मूलपाठः।

आकार से या आकारान्तर से? यदि उसी आकार से अनुपलब्धि होती है तो आत्मा आदि की भी अनुपलब्धि प्राप्त नहीं हो सकती। उपलब्धि में और भी कोई कारण खोजना पड़ेगा। यदि आकारान्तर से उपलब्ध नहीं है तो भी उपलभ्यमान और अनुपलभ्यमान में एकत्व सम्भव नहीं है। शब्द और आत्मा के आकारों की तरह, उपलभ्यस्वभावयुक्त शब्द से अनुपलभ्यस्वभावयुक्त आत्मा अव्यतिरिक्त दिखता हुआ भान होना शुरू हो गया है।

अथ तस्यैवाऽभिव्यक्तस्योपलब्धिः, तत्स्वरूपवदभिव्यक्तेः सर्वदादाव[४] स्थानात् सततोपलब्धिप्रसङ्गः। अथ तिरोधाने सति अनुपलब्धिः, तदा तत्स्वरूपतादात्म्यात् सततानुपलम्भप्रसङ्गः, उभयोर्वाऽवस्थाने सममुपलम्भाऽनुपलम्भौ स्याताम्। ततश्च – 'इदानीमुपलभे पूर्वं नोपालभे[५]' इति व्यवहारविरहः स्यात्। तथा, 'पूर्वमुपालभे[६] इदानीं नोपलभे' इत्येतदपि न प्राप्नोति।

यदि उसी की अभिव्यक्ति की उपलब्धि है तो उसी के स्वरूप की तरह अभिव्यक्ति की भी सर्वदा अवस्थिति होती ही रहेगी और सतत उपलब्धि का प्रसंग भी रहेगा। यदि तिरोधान के बाद अनुपलब्धि है तो भी उसके स्वरूप के तादात्म्य से सतत अनुपलम्भ प्रसंग उपस्थित होगा। दोनों रहते हों तो अनुपलब्धि और अननुपलब्धि एक ही बार होंगे। इससे तो “अभी उपलब्ध हो रहा है किन्तु पहले उपलब्ध नहीं था” इस प्रकार का व्यवहार उच्छिन्न हो जाएगा। वैसे ही “पहले उपलब्ध हो रहा था लेकिन अब उपलब्ध नहीं हो रहा है” ऐसा व्यवहार भी नहीं होगा।

अथ अवयवोपचये सति उपलम्भः, तस्य सर्वदा भावात् सर्वदोपलम्भप्रसङ्गः। अथ स्वलक्षणपुष्टौ सत्यामुपलम्भः, तस्याः सर्वदा सत्त्वात् सततोपलम्भप्रसङ्गः। अथ संस्थानोत्कर्षे सत्युपलम्भः, तस्यापि सर्वदा विद्यमानत्वात् सततोपलब्धिः स्यात्। तस्माद् येन येन निमित्तेन उपलम्भपरिकल्पना, तस्य तस्य सर्वदा भावात् सततोपलम्भप्रसङ्गः। अथ देशकालकारकापबन्धादनुपलम्भः, तदा तस्यापबन्धस्य सर्वदा भावाद् अनुपलम्भाऽनुपरमः स्यात्।

यदि यह कहा जाए कि अवयवों की वृद्धि होने पर उपलम्भ है तो उनका भाव हमेशा होने से सर्वदा उपलब्ध प्रसंग उपस्थित होगा। यदि स्वलक्षण से पुष्ट होने पर उपलम्भ है तो वह भी हमेशा रहेगा, इसीलिए सर्वदा उपलम्भ का प्रसंग उपस्थित होगा। यदि संस्थान के उत्कर्ष होने पर उपलम्भ होता है तो उसका उसके लिए भी हमेशा

---

[४] “सर्वदानवस्थानात्” इति मूलपाठः।

[५] “नोपलभे” इति मूलपाठः।

[६] “नोपलभे” इति मूलपाठः।

विद्यमान होने से सदैव उपलब्धि होगी। इसीलिए जिस-जिस निमित्त से उपलम्भ की परिकल्पना की जाती है उस-उस निमित्त के हमेशा भाव होने से सर्वदा उपलम्भ का प्रसंग उपस्थित होगा। यदि देशकालकारक अपबन्ध से अनुपलम्भ है तो उस अपबन्ध का भी हमेशा भाव होने से अनुपलम्भ का कभी भी विसर्जन ही नहीं हो पाएगा।

तथा, इन्द्रियाणामपि करणरूपता नोपलभ्यते फलवैकल्यात्। ननु अस्ति विज्ञानं फलम्, न, तस्य सर्वदा विद्यमानत्वात्। सर्वदा विद्यमानयोः हेतुफलभावो नोपपद्यते, यथा गुणानां परस्परमात्मभेदानां वा। नहि आत्मा आत्मान्तरस्य हेतुर्भवति तत्फलं वा, तथा इहापि अनाद्यन्ता सत्ता न फलं हेतुर्वा उच्यते।

इसी प्रकार, इन्द्रियों की करणरूपता भी नहीं देखी जाती, क्योंकि उनके द्वारा कोई फल उत्पन्न नहीं किया जाता। यदि कहा जाए कि कारणभूत इन्द्रियाँ भी हैं और विज्ञानरूप फल भी होता है, तो यह उचित नहीं, दोनों के सर्वदा विद्यमान होने से। सर्वदा विद्यमान दो वस्तुओं का परस्पर हेतु-फल-भाव नहीं हो सकता। उदाहरण के लिए गुणों का अपने में भेद होते हुए भी परस्पर हेतु-फल-भाव नहीं होता। वैसे ही आत्माओं का जो एक-दूसरे के न हेतु होती हैं और न फल। उसी प्रकार यहाँ आद्यन्तरहित सत्ता न हेतु हो सकती है और न फल ।

किंच, भूजलादि अनेकं कार्यम् — तत्किं गुणत्रयाद् व्यतिरिक्तम्, अव्यतिरिक्तं वा? तद्यदि व्यतिरिक्तम्, तत्किं तात्त्विकम्, अतात्त्विकं वा? तद्यदि तात्त्विकम्, न तर्हि गुणत्रयोपादानपूर्वकम्, ततो भिन्नत्वाद् आत्मस्वरूपवत्। न च गुणत्रयेण सह अन्यतमोऽपि सम्बन्ध उपपद्यते तद्भिन्नकार्यस्य। न मात्रामात्रिकसम्बन्धः, नापि सहचरसहचरिभावः[७], नापि निमित्त नैमित्तिकभावः, उपकार्योपकारकभावो वा।

और भी, पृथिवी जल आदि अनेक कार्य हैं, क्या वे तीन गुणों से भिन्न हैं अथवा अभिन्न? यदि भिन्न हैं तो क्या वे तात्त्विक हैं अथवा अतात्त्विक। यदि तात्त्विक हैं तो वे तीन गुणों के उपादानपूर्वक नहीं होंगे, उनसे भिन्न होने से आत्मस्वरूप की तरह। तीन गुणों के साथ अन्यतम सम्बन्ध भी नहीं है क्योंकि वहाँ कार्य की भिन्नता है। मात्रामात्रिका सम्बन्ध भी नहीं हो सकता, सहचर-सहचरित भाव भी सम्भव नहीं है, उसी प्रकार — निमित्त-नैमित्तिक भाव तथा उपकार्य-उपकारक भाव भी नहीं बनते।

अथ अतात्त्विकम्, कथं तेन गुणत्रयं प्रतीयते, गुणत्रयेण सह सम्बन्धानुपपत्तेः? न च सदसतोः सम्बन्ध उपपद्यते आत्मखरविषाणयोरिव। तदभावात् नानुमानाद् गुणत्रयप्रतिपत्तिः। नापि प्रत्यक्षेण गुणावधारणम्, स्वयमनभ्युपगमात्। तदुक्तम् —

---

७ "सहचरिभाव" इति मूलपाठः।

गुणानां परमं रूपं न दृष्टिपथमृच्छति।
यत्तु दृष्टिपथप्राप्तं तन्मायेव सुतुच्छकम्॥

तदनवगमे च न भोग्येन भोक्तुरनुमानम्। ततश्च नात्मा, न गुणत्रयम्।

यदि अतात्त्विक हैं तो कैसे उससे तीन गुण प्रतीत होते हैं और गुणत्रय के साथ सम्बन्ध भी नहीं बन सकता। सत् और असत् का सम्बन्ध भी नहीं हो सकता, आत्मा और गधे के सींग की तरह। उसके न होने पर अनुमान से भी गुणत्रयप्रतिपत्ति नहीं होगी। प्रत्यक्ष द्वारा भी गुण का अवधारण नहीं हो सकता, अपने से बोध न होने से। कहा भी गया है — "गुणों का वास्तविक स्वरूप देखना या समझना सम्भव नहीं है। जो दृष्टिपथ में आता है वह केवल तुच्छ मायामात्र है"। उसके अबोध में भोग्य द्वारा भोक्ता का अनुमान किया जाता है। इससे तो यही उपस्थित होता है, न आत्मा है और न तीन गुण।

अथ अव्यतिरिक्तम्, तत्किम् — तात्त्विकम्, अतात्त्विकम् वा? यदि तात्त्विकम्, तदा कार्याणामपरिसंख्येयत्वे गुणानामप्य परिसंख्येयता। ततश्च 'त्रयो गुणाः' इति न वक्तव्यम्। अथ गुणानां त्रित्वम्, तदा कार्यस्यापि त्रित्वं प्राप्नोति, आनन्त्यं हीयते। तथा, कार्यस्य प्रत्यक्षत्वे गुणानामपि प्रत्यक्षत्वम्। किंविषयं प्रधानानुमानम्? गुणत्रयं प्रधानम्, तच्च उपलब्धम् अलम् अन्वयशक्तिपरिमाणवैश्वरूपयोपकार्योपकारकादिसाधनेन। अथ नोपलभ्यते प्रधानम्, तदव्यतिरिक्तं कार्यमपि नोपलभ्येत, तदभावान्न पुरुषसिद्धिरुपपद्यते।

यदि अव्यतिरिक्त है तो क्या वह तात्त्विक है या अतात्त्विक? यदि तात्त्विक है तो कार्यों का अपरिसंख्येय होने के कारण गुणों की भी अपरिसंख्येयता होगी। इसीलिए गुण तीन ही हैं, यह नहीं कहा जा सकता। यदि गुणों का त्रित्व है तो कार्य भी तीन ही होंगे। इससे अनन्तता नष्ट होगी। कार्य के प्रत्यक्ष के बाद गुण भी प्रत्यक्ष होंगे। प्रधान का अनुमान किस विषयक होगा? गुणत्रय ही प्रधान है? और वह उपलब्ध है? इसीलिए यह पर्याप्त है — अन्वयशक्ति परिणाम वैश्वरूप्य उपकार्य-उपकारक आदि साधन द्वारा। यदि प्रधान उपलब्ध नहीं है तो उससे अभिन्न कार्य भी उपलब्ध नहीं होगा। उसके अभाव होने पर पुरुष की सिद्धि भी सम्भव नहीं है।

अथ अतात्त्विकम्, तदा गुणत्रयस्यापि अतात्त्विकत्वम्। तदभावान् न चित्सिद्धौ प्रमाणमस्ति। तदसिद्धौ परलोकिनोऽभावात् परलोकाभावः, तदेवं प्रत्यक्षं नोपपद्यते॥

यदि वह अतात्त्विक है तो तीन गुण भी अतात्त्विक ही होंगे। उसके अभाव में "चित्" की सिद्धि में भी प्रमाण नहीं होगा। उसके न होते ही परलोकी नहीं होगा, परलोकी के न होने पर परलोक का भी अभाव होगा। इस प्रकार प्रत्यक्ष सिद्ध नहीं हो सकता।

नैयायिकाभिमतस्यानुमानस्य निरसनम्
(नैयायिक अभिमत अनुमान का निरास)

अथ इदानीमनुमानं विचार्यते — किं पुनरनुमानम्? ***तत्पूर्वकमनुमानम्*। (न्यायसू. १.१.५) कथम्? कथ्यते — रसवतीप्रदेशे नयनादिव्यापारेण दहनधूमयोः सम्बन्धाव-धारणं क्रियते, तेन च संस्कारः, तदुत्तरकालं द्वितीयलिङ्गदर्शनम्, तदनन्तरं व्याप्तिस्मरणम्, व्याप्तिस्मरणानन्तरं परामर्शज्ञानमनुमानं लिङ्गसचिवम् ।**

अब अनुमान का विचार किया जाता है। अनुमान क्या है? "तत्पूर्वक ही अनुमान होता है" ऐसा कहा है। कैसे। देखिए — महानस (रसोई घर) में आँख आदि के व्यापार द्वारा आग और धुएँ के सम्बन्ध की अवधारणा की जाती है। उससे संस्कार, उसके बाद दूसरे हेतु का दर्शन, फिर व्याप्ति स्मरण, पुनः परामर्श का ज्ञान रूप अनुमान हेतु के साहचर्य से उपलब्ध होता है।

तदभावे तस्याभावः तत्पूर्वकत्वात् । नहि कारणं विना कार्यं लोके भवद् दृष्टम्, प्रत्यक्षं च कारणं गीयते तदभावात् कथमनुमानक्लृप्तिः, क्लृप्तौ वा कार्याऽकस्मिक-त्वप्रसङ्गः । प्रत्यक्षाभावमङ्गीकृत्य उक्तम् – ***अविनाभावसम्बन्धस्य ग्रहीतुमशक्यत्वात्*।**

उसके अभाव में उसका भी अभाव होता है, क्योंकि तत्पूर्वक होने से। बिना कारण के कार्य होता हुआ संसार में कहीं भी नहीं देखा गया है। प्रत्यक्ष को जब कारण कहा जाता है तो उसके न होने पर अनुमान की उपस्थिति कैसे होगी, उसके उपस्थित होने पर भी कार्य की आकस्मिकता उपस्थित होगी। अर्थात् कारण से कार्य होता है यह नियम लागू नहीं होगा। प्रत्यक्ष के अभाव को लेकर ही ऐसा कहा गया है — अविनाभाव का सम्बन्ध ग्रहण नहीं किया जा सकता।

इतोऽपि अविनाभावसम्बन्धग्रहणानुपपत्तिः — किं सामान्ययोः सम्बन्धावधारणम्, आहो स्वलक्षणयोः, सामान्यस्वलक्षणयोर्वा? तद्यदि सामान्ययोः सम्बन्धावधारणम्, तदयुक्तम्, सामान्यानुपपत्तेः । तदनुपपत्तिश्च प्रागेवोपपादिता । नापि सामान्यस्व-लक्षणयोः, सामान्यासंभवादेव ।

इससे भी अविनाभाव सम्बन्ध का ग्रहण नहीं हो सकता। अविनाभाव सम्बन्ध क्या दो सामान्यों के सम्बन्ध का अवधारण है अथवा दो स्वलक्षणों का? अथवा सामान्यलक्षण और स्वलक्षण का? यदि दो सामान्यों के सम्बन्ध का अवधारण है तो

सामान्य की उपपत्ति न होने से वह सम्भव नहीं है। इसका निराकरण पहले ही किया जा चुका है। इसी तरह सामान्यलक्षण तथा स्वलक्षण का भी नहीं होगा, क्योंकि सामान्य की सम्भावना ही खण्डित हो चुकी है।

नापि स्वलक्षणयोः, दहनधूमव्यक्तीनामानन्त्यात्, अभिन्नानेकानुगामिनिमित्ताऽसंभवाच्च। तद्भावेऽपि आनन्त्यस्याऽनतिवृत्तेः, अतिवृत्तौ वा भावाभावप्रसङ्गः, तत्प्रसक्तौ च वद इदानीं कस्य सम्बन्धावधारणम्?

आग और धुआँ व्यक्तिशः अनन्त होने से स्वलक्षणों का भी सम्बन्ध सम्भव नहीं है। अभिन्न-अनेक-अनुगामी निमित्त की सम्भावना भी नहीं है। उसके होने पर अनन्त की अनतिवृत्ति (अनवस्था) होगी, अतिवृत्ति होने पर एक ही वस्तु का एक ही समय में भाव और अभाव का प्रसंग उपस्थित होगा। वह प्रसक्त होने पर कहिए अब किसका सम्बन्ध निर्धारण किया जा सकता है?

देशकालस्वभावविप्रकर्षाच्च न व्यक्तीनां सम्बन्धावधारणाय अलं प्रत्यक्षम्। न च सम्बन्धिग्रहणमन्तरेण सम्बन्धबुद्धेरुपपत्तिः तदधिकरणत्वात् सम्बन्ध-तद्बुद्ध्योः। न च सम्बन्धग्रहणसमये सर्वे सम्बन्धिनोऽवभान्ति, अप्रतिभासनात्। न च अप्रतीयमानस्य प्रतीयमानत्वं कल्पयितुं न्याय्यम्, अतिप्रसङ्गात्। अन्यथा हि रासने विज्ञाने रसे प्रतीयमाने रूपमपि कल्प्यं स्यात्।

देश-काल-स्वभाव आदि से विप्रकृष्ट से व्यक्तियों के भी सम्बन्ध का अवधारण करने में प्रत्यक्ष सक्षम नहीं है। सम्बन्धी के ग्रहण बिना सम्बन्ध बुद्धि की स्थिति नहीं होती, क्योंकि सम्बन्ध बुद्धि के लिए सम्बन्धी सिद्धि अनिवार्य है। सम्बन्धग्रहण के समय में सभी सम्बन्धी उपस्थित भी नहीं होते, अप्रतीत होने से। अप्रतीयमान की प्रतीयमानता की भी कल्पना नहीं की जा सकती, अतिव्याप्तिदोष के कारण। अन्यथा रसनाविज्ञान में रस की प्रतीति होने पर रूप की भी कल्पना करनी पड़ेगी।

अथ अविनाभावसम्बन्धग्रहणकालोपलक्षितकतिपयव्यक्तीनां सम्बन्धावधारणम्, न सर्वासामिति चेत्, यद्येवं तासामेव गमकत्वं नान्यासाम्। नहि अन्यस्य सम्बन्धे अन्यस्य गमकत्वमस्ति, अतिप्रसङ्गात्। न जातु देवदत्तनयनघटसम्बन्धे जाते जलादौ ज्ञानमुत्पद्यते नियतदेशकालस्वभावाऽयोगित्वात्[१]स्वभाव . . . . स्यात्। आत्मान्यत्वे च अन्यस्य सम्बन्धे अन्यस्याऽगमकत्वम् तदाकारव्य[२] तिरेकात्। अव्यतिरे[३] के वा पर्वते

---

[१] "त् स्वभात" – मृष्टम्।

[२] "व्यतिरे" – घृ.।

[३] "रेके वा पर्वते नैकबलकृ" – घृ.।

नैकबलकृ . . . . धूमाकारानुप्रवेशप्रसङ्गः स्यात्। तदनुप्रवेशे च[४] न तत्संवित्त्यानु-[५]मेया अग्निसंवित्तिरूपपद्यते, नालिकेरद्वीपवासिन इव तयोः [६]सम्बन्धानवगतेः। तदनवगति[७]श्च अनुमेयदहनस्य पिशाचेश्वर-तुल्य-त्वात्[८]। पावकसम्बन्धिसंवि[९]त्तौ सम्बन्ध[१०]बुद्धेरूपपत्तिरति[११] प्रसङ्गात्। तस्माद् धू[१२]मा . . . . लिङ्गावगम इवा . . . . तात्त्विक्या दृष्ट्या[१३] न केनाप्यु[१४]त्पाद्यते इति किन्न कल्प्य[१५]ते धूमबलेन . . . . धूम[१६] धूमस्वरूपं किमधुनोत्पन्नम्, चिरोत्पन्नम्, कारणाद्व जातम्, आकस्मिकम् . . . . मात्रावद्योतकत्वेन पर्यवसिते आकस्मिकमपि स्वरूपमुपपद्यते जगतो वैश्वरूप्यदर्शनात्। अथ आकस्मिकत्वे नियतदेशकालसम्बन्धित्वं न लभ्यते, तन्न युक्तम्, तत्स्वभावस्य तस्योत्पत्तेराकस्मिकनियतदेश-कालसम्बन्धाभावानवगतेः। एवंभूतं तत् कारणं विनोत्पन्नं यत् नियत-देशकाल-प्रतिष्ठितदेहम्। एवं च स्थिते धूमोपलम्भे सति नानुमेयाग्नि-प्रतिपत्तिः, अनुपलम्भात्।

अब, अविनाभाव सम्बन्ध ग्रहण काल में उपलक्षित कुछ व्यक्तियों के सम्बन्ध का अवधारण होता है किन्तु सभी का नहीं, ऐसा कहने पर तो केवल उनका ही बोध होगा औरों का नहीं। दूसरे के सम्बन्ध का बोधक दूसरा नहीं होता, अतिव्याप्ति के कारण। देवदत्त और उसकी आँखों का घट के साथ सम्बन्ध होने पर जल आदि का ज्ञान नहीं होता, केवल घड़े का ज्ञान होता है क्योंकि नियत देश, काल, स्वभाव के साथ सम्बन्ध होने से। . . . . होता है . . . .।

. . . .

---

[४] "च न तत् सं." — घृ.।

[५] "मेया" — घृ.।

[६] "सम्बन्धानवगतेः। तदन" — घृ.।

[७] "ति" — घृ.।

[८] "त्। पाव" — घृ.।

[९] "वित्तौ" — घृ.।

[१०] "बुद्धे." — घृ.।

[११] "तिप्र" — घृ.।

[१२] "मा" — घृ.।

[१३] "दृष्ट्य न" — घृ.।

[१४] "प्युत्पाद्यते" — घृ.।

[१५] "ल्प्यते धूमबलेन" — घृ.।

[१६] "धूमधूमस्वरुपं किमधुनोत्पन्नं चिरोत्पन्नं कारणद्वा जातमाकस्मिक" — घृ.।

. . . .

. . . .

. . . .

अब आकस्मिक होने पर नियत देशकाल के साथ सम्बन्धितत्व उपलब्ध नहीं होगा। यह युक्तियुक्त नहीं है। क्योंकि उसके स्वभाव का और उसकी उत्पत्ति का आकस्मिक नियत देशकालसम्बन्ध के अभाव की अवगति ही नहीं है। इस प्रकार से उस कारण के बिना ही उत्पन्न नियत देशकाल प्रतिष्ठित देह है। ऐसी अवस्था में धूम की उपलब्धि के बाद अनुमेय अग्नि का ज्ञान नहीं हो सकता क्योंकि उसका अनुपलम्भ है।

९.१ कार्यहेतुकानुमाननिरासाय कार्यत्वस्य खण्डनम् (कार्यत्व का खण्डन)

इतोऽपि नानुमेयप्रतिपत्तिः, धूमस्य कार्यरूपत्वाऽसंभवात्। तदनुपत्तिश्च सत्ता-विच्छेदस्यानवगतेः। ननु प्रत्यक्षेणैव अवगम्यते, किं तत् प्रत्यक्षं विधिमुखेन उपजायते, आहो प्रतिषेधमुखेन? तद्यदि विधिमुखेन उपादीयते तत्किं धूमविषयम्, आहो अन्यविषयम्, निर्विषयं वा? तद्यदि धूमविषयम्, तदा तत्स्वरूपावगाहिना तत्स्वरूपा-स्तित्वं विधीयते न तत्स्वरूपखण्डना। अथ अन्यविषयम्, न तर्हि तेन तस्य खण्डना विधीयते तत्स्वरूपवत्, अपि तु यद् यद्विषयं तत् तस्यैवाऽस्तित्वं विदधाति। अथ निर्विषयम्, न तर्हि तत् किंचिद् विदधाति नापि प्रतिषेधति मूकान्धबधिरतुल्यत्वात्।

और इससे भी अनुमेय की प्रतिपत्ति नहीं होती, धूम रूपी कार्य न होने से। उसकी अनुपपत्ति तो सत्ता-विच्छेद का ज्ञान न होने से है। नहीं, प्रत्यक्ष द्वारा ही यह तो ज्ञात है न ! अहो ! ऐसा है तो वह प्रत्यक्ष विधिमुख से होता है या निषेधमुख से? यदि विधिमुख से है तो वह धुआँविषयक है या अन्यविषयक? अथवा निर्विषय है? यदि धूमविषयक है तो उसके स्वरूप का बोधक के द्वारा उसके स्वरूप के अस्तित्व का बोध किया जाता है न कि उसके खण्डनात्मकता का। यदि अन्य विषय है तो उससे उसका खण्डन सम्भव नहीं है, अपने ही स्वरूप की तरह। जो जिस विषय का होता है उसी के अस्तित्व का विधान वह करता है। यदि निर्विषय है तो वह तो कुछ भी नहीं करता, न विधि न निषेध। मूक, अन्धे और बहरे की तरह।

अथ प्रतिषेधमुखेन उपादीयते, तदपि किं धूमविषयम्, आहो अन्यविषयम्, निर्विषयं वा? तद्यदि धूमविषयम्, तदा तत्सत्तोपनिबद्धं तत्स्वरूपास्तित्वविधायकं न तु व्यावर्त्तकम्। अथ अन्यविषयम्, अन्यविषयपर्यवसायिना न तत्सत्ताखण्डना अवद्योत्यते तत्सत्तावत्। अथ निर्विषयम्, न तत् किंचिद्विदधाति नापि प्रतिषेधति मूढात्मतयोत्पत्तेः।

यदि निषेधात्मक रूप से उपस्थापन किया जाता है तो क्या वह धूमविषयक है अथवा अन्य विषयक है? या निर्विषय है? यदि धूमविषयक है तो वह उसकी सत्ता के साथ उपनिबद्ध स्वरूप के अस्तित्व का विधायक होगा, न कि व्यावर्त्तक। यदि अन्य विषयक है तो उससे उस सत्ता का खण्डन नहीं हो सकता जो अन्य विषय पर्यवसायी है। यदि निर्विषय है तो उससे कुछ नहीं होगा। न विधि, न निषेध क्योंकि वह तो मूढ़ बुद्धि के जैसा होगा।

अथ सत्ताविच्छेदो हि प्रध्वंसः, सोऽनेन आत्मसात् क्रियते, नेदं चतुरस्रं वचः। प्रध्वंसो हि विषयान्तरम्, तत्रोत्पन्नं विज्ञानं तत्स्वरूपास्तितवविधायकं न तु कस्यचित् प्रतिषेधकम्। तस्मिंश्च संवेद्यमाने न कस्यचित् खण्डनाऽवगम्यते स्वविषयपर्यवसायीनि विज्ञानानि स्वविषयास्तित्वविधानपराणि। का कस्य खण्डना?

यदि सत्ता का विच्छेद ही प्रध्वंस है और वह उसे आत्मसात् करता है तो यह वचन भी प्रशंसायोग्य नहीं है। प्रध्वंस का अर्थ विषयान्तर है।

वहाँ उत्पन्न ज्ञान उसके स्वरूप के अस्तित्व का विधान करता है न कि किसी का निषेध। यह होते ही किसी के खण्डन का बोध नहीं हो सकता क्योंकि सभी ज्ञान अपने विषय तक ही पहुँचते हैं और अपने विषय के अस्तित्व तक ही सीमित होते हैं। तब किसका खण्डन करेंगे?

अथ प्रध्वंसज्ञाने धूमस्वरूपं न प्रतिभाति, तेनासौ तस्य खण्डना इति चेत्, यद्येवं त्रैलोक्यस्य खण्डना, तस्मिन् धूमध्वंसज्ञाने त्रैलोक्यं नावभाति, त्रैलोक्यात्मको वा न भवति ध्वंसः।

यदि प्रध्वंसज्ञान में धूम के स्वरूप का बोध नहीं होता और वही उसका खण्डन है तो तीनों लोकों का खण्डन हो जाएगा। किन्तु उस धुएँ के ध्वंस का ज्ञान होने पर त्रैलोक्य का बोध तो नहीं होता और साथ ही तीनों लोकों का ध्वंस भी नहीं होता।

९.२ प्रसङ्गात् विरोधपदार्थस्य विकल्प्य दूषणम् (विरोधी पदार्थ का खण्डन)

अथ धूमविरोधित्वेन असौ धूमस्य खण्डना इति चेत्, कः पुनरसौ विरोधार्थः? किम् — अतदाकारता, आहो असमानकालीनता, तत्सद्भावे तस्यानुपलम्भो वा, तज्जन्यता वा, तज्जनकत्वं वा, भिन्नक्रियाकर्तृत्वं वा? भिन्नहेतूत्पाद्यत्वं वा? आश्रितानाश्रितत्वं वा?

यदि यह कहा जाए कि धुएँ के विरोधीरूप से धूम का खण्डन है तो इस विरोध का क्या अर्थ है, क्या अतद् आकारता है? अथवा असमान कालीनता है? अथवा उसके

अभाव होने पर उसका अभाव है? अथवा उससे जन्य है? अथवा उसका जनक है? अथवा भिन्नक्रियाकर्तृत्व है? अथवा भिन्न हेतु द्वारा उत्पाद्य है? अथवा आश्रित एवं अनाश्रित क्या है?

तद्यदि तावद् अतदाकारता विरोधः, तदा त्रैलोक्यस्य सा खण्डना, न केवलं धूमस्य, त्रैलोक्याकारपरिहारेण तत्स्थितेः । अथ असमानकालीनता विरोधार्थः, तदा अतीतानागतवर्त्तमानकालानामन्योन्यविरोधित्वप्रसङ्गः । न चासमान[17] कालीनता सा स्वभावेन उभयोः स्वभावोपपत्तेः ।

यदि तद् आकारता का विरोध है तो त्रैलोक्य का ही खण्डन हो जाएगा, केवल धुएँ मात्र का नहीं क्योंकि त्रैलोक्य आकार के परिहारपूर्वक वह रहता है। यदि असमानकालीनता ही वह विरोध है तो अतीत, अनागत और वर्तमान कालों का परस्पर में विरोध का प्रसंग उपस्थित होगा। किन्तु समानकालीन स्वभाव से वह विरोधी प्रसंग नहीं देखा गया।

अथ तत्सद्भावे तस्यानुपलब्धिः विरोधार्थः, तदा अतिदूरादिनिमित्तोपनिपाते सति तदनुपलब्धिर्दृष्ट्या, न च तेषां तत्खण्डनात्मता । तथा, दीपाभावे घटधूमादेरनुपलब्धिर्दृष्ट्या, न च सा घटधूमादेः सत्ता खण्डिता ।

उसके भाव में उसकी अनुपलब्धि ही विरोध का अर्थ है तो अत्यन्त दूर आदि निमित्तों के उपस्थित होने पर उसकी अनुपलब्धि देखी गई है। किन्तु वह उनकी खण्डनात्मकता नहीं है।

ठीक उसी प्रकार जैसे दीप के अभाव में घड़ा और धुआँ आदि की अनुपलब्धि तो है किन्तु उससे घड़ा और धुआँ आदि की सत्ता खण्डित नहीं होती।

अथ दूरादिनिमित्तोपनिपाते यत्रानुपलब्धिर्दृष्ट्या तत्रोपलब्धिरपि पुनर्दृष्ट्या, इह तु पुनः ध्वंसे संजाते न जातु धूमकुम्भादेरुपलब्धिरस्ति । केन नोपलभ्यते? किं केनापि, आहो सर्वज्ञातृभिः? तद्यदि केनापि नोपलभ्यते, तेन तदा तस्य स्वरूपखण्डना, तदयुक्तम्, दूराव[18] रणादिनिमित्तोपनिपाते सति यथैके तमर्थं न पश्यन्ति अपरे पश्यन्ति, एवं सति संजाते ध्वंसे तमर्थम् एके नोपलभन्ते अन्ये तु उपलप्स्यन्त इति ।

इसके बावजूद दूर आदि निमित्त उपस्थित होने पर जहाँ अनुपलब्धि दिखती है वहाँ उपलब्धि भी फिर देखी गई है। किन्तु यहाँ तो ध्वंस के बाद धुआँ और कुम्भ आदि की उपलब्धि नहीं है। कौन प्राप्त नहीं करता है? जो कोई भी? अथवा सर्वज्ञ? यदि कोई भी प्राप्त नहीं करता है तो क्या इसीलिए उसके स्वरूप का खण्डन है? वह सम्भव नहीं है। दूर आदि के आवरण रूप निमित्त उपस्थित होने पर जैसे कोई उस अर्थ को नहीं देखता

---

[17] "न चासना" इति मूलपाठः।

[18] "दूरारणा" इति मूलपाठः।

किन्तु अन्य देखते हैं, वैसे ही प्रकृत प्रसंग में ध्वंस के बाद उस पदार्थ को कोई भी नहीं पाता और कुछ लोग प्राप्त करते भी हैं।

अथ सर्वज्ञातृभिर्नोपलभ्यते, कानुमा? 'एतदनुभवविकलाः सर्वे ज्ञातारः', न मानमस्ति, परचित्तवृत्तीनां दुरन्वयत्वात् बुद्धिवैचित्र्यस्य च उपपत्तेः।

यदि सर्वज्ञ भी प्राप्त नहीं करते हैं तो उसमें क्या प्रमाण है। इस अनुभव से सभी ज्ञाता विकल हैं। प्रमाण नहीं है। दूसरे की चित्तवृत्ति का बोध सम्भव नहीं है। बुद्धि वैचित्र्य की भिन्नता भी सभी में उपलब्ध है।

ध्वंसे सति अनुपलब्धिः किं नियतदेशकाले, सर्वदा वा? तद्यदि नियतदेशकाले अनुपलब्धिः, तदा न सत्तापगमोऽवगम्यते, सिद्धसाध्यतया च बोद्धव्याः। अथ सर्वदेशकाले नोपलभ्यते, तदयुक्तम्, न नियामकं किंचिद् बीजमस्ति, न च बीजमन्तरेणाभ्युपगमो युक्तः।

ध्वंस के बाद जो अनुपलब्धि है, क्या वह निश्चित देशकाल में होती है अथवा सर्वदा होती है? यदि नियत देशकाल में है तो सत्ता के नाश का पता ही नहीं लगेगा और सिद्धसाध्यता भी उत्पन्न होगी। यदि सभी देशकाल में है तो वह भी सम्भव नहीं है क्योंकि उसका नियामक कोई भी कारण नहीं है और कारण के बिना कोई भी सिद्धान्त या कार्य की स्वीकृति सम्भव नहीं होती।

अथ ध्वंसे सति सर्वोपाख्यारहितत्वे कथं वस्तुत्वसंस्थितिः? कदा सर्वोपाख्यारहितत्वम्? किम् उपलब्ध्यवस्थायाम्, आहो अनुपलब्ध्यवस्थायाम्? तद्यदि उपलब्धिमधिकृत्योच्यते, उपलभ्यते च सर्वोपाख्यारहितत्वं च इति चित्रम्।

ध्वंस के बाद सभी नामोनिशान आदि के समाप्त होने पर कैसे सत्ता रहती है। कब सारे नामोनिशान समाप्त हो जाते हैं? क्या उपलब्धि की अवस्था में अथवा अनुपलब्धि की स्थिति में ऐसा होता है? यदि उपलब्धि को लेकर है तो कहीं होना भी और कहीं भी न होना यह कैसी विचित्र अवस्था है?

अथ अनुपलब्ध्यवस्थामङ्गीकृत्योच्यते सर्वोपाख्यारहितत्वम्, तदयुक्तम्, दूरावरणादिनिमित्तोपनिपाते सति अनुपलब्धौ सर्वोपाख्यारहितत्वं सत्त्वं च इत्यनेकान्तः। यदि च ध्वंसे सति अत्यन्तानुपलम्भः, अनुपलम्भप्रपञ्चोऽयं न तत्स्वरूपस्यातावदस्थ्यम्[१९], आवरणादिकृतानुपलम्भे यथा।

यदि अनुपलब्धि की अवस्था को लेकर कहें तो सभी उपाख्यारहित होंगे। वह सम्भव नहीं है। दूर आदि आवरण निमित्त होने पर अनुपलब्धि में सभी की उपाख्यारहितता

---

[१९] "अतावदस्थ्यम्" इति मूलपाठः।

और ऐसी सत्ता की अनेकान्तता होगी। यदि ध्वंस के बाद अत्यन्ताभाव है तो यह अनुपलब्धि का लम्बा प्रपञ्च उसके स्वरूप का न होकर दूसरी अवस्था है जैसा कि आवरणादिकृत अनुपलम्भ में होता है।

तज्जन्यता विरोधार्थः, तदा दण्डादिनापि जनितत्वात् तद्विरोधित्वप्रसङ्गः। न च व्यापारातिशयोऽस्ति, तं प्रति क्रियातिरेकस्य अनुपलब्धेः[२०]। अथ तज्जनकत्वं विरोधार्थः, तदयुक्तम्, न घटधूमात्मा तद् ध्वंसोत्पाद्यः तैरेव अनभ्युपगमात्। यदि च तज्जनकत्वेन विरोधित्वम्, तदा अभावज्ञानस्य अभावो विरोधी स्यात्।

यदि विरोध का अर्थ तज्जन्यता ही है तो दण्ड आदि से भी उसका उत्पादन होने से उसके विरोध का प्रसंग उपस्थित होगा। फिर व्यापारातिशय भी नहीं, उसके प्रति अतिरेक क्रिया की अनुपलब्धि होने से। यदि तज्जनकता ही विरोध का अर्थ है तो वह भी सम्भव नहीं होगा क्योंकि घड़ा और धूम स्वयं वह ध्वंस नहीं हैं, उन्हीं के द्वारा अस्वीकृत होने के कारण। यदि जनकत्व ही विरोधित्व है तो अभाव ज्ञान का अभाव भी विरोधी होंगे।

अथ भिन्नार्थक्रियाकर्तृत्वम्, तदा सर्वे सर्वस्य विरोधिनः प्राप्नुवन्ति। अथ भिन्नहेतूत्पाद्यत्वं विरोधार्थः, तदयुक्तम्, एकेन देवदत्तेन कुम्भतद्विच्छेदयोरुत्पद्यमानत्वात्। यदि च नियतहेतूत्पाद्यत्वेन विरुद्धत्वं जेगीयते सदसतोः, तदा सर्वे भावा नियतसामग्र्या उत्पाद्या अन्योन्यविरोधिनो भवेयुः। नित्यानित्याकारयोर्विरोधप्रसङ्गः, नित्याकारस्य निर्बीजत्वात्, बीजवत्वे वा नित्यतैव न स्यात्।

यदि विरोधित्व का अर्थ भिन्नार्थक क्रियाकारिता है तो सभी, सभी के विरोधी हो जाएंगे। यदि भिन्न हेतु से उत्पाद्य ही विरोध है तो वह सम्भव नहीं हो सकता क्योंकि एक देवदत्त घड़ा भी बनाता है और उसका ध्वंस भी करता है। यदि नियत हेतु से उत्पादित होना ही विरोधिता है तो – सत् और असत् का, सभी पदार्थ नियत सामग्रीजन्य होकर उत्पाद्य होते हैं और इस तरह अन्योन्य विरोधी हो जाते हैं। नित्य अनित्य आकारों का विरोध प्रसंग भी उपस्थित होगा। नित्याकार निर्बीज (कारणसामर्थ्य से रहित) होता है, यदि कारण (बीज) है तो नित्य ही नहीं हो सकता।

अथ आश्रितानाश्रितत्वं विरोधार्थः, तदा आत्मज्ञानयोः विरोधित्वमापनीपद्यते, कुम्भापगमस्य सर्वविरोधित्वं प्राप्नोति, आश्रितानाश्रितत्वस्याऽविशेषात्। न च सम्बन्धमन्तरेण षष्ठी सम्पद्यते, अपि तु सम्बन्धे सति देवदत्तनयनतुरगव्यपदेशो यथा। अथ सम्बन्धमन्तरेण कुम्भाभावव्यपदेशोऽभ्युपगम्यते, तदास्तं गतं विश्वं स्यात्, सम्बन्धाभावस्याऽविशेषात्।

यदि आश्रितत्व और अनाश्रितत्व ही विरोधार्थ हैं तो आत्मा और ज्ञान का भी विरोध

---

[२०] "अनुपलब्धिः" इति मूलपाठः।

आपस में उपस्थित होगा। घड़ा हटाने पर सभी प्रकार की विरोधिता उपस्थित होगी,क्योंकि वहाँ पर भी आश्रित और अनाश्रित में कुछ भी वैशिष्ट्य नहीं है। सम्बन्ध के बिना षष्ठी विभक्ति नहीं रहती। और सम्बन्ध होने पर देवदत्त की आँख और देवदत्त का घोड़ा सम्बन्ध-संदर्भी होगा। सम्बन्ध के बिना कुम्भ के अभाव का व्यवहार भी उपस्थित होगा। उसके बाद समग्र विश्व ही समाप्त हो जाएगा। क्योंकि सम्बन्ध मात्र के अभाव में कुछ भी भिन्नता नहीं रहती।

९.३ हेतुफलसम्बन्धावधारणस्यानुपपत्तिप्रकटनम्
(हेतुफल सम्बन्धावधारण का खण्डन)

इतोऽपि हेतुफलसम्बन्धावधारणं नोपपद्यते — किं निरुपचरितकारणग्रहणानन्तरं गृह्यते कार्यम्, आहोस्विद् उपचरितकारणग्रहणानन्तरम्? यदि निरूपचरितकारण-ग्रहणानन्तरं गृह्यते, तदयुक्तम्, सामग्र्या अतीन्द्रियत्वेन संवदनायोगात्। अथ उप-चरितकारणानन्तरीयकत्वेन तद् गृह्यते तेन तस्य तत् फलम्, तदयुक्तम्, उपचरितस्य कारणत्वमेव न विद्यते कथं तत् फलतां याति।

इससे भी हेतु और फल के सम्बन्ध का अवधारण उपपन्न नहीं होता। क्या अनुपचरितकारण के ग्रहण के अनन्तर कार्य का ग्रहण होता है अथवा उपचरितकारण के ग्रहण के बाद? यदि अनुपचरितकारण के ग्रहण के बाद है तो यह सम्भव नहीं है, सामग्री द्वारा अतीन्द्रियत्व रूप से संवेदन का योग न होने से। यदि उपचरित कारणान्तरीयकत्व रूप से वह ग्रहण होता है तो वह उसका फल है यह सम्भव नहीं होगा क्योंकि उपचरित की कारणता ही नहीं होती तो वह फल कैसे होगा।

अन्यच्च, तन्तूनां कार्यं वस्त्रं[२१] किम् पूर्वापरकालभावित्वेन, आहो पूर्वापर-ग्रहणेन? तद्यदि पूर्वापरकालभावित्वेन, तदा नियतकारणकार्यत्वं न लभ्यते अम्बर-फलस्य, तत्समानकालीनाऽनेककार्योत्पादकानां तत्पूर्वापरकालभावित्वाविशेषात्।

दूसरी बात, तन्तु का कार्य वस्त्र है। क्या वह पूर्वापरकालभावित्वरूप से होता है अथवा पूर्वापर ग्रहण से? यदि पूर्वापरभावित्व रूप से है तो नियत कारण-कार्यता लब्ध नहीं होगी, जैसा कि आकाशफल का उसी के समानकालीन अनेक कार्यों के उत्पादकत्व का पूर्वापरकालभावित्व अविशेष होने से।

अथ अन्वयव्यतिरेकयुक्तस्य यस्य पूर्वकालभावित्वं तत् कारणं तदस्ति, ध्रुवभावि-कार्यदर्शनात्। अन्वयव्यतिरेकशब्देन किमभिधीयते? किम् — कारणम्, अन्यद्वा? तद्यदि कारणम्, तदा न किंचिद् बाध्यते कारणात्मतया तत्कारणम्। अथ अन्यत् तत्, न

---

[२१] "वस्तू" इति मूलपाठः।

जानीमः किं तद् इति? नच पूर्वापरभावः सिद्धोऽत्र ज्ञानमन्तरेण। ज्ञानं विना न जाने किं सहोत्पन्नौ, पूर्वापरभावोत्पन्नौ वा, अनुत्पन्नौ वा

अब यदि अन्वयव्यतिरेकयुक्त को लें, जिसका पूर्वकालभावित्वरूप कारण है, ध्रुवभाविकार्य के निदर्शन से, तो अन्वयव्यतिरेक शब्द से क्या बताया गया है? कारण अथवा अन्य कुछ? यदि वह कारण है तो कुछ भी बाधित नहीं होगा क्योंकि कारणात्मरूप से वह कारण है। यदि अन्य कुछ है तो वह क्या है हम नहीं जानते। ज्ञान के बिना पूर्वापरभाव भी सिद्ध नहीं होता। ज्ञान के बगैर पता नहीं कि सह-उत्पन्न होते हैं अथवा पूर्वापररूप से उत्पन्न होते हैं अथवा नहीं होते?

अथ पूर्वापरग्रहणक्रमेण पूर्वापारोत्पाद तदभावव्यवस्था इति चेत्, तदेतदपि ग्रहणेऽपि तुल्यम्। सती सत्ता संवेद्यते नाऽसती। सहोत्पन्नयोरपि क्रमेण ग्रहणं दृष्टं गोविषाणयोः। अनुत्पन्नयोश्च गोत्वाऽस्तित्वयोः। तथा, पटग्रहणानन्तरं तन्तूनांग्रहणं दृष्टम्। तथा, एकमेव ग्रहणं दृष्टम्, न च तयोर्भेदोऽस्ति, न च तयोर्हेतुफलभावः, यथा च भेदो नास्ति तथा प्रागेव प्रपञ्चितम्। एवं संवेदनमपि संवेद्यात् न भिद्यते सदाकारतया, न च तयोः आकारान्तरमस्ति, एकं हि वस्तु।

यदि पूर्व-अपर ग्रहण के क्रम से पूर्वापरोत्पाद और उसके अभाव की व्यवस्था है तो यह ऐसे ग्रहण में भी तुल्य तुल्य होता है। सत्ता होने पर ही विदित होता है, न होने पर विदित नहीं होता। साथ उत्पन्न हुए का भी ग्रहण क्रमपूर्वक होता है जैसे गाय के दो सींग और वैसे ही अनुत्पन्न का भी जैसे गोत्वरूप अस्तित्व का। उसी प्रकार, कपड़े के ग्रहण के बाद तन्तुओं का ग्रहण होता हुआ दिखता है। तथा एकमेव ग्रहण भी देखा गया है। किन्तु उनमें भेद नहीं दिखता। और उनमें हेतुभाव और फलभाव भी नहीं होते। किस प्रकार भेद नहीं होता, वह पहले ही बताया गया है। इसी प्रकार संवेदन भी संवेद्य से भिन्न नहीं होता, हमेशा एकाकार रूप से रहने के कारण। उनका आकारान्तर भी नहीं होता क्योंकि वस्तु एक ही है।

इतोऽपि हेतुफलयोर्विज्ञानं न वेदनम्, यथा उत्पन्नं विज्ञानं स्वसंवेदनं न भवति, विज्ञानाकारातिरिक्ताकारान्तरविरहात्। अथ क्रियातिरेकापायेऽपि स्वसंवेदनमपदिश्यते, अस्वसंवेदनं किं न व्यपदिश्यते, क्रियातिरेकाभावस्याऽविशेषात्?

इसमें भी हेतु और फल के ज्ञान की वेदना (बोध) नहीं होती। जैसे उत्पन्न ज्ञान स्वसंवेदन नहीं होता, विज्ञानाकारातिरिक्त आकारान्तर न होने से। अतिरेकक्रिया न होने पर भी स्वसंवेदन हटाया जाता है। तब क्यों अस्वसंवेदन का उपदेश नहीं किया जा सकता? क्योंकि क्रियातिरेकता का अभाव दोनों जगह समान है।

तथा, अर्थस्यापि न तद्वेदनम्, अथ कथं तत् अर्थस्य वेदनं न भवति? कथ्यते —

तत् सत्तामात्रेण अर्थस्य वेदनम्, तज्जन्यतया वा? तद्यदि सत्तामात्रेण अर्थस्य वेदनम्, तदा विश्वस्य तद्वेदनं स्यात् तद्देहाविशेषात्। अथ तज्जन्यतया तत्संवेदनमुद्गीयते, तदा नयनालोकेश्वरादेरपि तत् संवेदनमापद्यते, तैर्जन्यमानत्वोपपत्तेः। न चार्थस्य व्यापार-तिरेकोऽस्ति, क्रियातिरेकस्यानधिगतेः। व्यापारातिरेके हि नियतफलोऽर्थः स्यात्। भवतु, न, अदृष्टत्वात्, एकं हि इदं फलं कारककदम्बसम्पाद्यम्। ततश्चार्थसंवेदनवत् तत्सर्वकारकसंवेदनवत्त्वप्रसङ्गः। अथ कारकान्तरस्य न तत् वेदनम्, अर्थस्यापि न तत् वेदनम्। तदभावान्न हेतुफलभावावगमः। तदनवगतौ च न कार्यं दृष्ट्वा कारणं प्रत्येति।

अर्थ का भी बोध नहीं होता। कैसे अर्थ की वेदना नहीं होती? देखिए — सत्तामात्र से अर्थ का बोध है अथवा तज्जन्यरूप से? यदि सत्तामात्र से है तो विश्व का तद्वेदन हो सकता है क्योंकि उस देह से अविशेष होने से। यदि तज्जन्यरूप से है तो नयनालोक आलोक ईश्वर आदि में भी वह संवेदन आएगा, क्योंकि उनसे जन्य प्रमाण की उपपत्ति होने से। और अर्थ का व्यापारातिरेक भी नहीं होगा, क्रियातिरेक न होने से। व्यापार का अतिरेक होने पर निश्चित फल फलितार्थ होता है। हो न, अदृष्ट होने से। एक ही यह फल है जो कारक समूह द्वारा सम्पादित किया जाता है। उसके बाद अर्थ के संवेदन की तरह, उन सभी कारकों के संवेदन का प्रसंग उपस्थित होगा। कारकान्तर का वह वेदन नहीं होता। अर्थ की भी वह वेदना नहीं होती। उसके न होने पर हेतुफल भाव का अवगम नहीं होगा। उसकी अनवगति में कार्य को देखकर कारण की उपलब्धि भी नहीं होगी।

अपि च, कार्यं दृष्ट्वा किमयम् अनुमाता कारणं स्मरति, आहो प्रत्येति? तद्यदि स्मरति, तन्नाननुभूतं स्मर्त्तुमीशः।

और भी, कार्य को देखकर क्या यह अनुमाता कारण का स्मरण करता है? अथवा नहीं करता है? यदि स्मरण करता है तो अननुभूत का स्मरण नहीं किया जा सकता।

अथ प्रत्येति, तत्रापि किम् उपचरितं प्रत्येति, आहो निरूपचरितम्? तद्यदि उपचरितं प्रत्येति, तदयुक्तम्, तेन सह सम्बन्धानुपपत्तेः, अकारकत्वेन गमकत्वानुपपत्तिः।

यदि नहीं करता है तो उसमें भी क्या उपचरित का स्मरण नहीं करता अथवा अनुपचरित का? यदि उपचरित का करता है तो यह सम्भव नहीं होगा, क्योंकि उसके साथ सम्बन्ध न होने से और इस तरह कारक न होने से भी गमकत्व की उपपत्ति नहीं होती।

अथ निरूपचरितं प्रत्येति, तत्रापि किम् विद्यमानम्, अविद्यमानं वा? तद्यदि विद्यमानम्, तदयुक्तम्, जनकत्वयोगेन जनकमपदिश्यते, यथा दण्डयोगेन दण्डी, द्रव्यत्वयोगेन द्रव्यम्। न भवतां पक्षे जनकत्वयुक्तस्य अनेककालान्तरावस्थानमस्ति,

कार्यानेकत्वप्रसङ्गात्। अथ जनकत्वे सत्यपि न जनयति, सर्वदैवाऽहेतुः स्यात्। अथ अविद्यमानं प्रत्येति, अविद्यमानम्, प्रत्येति च इति चित्रम्।

यदि अनुपचरित का अवगम है तो वह क्या विद्यमान के प्रति है अथवा अविद्यमान को लेकर है? यदि विद्यमान के प्रति है तो वह सम्भव नहीं है क्योंकि जनकत्व योग से जनक का सम्बन्ध द्योतित होता है। जैसे दण्ड के योग से दण्डी, द्रव्यत्व के योग से द्रव्य द्योतित होता है। और आपके पक्ष में जनकत्व से युक्त अनेक काल का अन्तरावस्थान नहीं है, क्योंकि वहाँ कार्य के अनेकत्व का प्रसंग होने से। यदि जनकत्व होने पर भी उत्पादन नहीं करता है तो हमेशा अकारण ही रहेगा। यदि अविद्यमान का अवगम है तो बड़े आश्चर्य की बात है कि वह अविद्यमान भी है और अवगमित भी होता है।

किंच, कार्यं दृष्ट्वा कारणं प्रत्येति, आहो कारणपूर्वकत्वम्, कारणपूर्वकं वा कार्यम्। तद्यदि कारणं प्रत्येति, तदा एतदापद्यते अस्ति कारणं कार्यात्, यथा अस्ति आत्मा काकस्य कार्ष्ण्यात्।

और भी, कार्य को देखकर भी कारण का अनुमान होता है? अथवा कारणपूर्वकत्व? अथवा कारणपूर्व कार्य है? यदि कारण को देखकर है तो ऐसी अवस्था होती है "कारण है, क्योंकि कार्य है" जैसे आत्मा है क्योंकि काग का कालापन है — ऐसे कथन की तरह ही होगा।

अथ तत्कारणपूर्वकत्वं कार्यस्यानुमीयते, तत्कारणपूर्वकत्वम् स्वकारणसत्ता-सम्बन्धः, सत्ता वा, धर्मान्तरं वा? तद्यदि स्वकारणसत्तासम्बन्धोऽनुमीयते, तदयुक्तम्, तस्य प्रत्यक्षविषयत्वात्। न च प्रत्यक्षेण अवगम्यमाने अनुमानं न्याय्यम्, हेतावप्यनुमान-प्रसङ्गात् तदुक्तम् ***सामान्ये सिद्धसाध्यता, सामान्यं समानता प्रत्यक्षानुमानविषयत्वेन अर्थस्य*।**

यदि तत्कारणपूर्वकत्व ही कार्य का अनुमान होता है तो वह कारणपूर्वकत्व क्या है? क्या स्वकारणसत्ता सम्बन्ध है? सत्ता है? धर्मान्तर है? यदि स्वकारणसत्ता का अनुमान किया जाता है तो वह प्रत्यक्ष का विषय होने से सम्भव नहीं है। साथ ही प्रत्यक्ष द्वारा जिसका बोध होता है उसमें अनुमान का प्रयोग उचित नहीं है। ऐसा होने पर हेतु में भी अनुमान का प्रसंग उपस्थित होगा। ऐसा भी कहा गया है — "सामान्य में सिद्धसाध्यता होती है" पदार्थ ज्ञान के लिए सामान्य समानरूप से प्रत्यक्ष और अनुमान में उपस्थित होता है।

अथ सत्ताऽनुमीयते, साऽपि प्रत्यक्षेणावगम्यते अलमनुमानेन। इहाप्येतद् द्रष्टव्यम् — 'सामान्ये सिद्धसाध्यता'। अथवा सिद्धस्य विद्यमानस्य साधनम् सिद्धसाधनम्। यथा च न तौ स्तः तथा प्रागेव प्रपञ्चितम्।

यदि सत्ता का अनुमान करना है तो वह भी प्रत्यक्ष द्वारा ही ज्ञात होता है, इसीलिए अनुमान की आवश्यकता ही नहीं है। यहाँ पर भी यह द्रष्टव्य है – "सामान्य में सिद्धसाध्यता होती है"। अथवा सिद्ध का = विद्यमान का साधन भी सिद्धसाधन है। कैसे यह सब नहीं है यह विषय पहले ही बता चुके हैं।

अथ कारणपूर्वकत्वं धर्मान्तरं तदनुमीयते, तदपि उपलब्धिलक्षणप्राप्ताधिकरणस्थं प्रत्यक्षावसेयम्, न मानान्तरमाकाङ्क्षति। न च अनुपलब्धिकारणम् आवरणदूरादि किंचिदस्ति। अनुपलब्धौ वा घटादावप्यनुपलम्भप्रसङ्गः। तदुक्तम् – ***विशेषेऽनुगमाभावः*** **। विशेषो हि अनुमानैकग्राह्योऽर्थः तेन सह सम्बन्धो नावगतः। तदनवगतौ न लिङ्गात् लिङ्गि[२२]गतिः। न च षट्पदार्थव्यतिरिक्तं धर्मान्तरमस्ति स्वयमनभ्युपगमात्, अभ्युपगते वा अभ्युपेतहानम्। यदि च कारणपूर्वकत्वं धर्मान्तरं तदनुमीयते लिङ्गात्, न तर्हि कारणमवगतं दिगीश्वरादि।**

यदि यह कहा जाए कि कारणपूर्वकत्व ही धर्मान्तर का अनुमान किया जाता है तो वह भी उपलब्धिलक्षण प्राप्त अधिकरण में रहा हुआ और प्रत्यक्ष द्वारा ज्ञातव्य है, इसीलिए दूसरे प्रमाण की आवश्यकता नहीं है। अनुपलब्धि भी कारण नहीं हो सकता क्योंकि आवरण एवं दूर आदि कुछ भी नहीं हैं। अनुपलब्धि को स्वीकारने पर घट आदि में भी अनुपलम्भ का प्रसंग उपस्थित होगा। कहा है – "विशेष में अनुगम ही नहीं हो सकता"। विशेष ही अनुमान का ग्राह्य अर्थ है इसीलिए सम्बन्ध की अवगति नहीं होती। उसकी अनवगति में लिंग द्वारा लिंगी में गति होती है। षट्पदार्थव्यतिरिक्त धर्मान्तर भी नहीं है। स्वयं अस्वीकृत होने से। स्वीकारने पर सिद्धान्त की हानि होती है। यदि कारणपूर्वकत्व ही धर्मान्तर है और उसका लिंग द्वारा अनुमान किया जाता है तो कारण की अवगति ही नहीं होती जैसा कि दिक् और ईश्वर आदि।

अथ कारणपूर्वकं कार्यमेव प्रतीयते, तदेतत् प्रज्ञामान्द्यविचेष्टिम्। कथम्? तत्स्वरूपस्य प्रत्यक्षावगाहितदेहस्य किमनुमानेन? अत्रापि तदेव उपनतम् – ***सामान्ये सिद्धसाधनम्*** **समानं प्रत्यक्षानुमानविषयत्वे सामान्यमित्यपदिश्यते, तस्मिन् सामान्ये साध्यमाने साधनवैफल्यमापद्यते। किंच, यद्यनुमानादपि कार्यं प्रत्येति, कारणं न केनाप्यवद्योतितं स्यात्। तदनवद्योतने कालादिव्यवहारविरहः स्यात्।**

यदि कारणपूर्वक कार्य की ही प्रतीति होती है तो यह निश्चय ही मंद प्रज्ञा की चेष्टा मात्र है, कैसे! उसका स्वरूप ही प्रत्यक्ष द्वारा अवगाहित देह है तो अनुमान से क्या करेंगे? यहाँ पर भी वही उपस्थित होता है – "सामान्य में सिद्धसाध्यता" अर्थात् समान रूप से प्रत्यक्ष और अनुमान के विषय में सामान्य की उपस्थिति होती है, उस सामान्य की सिद्धि

---

२२ "लिङ्गगति" इति मूलपाठः।

करने पर साधन की विफलता उपस्थित होती है। और, जिस अनुमान के द्वारा कार्य का ज्ञान होता है उसके कारण को कोई भी नहीं दिखा सकता। उसके अनवद्योतन में काल आदि के व्यवहार के भी विलुप्त होने का प्रसंग उपस्थित होगा।

तथा, कारणदर्शनेन कार्यानुमानमपि न संभवति। भवतां पक्षे कारकाणां सामग्र्यं जनकम्। तच्चेन्न प्रत्यक्षं न च साधनान्तरं विद्यते तत्स्वरूपावेदकम्। अपि च, लिङ्गग्रहणानन्तरं व्याप्तिस्मरणम्, तदनु परामर्शज्ञानम्, ततोऽनुमेयप्रतिपत्तिः। न च एतावन्तं कालं सामग्र्यवस्थानमस्ति।

उसी प्रकार, कारण के दर्शन द्वारा कार्य का अनुमान भी सम्भव नहीं होगा। आप लोगों के पक्ष में कारकों का साकल्य ही कार्य का जनक होता है। यदि वह सामग्री नहीं है तो प्रत्यक्ष भी नहीं होगा और साधनान्तर भी नहीं होगा – उसके स्वरूप का वर्णन, और लिंग के ग्रहण के बाद व्याप्ति का स्मरण, फिर परामर्शज्ञान, उसके बाद अनुमेय का ज्ञान, परन्तु अब तक सामग्री की अवस्थिति ही नहीं हुई है।

अथ कारकैकदेशग्रहणे सति कार्यमनुमिमीषे, तदयुक्तम्, कारकैकदेशस्या[२३] जनकत्वात्। जनकत्वयोगे सति जनकम् इत्यपदिश्यते। न च जनकत्वयुक्तस्य अनुमेयप्रतिपत्तिकाले अवस्थानमस्ति। न चाकारकं कार्यं गमयति अतिप्रसङ्गात्।

यदि कारण के एकदेश ग्रहण के बाद कार्य का अनुमान होता है तो कारक के एकदेश का अजनक होने से यह नहीं हो सकता। जनकत्व के योग होने पर जनक, ऐसी व्यवस्था होती है। वह जो जनकत्वयुक्त है उसका अनुमेय के ज्ञानकाल में अवस्थान सम्भव नहीं होता । अकारक कार्य का बोध भी नहीं कराता है, अतिप्रसंग होने से।

९.४ कृतकत्वहेतुकस्यानित्यत्वानुमानस्याप्यघटमानत्वप्रदर्शनम् (कृतकत्व हेतु का खण्डन)

तथा, कृतकतवेन अनित्यत्वानुमानमपि नोपपद्यते, अनित्यत्वं हि स्वकारणसत्तासम्बन्धः, सत्ता वा, धर्मान्तरं वा, शब्दध्वंसो वा, शब्दस्वरूपं वेति। तत्र तावत् स्वकारणसत्तासम्बन्ध-सत्ता-धर्मान्तर-स्वरूपपक्षे उक्तमेव दूषणम्।

कृतकत्व से अनित्यत्व का अनुमान उपलब्ध नहीं होता। अनत्यित्व का अर्थ स्वकारणसत्ता सम्बन्ध ही है। वह सत्ता है? अथवा धर्मान्तर है? अथवा शब्द ध्वंस है, अथवा शब्दस्वरूप है ?

यहाँ स्वकारणसत्तासम्बन्ध-सत्ता-धर्मान्तरस्वरूप के पक्ष में दूषण (दोष) पहले ही बता चुके हैं।

---

[२३] "देशरूपजनकत्वात्" इति मूलपाठः।

अथ ध्वंसोऽनुमीयते, तदयुक्तम्, तेन सह सम्बन्धानवगतेः । न शब्दसत्ताकाले तद्ध्वंसोऽस्ति, तदभावान्न सम्बन्धावगतिः, एकस्य सम्बन्धानुपपत्तेः । न चाभावस्य विषयभावोऽस्ति, भावे वा शब्दलिङ्गं न भवेत् । शब्दलिङ्गसद्भावे वा विज्ञानस्य अभावो न विषयः, तदभावात् । एतेन तपनोदयास्तमित्योर्गम्यगमकभावः पर्युदस्तो वेदितव्यः ।

यदि ध्वंस का अनुमान किया जाता है तो यह युक्तियुक्त नहीं है, क्योंकि उसके साथ सम्बन्ध का बोध न होने से। जिस काल में शब्द की सत्ता है उस काल में उसका ध्वंस नहीं है । उसके अभाव में सम्बन्ध का बोध भी नहीं होता, एक के सम्बन्ध की अनुपपत्ति होने से। अभाव का विषय-भाव भी नहीं होता। भाव होने पर भी शब्द हेतु नहीं होगा। शब्द के हेतु होने पर भी ज्ञान का अभाव विषय नहीं होगा, उसके न होने से। इसीलिए सूर्य का उदय और अस्त रूप प्रमाण का गम्य-गमक भाव निरस्त हो गया है, यह जान लेना चाहिए।

१०

आत्मानुमानस्य निरासः
(आत्मानुमान का खण्डन)

१०.१ नैयायिकादिसम्मतस्यात्मानुमानस्य निरासः (नैयायिकों के आत्मानुमान का खण्डन)

तथा, आत्मानुमानं सुखद्वेषज्ञानादिना न संभवति, तेन सह सम्बन्धानवगमात्, तदनवगतौ च अनुमानानर्थक्यम्। किं चात्र साध्यते? किम् – ज्ञानसुखादीनाम् आश्रितत्वम्, आहोस्विद् आश्रयाश्रितं वा ज्ञानस्वरूपम्? तथाश्रितत्वं साध्यते, तदा आत्मा नैवाऽवबोधितः, ततोऽन्यत्वाद् आश्रितत्वस्य। अथ आत्मा साध्यते, तदेवं भवति–अस्ति आत्मा विज्ञानात्, न च व्यधिकरणस्य गमकत्वं विद्यते। अथ आश्रितं ज्ञानस्वरूपं साध्यते, तच्च प्रत्यक्षेणावगतम्। अन्योऽनुमानस्य विषयो वक्तव्यः। कथं ज्ञानसुखादि आत्मसम्बन्धित्वेन व्यपदिश्यते – किं सत्तामात्रेण, आहो तज्जन्यतया, तज्जनकत्वेन वा, तत्समवायित्वेन वा, तत्स्वरूपतादात्म्याद्वा? तद्यदि सत्तामात्रेण सुखं विज्ञानं वा आत्मनोऽपदिश्यते, तदा आत्मवत् सर्वे भावाश्चेतनाः स्युः विज्ञानसत्ताऽविशेषात्। तथा, सर्वे सुखिनो भवेयुः, आनन्दसत्ताऽविशेषात्, अथ तज्जन्यतया विज्ञानमात्मनोऽपदिश्यते, तदा नयनालोकपटाः चेतनाः स्युः, तैर्जन्यमानत्वाऽविशेषात्। अथ तज्जनकत्वेन तस्य इति चेत्, तदयुक्तम्, न विज्ञानेन आत्मा उत्पाद्यते भवतां पक्षे, उत्पादने वा स्मरणानुपपत्तिः।

उसी प्रकार, आत्मा है इस विषय में सुख, दुखः, द्वेष और ज्ञान के आधार पर अनुमान किया जाता है। परन्तु इसमें सुख, दुःख, द्वेष, ज्ञान आदि सम्भव नहीं होते क्योंकि आत्मा के साथ उनके सम्बन्ध का बोध नहीं हुआ है। अतः उनकी अनवगति से अनुमान की निरर्थकता सिद्ध होगी। क्या सिद्ध करना है यहाँ? क्या ज्ञान और सुख आदि का आश्रितत्व अथवा आश्रयाश्रित अथवा ज्ञान का स्वरूप? यदि आश्रितत्व की सिद्धि की जाती है तो आत्मा का बोध ही नहीं हुआ है, आश्रितत्व की स्थिति इससे भिन्न है। यदि आत्मा की सिद्धि की जाती है तो यह ऐसा होगा – आत्मा है ज्ञान के कारण से, किन्तु व्यधिकरण का गमकत्व नहीं है। यदि आश्रित ज्ञानस्वरूप है और उसकी सिद्धि की जाती है तो वह प्रत्यक्ष द्वारा ही ज्ञात है। तब उससे भिन्न अन्य को अनुमान का विषय बताना पड़ेगा। कैसे ज्ञान और सुख आदि आत्मा के साथ सम्बन्धित हैं, यह बताया गया है? क्या सत्तामात्र से? अथवा उसकी जन्यता से? अथवा जनकत्व से? अथवा उसके

समवायित्व से? अथवा उसके स्वरूपतादात्म्य से? यदि सत्तामात्र से सुख और ज्ञान का आत्मा से सम्बन्ध है तो आत्मा की तरह ही सभी पदार्थ चेतन होने चाहिए,क्योंकि ज्ञान की सत्ता सभी में समान है। सभी को सुखी होना चाहिए, आनन्द सभी में समान होने से। यदि जन्यतया–ज्ञान ही आत्मा का स्वरूप है तो नयन, आलोक, कपड़ा आदि चेतन होने चाहिए? वे भी जन्यमान रूप में समान हैं। यदि उसके जनकत्व से है तो ज्ञान द्वारा आत्मा का उत्पादन करने की बात क्या आप स्वीकारते हैं? यदि स्वीकारते हैं तो स्मरण की व्याख्या कैसे करेंगे, इसीलिए यह भी सम्भव नहीं है।

अथ आत्मसमवायित्वेन विज्ञानम् आत्मनोऽपदिश्यते, न, तदभावात्। भवतु वा, समवायो हि अखण्डितात्मा सर्वात्मवस्त्रादिसाधारणः। ततः सर्वे चेतनाः स्युः। अथ विज्ञानोपलक्षितस्य नान्यत्र संभवोऽस्ति, तदयुक्तम्, तद् उपलक्षितस्य अन्यत्र संभवात्, तत्संभवश्च तस्य एकत्वात्। असंभवे वा समवायानेकत्वप्रसङ्गः, असमवायित्वं वाऽन्येषाम्।

यदि आत्म–समवायित्व से ज्ञान आत्मा का धर्म है तो उसके अभाव होने से यह सम्भव नहीं है। ठीक है ! हो न तो, समवाय का अर्थ अखण्डित आत्मसर्वात्म होने से वह वस्त्र आदि में भी समान है। इस तरह सभी चेतन हो जाएंगे। दूसरी बात ज्ञान द्वारा उपलक्षित का अन्यत्र भाव सम्भव नहीं होगा, यह भी उचित नहीं है। उसके द्वारा उपलक्षित की भी अन्यत्र उत्पत्ति होती है, उसके एक होने से यह सम्भव है। यदि असम्भव है तो समवाय की अनेकता होगी। अथवा अन्यों का असमवायित्व उपस्थित होगा।

तथा, विज्ञानसमवाय आत्मनः समवायः किम् — सत्तामात्रेण, आहोस्विद् आत्मजनकत्वेन, तज्जन्यत्वेन, तत्समवायित्वेन, आत्मस्वरूपतादात्म्याद्वा? तद्यदि सत्तामात्रेण आत्मनः समवायोऽपदिश्यते, तदा ज्ञानसमवायसत्ताऽविशेषात् सर्वेषां ज्ञानसमवायित्वप्रसङ्गः। अथ तज्जन्यत्वेन, तदयुक्तम्, नहि आत्मना समवायोत्पादनं क्रियते नित्यत्वाभ्युपगमात्। अथ तज्जनकत्वेन आत्मनः समवायः, तदनुपपन्नम्, आत्मनो नित्यत्वात्। अथ आत्मनि समवेतः तेन आत्मसमवायोऽभिधीयते, तदयुक्तम्, समवायान्तरानभ्युपगमात्। अथ आत्मतादात्म्येन वर्त्तत इति आत्मसमवायः उच्यते, तदा आत्मा विद्यते नान्यः समवायोऽस्ति तत्स्वभावानुप्रवेशात्। एवं विज्ञानानन्दादीनां समवायसम्बन्धेन न नियतात्मव्यपदेश उपपद्यते।

यदि कहते हो कि, विज्ञान समवाय ही आत्मा का समवाय है, तो क्या वह सत्तामात्र से समवाय है? अथवा आत्मजनकत्वरूप से है? अथवा तज्जन्यरूप से है? अथवा उसी के समवायित्व से है? अथवा आत्मस्वरूप तादात्म्य से है?

यदि सत्तामात्र से है तो आत्मा का समवाय कहलाएगा, इसीलिए ज्ञानसमवायसत्ता

के सर्वसाधारण होने से सभी का ज्ञान समवायित्व हो जाएगा। यदि तज्जन्यत्व से है तो यह युक्तियुक्त नहीं हो सकता, क्योंकि आत्मा समवाय का उत्पादन नहीं करती, अतएव उसकी नित्यता स्वीकार की गई है। यदि तज्जनकत्वरूप से आत्मा का समवाय है तो आत्मा नित्य होने से वह भी सम्भव नहीं है। यदि आत्मा में ही समवेत है और उसी से आत्म-समवाय कहा जाता है तो यह भी उचित नहीं है क्योंकि दूसरे — समवायान्तर — का स्वीकार न होने से। यदि आत्मतादात्म्य से है कहते हैं तो वह आत्मसमवाय ही कहलाएगा, उस स्थिति में आत्मामात्र है दूसरा समवाय नहीं है क्योंकि उसके स्वभाव में प्रविष्ट होने से। उसी प्रकार विज्ञान और आनन्द आदि से समवायसम्बन्ध के द्वारा भी नियत आत्मा का व्यपदेश नहीं होता।

अथ आत्मतादात्म्येनोपजायमानं विज्ञानानन्दादिकम् आत्मनोऽपदिश्यते, तदा विकारी प्राप्नोति अनया भङ्ग्या आत्मा। ततश्च स्मरणानुमानप्रत्यभिज्ञानानुपपत्तिः।

यदि आत्मतादात्म्य से उपजायमान विज्ञानानन्दादि ही आत्मतया उपदिष्ट होते हैं तो इसके द्वारा आत्मा विकारी हो जाएगी और उसकी अनन्यता भी भंग होगी, इससे स्मरण, अनुमान और प्रत्यभिज्ञा भी सम्भव नहीं हो सकते।

इतोऽपि आत्मा सुखादिकार्याधिकरणोऽवगन्तुं न पार्यते, किं तेनात्मना अनुपजातातिशयेन तापादि कार्यं क्रियते, आहोस्विद् उपजातातिशयेनापि, किं व्यतिरिक्तोपजातातिशयेन, अव्यतिरिक्तोपजातातिशयेन वा? तद्यदि अनुपजातातिशयेन उत्पाद्यते तापादि कार्यम्, तदा सर्वदा कुर्यात्, अनुपजातबलस्य कार्यकारणाभ्युपगमात्, न तापादिविकलः स्यात्, समं सुखादि कार्यं प्रसज्यते। अथ अव्यतिरिक्तोपजातातिशयेन उत्पाद्यते तापादि कार्यं, तदा अव्यतिरिक्तोपजातातिशय इति किं भणितं भवति? आत्मा उपजायते। ततश्च स्मरणानुमानप्रत्यभिज्ञानानुपपत्तिः।

इस कारण भी आत्मा सुख-दुःख आदि कार्यों का अधिकरण है, नहीं कहा जा सकता, तब क्या उस आत्मा द्वारा अनुपजात-अतिशय से ताप आदि कार्य किए जाते हैं अथवा उपजात-अतिशय से किए जाते हैं? अथवा अतिरिक्त उपजात अतिशय से अथवा अव्यतिरिक्त उपजात-अतिशय से किए जाते हैं?

यदि अनुपजात-अतिशय से उत्पन्न किए जाते हैं ताप आदि कार्य तो, हमेशा करते ही रहना पड़ेगा, क्योंकि अनुपजात बल का कार्य और कारण स्वीकृत है, इसीलिए ताप आदि विकल नहीं होते, साथ ही समान रूप में सुख आदि कार्य होते हैं।

यदि अव्यतिरिक्त उपजातातिशय से ताप आदि उत्पन्न किए जाते हैं तो यह अव्यतिरिक्त उपजाततापातिशय क्या है? क्या यह कहा जा रहा है कि आत्मा उत्पन्न होती है? इससे स्मरण, अनुमान और प्रत्यभिज्ञान आदि नहीं होंगे।

अथ व्यतिरिक्तोपजातातिशयेन जन्यते तापादि कार्यम्, स तेनात्मना सह सम्बद्धो वा, न वा? यदि न सम्बद्धः, स तस्यातिशयः कथम्?

यदि अव्यतिरिक्त उपजातातिशय द्वारा तापादि कार्य उत्पन्न होते हैं तो वे सभी आत्मा के साथ सम्बद्ध हैं या नहीं? यदि सम्बद्ध नहीं हैं तो यह कैसे उसका अतिशय होगा?

अथ सम्बद्धः किम् — जनकत्वेन, अथ जन्यत्वेन, तत्समवायित्वेन वा? तद्यदि जनकत्वेन सम्बद्धः, तदा आत्मा तेनातिशयेन उत्पद्यते इति स्मरणानुपपत्तिः। अथ जन्यत्वेन, सोऽपि तेन कथमुत्पाद्यते? किम् — अनुपजातातिशयेन, व्यतिरिक्तोपजातातिशयेन वा — इति प्राप्ता प्रश्नपरम्परा। अथ तत्समवायित्वेन, न, तस्य सर्वसाधारणत्वात्, तदभावाच्च।

यदि सम्बद्ध हैं तो, क्या जनकत्वेन, अथवा जन्यत्वेन? अथवा समवायित्व से हैं? यदि जनकत्वरूप से सम्बद्ध हैं तो आत्मा उसी अतिशय से उत्पन्न होती है। परन्तु यह कहने का तात्पर्य स्मृतिविलोप होता है। यदि जन्यत्वरूप से सम्बद्ध हैं तो वह भी कैसे उत्पादित होगा? क्या अनुपजातातिशय से? अथवा व्यतिरिक्त उपजातातिशय से, ऐसी प्रश्न-परम्परा उपस्थित होगी। यदि समवायित्व रूप से सम्बद्ध हैं तो यह सम्भव नहीं है, यह सर्वसाधारण होने से और उसके अभाव से भी।

अथ एककार्यजनकत्वेन सम्बद्धः, तदेवेदं चिन्तयितुमारब्धम् किमिदं जनकत्वं नामेति? किंच, यदेव अनुपजातेऽतिशये आत्मनो रूपं तदेव जातेऽपि, तत् कथं कार्यं कुर्यात्? अथ पूर्वरूपस्यातादवस्थ्यम्, सुस्थितं नित्यत्वम्! अथ तादवस्थ्यम्, तथापि न करोति कार्यम्। एवं *नैयायिका* दिमतेन आत्मन उपभोगस्मरणादिकं न जाघटीति।

यदि एककार्यजनकत्वरूप से सम्बद्ध हैं तो उसी से यह चिन्तन करना पड़ता है कि यह जनकत्व क्या है? और, जो अनुपजात अतिशय में आत्मरूप होता है क्या वही आत्मरूपता जातातिशय में भी है? यह कैसे काम करता है? यदि पूर्वरूप की वही अवस्था है तो नित्यत्व स्थिर हुआ। यदि वही अवस्था है तो फिर अर्थक्रिया नहीं करता है। इस प्रकार नैयायिक आदि के मत में आत्मा के उपभोग और स्मरण आदि घटित नहीं होते।

१०.२ जैनमते उपभोगाद्यनुपपत्तिप्रकटनेन आत्मानुमाननिरासमूचना (जैनाभिमत आत्मानुमान का खण्डन)

यस्यापि देहपरिमाणमात्र आत्मा, तस्यापि सुखदुःखोपभोगानुभवस्मरणानुपपत्तिः। कथम्? उपपाद्यते — सुखादिकार्यम् आत्मनो भिन्नम्, अभिन्नम्, भिन्नाभिन्नं वा? तद्यदि भिन्नम्, तत्किम्–सत्तामात्रेण, तज्जन्यत्वेन, तज्जनकत्वेन, तत्समवायित्वेन वा — इति पूर्वोक्तं दूषणमनुसृत्य वक्तव्यम्।

जिसके मत में देहपरिमाण मात्र आत्मा है, उनके मत में भी सुख, दुःख, उपभोग, अनुभव और स्मरणों की संगति नहीं होती। कैसे? सुनिए ! सुख आदि कार्य आत्म से भिन्न हैं? अभिन्न हैं? भिन्न और अभिन्न दोनों हैं? क्या हैं?

यदि भिन्न हैं तो क्या वे सत्तामात्र से भिन्न हैं, तज्जन्यत्वेन? जनकत्वरूप से? अथवा तत्समवायित्वरूप से भिन्न हैं? प्रकृत प्रसंग में भी पहले बताए हुए दोष ही पर्याप्त हैं।

अथ अभिन्नं सुखदुःखोपभोगस्मरणादिकार्यमुत्पद्यते, एवं तर्हि आत्मा उत्पद्यते। तदुत्पत्तौ स्मरणानुमानानुपपत्तिः, दुखादिवद् आत्मनो नानात्वोपपत्तेः। अथ एक एव आत्मा, सुखादेरप्येकता प्राप्ता। ततश्च एकत्वे अनुभवस्यैवावस्थानाद् अनुमान-स्मरणानुपपत्तिः। अथ नानात्वं सुखादीनाम्, आत्मनोऽपि तदेवापद्यते, तदव्यतिरेकात्। अथ सुखादिभेदेऽपि आत्मा नैव भिद्यते, तदा सुखादितादात्म्यं न लभ्यते। अथ सुखादितादात्म्यम्, तदा एकता नोपपद्यते, सुखादिवत् नानात्मोपपत्तेः।

यदि अभिन्नरूप से सुख, दुःख, उपभोग, स्मरण आदि कार्य उत्पन्न होते हैं, इसीलिए आत्मा कहा जाता है तो उस उत्पत्ति में स्मरण और अनुमान विलुप्त होंगे। सुख आदि की तरह ही आत्मा का नानात्व उपलब्ध होगा। यदि आत्मा एक मात्र है तो सुख आदि भी एक मात्र होंगे। और एकत्व में, अनुभव मात्र की स्थिति होने से अनुमान और स्मरण नहीं होंगे।

यदि सुख, दुःख आदि का नानात्व है तो आत्मा में भी नानात्व उपस्थित होगा। सुख आदि भेद से भी आत्मा का भेद होगा और उसके बाद सुख आदि तादात्म्य उपलब्ध नहीं होंगे। यदि सुख आदि तादात्म्य होंगे तो एकता उपपन्न नहीं हो सकती, सुख आदि की तरह ही नाना आत्माएँ होंगी।

अथ भिन्नाभिन्नं सुखादि कार्यं तेन नोदितं दूषणमिति चेत्, कथम्? किम् आकारान्यत्वेन, आहोस्वित् कार्यान्यत्वेन, कारणान्यत्वेन वा? तद्यदि आकारान्यत्वेन आत्मनो भिद्यते सुखादिकार्यम्, तदयुक्तम्, आकारान्यत्वं हि अन्योन्याकारपरिहारेण स्वात्मना व्यवस्थितम्, अभेदपर्युदासेन भिन्नबुद्धिविषयत्वेनावस्थितेरेकत्वानुपपत्तिः। एकत्वं हि एकस्वभावता, एकस्वाभाव्ये हि नानास्वभावता नोपपद्यते, नानास्वभाव्ये हि एकस्वभावतो नोपपद्यते – अन्योन्याकारपरिहारेण एतावाकारौ व्यवस्थितौ।

सुखदुःखादि कार्य आत्मा से भिन्नाभिन्न हैं तो इस पक्ष में दूषणों का उदय क्यों नहीं होगा। यह भिन्नाभिन्नत्व क्या आकारान्यत्वरूप से? अथवा कार्यान्यत्वरूप से? अथवा कारणान्यत्वरूप से है? यदि आकारान्यत्वरूप में आत्मा से सुख आदि कार्य भिन्न हैं तो यह उचित नहीं है क्योंकि आकारान्यत्व ही अन्योन्याकारपरिहार द्वारा स्वयमेव

व्यवस्थित होते हैं। अभेदपर्युदास द्वारा भिन्न-बुद्धि-विषयत्वरूप से अनवस्थित होने से एकत्व की अनुपपत्ति होती है। एकत्व का अर्थ एकस्वभावता है। एक स्वभाव होने पर ही नानास्वभावता उपपन्न नहीं होती, नानाविधस्वभाव होने पर एकस्वभावता उपपन्न नहीं होती, इस प्रकार अन्योन्याकारपरिहार द्वारा वे दो आकार व्यवस्थित होते हैं।

अथ कारणान्यत्वेन भेदपरिकल्पना, तदयुक्तम्, भिन्नादपि कारणादभिन्नं कार्यं दृष्टम्। मृत्पिण्डदण्डाद्यनेकं कारणम् अखण्डितं कार्यं जनयति। तथा एकेनापि कारणेन अनेकं कार्यं जन्यमानं दृष्टं घटादि। तेन न कारणभेदेन वस्तूनां भेदः, नापि कार्यभेदेन, अपि तु आकारभेदेनैव भेदः। स च आकारभेदः अस्ति सुखात्मनोः, कथमभेदः?

यदि कारणों की भिन्नता से भेद परिकल्पना है तो यह नहीं हो सकता क्योंकि भिन्न कारण से भी अभिन्न कार्य दिखता है। मृत्पिण्ड, दण्ड आदि अनेक कारण अखण्डित कार्य का उत्पादन करते हैं। उसी प्रकार एक ही कारण से अनेक कार्य भी होते हैं जैसा कि घट आदि। इसीलिए कारण के भेद से वस्तु में भेद नहीं होता। और कार्य के भेद से कारण का भेद भी नहीं होता। किन्तु आकार के भेद से ही भेद होता है। वह आकारभेद होता है सुख और आत्मा का, इसीलिए कैसे अभेद होगा।

किंच, येनैव आकारेण सुखम् आत्मनो भिद्यते तेनैव आकारेण अभिन्नम्, आहोस्विद् आकारान्तरेण? तद्यदि तेनैवाकारेण अभिन्नम्, तस्य तावदेकान्ताऽभेदः प्रतिपन्नो भवति भवता। अथ आकारान्तरेण अभिन्नम्, आकारान्तरं सुखं न भवति, तदभेदेऽपि सुखस्य भेदात्।

और भी, जिस आकार से सुख की आत्मा से भिन्नता होती है उसी आकार से अभिन्नता भी होती है? अथवा आकारान्तर से? यदि उसी आकार से अभिन्न है तो उस एकान्त = पूर्ण अभेद से युक्त होगी आत्मा। यदि आकारान्तर से है तो आकारान्तर सुख नहीं है, उसका अभेद होने पर भी सुख में तो भेद होगा ही।

१०.३ प्रसङ्गात् जैनाभिमतस्यानेकान्तवादस्य निरसनम् (अनेकान्तवाद का खण्डन)

एवं च स्थिते – *तदेव नित्यं तदेव चानित्यम्* इत्येतन्नोपपद्यते, सुखात्मनोर्भेदात्। अनाद्यन्ता सत्ता नित्या, आद्यन्तवती चाऽनित्या।

ऐसी स्थिति में "वही नित्य है और वही अनित्य भी है" ऐसा कथन नहीं बनता, सुख और आत्मा में भेद होने से। अनादि अनन्त सत्ता नित्य है तथा आदि और अन्तयुक्त सत्ता तो अनित्य है।

तथा – पररूपतयाऽसत्त्वं स्वरूपेण सत्त्वम् इत्येतदपि न संभवति। पररूपेण न

भावः नाप्यभावः, अपि तु स्वेन रूपेण भाव एकात्मकः — एकं हीदं वस्तूपलभ्यते, तच्चेदभावः किमिदानीं भावो भविष्यति? तद्यदि पररूपतयाऽभावः, तदा घटस्य पट[१] रूपता प्राप्नोति, यथा पररूपतया भावत्वेऽङ्गीक्रियमाणे पररूपानुप्रवेशः, तथा अभावत्वेऽप्यङ्गीक्रियमाणे पररूपानुप्रवेश एव। ततश्च सर्वं सर्वात्मकं स्यात्।

इसी प्रकार यह भी कहा जाना सम्भव नहीं कि वस्तुएँ पररूपतया असत्व और स्वरूपतया सत्व होती हैं। वास्तव में पररूपतया वस्तुओं का न तो भावरूप से अस्तित्व होता है और न ही अभाव रूप से, बल्कि वस्तुएँ अपने ही स्वरूप में एकात्मक हुआ करती हैं। उपलब्धि भी किसी वस्तु की एक और केवल एक रूप में होती है, और उसी का अभाव है तो उसका भाव क्या होगा? यदि पररूपतया अभाव है तो घट पटरूप में परिणत होगा । पररूपतया भावत्व को स्वीकार करने पर जैसे पररूप का अनुप्रवेश होता है वैसे ही पररूपतया अभावत्व को स्वीकार करने पर भी पररूप का ही अनुप्रवेश होता है। ऐसा होने से "सर्वं सर्वात्मकम्" की प्रसक्ति होती है ।

अथ पररूपस्याभावः, तदविरोधित्वैकत्वं तस्याऽभावः[२] । नहि तस्मिन् सति भवान् तस्यानुपलब्धेर्द्रष्टा, अन्यथा हि आत्मनोऽप्यभावो भवेत्। अथ आत्मसत्ता-ऽविरोधित्वेन स्वात्मनोऽभावो न भवत्येव, परसत्ताविरोधित्वात् परस्याप्यभावो न भवति। अथापराकारतया नोपलभ्यते तेन परस्य भावो न भवति, अभावाकारतया च अनुपलब्धेः परस्याभावोऽपि न भवेत्।

अब, पररूप का अभाव और उसका अविरोधी तो एकता है उसका अभाव। उसके होने पर उसकी अनुपलब्धि का आप अनुभव भी नहीं कर सकते । अन्यथा अपना भी अभाव होगा। आत्मसत्ता के अविरोधिरूप से अपना अभाव नहीं होता, परसत्ता के अविरोधी होने से, पर का भी अभाव नहीं होता। यदि दूसरे आकार के रूप में उपलब्ध नहीं होता है तो उससे पर का अभाव नहीं होता और अभावाकार के रूप में अनुपलब्ध होने से पर का भी अभाव नहीं होगा।

नृसिंहस्य खण्डनम्
(नृसिंह का खण्डन)

अथ अभावाकारतया उपलभ्यते, तदा भावोन्यो नास्ति, अभावाकारान्तरितत्वात् — अभावस्वभावावगाहनाऽवबोधेन अभाव एव द्योतितो, न भावः। यथा सुखावगाहकेन

१ "घटरूपता" इति मूलपाठः।

२ तस्या–भावः इत्यनयोर्मध्ये लुप्तो नकारो दृश्यते। अत्र कदाचित् ग्रन्थकारेण पूर्वं *तस्य न भावः* इति लिखितं स्यात्। अथ च पश्चात् तं नकारं लुप्त्वा केनचित् *तस्याऽभाव* इति कृतं स्यात्।

विज्ञानेन सुखमेवाऽवद्योतितं, न दुःखम्। अथ सुखज्ञानेन दुःखमपि गृह्यते, तदिदानीं सुखदुःखयोरेकता प्राप्नोति। ततश्च पर्यायरूपतया भेदाभ्युपगमो हीयते अभिन्नात्मकं जगत् स्यात्। एवं च स्थिते यदुक्तम् –

> ***भागे सिंहो नरो भागे योऽर्थो भागद्वयात्मकः।***
> ***तमभागं विभागेन नरसिंहं प्रचक्षते।***

इति, तन्न प्राप्नोति विश्वस्याऽखण्डरूपत्वात्। एतदपि न वक्तव्यम् –

> ***एको भावः सर्वभावस्वभावः, सर्वे भावा एकभावस्वभावाः।***
> ***एको भावस्तत्त्वतो येन दृष्टः सर्वेभावास्तत्त्वतस्तेन दृष्टाः॥***

यदि, अभावाकार के रूप में उपलब्ध होता है तो दूसरा भाव नहीं होता क्योंकि अभाव के आकारान्तरित होने से – अभाव-स्वभाव-अवगाहीरूप अनवबोध से अभाव ही द्योतित होता है, भाव नहीं। जैसे सुख-अवगाहक-ज्ञान से सुख ही द्योतित होता है दुःख नहीं। अब यदि सुख ज्ञान से दुःख का भी ग्रहण होना माना जाए तो सम्प्रति सुख और दुःख का एकत्व उपस्थित होगा। उसके बाद पर्यायरूप से भेद का अभ्युपगम नष्ट होगा, उससे जगत् अभिन्नात्मक हो जाएगा। ऐसी अवस्था में ऐसा कथन है – "आधे में सिंह, आधे में मनुष्य, जो पदार्थ यह दो भागों में अवस्थित है। उसके (अभाग) पूर्णता के विभाग द्वारा नरसिंह कहलाता है"। ऐसा नहीं हो सकता, विश्व के अखण्डस्वरूपात्मक होने से।

ऐसा कहना भी उचित नहीं है – एक ही पदार्थ सभी भावों के स्वभाव से युक्त होता है, सभी भाव एक स्वभावयुक्त होते हैं। जो तत्त्वपूर्वक एकपदार्थ को जानता है वह सभी पदार्थों के रहस्य को समझता है।

अथ पर्याया इतरेतरात्मना भिद्यन्ते सर्वभावानाम्, एवं तर्हि भावाऽभावपर्याययोरपि भेदोऽस्तु। इमामेव मूर्खतां दिगम्बराणामङ्गीकृत्य उक्तं *सूत्रकारेण* यथा –

> ***नग्न ! श्रमणक ! दुर्बुद्धे ! कायक्लेशपरायण।***
> ***जीविकार्थेऽपि चारम्भे केन त्वमसि शिक्षितः॥***

सभी पदार्थों के पर्याय एक-दूसरे से विभेदयुक्त होते हैं। यदि स्थिति ऐसी है तो भाव और अभावपर्याय के भी भेद न हों। दिगम्बरों की ऐसी ही मूर्खता को देखकर सूत्रकार ने ऐसा कहा है –

ओ! नागा श्रमण ! ओ दुर्बुद्धे ! ओ कायक्लेशपरायण ! अरम्य जीविका के लिए भी तुम्हें किसने ऐसी शिक्षा दी है?

१०.४ सांख्यमतेऽपि भोगानुपपत्तिप्रदर्शनेनात्मानुमाननिरासः (सांख्यमत में आत्मानुमान का खण्डन)

तथा *सांख्यमते* नापि आत्मनो भोगो नैव सम्पद्यते भोगस्य आत्मनि अवृत्तेः। भोगशब्देन सुखमभिधीयते, तत्संवेदनं वा? तदुभयं बुद्धौ वर्त्तते नात्मनि, एवं च व्यवस्थिते बुद्धेर्भोक्तृत्वं नात्मनः।

इसी प्रकार सांख्यमत में भी आत्मा का भोग उपपन्न नहीं होता। क्योंकि आत्मा में भोग नहीं रहता। भोग शब्द से सुख का ख्यापन होता है? अथवा उसकी संवेदना? वे दोनों बुद्धि में होते हैं, आत्मा में नहीं। ऐसा व्यवस्थित होने पर भोक्तृत्व, बुद्धि की है, आत्मा का नहीं।

अथ बुद्धिगतेनापि भोगेनैव आत्मनो भोक्तृत्वमभिधीयते, तदा बुद्धिगतेन कर्त्तृत्वेन आत्मनः कर्त्तृत्वं प्रसज्यते। ततश्च *कर्त्ता न भवति* इत्येतन्न वक्तव्यम्। अथ आत्मनि कर्त्तृत्वस्याऽवृत्तेः अकर्त्ता इत्यपदिश्यते, भोगस्याप्यतद्वृत्तेः संभुग् न भवत्यात्मा।

यदि बुद्धि में अवस्थित भोग द्वारा आत्मा का भोक्तृत्व होता है ऐसा कहें तो बुद्धि में अवस्थित कर्तृत्व से आत्मा का कर्तृत्व प्रसक्त होगा। उसके बाद कर्ता नहीं है ऐसा कहना उचित नहीं। आत्मा में कर्तृत्व न रहने पर अकर्ता ऐसा कहा जाता है। भोग भी आत्मा में न रहने पर आत्मा भोक्ता नहीं रह जाती।

अथ अस्ति कर्त्तृत्वं यदि नाम औपचारिकम्, यथा भृत्ये जयपराजयौ वर्त्तमानौ स्वामिनि उपचर्येते तथा बुद्धौ वर्त्तमानं कर्त्तृतवं पुंसि उपचर्यते, यद्येवम् भोगोऽपि बुद्धौ वर्त्तमानः पुरुषस्यौपचारिकः प्राप्तः। औपचारिकोऽपि आत्मनि न संभवति, अन्यत्र मुख्यतयाऽनभ्युपगमात्। भोगाऽभावे च आत्मनो मोक्षचिन्ता न कर्त्तव्या। बन्धनवान् मुच्यते। न चात्मनि बन्धनमस्ति। भोगो हि बन्धनम्। स चात्मनि नैव विद्यते, तद्भावात् मोक्षोऽपि निरूपपत्तिकः।

यदि औपचारिक कर्तृत्व है तो, जैसा कि भृत्य के हुए जय या पराजय स्वामी में जाता है वैसे ही बुद्धि में रहा हुआ कर्तृत्व पुरुष में उपचरित होता है। यदि ऐसा है तो भोग भी बुद्धि में रहकर पुरुष में उपचरित हो। औपचारिकता भी आत्मा में नहीं हो सकती। अन्यत्र मुख्यरूप में अस्वीकृत होने से। भोग के अभाव में आत्मा की मुक्ति की चिन्ता भी नहीं करनी पड़ेगी। बन्धनयुक्त ही मुक्त होता है। किन्तु आत्मा में बन्धन नहीं होता। भोग ही बन्धन है। वह आत्मा में नहीं है। वह न होने से मोक्ष भी उपपत्तिरहित हो जाता है।

तथा, आत्मनोऽस्तित्वं न सिद्ध्यति भोक्तृत्वस्याभावे। भोग्येन भोक्तुरनुमानम्। यथा सूपादिमात्रं भोक्त्रविनाभूतं दृष्टम्, तथा प्रधानं सविकारं भोग्यं तेन भोक्ताऽनुमीयते,

एतच्चायुक्तम्, आत्मनो भोक्तृत्वाभावे कथं भोग्येन आत्माऽनुमीयते, आत्मना सह भोग्यस्य सम्बन्धानवगतेः? तदनवगतिश्च आत्मनः प्रत्यक्षाविषयत्वात्। तदविषयत्वं च *विशेषेऽनुगमाभावः* इत्युक्तम्। अथ प्रत्यक्षेण आत्मा अवधार्यते, तदा प्रत्यक्षविषयत्वेन आत्मनः समानता प्रत्यक्षानुमानविषयत्वेन, ततश्च सिद्धसाध्यता।

वैसे ही भोक्तृत्व के अभाव में आत्मा का अस्तित्व भी सिद्ध नहीं होता। भोग्य द्वारा भोक्ता का अनुमान होता है। जैसे सूप आदि भोक्ता के अभाव में वस्तुतः नहीं होने की तरह ही होता है। उसी प्रकार प्रधान विकारसहित भोग्य है और उससे भोक्ता का अनुमान किया जाता है। यह युक्तिपूर्ण नहीं है। आत्मा के भोक्तृत्व के अभाव में कैसे भोग्य द्वारा आत्मा का अनुमान किया जाए। क्योंकि आत्मा के साथ भोग्य के सम्बन्ध की अवगति ही नहीं हुई है। उसकी अवगति न होने में आत्मा का प्रत्यक्ष का विषय न होना ही है। उसके अविषय होने में विशेष के अनुगम का अभाव ही कारण है। यदि प्रत्यक्ष द्वारा आत्मा का अवधारण करना है तो उसके प्रत्यक्ष के विषय होने पर प्रत्यक्ष और अनुमान में समानता उपस्थित होगी और सिद्धसाध्यता दोष उत्पन्न होगा।

सूपादि भोक्त्रविनाभूतं दृष्टम्, तत्किम् — देहादिव्यतिरिक्तभोक्त्रविनाभूतं दृष्टम्, आहोस्विद् देहमात्रभोक्त्रविनाभूतं दृष्टम्? तद्यदि देहादिव्यतिरिक्तभोक्त्रविनाभूतं दृष्टम्, तदा दृष्टान्तोऽपि दार्ष्टान्तिकप्रतितुल्यः, आत्मनोऽतीन्द्रियत्वेन। अथ प्रत्यक्षेणावधारित आत्मा, तदा सिद्ध आत्मा, किमनुमानेन?

सूप आदि पदार्थ भोक्तृ-अविनाभूत होते हैं, यह क्या है? देहादिव्यतिरिक्त भोक्तृ-अविनाभूत है अथवा देहमात्र भोक्तृ-अविनाभूत है? यदि देहादिव्यतिरिक्त भोक्तृ-अविनाभूत है तो दृष्टान्त भी दार्ष्ट्रान्तिक कोटि में पहुँचेगा, आत्मा के अतीन्द्रिय होने से। यदि प्रत्यक्ष द्वारा ही अवधारित होता है तो आत्मा सिद्ध ही है, क्यों व्यर्थ अनुमान करना?

अथ देहमात्रभोक्त्रविनाभूतं दृष्टम्, तदा देहविकाराणां भोगयोगेन नात्मनः सिद्धिः। भवतु वा आत्मनो भोगः, तथापि अकृतकृताभ्यागमनाशदोषप्रसङ्गः — अकृतस्य कर्मणः फलमभ्येति आत्मनः, कृतस्य च कर्मणः फलं न सम्पद्यते बुद्धिः। यदि च अकृतस्य कर्मणः फलमभ्येति, तदा मुक्तात्मनामपि तत्फलं स्यात्, आत्मवृत्तिनियमहेतोरभावात्। ततश्चाऽकैवल्यप्रसङ्गः।

यदि देहमात्र और भोक्तृत्व एक-दूसरे के अविनाभूत हैं तो, देहविकारों के भोग का योग होने से आत्मा की सिद्धि नहीं होती। हो न तो आत्मा का भोग, यह कहने पर अकृत-कृत-अभ्यागमनाश-दोष उपस्थित होता है, अकृत कर्म का फल आत्मा को मिलेगा और किए हुए कर्म का फल भी बुद्धि को नहीं मिलेगा। यदि नहीं किए हुए कर्मों का फल प्राप्त होता है तो मुक्तात्म पुरुषों के लिए भी वह फल होगा, आत्मवृत्तिनियम कारण के अभाव से। उसके बाद कैवल्य की ही हानि होने का प्रसंग उपस्थित होगा।

१०.५ सांख्यसम्मतस्य कैवल्यस्यानुपपत्तिकत्वोपपादनम् (सांख्याभिमत कैवल्य का खण्डन)

इतश्च कैवल्यं नोपपद्यते, भोग्यभोजकयोरवस्थानात्। नहि भवतां पक्षे सदात्मानं परित्यजति भोग्यम्। येनाकारेण आत्मनो भोग्यत्वेनावस्थितम्, नहि तदाकारमतिवर्त्तते, आत्मनो भोक्तृत्वाकारस्य अनतिवृत्तेः। अतिवृत्तौ च आत्मोच्छेदप्रसङ्गः।

इससे कैवल्य की भी सिद्धि नहीं हो सकेगी, भोग्य और भोक्ता के अनवस्थान से। आपके मत में ऐसी स्थिति ही नहीं बनती कि भोग्य वस्तुएँ सदात्मा को छोड़कर रहती हैं।

आत्मा उस आकार को नहीं छोड़ती, जिस आकार से उसे भोग्य वस्तुओं का भोक्ता कहा जाता है। अतः आत्मा अपने भोक्तृत्वाकार से निवृत्त नहीं हो सकती, और यदि निवृत्त होती है तो आत्मोच्छेद-प्रसंग की प्रसक्ति होती है।

१०.६ वेदान्तसम्मतस्यानन्दरूपकैवल्यस्यायुक्तिकताप्रदर्शनम् (वेदान्त के मोक्ष का खण्डन)

येऽपि आनन्दरूपमात्मनः कैवल्यमभिदधति तेऽपि युक्तिवादिनो न भवन्ति। कथम्? यद्यात्मनः आनन्दरूपं स्वसंवेद्यं च, तदा संसारावस्थायामपि तत् वेद्यं प्रसक्तम्। ततश्च मोक्षार्थप्रयासो निष्फलः।

जो आत्मा के आनन्दस्वरूप को ही कैवल्य कहते हैं वे युक्तिवादी नहीं हैं। यदि आत्मा का आनन्दरूप संवेद्य है तो संसारावस्था में भी वह संवेद्य होगा ही। इससे तो मोक्ष के लिए किए जाने वाले प्रयास ही व्यर्थ हैं।

अथ संसारावस्थायां न वेद्यते अनादिमलावगुण्ठितमात्मनः स्वरूपम्। यथा पटान्तरिते घटे घटबुद्धिर्न भवति, एवं मललिप्ते आत्मनि आत्मबुद्धिर्न भवति, तदेतदयुक्तम्, दृष्यन्तदार्ष्टान्तिकयोः वैषम्यात् – पटान्तरिते घटे घटबुद्धिर्न भवति पटान्तर्धाने सति इन्द्रियेण साकं सम्बन्धो नास्ति तद्भावात् घटे नेन्द्रियजं विज्ञानं सम्पद्यते। इह तु पुनः मलावगुण्ठनेन कस्य व्यवधानं क्रियते? न वेद्यवेदकयोर्व्यवधानं क्रियते। वेद्यं वेदकं च आत्मस्वरूपमेव – यथा *बौद्धानां* स्वसंवेद्यं विज्ञानम्, तच्च विषयसद्भावेऽपि वेद्यते तदभावेऽपि वेद्यते, यथात्मनः स्वसंवेद्यं स्वरूपं मलसद्भावेऽपि वेद्यते तदसद्भावेऽपि वेद्यते, मलस्याऽकिंचित्करत्वाद् आत्मनोऽर्थान्तरत्वेनाऽवस्थानात्। अथ तादात्म्येन स्थितानि मलानि, तदा 'मलानि अपजनीयन्ते' किमुक्तं भवति? आत्मा-ऽपनीयते। ततश्च मोक्षाभावप्रसङ्गः।

यदि, संसार अवस्था में अनादि-मल से अवगुण्ठित आत्मा के स्वरूप को नहीं जाना जा सकता या आनन्दस्वरूप की वेदना नहीं होती, जैसा कि कपड़े से ढ़के हुए घड़े के स्वरूप को नहीं जाना जा सकता, उसी प्रकार मल से लिप्त आत्मा में आत्मबुद्धि नहीं होती, यह कहना युक्तियुक्त नहीं है। दृष्टान्त और दार्ष्ट्रान्त में विषमता होने से, जैसा कि पट से ढ़के हुए घड़े का ज्ञान न होने में इन्द्रियसन्निकर्ष के अभाव के कारण प्रत्यक्ष न होना है। यहाँ तो मल के आवरण से किसका व्यवधान होता है? वेद्य और वेदक का व्यवधान नहीं कहा जा सकता। वेद्य और वेदक दोनों आत्मा के स्वरूप हैं। जैसे बौद्धों का स्वसंवेद्य ज्ञान होता है। उस विषय के सद्‌भाव होने पर ही वेदित होता है और अभाव में भी वेदित ही होता है। उसी प्रकार आत्मा का स्वसंवेद्य स्वरूप मल के होने पर भी वेदित ही होता है और उसके न होने पर भी वेद्य ही है, क्योंकि मल अकिञ्चित्कर (असमर्थ) है और आत्मा दूसरे स्वरूप में रही हुई होती है। यदि मल तादात्म्य से अवस्थित है तो "मल हटाए जाते हैं" कहकर क्या कहना चाहते हैं? आत्मा ही हटाई जाती है ऐसा कह रहे हैं। इससे तो मोक्ष का ही विलोप हो जाएगा।

१०.७ मीमांसकमतेनापि आत्मानुमानस्यासंभवित्वप्रकटम्
(मीमांसकसम्मत आत्मानुमान का खण्डन)

तथा *मीमांसकमते* नापि आत्मानुमानं न प्रवर्त्तते, प्रमाणान्तरानवधारितार्थविषयत्वाभ्युपगमात् प्रमाणानाम्। नियतविषयाणि हि प्रमाणानि प्रतिपद्यन्ते — प्रत्यक्षावसेये नानुमानं प्रवर्त्तते, अनुमानावसेये च प्रत्यक्षं न प्रवर्त्तते। ततश्च इतरेतरव्यावृत्तिविशेषविषयाणि। तदयुक्तम् — *विशेषेऽनुगमाभावः* विशेषो नियतप्रमाणग्राह्योऽर्थः, तथाभूतेऽर्थेऽङ्गीक्रियमाणे अनुमानस्याऽनुगमाभावः। अनुगमः सम्बन्धः, तद्ग्रहणानुपपत्तिः।

इसी प्रकार मीमांसकों के मत में भी आत्मा का अनुमान सम्भव नहीं है क्योंकि प्रमाणों के प्रमाणान्तरानवधारितार्थविषयत्व की स्वीकृति होने से। प्रमाण निश्चित विषय में ही प्रयुक्त होते हैं। प्रत्यक्ष समाप्त होने पर अनुमान प्रवृत्त होता है। अनुमान की समाप्ति के बाद प्रत्यक्ष प्रवृत्त नहीं होता। इसीलिए प्रमाण एक-दूसरे की व्यावृत्ति करते हुए विशेषविषयक होते हैं। यह युक्तिसम्मत नहीं है। "विशेष में अनुगम का अभाव है" विशेष का तात्पर्य निश्चित प्रमाणग्राह्य अर्थ से है, ऐसे अर्थ के स्वीकार के बाद अनुमान का ही अनुगम नहीं होता। अनुगम का अर्थ सम्बन्ध है और यहाँ ऐसे सम्बन्ध का ग्रहण ही सम्भव नहीं है।

अर्थे प्रत्यक्षाद्यवधारितेप्यर्थे अनुमानं प्रवर्त्तते, नन्वेवं प्रत्यक्षानुमानसाधारणोऽर्थः प्रसक्तः। साधारणता समानता। *सामान्ये सिद्धसाध्यता* प्रत्यक्षावगतत्वात्। अनधिगतार्थगन्तृविशेषणं च अपार्थकम्।

यदि प्रत्यक्ष आदि द्वारा अवधारित अर्थ में भी अनुमान की प्रवृत्ति होती है तो प्रत्यक्ष और अनुमान में साधारणता उपस्थित होगी। साधारणता अर्थात् समानता। "सामान्य में सिद्धसाध्यता" प्रत्यक्ष से अवगत होने से। तब अनधिगतार्थ तथा "गन्तृ" विशेषण भी व्यर्थ होंगे।

अथवा, सामान्ये सिद्धे साधनम् इत्यन्योऽर्थः। सामान्ययोः गम्यगमकभावोऽभ्युपगम्यते *मीमांसकेन*। न च तत् सामान्यं विद्यते, यथा च न विद्यते तथा प्रागेवोदितम्। ततश्च सिद्धस्य साधनम् — विद्यमानस्य साधनम्। न च अग्नित्वमस्ति। तदभावे कस्येदं ज्ञापकम्?

अथवा "सामान्य सिद्ध होने पर साधन" कैसे यह दूसरा अर्थ है। मीमांसकों ने सामान्य का गम्य और गमक भाव स्वीकार किया है। किन्तु वह सामान्य नहीं है। कैसे वह नहीं होता यह पहले ही बता चुके हैं। उसके बाद सिद्ध का साधन अर्थात् विद्यमान का साधन। अग्नित्व भी नहीं है। उसके अभाव में किसका ज्ञापक होगा।

अथवा, सिद्धं साधनं सिद्धसाधनम् इत्यन्योऽर्थः। विद्यमानं साधनम्। न च धूमत्वसामान्यमस्ति। तच्च (त्व) विद्यमानं सामान्यम्। कथं सामान्यं साधनं भवितुमर्हति?

अथवा जो सिद्ध है वही साधन और सिद्ध का साधन, यह दूसरा अर्थ है। विद्यमान साधन है। धूमत्व सामान्य जैसा भी कुछ नहीं है। अतः सामान्य की अविद्यमानता है। ऐसा सामान्य कैसे साधन हो सकता है?

अथवा, सिद्धसाधनम् — ज्ञातमनुमानं साधनं भवति, न च धूमत्वं ज्ञातं स्वयमसत्त्वात्, अथवा ग्रहणोपायाभावात् तस्य अनुस्यूतं रूपम्। न च तत् आत्मन्यनुस्यूतम्। नापि एकस्यां व्यक्तौ अपि तु बह्वीषु व्यक्तिषु। न च बह्व्यो व्यक्तय उपलभ्यन्ते, अपि तु एकैव धूमव्यक्तिरुपलभ्यते। न च एकस्यां व्यक्तौ अनुगतात्मतया सामान्यसंवित्तिरस्ति। न चाकारान्तरसामान्यम्।

अथवा, "सिद्ध साधनम्" का यह भी अर्थ है कि ज्ञात अनुमान साधन होता है। धूमत्व भी ज्ञात नहीं होगा स्वयं न होने से। उसके अनुस्यूत रूप (आकार) को जानने का कोई उपाय भी नहीं है। उसके निज रूप से भिन्न उसका कोई अनुस्यूत रूप भी नहीं है। चलिए एक व्यक्ति में न सही किन्तु अनेक व्यक्तियों में तो हो सकता है। अनेक व्यक्ति भी उपलब्ध नहीं हैं। किन्तु एक व्यक्तिमात्र धूम उपलब्ध होता है। एक व्यक्ति में अनुगतात्म रूप से सामान्य की संवित्ति भी नहीं होती और आकारान्तर सामान्य भी नहीं है।

११

ताथागतसम्मतस्यानुमानस्य निरासः
(बौद्धों के अनुमान का खण्डन)

तथा, ताथागतानामपि अनुमानं न प्रवर्त्तते सम्बन्धानवगतेः। तदवगतिश्च — किं सामान्ययोः सम्बन्धावधारणम्, आहोस्वित् सामान्यस्वलक्षणयोः, स्वलक्षणयोर्वा? तद्यदि सामान्ययोः सम्बन्धावधारणं क्रियते, तदयुक्तम्, सामान्यस्याऽसंभवान्न तयोः सम्बन्धः। नापि सामान्यस्वलक्षणयोः सम्बन्धावधारणं क्रियते, सामान्यस्याऽसत्त्वात्।

इसी प्रकार, ताथागतों का अनुमान भी सिद्ध नहीं हो सकता क्योंकि सम्बन्ध की अवगति नहीं होती। यदि मान भी लें कि सम्बन्ध की अवगति (ज्ञान) होती है तो प्रश्न उठता है कि क्या यह दो सामान्यों का सम्बन्ध अवधारण है अथवा सामान्य और स्वलक्षण का है? अथवा दो स्वलक्षणों का है? यदि सामान्यों का सम्बन्ध अवधारण किया जाता है तो यह सम्भव नहीं है क्योंकि सामान्य असम्भव होने से उन दोनों का सम्बन्ध ही नहीं होगा। पुनः सामान्य तथा स्वलक्षण का भी सम्बन्ध नहीं हो सकता क्योंकि सामान्य ही नहीं है।

अथ स्वलक्षणयोः सम्बन्धावधारणम्, तत्रापि किम् अर्थयोः, ज्ञानयोः, ज्ञानार्थयोर्वा? तद्यदि अर्थयोः सम्बन्धावधारणम्, तद्दहनधूमयोर्हेतुफलभावज्ञानं किं सत्तामात्रेण, आहोस्वित् तदाकारयोगित्वेन, तज्जन्यत्वेन वा, सामस्त्येन वा? तद्यदि सत्तामात्रेण दहनधूमसंवेदनमपदिश्यते, न केवलं तद्दहनस्य तत् संवेदनम्, त्रैलोक्यस्य तत्संवेदनं प्रसक्तम्, उपकारविनिर्मुक्तस्य सत्ताऽविशेषात्।

यदि दो स्वलक्षणों के सम्बन्ध का अवधारण है तो, यहाँ भी क्या दो अर्थों का? दो ज्ञानों का? अथवा ज्ञान और अर्थ का सम्बन्धावधारण है? यदि अर्थों का है तो आग और धुएँ का हेतु-फल-भाव-ज्ञान क्या सत्तामात्र से है अथवा तदाकारयोग से है? या तज्जन्यत्व से है? अथवा समानता से है? यदि सत्तामात्र से है तो दहन और धुएँ का संवेदन भी स्वीकृत होगा और वह केवल आग मात्र का संवेदन नहीं होगा। इससे तीनों लोकों का संवेदन प्रसक्त होगा। उपकारविनिर्मुक्त की सत्ता सर्वसाधारण होने से।

११.१ प्रसङ्गात् ज्ञानस्य विषयाकारत्वं विचार्य तत्खण्डनम्
(ज्ञान की विषयाकारता का खण्डन)

अथ तद्दहनाकारयोगित्वेन तस्य संवेदनमभिधीयते, यथा दहनेन स्वनिर्भास-

मुत्पादितं तथा गन्धाकारोपरक्तगन्धादि ज्ञानेनापि स्वनिर्भासमुत्पादितम्। ततश्च ज्ञानाकारं तदुत्पद्यते इति युक्तं भवति गन्धाद्याकारम्, ततश्च अनेकाकारयोगित्वे सति प्रतिकर्मव्यवस्था न लभ्यते। अथ गन्धादिज्ञानं न गन्धाद्याकारमर्पयति दहनज्ञाने, तदानीं ज्ञानाकारार्पकत्वमपि न लभ्यते, ज्ञानतादात्म्यव्यवस्थितोऽसौ गन्धाकारः तदनर्पकत्वे ज्ञानाकारोऽपि नार्पितः स्यात्। ततश्च दहनविज्ञानम् अविज्ञानम्। निरवयवं च गन्धादिज्ञानम्, नैकदेशेन आकारार्पकत्वम्। अथ निराकारं गन्धादिज्ञानम्, प्रतिकर्मव्यवस्था तर्हि न लभ्यते, तस्य दहनज्ञानस्यापि निराकारताऽस्तु।

यदि अग्नि और दाहकता के आकार का योग होने से उसका संवेदन होता है तो जैसे अग्नि से अपनी ज्वाला उद्भावित होती है उसी प्रकार गंधवान वस्तु गंधाकार से उपरक्त होकर गंधज्ञान के रूप में अपने प्रतिभास को उत्पन्न करती है। इस तरह ज्ञानाकार उत्पन्न होता है और वह ज्ञानाकार गंधादि के आकार को परिलक्षित करता है, ऐसा मानना युक्तिसंगत है। परन्तु ऐसा होने से अनेक आकारों के योग का प्रसंग उपस्थित होगा और तब प्रतिकर्म व्यवस्था नहीं बनेगी। पुनः यदि गंधादिज्ञान दहनज्ञान में गंधादि आकार को अर्पित नहीं करता है तो उस स्थिति में ज्ञानाकार का अर्पण ही सम्भव नहीं होगा। ज्ञान तादात्म्य से व्यवस्थित यह गन्धाकार और उसके अर्पण न करने पर ज्ञानकार का भी अर्पण नहीं हो सकता। इससे दहनज्ञान भी अज्ञान ही हो जाएगा। अवयवरहित गन्ध आदि ज्ञान का एकदेश में आकार अर्पकत्व नहीं हो सकता। इससे गन्ध आदि ज्ञान निराकार होंगे और प्रतिकर्म व्यवस्था भी उपलब्ध नहीं होगी। इतना ही नहीं, दहनज्ञान की भी निराकारता उपलब्ध होगी।

किंच, दहनाकारयोगित्वेन यदि दहनसंवेदनम्, तदा पूर्वविज्ञानाकारयोगित्वेन पूर्वविज्ञानस्यापि तद्वेदनं प्राप्तम्, तदाकारयोगित्वात् तदुत्पाद्यत्वाच्च। अथ तथाकारयोगित्वे तदुत्पाद्यत्वे च तस्य तद्वेदनं न भवति, विषयस्यापि तर्हि तद्वेदनं किम्, इह द्वयस्य विसंवादात्? अथ तद्विज्ञानं विदितम् इति कृत्वा न वेद्यते ज्ञानान्तरेण, एवं विषयस्यापि तद्वेदनं न प्राप्नोति पुरुषान्तरावधार्यमाणस्य।

और भी, यदि अग्नि और आकार के समवाय से यह दहन संवेदन है तो पूर्वविज्ञानाकारयोगित्व रूप से पूर्वविज्ञान की भी यह वेदना संप्राप्त होगी। उसके आकार के योग से यह उत्पाद्य भी होगा। अब, उस आकार के योगित्व से और उससे उत्पाद्यत्व होकर भी उसकी वह वेदना नहीं होगी। तब क्या विषय की वह वेदना है? नहीं, यहाँ दोनों के विसंवाद होने से। यदि वह विज्ञान विदित होता है यह कहें तो ज्ञानान्तर से वह विदित नहीं होता। इस प्रकार विषय का भी वह वेदन प्राप्त नहीं होगा जो अन्य पुरुषों द्वारा अवधारित है।

अपि च, यदि दहनाकारयोगित्वेन दहनस्य तद्वेदनम्, वस्तुत्वाकारयोगित्वेन नयनादेरपि तत्संवेदनं प्रसक्तम्। अथ नयनादेरसाधारणाकारार्पकत्वं न विद्यते, तेन

तेषां तत्संवेदनं न भवति, नीलस्य स्वभवनदेशकालस्वभावानर्पकत्वात् स्वकारणकलापोत्पाद्यस्वभावानर्पकत्वाच्च। तदर्पकत्वे च नीलाकारयोगिता स्यात् तत्कारणजन्यत्वं च। एककालीनत्वे एककारणजन्यत्वे च हेतुफलभावानुपपत्तिः सहोत्पन्नयोर्गोविषाणयोरिव। अथ असाधारणाकारतया नोपजायते अपि तु नीलमात्रप्रतिच्छायतयैव उपजायते, यद्येवं नयनादिस्वलक्षणाकारतया उपजायमानं नयनादेः तद्ग्रहणं भवेत्।

इतना ही नहीं, यदि दहनाकारयोगित्व के कारण से दहन का ही वह वेदन है तो वस्तुत्वाकारयोग द्वारा नेत्र आदि का भी वह संवेदन प्राप्त होगा। यदि नयन आदि का आकार अर्पकत्व असाधारण नहीं है तो उससे उनका वह संवेदन नहीं होगा, नील का होना देश, काल और स्वभाव के अनर्पकत्व रूप होने से और अपने कारण समूह द्वारा उत्पाद्यस्वभाव का अनर्पकत्व होने से भी है। उसके अर्पकत्व में नीलाकारयोगित्व हो सकता है अथवा उसकी कारणजन्यता भी। एककालीन होने पर और एककारण से जन्य होने पर हेतु और फल का भाव अनुपपन्न होता है जैसा कि साथ उत्पन्न दो सींगों का होता है। यदि असाधारण कारण से नहीं होता है और नीलमात्र की प्रतिच्छाया के रूप से उत्पन्न होता है तो नयन आदि स्वलक्षण आकार से भी उपजायमान नयन आदि से उसका ग्रहण होना चाहिए।

अपि च, दहनाकारता दहनविज्ञानात् किं भिन्ना, अभिन्ना वा? यदि भिन्ना, सा किं तात्त्विकी, आहोस्विदतात्त्विकी? तद्यदि तात्त्विकी, तद्गतिः कथम्? न स्वसंवेद्यत्वेन नापि जनकत्वाऽऽकारार्पकत्वेन। स्वसंवेद्या न भवति विज्ञानकाय[1] व्यतिरेकात्। नापि जनकत्वाऽऽकारार्पकत्वेन गृह्यते। अर्थो हि आकारमर्पयति न विषयाकारता। तदाकारार्पकत्वे वा प्राप्ता आकारपरम्परा। अथ अतात्त्विकी विषयाकारता, सा अतात्त्विकत्वेन असंविदितदेहा कथं प्रतिकर्मनियामिका भवति?

और भी, दहनज्ञान से दहनाकारता क्या भिन्न है अथवा अभिन्न? यदि भिन्न है तो क्या तात्त्विक है या अतात्त्विक? यदि तात्त्विक है तो उसकी गति कैसे होगी? न तो स्वसंवेद्य रूप से ही होगी, न जनकत्व रूपी आकार अर्पकत्व से ही होगी। स्वसंवेद्य भी नहीं हो सकती, ज्ञानकायभिन्न होने से, और जनकत्व आकारार्पकत्वरूप से भी गृहीत नहीं होगी। अर्थ ही आकार का अर्पण करता है न कि विषयाकारता। इस आकार के अर्पकत्व में ही आकारपरम्परा प्राप्त होती है। यदि विषयाकारता अतात्त्विक है तो उसके अतात्त्विक होने से वह असंविदित देहयुक्त (स्वरूप) वाला होकर कैसे प्रतिकर्मनियमन करता है?

अथ अव्यतिरिक्ता, सा किं तात्त्विकी, आहोस्विद् अतात्त्विकी? यदि तात्त्विकी,

---

[1] "कार्यव्यतिरेकात्" इति मूलपाठः।

सा किं जडात्मिका, तदा ज्ञानाऽव्यतिरेकित्वं न संभवति चिदचिदोरेकत्वायोगादन्योन्य-परिहारस्थितिधर्मत्वेन। अथ चिदात्मिका, तदा परिभाषामात्रं भिद्यते — ज्ञानं विषयाकार इति। अथ अतात्त्विकी, तदा ज्ञानस्याप्यतात्त्विकत्वम्। न च ज्ञानव्यतिरिक्ता विषयाकारता नास्ति, अपि तु ज्ञानस्वरूपमेव विषयाकारतात्मकमपदिश्यते । तच्च नयनार्थालोकसाधारण उत्पाद्यत्वेन समं संवेदनं प्रसक्तं सर्वकारकाणाम्।

यदि अव्यतिरिक्त है तो तात्त्विक है या अतात्त्विक? यदि तात्त्विक है तो वह जड़स्वरूप है अथवा चित्स्वभाव? यदि जड़ है तो ज्ञान के साथ अभिन्न नहीं हो सकता क्योंकि चित् और अचित् का एकत्व न होने से और अन्योन्य परिहार करने वाले स्वभाव से भी। यदि चिदात्मक है तो परिभाषा मात्र का ही भेद होता है — ज्ञान ही विषयकार है कहने में। यदि अतात्त्विक है तो ज्ञान की भी अतात्त्विकता होगी। वस्तुतः ज्ञान से भिन्न विषयकारता होती नहीं है। किन्तु ज्ञानस्वरूप ही विषयाकारता है, यही सिद्धान्त है। तब इससे तो नयन, अर्थ एवं आलोक इत्यादि कारकों में समान रूप से संवेदन प्रसक्त होगा, क्योंकि उत्पाद्यत्व सभी कारकों का साधारण धर्म है ।

११.२ दृष्टान्तीभूतस्यादर्शस्य मुखरूपतास्वीकारार्थस्य विकल्प्य निरसनम्
(दृष्टान्त–आदर्श का खण्डन)

यदप्युक्तं केनापि — *आदर्शमण्डलं मुखरूपतां स्वीकरोति न च आदर्शरूपतां परित्यजति तथा ज्ञानमपि विषयरूपतां स्वीकुर्वन्न विज्ञानरूपतां त्यजति* तदप्ययुक्तम्, आदर्शमण्डलस्य मुखरूपतास्वीकरणार्थो वक्तव्यः — किं मुखतादात्म्यम्, आहोस्विद् अविरलदेशोत्पादः? तद्यदि तादात्म्यम्, कथं न आदर्शरूपतां जहाति? एकं हि इदं वस्तु — तत्तादात्म्ये मुखम् आदर्शो वा। अथ अविरलदेशोत्पादो मुखस्य *स्वीकरणम्, तदानीम् आकारस्यापि स्वीकरणम् अविरलदेशोत्पाद* एव प्राप्तः, ततश्च नाकारेण प्रतिकर्मव्यवस्था क्रियते। अनवगतरूपेणैव च स्थितेः। दहनज्ञानं यदि साकारं तथापि दहनग्रहणं न भवति।

किसी ने ऐसा कहा है — "दर्पण मुख के स्वरूप का ग्रहण करता है, किन्तु आदर्शरूपता का परित्याग नहीं करता, उसी प्रकार ज्ञान भी विषयरूपता स्वीकार करता है किन्तु ज्ञानरूपता नहीं त्यागता" । यह कथन उचित नहीं है। दर्पण की मुखरूपता स्वीकारने का क्या अर्थ है? क्या मुखतादात्म्य है? अथवा अविरल देश का उत्पादन है? यदि तादात्म्य है तो क्यों आदर्शरूपता नहीं छोड़ता? एक ही यह वस्तु उसके तादात्म्य से मुख है या दर्पण? यदि अविरलदेश का उत्पादन ही मुख का स्वीकरण है तो उस स्थिति में आकार को भी स्वीकार करना पड़ेगा और अविरलदेश उत्पादन ही प्राप्त

होगा। ऐसा होने पर आकार रूप से प्रतिकर्मव्यवस्था नहीं कर सकता। क्योंकि उसकी अवस्था ज्ञात ही नहीं हुई है। इस तरह यदि यह मान भी लिया जाए कि अग्नि का ज्ञान साकार होता है तब भी उसे अग्निज्ञान नहीं कहा जा सकता।

इतोऽपि दहनग्रहणं न भवति। किं तद् अवगतम्, अनवगतम्, तत्किं ज्ञानान्तर-वेद्यम्, स्वसंविदितं वा? यदि ज्ञानान्तरवेद्यम्, तदयुक्तम्, न ज्ञानं ज्ञानान्तरवेद्यं भवत्पक्षे। अथ स्वसंवेद्यम्, तदयुक्तम्, विषयदृष्टान्तबलेन निराकृतं *नैयायिकैः*। अथ अनवगतम्, न तर्हि तद् दहनस्य ग्रहणम्। *अप्रत्यक्षोपलम्भस्य नार्थदृष्टिः प्रसिद्ध्यति* इति न्यायात्।

इससे भी दहन का ग्रहण नहीं होता। तब क्या वह अवगत है अथवा अनवगत? अथवा ज्ञानान्तर वेद्य है? अथवा स्वसंविदित है? यदि ज्ञानान्तर वेद्य है तो वह सम्भव नहीं क्योंकि ज्ञान को ज्ञानान्तरवेद्य मानना आपका (बौद्धों का) पक्ष नहीं है। यदि स्व-संवेद्य है तो नैयायिक ही विषयदृष्टान्त द्वारा इसका निराकरण कर चुके हैं, इसीलिए यह भी सम्भव नहीं है। यदि अनवगत है तो वह दहन का ग्रहण नहीं कहा जाएगा। "स्वयं में अवेद्य ज्ञान अपने विषय का भी वेदक नहीं हो सकता" यह न्याय विराजमान है।

अपि च यत् तत् दहनग्रहणम् – तत्र किमवभाति किम् अर्थः, ज्ञानम्, उभयं वा? यदि अर्थः प्रतिभाति, तदयुक्तम्, असंविदितायां संवित्तौ तत्संवित्त्ययोगात्। अथ ज्ञानम्, तर्हि दहनधूमयोः सम्बन्धोऽवगतः तत्संवित्तिपूर्वकत्वात् सम्बन्धबुद्धेः। अथ उभयं प्रतिभाति, तदयुक्तम्, एकोपलम्भस्य द्वितीयाकारपरिहारस्थितिधर्मत्वात्। न च दहनज्ञाने ज्ञानार्थाकारौ प्रतीयेते अपि तु दहनस्यैव प्रतिभासनात्।

चलिए, आप जैसे-तैसे दहन ग्रहण स्वीकार भी कर लें तो उससे क्या प्रतीत होता है? क्या अर्थ? ज्ञान? अथवा दोनों? यदि अर्थ प्रतीत होता है तो यह सम्भव नहीं है, असंविदितों की ज्ञान में संवित्ति होती ही नहीं है! यदि ज्ञान है तो दहन और धुएँ का सम्बन्ध ही अवगत नहीं है क्योंकि ऐसे सम्बन्ध बुद्धि के लिए वह ज्ञान पहले ही होना चाहिए। यदि दोनों प्रतीत होते हैं तो वह भी कैसे होगा? क्योंकि एक और दूसरे के बीच में एक दूसरे के परिहार करने की स्थिति उपस्थित होती है। वस्तुस्थिति ऐसी नहीं कि दहन-ज्ञान में दो आकार – ज्ञानाकार एवं अर्थाकार – प्रतीत होते हों, अपितु जो प्रतीत होता है वह केवल दहन मात्र ही है।

अथ दहनोत्पाद्यत्वेन तत् दहनस्य संवेदनम्, कथं तत् दहनेनोत्पाद्यते? किम् अतज्जननस्वभावेन, तज्जननस्वभावेन वा? यदि अतज्जननस्वभावेन, अतज्जनन-स्वभावः कथमसौ तज्जनयेत्?

यदि दहनोत्पाद्यत्व रूप से यह दहन का संवेदन है तो कैसे वह उस दहन से उत्पादित किया जाता है? क्या अतज्जननस्वभाव से अथवा तज्जननस्वभाव से? यदि

अतज्जननस्वभाव से है तो अतज्जननस्वभाव कैसे इसे उत्पन्न कर सकता है। स्वभाव ही भिन्न होने से।

अथ तज्जननस्वभावः, न तर्हि दहनाद् धूमस्योत्पत्तिः, दहनस्य दहनज्ञानोत्पादकस्वाभाव्येन धूमोत्पादकत्वायोगात्। अथ तेनैव स्वभावेन धूममुत्पादयति, प्राप्ता विज्ञानस्यापि धूमरूपता, धूमस्य वा विज्ञानरूपता, अभिन्नात्मोत्पाद्यते, भेदकं च न बीजमस्ति।

यदि वह, तज्जननस्वभावयुक्त है तो उस दहन से तो धुएँ की उत्पत्ति भी नहीं हो सकती। क्योंकि दहन का दहनज्ञान-उत्पादन स्वभाव होने के कारण धुएँ को उत्पन्न करने में उसकी प्रवृति ही नहीं होगी। यदि उसी स्वभाव से धुएँ का भी उत्पादन करता है तो ज्ञान भी धुआँ हो जाएगा? अथवा धुआँ ज्ञान में परिणत होगा। इस तरह दोनों की अर्थात् दहनज्ञान और धुएँ के अभेद की उपपत्ति होगी और तब दोनों के बीच भेद का कोई कारण ही नहीं बचेगा।

अथ स्वभावान्तरेण जनयति, एकस्य स्वभावद्वयाभावात्-स्वभावद्वये च एकतानुपपन्ना। ततश्च दहनेन धूमोत्पादनं क्रियते न तदा स्वज्ञानमुत्पादयति। ज्ञानं विना केन हेतुफलावधारणं क्रियते? अथ दहनो दहनज्ञानमुत्पादयति, न तर्हि दहनस्य धूमोत्पादकत्वम्, तदभावात् न बाह्यार्थयोर्हेतुफलभावावधारणं दहनादिज्ञानेन शक्यते कर्त्तुम्।

यदि अन्य स्वभाव से उत्पन्न करता है तो यह सम्भव नहीं है क्योंकि एक के दो स्वभाव नहीं होते। दो स्वभावों में एकता भी उपपन्न नहीं होती। तब तो यही मानना पड़ेगा कि दहन द्वारा धुएँ का उत्पादन किया जाता है किन्तु अपने ज्ञान को उत्पन्न नहीं करता। ज्ञान के बिना कौन हेतु और फल का अवधारण करता है? यदि दहन दहनज्ञान उत्पादन करता है तो वह धुएँ का उत्पादन तो नहीं करेगा, उसके न होते ही बाह्यार्थों में परस्पर हेतु और फल का अवधारण दहन आदि ज्ञान के द्वारा नहीं किया जा सकता।

११.३ कार्यानुमाननिरासाय दहनधूमयोर्हेतुफलभावानुपपत्तेः पुनरुपक्रमः
(हेतु-फलभाव का खण्डन)

इतोऽपि दहनधूमयोः हेतुफलभावानुपपत्तिः। यथा अविचलितदहनस्वरूपस्य पूर्वापरानेककार्याविर्भावकत्वं न प्रतिपद्यते भवद्भिः तथा अनायत्तविकारस्य युगपदुत्पन्नानेककार्याविर्भावकत्वमपि न प्रत्येतव्यम्। अथ अभ्युपगम्यते युगपदनेककार्योत्पादकत्वं युगपदनेककार्योत्पादनशक्तियुक्तस्योत्पत्तेः, यद्येवमक्रम-भाव्यनेककार्याविर्भावकत्वस्योत्पत्तेः अयुगपदेकं कार्यं विदध्यात्। विदधात्येव इति चेत्, इदमापेक्षिकत्वं यत् क्रमभाव्यनेककार्यजनकात्मकं स्वरूपम्। एतदभ्युपगमे अभ्युपेतहानमापद्यते।

अथ अविचलितरूपेण पूर्वापरकार्यं न जन्यते, तदा युगपदपि न कुर्यात् अनायत्तविकारः। ततश्च न दहनाद् धूमस्योत्पत्तिः।

और इससे भी, दहन और धुएँ के हेतु-फल-भाव की उपपत्ति नहीं हो सकती। जैसे आप लोग यह नहीं स्वीकार करते कि दहन के अविचलित स्वरूप में पूर्वापर अनेक कार्यों को आविर्भूत करने की क्षमता होती है उसी प्रकार आपको यह भी स्वीकार नहीं करना चाहिए कि कोई वस्तु अविकारी रहते हुए युगपद् अनेक कार्यों को आविर्भूत करने में समर्थ होती है। चलिए यदि युगपद् अनेक कार्यों का उत्पादकत्व मान भी लिया जाए क्योंकि उसमें युगपद् अनेक कार्योत्पादन की शक्ति है तो भी वह एक समय में एक ही कार्य को उत्पन्न करेगा, क्योंकि यह स्वीकृत तथ्य है कि अनेक कार्यों को उत्पन्न करने में समर्थ वस्तु भी एक-एक करके क्रमशः ही कार्यों को उत्पन्न करता है। यदि कहा जाए कि वह करता ही है तो यह एक आपेक्षिक वस्तुस्थिति होगी। यदि क्रमनियम से अनेककार्यजनकत्व स्वीकार किया जाता है तो अभ्युपेत अर्थात् पूर्व में स्वीकार किए गए पक्ष की हानि होगी। यदि यह कहा जाए कि वह अविचलित रूप से पूर्व और अपर कार्यों को उत्पन्न नहीं करता तो वह युगपद् रूप से भी उत्पन्न नहीं कर सकता, क्योंकि उसमें कोई विकार उत्पन्न नहीं हुआ है (अनायत्तविकारः)। इस तरह अग्नि से धुएँ की उत्पत्ति होने वाली बात ही समाप्त हो जाती है।

अथ एकमेव तेन ज्वलनेन जन्यते, किं तदेकम् — विज्ञानम्, धूमो वा? तद्यदि विज्ञानमेव जन्यते, न तर्हि धूमं दृष्ट्वा [२]अग्निः प्रतीयते तद्व्यापारलब्धजन्मवत्त्वात्। अथ धूम एव उत्पाद्यते, तदा तद्विज्ञानं विना केन हेतुफलभावोऽवगम्यते?

यदि एक मात्र उस आग से उत्पन्न होता है तो वह एक क्या है? क्या वह ज्ञान है या धुआँ? यदि ज्ञानमात्र है तो धुआँ देखकर अग्नि का अनुमान नहीं किया जा सकता क्योंकि उससे धुएँ का जन्म ही नहीं हुआ।

यदि धुआँ मात्र का उत्पादन किया जाता है तो उसके ज्ञात हुए बिना कैसे हेतु और फल भाव का बोध करेंगे?

इतोऽपि दहनस्य धूमाविर्भावकत्वं न जाघटीति — किं निमित्तभूतेन धूमोत्पादनं क्रियते, किं वा उपादानभूतेन, तद्यदि निमित्तभूतेनोत्पादते, तदा धूमरूपता न प्राप्नोति उपादानं विना।

इससे भी आग को धुएँ का उत्पादक नहीं कहा जा सकता। क्या निमित्त मानकर

---

[२] "अग्निं प्रतीय" इति मूलपाठः।

धुएँ का उत्पादन करेंगे अथवा उपादान मानकर? यदि निमित्त रूप से है तो धूम का स्वरूप ही प्राप्त नहीं हो सकता क्योंकि उसके लिए उपादानकारण आवश्यक होता है।

अथ उपादानभूतेनोत्पादनं क्रियते, ननु असमानजातीयं कथमुपादानकारणं भवेत्? अभ्युपगमे वा देहेन्द्रियसंघातादेव गर्भादौ विज्ञानं भविष्यति अलं परलोकविज्ञान-कल्पनया।

यदि उपादान होकर उत्पादन करता है तो नहीं, कैसे वह विजातीय उपादानकारण हो सकता है? यदि उसे स्वीकार करें तो देह, इन्द्रिय आदि के समूह से ही गर्भ आदि में ज्ञान उत्पन्न होगा। पुनः व्यर्थ में क्यों परलोक ज्ञान की कल्पना करेंगे?

अथ समानजातीयेन विना न विज्ञानस्य उद्गतिः इति चेत्, एवं तर्हि धूमस्यापि असमानजातीयात् दहनात् कथमुत्पत्ति? अथ रूपरूपतया वह्नेः समानजातीयत्वम्, एवं देहादेरपि समानजातीयत्वं स्वलक्षणरूपतया। इदमेव चेतसि समारोप्य उक्तम् — *शरीरादेव इति बृहस्पतिः*।

अब, समानजातीयता के बिना ज्ञान का उद्गम नहीं होता, ऐसा मानते हैं तो धुएँ की भी असमानजातीय आग से कैसे उत्पत्ति होगी? यदि आग के रूप की रूपता धुएँ का समानजातीय है तो ऐसे ही देह आदि का भी समानजातीयत्व स्वलक्षण में है ही ! इसी को चित्त में रखकर बृहस्पति कहा है — “शरीरादेव इति”।

अथ ज्ञानरूपतया न समानजातीयत्वं देहस्य, दहनस्यापि धूमरूपतयाऽसमान-जातीयत्वम्। नियतकारणजन्याकारतया नियतदेशकालस्वभावतया च सर्वे भावाः अन्योन्यव्यावृत्ततनवः। न च तेषाम् अन्योन्याकारानुगमोऽस्ति, नाप्येकजात्यनुगमः। तदुक्तम् —

सर्वे भावाः स्वभावेन स्वस्वभावव्यवस्थितेः।
स्वभावपरभावाभ्यां यस्माद् व्यावृत्तिभागिनः॥

यदि ज्ञान रूप से देह के साथ समानजातीयता नहीं है तो आग की भी धुएँ के रूप के साथ समानजातीयता नहीं है। निश्चित कारण से जन्य आकार होने से और नियत देश, काल और स्वभाव के कारण से भी सभी पदार्थ एक-दूसरे से भिन्न शरीर वाले हैं। उनका एक–दूसरे के आकारों में अनुगम नहीं होता। और अनेक जाति का अनुगम भी नहीं होता। कहा भी गया है — सभी पदार्थ स्वभाव से ही स्वस्वभाव में व्यवस्थित होने से स्वभाव और परभाव परस्पर व्यावृत्त स्वभावयुक्त होते हैं।

ततश्च भिन्नजातीयात् सर्वं जायमानं दृष्टम्, न समानजातीयाद् भवत् किंचिद् दृष्टपूर्वम्। एवं च भिन्नजातीयं देहादिकं गर्भादौ विज्ञानमुत्पादयिष्यति। ततश्च न परलोकः प्रसिद्ध्यति।

इसीलिए भिन्नजातीय होने से ही सभी जायमान दिखते हैं। किन्तु समानजातीय होते हुए कुछ भी नहीं दिखाई देता। अतएव धुआँ भिन्नजातीय देह आदि और गर्भ आदि में ज्ञान का उत्पादन करेगा और इस तरह लोक के अनन्तर परलोक और जन्म-जन्मान्तर की सिद्धि नहीं होगी।

अथ समानजातीयं विज्ञानं विना विज्ञानं नोत्पद्यते, तदा न कस्यचिदुत्पत्तिः स्यात्, समानजातीयकारणासंभवात्। ततश्च कार्यानुमानं हीयते।

यदि समानजातीय ज्ञान के बिना ही ज्ञान उत्पन्न होता है तो किसी की भी उत्पत्ति नहीं होगी – समानजातीय कारण के असम्भव होने से। इस प्रकार कार्यानुमान नष्ट हो जाता है।

इतोऽपि दहनधूमयोः हेतुफलभावावधारणं कर्त्तुं नैव शक्यते – किम् एकेन ज्ञानेन दहनधूमयोर्हेतुफलभावावधारणं क्रियते, आहोस्वित् प्रतिनियतेन ज्ञानेन? तद्यदि एकं ज्ञानम् उभयावगाहकं गीयते, तदा ज्ञानस्य अक्षणिकत्वमापद्यते धूमहेतोर्वा।

और इससे भी अग्नि और धुएँ का हेतुफलभाव अवधारण नहीं किया जा सकता, क्या एक ज्ञान अग्नि और धूम के हेतुफलभाव का अवधारण कर सकता है अथवा प्रतिनियत ज्ञान से करना है? यदि एक ही ज्ञान दोनों तरफ होता है तो ज्ञान अक्षणिक होगा और यही बात धूमरूप हेतु के लिए भी है।

अथ प्रतिनियतेन ज्ञानेन पूर्वापरावधारणं क्रियते, तदयुक्तम्, धूमावगाहकेन विज्ञानेन तत्सत्तामात्रं प्रद्योत्यते। तत्स्वरूपमात्रपर्यवसायिना तत्स्वरूपास्तित्वं विधीयते तदुक्तम् – *सामान्ये सिद्धसाध्यता*। सामान्ये धूमास्तित्वमात्रे धूमज्ञानस्य प्रामाण्यमस्ति।

यदि प्रतिनियतज्ञान द्वारा पूर्व और पर का अवधारण करते हो तो वह भी सम्भव नहीं होगा क्योंकि धूम के बोधक ज्ञान से उसकी सत्ता मात्र द्योतित होती है। तब तो उसके स्वरूपमात्र में पर्यवसायिज्ञान से उसके स्वरूप के अस्तित्व का विधान किया जाता है। इसीलिए ऐसा कहा गया है – "सामान्य में सिद्धसाध्यता"। सामान्य = धुएँ के अस्तित्वमात्र में धूमज्ञान का प्रामाण्य रहता है।

***विशेषेऽनुगमाभावः*। विशेषे भेदे दहनेन सह पूर्वापरविकल्पो अनुगमाभावः व्यापाराभावः। न शक्नोति धूमज्ञानमवगन्तुम् – *किमेतद् धूमस्वरूपं दहनात् पूर्वं सह पश्चाद्वा जातम्?* धूमज्ञानस्य दहनात्मा पिशाचतुल्यतया व्यवस्थितः – यथा धूमज्ञानं पिशाचादिस्वरूपं न विषययति तेन सह पूर्वापरसहभावं न शक्नोति स्थापयितुं धूमस्य, दहनस्यापि धूमज्ञानेन स्वरूपं नावसितम्, तेन सह पूर्वापरसहभावेन धूमज्ञानं धूमस्वरूपं नावगन्तुं शक्नोति।**

कहा भी गया है – विशेष में अनुगम का अभाव होता है। एतदर्थ विशिष्टों में आत्यन्तिक भेद होने से आग के साथ पूर्व और पर के विकल्प में अनुगमाभाव = व्यापार का अभाव होता है। अतः धूम के ज्ञान को नहीं जाना जा सकता। यहाँ क्या धुएँ का स्वरूप आग से पहले ही, साथ अथवा बाद में उत्पन्न हुआ है? यहाँ तो धूम ज्ञान के लिए आग का स्वरूप पिशाच की तरह ही व्यवस्थित हुआ है – जैसे धुएँ के ज्ञान से पिशाच आदि के स्वरूप को विषय नहीं किया जा सकता, उसके साथ पूर्वापरसहभाव स्थापित नहीं किया जा सकता धुएँ का, उसी तरह दहन (अग्नि) का भी धूमज्ञान के स्वरूप से निर्धारण नहीं किया जा सकता। उसके साथ पूर्वापरसहभाव द्वारा धूमज्ञान धूम के स्वरूप को नहीं जान सकता।

अथ यद्यपि धूमज्ञानं दहनस्य स्वरूपं न विषययति तथापि स्वज्ञानेन दहनस्वरूपं विषयीक्रियते, पिशाचादेस्तु स्वरूपं न केनाप्यवसितम्, तेन सह पूर्वापरभावो नावगम्यते धूमस्य, तदेतदयुक्तम्, दहनज्ञानेनापि दहनास्तित्वमात्रमवसितम्, न तु धूमेन सह पूर्वापरसहविकल्पः। सती सत्ता दहनज्ञानेन प्रद्योत्यते। सा तु धूमात् किम् – पूर्वं सह पश्चाद्वा चिरोत्पन्ना प्रत्ययोत्पन्ना अनुत्पन्ना वा? नायं दहनज्ञानव्यापारस्य विषयः अपि तु तत्सत्तामात्रप्रतिबद्धं तदस्तित्वं विदधाति। पिशाचोऽपि स्वज्ञानेनावगतः। कथं? ज्ञायते, सोऽपि स्वज्ञानावगाहितदेहोऽस्तु – यदि नाम तेन सह धूमज्ञानं पूर्वापरसहभावं न शक्नोति प्रकाशयितुं धूमस्य।

यद्यपि धूम का ज्ञान दहन के स्वरूप को विषय नहीं बनाता तथापि अपने ज्ञान से दहन के स्वरूप को विषय बनाता है। पिशाच आदि के स्वरूप किसी ने भी निर्धारण नहीं किए हैं। उसके साथ धूम का पूर्वपरभाव भी पता नहीं है। यह युक्तिपूर्ण नहीं है। दहनज्ञान भी दहन के अस्तित्वमात्र को ही बताता है। किन्तु धूम के साथ पूर्वापरसहविकल्प नहीं। सत्ता के होने पर अग्नि ज्ञान द्योतित होता है। वह सत्ता क्या धूम के साथ, पहले, या बाद में, बहुत पहले, अथवा कारण से उत्पन्न है? या अनुत्पन्न है? यह अग्नि कार्य का विषय नहीं है किन्तु यह केवल सत्ता के साथ प्रतिबद्ध होकर अपने अस्तित्व का बोध कराता है। पिशाच भी अपने ज्ञान द्वारा अवगत हुआ है। कैसे जानेंगे? वह भी अपने ज्ञान से पुष्ट हुए देहयुक्त हो न, तब भी उसके साथ धूम्रज्ञान का पूर्वापरसहभाव नहीं बना सकता और धूम को प्रकाशित भी नहीं कर सकता।

इतोऽपि दहनधूमयोर्हेतुफलभावावधारणं न शक्यते कर्त्तुम्। धूमज्ञानसत्ताकाले धूमसत्ता न विद्यते ज्वलनज्ञानसत्ताकाले ज्वलनसत्ता नविद्यते[३]। न विद्यमानस्याग्रहणं नाम, अन्यथाऽग्राह्य[४] केशोण्डुकस्यापि ग्रहणं स्यात्।

---

३ "न विद्यमानस्य" इति मूलपाठः।

४ "अन्यथाग्राहि केशोण्डुक" इति मूलपाठः।

इस प्रकार से भी अग्नि और धूम के हेतुफलभाव का अवधारण नहीं किया जा सकता। धूमज्ञानसत्ताकाल में धूम की सत्ता नहीं होती और अग्निज्ञानसत्ताकाल में अग्नि की सत्ता नहीं होती। यद्यपि न हुई चीज का ग्रहण नहीं हो सकता तथापि अन्यथा अग्राह्य केशोण्डुक का भी ग्रहण स्वीकार करना पड़ेगा।

अथ केशोण्डुकस्य सर्वदा सत्ता न विद्यते — न ज्ञानकाले नापि पूर्वम्, दहनादेस्तु पूर्वं सत्ता विद्यते। यदि नाम *ज्ञानकाले नास्ति पूर्वं तु विद्यते* इति, सुव्याहृतमेतत्। गृहीतिकाले नास्ति गृहीतेस्तु पूर्वमस्ति, गृहीतिमन्तरेण सुस्थितानि वस्तूनि। अथ ज्ञानजनकत्वेन पूर्वं विद्यते, तज्जनकत्वं केनाऽवगम्यते, विज्ञानस्य स्वतनुद्योतकत्वेन पर्यवसितेः? ततश्च पिशाचकल्पौ दहनधूमाकारौ, तयोर्हेतुफलभावावधारणाय न प्रत्यक्षम्।

परन्तु केशोण्डुक की सत्ता हमेशा नहीं रहती। ज्ञानकाल में और उससे पूर्व भी नहीं है जबकिअग्नि आदि की सत्ता तो पूर्व में रहती है। यदि ज्ञानकाल में नहीं है तो पहले तो है, यह ठीक से बताया जा चुका है। ग्रहणकाल में नहीं है किन्तु उससे पूर्व में तो थी। ग्रहण बिना भी पदार्थ अच्छे से रहते हैं। यदि ज्ञानजनकत्वरूप से पहले है तो उस जनकता से क्या जानेंगे? ज्ञान अपने शरीर को दिखाते ही समाप्त हो जाता है, उसके बाद दहन और धूम पिशाच की तरह हो जाते हैं। साथ ही उनके हेतु और फल के निर्धारण करने के लिए प्रत्यक्ष भी वहाँ नहीं है।

अथ ज्ञानावलीढतदाकारान्यथानुपपत्त्या तयोः स्वरूपव्यवस्था क्रियते, तदयुक्तम्, आकारो हि प्रागेवापोदितः, न च आकारार्थयोः प्रतिबन्धोऽवधारितः, तदनवधारणे कथम् आकारोऽर्थं गमयति? एवं तावदर्थजन्यत्वं न शक्यते ज्ञानस्यावधारयितुम्। नाप्यर्थस्य अर्थजन्यत्वम् एवं हेतुफलभावानवधारणात् कथं धूमं दृष्ट्वा अनुमिनोति अग्निम्।

यदि ज्ञान और उसमें लिपटे हुए (अवलीढ) आकार के स्वरूप की व्याख्या अन्यथानुपपत्ति के द्वारा की जाती है तो यह उचित नहीं। आकार का निराकरण पहले ही किया जा चुका है। आकार और अर्थ के प्रतिबन्ध को भी अवधारित नहीं किया गया है। उसके अवधारण बिना ही कैसे आकार अर्थ को प्रकट करेगा और तब ज्ञान अर्थजन्य है यह अभी नहीं कहा जा सकता। अर्थ भी अर्थजन्य नहीं है। इस प्रकार हेतुफलभाव की अवधारणा न होने पर कैसे धूम को देखकर अग्नि का अनुमान करेंगे?

११.४ विकल्प्य विषयासम्भवदर्शनेनानुमानस्य निरासः (विषयासम्भवपूर्वक अनुमान का खण्डन)

अपि च, आनुमानिकं ज्ञानं किंविषयम् — किं अग्न्यादिस्वलक्षणविषयम्,

आहोस्विद् वस्तुभूत[१] सामान्यविषयम्, अवस्तुभूतसामान्यविषयं वा, विकल्पविषयम्, स्वांशविषयम्, निर्विषयं वा?

यह अनुमान ज्ञान किस विषयक है? क्या अग्नि आदि स्वलक्षणविषयक है? अथवा सामान्यविषयक है? अथवा अवस्तुभूत सामान्य इसका विषय है? अथवा विकल्पविषयक है? अथवा स्वअंशविषयक है? अथवा निर्विषय है?

तद्यदि स्वलक्षणविषयम्, तदा प्रत्यक्षानुमानयोर्भेदो न प्राप्नोति, स्वलक्षणविषयत्वेन स्पष्टाकारतानुमानज्ञानस्यापि प्रसज्यते, *अस्पष्टाभम्* च भवद्भिः प्रतिपद्यते न त्वन्यैः ।

यदि स्वलक्षणविषयक है तो प्रत्यक्ष और अनुमान में भेद ही नहीं रहेगा। स्वलक्षण की स्पष्टाकारता अनुमान में भी प्रसक्त होगी और अस्पष्टाभ इसे आप लोग ही कहते हैं किन्तु अन्य नहीं।

अन्ये तु वदन्ति — *स्वलक्षणमेव स्पष्टाकारम्*। यदि नाम प्रत्यक्षग्राह्यं स्वलक्षणं विस्पष्टम् अनुमानग्राह्यम् अविस्पष्टम्, स्वलक्षणस्यैवायं भेदः । एकोऽग्निः प्रत्यक्षजननयोग्यः अन्योऽग्निः अनुमानजननयोग्यः। प्रत्यक्षजननयोग्येऽग्नौ आनुमानकिं ज्ञानं यदि भवति — भवति प्रत्यक्षानुमानयोर्भेदः कदाचित्, यावता आनुमानिकज्ञानजननयोग्योऽग्निः अन्य एव । अथ स्वलक्षणविषयसाम्याद् अभेदपरिकल्पना प्रत्यक्षानुमानयोः, यद्येवम् — गन्धरसादिज्ञानानां स्वलक्षणविषयसाम्यात् सर्वेषामभेदः प्राप्नोति — सर्वं गन्धज्ञानं रसज्ञानं वा वक्तव्यम्। अथ स्वलक्षणविषयत्वे सत्यपि अवान्तरभेदविवक्षया गन्धादिज्ञानमपदिश्यते, यद्येवम् — सत्यपि अग्निविषयत्वेन प्रत्यक्षानुमानज्ञानयोः अवान्तरभेदविवक्षया प्रत्यक्षानुमानज्ञानव्यपदेशः । अथ करणभेदेन गन्धादिज्ञानानि भिद्यन्ते, तदा प्रत्यक्षानुमानयोः करणभेदोपपत्तेः भेदोऽस्तु । एवं च यदुक्तम् — *स्वलक्षणविषयानुमानं भवति* तन्मूढोक्तम्, अग्निप्रपञ्चस्य प्रतिभासनात्।

और लोग कहते हैं — "स्वलक्षण ही स्पष्ट आकार है"। यदि प्रत्यक्ष द्वारा ग्राह्य स्वलक्षण विस्पष्ट है तो अनुमान ग्राह्य अविस्पष्ट होगा। यह स्वलक्षण का ही भेद है। एक अग्नि में प्रत्यक्ष को उत्पन्न करने की योग्यता है और दूसरी अग्नि में अनुमान को उत्पन्न करने की। प्रत्यक्ष के जननयोग्य अग्नि में यदि आनुमानिक ज्ञान होता है तो प्रत्यक्ष और अनुमान में भेद कदाचित् होगा, इस कारण आनुमानिकज्ञान जननयोग्य अग्नि अन्य ही होगी। यदि स्वलक्षणविषय के साम्य से प्रत्यक्ष-अनुमान में अभेदकल्पना करते हैं तो गन्ध और रस आदि ज्ञानों की भी स्वलक्षणविषयक समानता होने से सभी अभेद हो जाएंगे — सभी गन्धज्ञान हो जाएंगे अथवा सभी रस ज्ञान। यदि स्वलक्षण का

१ "वस्तुसूत" इति मूलपाठः।

विषय होते हुए भी अवान्तरभेद की विवक्षा से गन्ध आदि ज्ञान का व्यवहार होता है तो अग्नि-विषयक प्रत्यक्ष के अनुमान में अवान्तरभेद की विवक्षा से प्रत्यक्ष और अनुमान ज्ञान ऐसा व्यवहार होगा। यदि करण के भेद से गन्ध आदि ज्ञान भिन्न होते हैं तो प्रत्यक्ष और अनुमान के करणभेद की उपपत्ति द्वारा भेद हो न तो ! ऐसा जो कहा गया है – स्वलक्षणविषय का अनुमान होता है यह मूढों की उक्ति है। क्योंकि अग्नि प्रपञ्च की प्रतीति हो रही है।

अथ वस्तुभूतसामान्यविषयम्, न, तदभावाद् विज्ञानजनकत्वासंभवाच्च। न च जनकत्वमन्तरेण विषयार्थ उपलभ्यते।

यदि वस्तुभूत सामान्यविषयक है तो यह उचित नहीं हो सकता। क्योंकि उसके अभाव होने पर उसमें ज्ञान का जनकत्व असम्भव होगा। जनकत्व को छोड़कर विषयार्थ उपलब्ध नहीं है।

अथ अवस्तुभूतसामान्यविषयम्। तदुक्तम् – *वैकल्पिकं सामान्यं बुद्ध्यपदर्शितरूपम्*, एतदपि न युक्तम्, अविद्यमानं सामान्यं कथं बुद्धेर्विषयभावं प्रतिपद्यते? किम् – सत्तामात्रेण, सहोत्पादेन वा, जनकत्वाऽऽकारार्पकत्वेन वा? सर्वस्यासंभवे विषयार्थो भणनीयः। यदि च जनकत्वाद्यभावेऽपि बुद्धौ प्रतिभाति सामान्यम्, तदा रूपादेरपि जनकत्वं न कल्पनीयम् – रूपं विज्ञानमकुर्वत् प्रत्यक्षं स्यात्।

यदि अवस्तुभूत सामान्यविषयक है तो उसके लिए कहा गया है – "सामान्य विकल्पात्मक होता है, जो केवल बुद्धि द्वारा दर्शित स्वरूप से युक्त है" यह कथन भी उचित नहीं है। अविद्यमान सामान्य कैसे बुद्धि का विषय हो सकता है? क्या सत्तामात्र से? अथवा सहोत्पादन द्वारा? अथवा आकारार्पकत्वरूप जनकत्वभाव से? सभी के असम्भव होने पर विषयार्थ बताना पड़ेगा। यदि जनकत्व आदि के अभाव में भी सामान्य बुद्धि में प्रतिभासित होता है तो रूप आदि के भी जनकत्व की कल्पना नहीं की जा सकती, जो रूप ज्ञान का उत्पादन न कर भी प्रत्यक्ष हो सके।

यदपि *दृश्यविकल्प्यावर्थावेकीकृत्य तदध्यवसायेन प्रवर्त्तते* इत्युक्तम्। दृश्यं बाह्यं रूपादिस्वलक्षणम्, विकल्पः बुद्धिसमारोपिताकारः। किं पुनरनयोः एकीकरणम्? किम् – अभेदेन उत्पादनम्, किं वा अभेदेन अवधारणम्, आहोस्वित् संघटना क्रियते? तद्यदि अभेदेन उत्पादनम्, सदसतोरभेदेन उत्पादनं हतत्रपादृते नान्यो वक्तुमर्हति। अभेदेनोत्पादने च भावस्याभावप्रसङ्गः, सामान्यस्य वा वस्तुत्वं प्राप्नोति, तद्वस्तुत्वे स्वलक्षणविषयमनुमानम्। प्रत्यक्षाऽनुमानयोर्भेदबीजमन्वेष्टव्यम्।

ऐसा भी कहा गया है – "दृश्य और विकल्पित अर्थ को एकाकार करके उसके ज्ञान द्वारा प्रवृत्त होता है"। दृश्य = बाह्य रूप आदि स्वलक्षण है, बुद्धि में आरोपित आकार

विकल्प। तब इन दोनों के एकाकार का क्या अर्थ है? क्या अभेदपूर्वक उत्पादन करना है? अथवा अभेदपूर्वक अवधारण करना है? अथवा संघटना करनी है? यदि अभेद से उत्पादन करना है तो आप सत् और असत् का अभेद से उत्पादन कह रहे हैं और यह निर्लज्जों (जैन) के अतिरिक्त अन्य कोई नहीं कह सकता। अभेद के उत्पादन में भाव का अभावप्रसंग उपस्थित होता है। सामान्य की भी वस्तुता प्राप्त होती है। उस वस्तु के होने पर स्वलक्षणविषयक अनुमान होता है। प्रत्यक्ष और अनुमान के भेद का कारण खोजना पड़ेगा।

अथ एकीकरणम् — एकत्वेन प्रतीयमानत्वं दृश्यविकल्प्ययोः, तदयुक्तम्[६], किम् एक एव आकारः प्रतिभाति, आहोस्विद् आकारद्वयम्?

तद्यदि एक एव[७]आकारः प्रतिभाति, तत्किं दृश्याकारः, आहोस्विद् विकल्पाकारः? तद्यदि दृश्याकारः प्रतिभाति, तदा स्वलक्षणविषयमेव अनुमानं प्रसज्यते।

अथ विकल्पाकारः प्रतिभाति, तस्य सर्वोपाख्यारहितत्वेन प्रतिभासाविषयत्वा-द्वाप्येतद् वक्तव्यम् — स्वलक्षणमेष. . . .

. . . .

. . . .

यदि एकीकरण का अर्थ एक प्रतीत होने वाले दृश्य विकल्प हैं तो यह उचित नहीं। क्या यह एक ही आकार में प्रतीत होता है अथवा दो आकारों में? यदि एक ही आकार है तो वह क्या दृश्याकार है अथवा विकल्पाकार है ! यदि दृश्याकार है तो स्वलक्षण का विषय ही अनुमान में प्रसक्त होगा। अब, विकल्पाकार है तो वह भी सर्वथा उपाधिहीन होने से प्रतिभास का अविषय होता है और तब उन दोनों को ही यह कहना पड़ेगा कि स्वलक्षण यह है।

. . . .

. . . .

. . . . काराव्यतिरिक्ताव्यतिरिक्तो वा? यद्यव्यतिरिक्तः, तदा स्वलक्षण-विषयमनुमानं प्राप्तम्। समारोपितं च सामान्यं प्रतीयते इति न वक्तव्यम्। तात्त्विकं च सामान्यं प्रसज्यते। . . . . (दृश्या) तात्त्विकत्वप्रसङ्गो वा। अथ व्यतिरिक्तो विकल्पाकारः, तर्हि न वक्तव्यम् — तदारोपद्वारेण प्रतीयते स्वलक्षणविकल्पाकारा-न्तरितत्वात्।

---

६ "तदुक्तम्" इति मूलपाठः।

७ 'एव आकारः' इत्यतः 'व्यतिरिरक्तावतिरि' इत्यन्तं पृष्टम्।

. . . . आकार अभिन्न है या भिन्न? यदि अभिन्न है तो स्वलक्षणविषयक अनुमान प्राप्त होगा। समारोपित सामान्य प्रतीत होता है, ऐसा नहीं कह सकते। तात्त्विक सामान्य प्रसक्त होता है। . . . . दृश्य अतात्त्विकत्व प्रसंग उपस्थित होता है। यदि व्यतिरिक्त विकल्पाकार है तो यह नहीं कह सकते क्योंकि उसके आरोप द्वारा स्वलक्षण विकल्पाकारान्तरित होने से प्रतीत होता है विकल्पाकार।

अथ घटना क्रियते स्वलक्षणेन सामान्यस्य, तदसत्, सदसतोर्घटनाऽयोगात्। सतोर्घटना[८] दृष्य यथा चक्षुर्घटयोः।

यदि स्वलक्षण द्वारा सामान्यलक्षण का संघटन होता है तो सत् और असत् की एकता सम्भव नहीं हो सकती। सत् का संयोग होता है जैसे आँख और घड़े का।

अथ सामान्यस्वलक्षणाकारद्वयं प्रतीयते, एवं तर्हि अन्योन्यविलक्षणौ सामान्यस्वलक्षणाकारौ प्रतीयेते। ततश्च न वक्तव्यम् — *दृश्यविकल्पावर्थावेकीकृत्य तदध्यवसायेन प्रवर्त्तते* इति। यदि च विविक्तमाकारद्वयं प्रतिभाति, तदा स्वलक्षणविषयमनुमानं प्रसक्तम्। तद्विषयत्वे मानयोर्भेदकारणं वक्तव्यम्। सर्वोपाख्याविनिर्मुक्तस्य च सामान्यस्य प्रतीयमानत्वं नोपपद्यते।

यदि सामान्यलक्षण और स्वलक्षण दो आकार प्रतीत होते हैं तो दो विलक्षण स्वलक्षण और सामान्यलक्षण प्रतीत होंगे। इसके बाद यह नहीं कहना चाहिए — दृश्यविकल्प के अर्थ को एकाकार करके आकार प्रतीत होते हैं। यदि विलक्षण दो आकार प्रतीत होते हैं तो स्वलक्षणविषयक अनुमान प्रसक्त होगा। ऐसा होने पर दो प्रमाणों में भेद बताना पड़ेगा। सर्वथा उपाधिरहित स्वलक्षण और सामान्यलक्षण का प्रतीयमानत्व उपपन्न नहीं हो सकता।

अन्यच्च, धूमोत्पादिते अग्निविज्ञाने अनग्निव्यवच्छेदरूपं सामान्यं प्रतिभातीति व्यपदिश्यते, अजलव्यवच्छेदेन प्रतिभातीति किं नाभ्युपगम्यते? नाऽजलव्यवच्छेदेन जन्यते, नापि अनग्निव्यवच्छेदेन, तदनुत्पत्तौ प्रतिकर्मनियमानुपपत्तिः।

दूसरी बात, धूम के उत्पादन के बाद अग्निज्ञान में अनग्निव्यवच्छेदक सामान्य की प्रतीति होती है ऐसी धारणा है। ऐसा तो अजल के व्यवच्छेद द्वारा भी प्रतीत होता है यह पता नहीं है? अजलव्यवच्छेद द्वारा जन्य वह नहीं होता वैसे ही अनग्निव्यवच्छेद द्वारा भी नहीं होता। अतः दोनों ही स्थितियों में अनुत्पत्ति के समान होने से प्रतिकर्मनियम की प्राप्ति भी नहीं होगी।

अथ निर्विषयम् आनुमानिकं ज्ञानम्, तदयुक्तम्, स्वांशविषयत्वात्। नहि भवतां

---

[८] "घटना" –घृ.।

पक्षे निरालम्बनं किंचिद् विज्ञानमस्ति, आत्मावगाहकत्वेनोत्पत्तेः । यदि च निरालम्बनं ज्ञानम्, क्व प्रवर्त्तेत निवर्त्तेत वा पुरुषः? अगतिः स्यात् । अथ दहनेन तदुत्पादितम् इति कृत्वा दहनान्तिकमुपसर्पति, एवं धूमज्ञानोत्पादेऽपि यायात् ।

यदि आनुमानिक ज्ञान निर्विषय है तो यह भी सम्भव नहीं है, स्व अंश का विषय होने से। आपके पक्ष में निरालम्बन नामक कोई ज्ञान नहीं है, क्योंकि ज्ञान स्वयं भी अपना आलम्बन होता है । यदि ज्ञान निरालम्बन है तो पुरुष कहाँ प्रवृत्त और कहाँ निवृत्त होता है, इस प्रकार की अगति आ पड़ेगी अर्थात् कोई व्यवस्था नहीं बन सकेगी । यदि अग्नि द्वारा उसका उत्पादन होता है और अग्नि के समीप में जाता है तो धूम के उत्पादन में भी जाना चाहिए न !

अथ स्वांशविषयमनुमानम्, तदा प्रत्यक्षानुमानयोर्भेदानुपपत्तिः, प्रतीयमानज्ञानस्य स्वलक्षणात्मकत्वात् ।

यदि स्वअंशविषयक अनुमान है तो प्रत्यक्ष और अनुमान में भेद नहीं हो सकता, प्रतीयमान ज्ञान के ही स्वलक्षणात्मक होने से।

११.५ ज्ञानयोर्हेतुफलभावावधारणस्याशक्यत्वप्रतिपादनम् (दो ज्ञानों में हेतुफलभाव का खण्डन)

अथ ज्ञानयोः हेतुफलभावावधारणं क्रियते, तदप्ययुक्तम्, ज्ञानयोरपि हेतुफलभावावधारणं च शक्यते कर्त्तुम् — कार्यज्ञानं हि स्वसंवित्पर्यवसितं न ज्ञानान्तरमात्मसात्करोति । तदकरणे *केन निर्वर्त्तित*[९] *मम स्वरूपम्* इत्येतत् कथं वेत्ति, तद्भिन्नज्ञानस्य पिशाचतुल्यत्वात्? तन्न[१०]ज्ञानं ज्ञानान्तराद् भिद्यते । तदभेदे कथं हेतुफलभावः, स्वात्मनि क्रियाविरोधात्?

यदि ज्ञानों (दो) के कार्यकारणभाव का अवधारण करना है तो वह भी सम्भव नहीं दिखता क्योंकि कार्यरूप ज्ञान अपने संवित्ति (बोध) में पूर्ण (समाप्त) होता है और ज्ञानान्तर को आत्मसात् नहीं करता। ऐसा न करने पर मेरे स्वरूप को किसने बनाया ऐसा ज्ञान नहीं होगा, उस भिन्न ज्ञान के पिशाचतुल्य होने से । अतः ज्ञान ज्ञानान्तर से भिन्न भी नहीं होगा । इस अभेद अवस्था में कैसे कारण-कार्यभाव हो सकता है, स्वात्मनिक्रिया-विरोध होने से ।

---

९ "निवर्तितम्" इति मूलपाठः।

१० "तत्र ज्ञानम्" इति मूलपाठः।

११.६ प्रसङ्गाद् विज्ञानवादिकृतावयविनिराकरणस्य प्रतिवादः (विज्ञानवादियों के अवयवनिराकरण का खण्डन)

यापि युक्तिरपदिष्य – विज्ञानमात्रस्थितावयविनिराकरणपरा वृत्त्यनुपपत्त्यादि-रूपा – ***न किल अवयवी एकदेशेन वर्त्तते, नापि सर्वात्मना। एकदेशवृत्त्यभ्युपगमे हि अवयविनो भेदप्रसङ्गः। अथ सर्वात्मना वर्त्तते, तर्हि अन्यत्रावृत्तिप्रसङ्गः*****। इत्यादिका, सापि न युक्तियुक्ता। कथम्? किम् एकदेशशब्देन अवयवी अभिधीयते, अवयवो वा? यदि अवयव्यभिधीयते, तदा एकदेशेनैव सर्वत्र वर्त्तत इति ब्रूमः, स्वकारणान्नियमितस्य तथाभूतस्योत्पत्तेः।**

दूसरी एक युक्ति दिखती है – विज्ञानमात्र की स्थिति में अवयव का निराकरण करना और वृत्ति की अनुपपत्ति दिखाना – "अवयवी एक देश में नहीं रहता और सर्वात्मरूप से भी नहीं रहता। एक देश मात्र में रहता है यह स्वीकार करने पर अवयवी का भेद उपस्थित होता है। यदि सर्वात्मना रहता है तो अन्यत्र वृत्ति ही नहीं हो सकती" इत्यादि। यह बात युक्तियुक्त नहीं है। क्यों? क्या एकदेश शब्द का अर्थ अवयवी है? अथवा अवयव है? यदि अवयवी है तो एकदेश रूप से ही सर्वत्र रहता है यह हम कहते हैं। अपने ही कारणों से नियमित एवं तथाभूत रूप से उत्पन्न होने से।

अथ, अवयवोऽभिधीयते तदेकदेशशब्देन, तदा न एकदेशेन अवयवी वर्त्तते, अवयवस्य अवयवे वृत्त्ययोगात्। भवतु वा अवयवेषु वृत्तेरभावोऽवयविनः, तथापि असत्वं न सिद्ध्यति, तद्देहोपलम्भस्य तदस्तित्वविधानपरत्वात्। यथा ***अनुदकः कमण्डलुः*** **इत्युक्ते सति उदक कमण्डलुसम्बन्धाभावः प्रतीयते, न तु कमण्डलोरभावः, तदुदकस्य वा।**

यदि एकदेश शब्द का अर्थ अवयव है तो एक देश में अवयवी ही नहीं रहता, अवयव में अवयव नहीं रहने से। हो न तो अवयवी की वृत्ति का अभाव, अवयव में फिर भी असत्ता की सिद्धि नहीं हो सकती। उस देह में रहने तथा उसके अस्तित्व का विधानपरक होने से। जैसे निर्जल कमण्डलु कहने पर जल और कमण्डलु के सम्बन्ध का अभावमात्र प्रतीत होता है किन्तु कमण्डलु का अभाव या जल का अभाव नहीं।

११.७ प्रसङ्गादनुपलब्धिपदार्थस्य विचारः (अनुपलब्धि का खण्डन)

अथ अवयविन उपलब्धिरेव नास्ति, सा किं दृश्यानुपलब्धिः, आहोस्विद् अदृश्यानुपलब्धिः, यदि दृश्यानुपलब्धिः, सा नोपपद्यते। दृश्यशब्देन किमपदिश्यते? उपलब्धिलक्षणप्राप्तोऽर्थोऽभिधीयते। उपलब्धिलक्षणप्राप्तिश्च प्रत्ययान्तरसाकल्यं स्वभावविशेषश्च। एतच्चेद् विद्यते, कथमनुपलम्भः? उपलब्धिकारकसाकल्ये सति

उपलब्ध्या भवितव्यम्, नानुपलब्ध्या, तत्स्वभावनिबन्धनत्वात्तदुपलब्धेः । उपलब्धि-लक्षणप्राप्तस्य यदि अनुपलम्भः, अनुपलब्धिलक्षणप्राप्तस्य तर्हि उपलम्भः स्यात्, अनष्टिं चैतत् ।

अब, अवयवी की उपलब्धि ही नहीं है। अहो ! ऐसा होने पर वह दृश्यानुपलब्धि है? अथवा अदृश्यानुपलब्धि है? यदि दृश्यानुपलब्धि है तो यह नहीं हो सकता। दृश्य शब्द से क्या बताया गया है? उपलब्धिलक्षण प्राप्त अर्थ का अभिधान किया गया है। उपलब्धिलक्षण प्राप्ति भी प्रत्ययान्तरसाकल्य स्वभाव विशेष है। यदि ऐसा है तो कैसे अनुपलम्भ होगा। उपलब्धि-कारक-साकल्य होने पर उपलब्धि को होना ही पड़ता है। अनुपलब्धि नहीं। उपलब्धि उसका स्वभावनिबन्धन ही है। उपलब्धिलक्षण प्राप्त का यदि अनुपलम्भ हो तो अनुपलब्धि लक्षण प्राप्त का भी उपलम्भ होगा। इससे बहुत बड़ा अनिष्ट घटित होगा !

यदि च घटविविक्तभूतलोपलम्भ एव घटस्यानुपलम्भः, तदा भूतलस्याप्युपलम्भो न भवेत्, तस्याप्युपलब्धिलक्षणप्राप्तत्वात्। अथ उपलब्धिलक्षणप्राप्तमुपलभ्यते भूतलम्, घटस्यापि उपलब्धिप्रसङ्गः । अथ भूतलज्ञाने घटस्वरूपं नावभाति, तेन तस्यानुपलम्भः, घटाभावव्यवहारः क्रियते, तदयुक्तम्, घटावष्टब्धेऽपि भूतले भूतलज्ञाने घटो नावभाति, तत्रापि घटाभावव्यवहारप्रसक्तिः ।

यदि घट अनवस्थित भूतल का उपलम्भ ही घट का अनुपलम्भ है तो भूतल का भी उपलम्भ नहीं होगा। उसका भी उपलब्धिलक्षण प्राप्त होने से। यदि उपलब्धि लक्षण प्राप्त भूतल उपलब्ध होता है तो घट की भी उपलब्धि होगी। यदि भूतल के ज्ञान में घट के स्वरूप की प्रतीति होती है तो इसी से उसका अनुपलम्भ है। घट के अभाव का व्यवहार किया ही जाता है न। यह उचित नहीं हो सकता। घट से आवेष्ठित भूतल में भी भूतल का ज्ञान होने पर घट प्रतीत नहीं होता, वहाँ पर भी घटाभाव का व्यवहार घटित होगा।

तथा ज्ञानस्यापि उपलब्धिलक्षणप्राप्तस्य संवेदनं न भवेत् । ततश्च सर्वस्यासंवेदने नानुपलब्धिः, उपलब्धेरेव यतोऽनुपलब्धिः ।

इसी प्रकार उपलब्धिलक्षण प्राप्त ज्ञान का भी संवेदन नहीं होगा। परन्तु इससे सभी के असंवेदन रूप अनुपलब्धि नहीं होगी। अनुपलब्धि उपलब्धि की ही होती है।

यदि च भूतलाद्युपलब्धिरेव घटानुपलब्धिः, पिशाचादेरपि रौबाऽनुपलब्धिरस्तु । भवतु, को दोषः? पिशाचाभावविनिश्चयः स्यात् । अथ न भवति पिशाचाभावविनिश्चयः, कुम्भाभावविनिश्चयाभावप्रसङ्गः स्यात् । अथ निरालम्बनज्ञानं दृश्यस्याऽनुपलब्धिः, नहि भवतां पक्षे निरालम्बनज्ञानमस्ति स्वांशपर्यवसितत्वात् ।

यदि भूतल आदि की उपलब्धि ही घट की अनुपलब्धि है तो पिशाच आदि की भी वैसे ही अनुपलब्धि क्यों न हो। ऐसा करने पर क्या दोष होगा? पिशाच के अभाव का निश्चय होगा। इस तरह पिशाच के अभाव का विनिश्चय होने पर कुम्भ के अभाव-विनिश्चय का भी अभावप्रसंग होगा। यदि निरालम्बनज्ञान ही दृश्य की अनुपलब्धि है तो, आपके मत में निरालम्बन ज्ञान ही नहीं है। ज्ञान का अपने ही अंश में पर्यवसित होने से।

अथ अदृश्यानुपलम्भः अवयव्यनुपलम्भः, सोऽपि तत्सत्तां न व्यावर्त्तयति, यथा उपलभ्यमानत्वं वस्तुस्वरूपम्, तथा अनुपलभ्यमानत्वमपि वस्तुस्वरूपमेव। यथा कार्यस्य स्वकारणाजनकत्वं वस्तुस्वरूपं तथा अनुपलभ्यमानत्वमपि वस्तुस्वरूपमेव। नहि स्वकारणाजनकत्वे वस्तुस्वरूपमतिवर्त्तते। तथा अवयव्यपि कार्याजनकत्वेऽपि न स्वरूपं हास्यति, स्वहेतोरेव कार्याजनकात्मकस्योत्पत्तेः।

अब यदि अदृश्य अनुपलम्भ ही अवयवी का अनुपलम्भ है तो यह भी उसकी सत्ता को व्यावर्तित नहीं कर सकता। यदि उपलभ्यमान ही पदार्थ का स्वरूप होता है तो वैसे ही अनुपलभ्यमान भी पदार्थ का स्वरूप ही होगा। जैसे कार्य का अपने कारण का अजनक होना वस्तुस्वरूप है उसी प्रकार अनुपलम्भमानत्व भी वस्तु स्वरूप ही है। स्वकारण अजनकत्व में वस्तुस्वरूप की हानि नहीं होती। उसी प्रकार अवयवी की कार्य अजनकत्व की स्थिति में भी, स्वरूप की हानि नहीं होती। अतः अपने हेतु से ही कार्य को उत्पन्न नहीं करने वाले की उत्पत्ति होती है।

११.८ अवयविनिराकरणे प्रयुक्तस्य रक्तारक्तत्वप्रसञ्जनरूपस्य साधनस्य निरासः

(रक्तारक्त प्रसंजनरूप साधन का खण्डन)

यदपि साधनमन्यदुपदिष्टम् — रक्तारक्तप्रसङ्गरूपम्, तदप्यसत्, रक्तता नाम का अवयविनः? किं नीलगुणात्मकत्वम्, आहोस्वित् नीलगुणाधिकरणत्वम्, नीलगुणाधिकरणद्रव्यसंयोगित्वं वा, तदविरलदेशोत्पादो वा?

यद्यपि, रक्त अरक्तरूप दूसरे साधन का जो उपदेश किया गया है वह भी असत् ही है। रक्तता (लालपन) से युक्त यह अवयवी क्या है? क्या नील की गुणात्मकता है? अथवा नीलगुणाधिकरणत्व ही रक्तता है? अथवा क्या नीलगुणाधिकरणद्रव्यसंयोगित्व है? अथवा उसका अविरल देशोत्पाद है? क्या है यह सब?

यदि तावन्नीलगुणात्मकत्वं रक्तता, तदयुक्तम्, स्फटिकपटादेरनीलात्मकत्वात्। अथ नीलगुणाधिकरणत्वं रक्तता, साप्यनुपपन्ना, स्फटिकपटादेरवदातरूपयोगित्वात्।

यदि नीलगुणात्मकत्व रक्तता है तो वह नहीं हो सकता, स्फटिक और पट आदि के अनीलात्मक होने से, यदि नीलगुणाधिकरणत्व ही रक्तता है तो वह भी सम्भव नहीं है, क्योंकि स्फटिक, पट आदि का स्वच्छ रूप देखा गया है।

अथ नीलगुणाधिकरणद्रव्यसंयोगित्वं रक्तता, सा स्वयमनभ्युपगता कथमवयविनं व्यावर्त्तयति? अथ परेण इष्टा, यथेष्टातथाऽविरोधित्वेनाऽभ्युपगता, नहि संयोगावयविनोर्विरोधोऽभ्युपगम्यते परेण यथाकृतकत्वाऽनित्यत्वयोः, साऽविरुद्धा कथमवयविनं विपर्यासयति? 'रक्तताधिकरणश्च, नास्ति च' इत्यसंगतम्। यथा – नास्ति शब्दः कृतकत्वात् – तादृगेतत्।

नीलगुणाधिकरण द्रव्यसंयोगित्व ही रक्तता है तो, वह अपने आप अज्ञात होकर कैसे वह अवयवी का व्यावर्त्तन करता है? यहाँ दूसरे से क्या विवक्षित है। यदि दूसरा इष्ट है तो क्या वह अविरोधित्वरूप से अभ्युपगत होगा। संयोग और अवयवी का विरोध नहीं हो सकता, जैसा कि लोग कृतकत्व और अनित्यत्व का विरोध कहते हैं। वह अपने आप अविरुद्ध होकर कैसे अवयवी को विरुद्ध कर सकता है? यह कहना कि रक्तता का कुछ अधिकरण है और साथ में यह भी कहना कि उसका अस्तित्व नहीं है, असंगत वक्तव्य है । ऐसा कहना तो "शब्द नहीं है कार्य होने से" कहने की तरह है।

अथ रक्तता नास्ति घटस्य, तथापि असत्त्वं न सिद्धयति। रक्तताभावे तु अभावः कथं भवेत्? तदभावे विज्ञानाभावप्रसङ्गः।

यदि घट की रक्तता नहीं है तो भी उसकी असत्ता सिद्ध नहीं होती। रक्त के अभाव में घट का अभाव कैसे होगा। उसके अभाव में ज्ञान का अभाव प्रसक्त होगा।

अथ एकस्य विरुद्धावेतौ रक्तताऽरक्तताकारौ, केनेष्टौ विरुद्धतया? नीलद्रव्यसंयोगो हि रक्तता, तदभावोऽरक्तता, तौ च अर्थान्तरभूतौ। न च तयोर्भेदे अवयविनो भेद उपपद्यते, ताभ्यां तस्य भिन्नत्वात्। न च अन्यस्य भेदे अन्यस्य भेद उपपद्यते, विज्ञानभेदप्रसङ्गात्। यदि च रक्तारक्तभेदेन अवयवी भिद्यते तदा अवयविद्वयं स्यात्, नाऽसत्त्वम्, विज्ञानाऽव्यतिरेकित्वं वा।

अब, एक के ही परस्पर विरुद्ध वे दो आकार हैं – रकाताकार और अरक्तताकार। किसने विरुद्ध की चाहना की है। नीलद्रव्य का संयोग ही रक्तता है। उसका अभाव अरक्तता है। वे दो अर्थान्तर हैं। इन दोनों का भेद होने से अवयवी का भेद नहीं हो सकता। अवयवी दोनों से भिन्न है। दूसरे का भेद होने पर दूसरे का भेद हो इसमें कोई कारण नहीं है। ज्ञान का भेद होने रो। यदि रक्तारक्तभेद से अवयवी का भेद मानें तो अवयवी दो हो जाएंगे। इस तरह अवयवी की न तो असत्ता है और न ही विज्ञान से अव्यतिरिक्त है।

अथ अविरलदेशोत्पादो रक्तता नीलद्रव्यपटयोः, तथापि असत्त्वं न सिद्ध्यति, संस्कृतानां सत्त्वाभ्युपगमात् ।

यदि नील द्रव्य और पट का एक ही देश में अविरल उत्पाद ही रक्तता है तो इससे भी असत्ता की सिद्धि नहीं होती क्योंकि संस्कृत (जो बदलते रहते हैं) पदार्थों की सत्ता स्वीकार की गई है।

११.९ अवयविनिराकरणे प्रयुक्तस्य आवृतानावृतत्वप्रसङ्गस्य खण्डनम्

(आवृत्त तथा अनावृत्त प्रसंग का खण्डन)

यच्चान्यत् साधनमुक्तम् — आवृताऽनावृतप्रसङ्गरूपम् — *एकस्मिन्नवयवे आवृते आवृतः, अनावृते अनावृतः*, तदेतदयुक्तम्। तद्यदि अवयवावरणे अवयवी आवृतोऽनावृतो वाऽभ्युपगम्यते परैः, तदवयवानामतीन्द्रियत्वेऽपि हि उपलम्भाभ्युपगमात् । न च अवयवानामावृतत्वेऽनावृतत्वे वा अवयव्यावृतोऽनावृतो वा । अपि तु यदा वस्त्राद्यावरणेन देवदत्तेन्द्रियघटसम्बन्धविघातः क्रियते तदा *आवृतः* इत्यपदिश्यते । यस्य तु वस्त्रादिनाऽऽवरणेन देवदत्तेन्द्रिय-घटसम्बन्ध-विघातो न क्रियते, तदपेक्षया अनावृत-व्यपदेशः । यथा भवत्पक्षे स्वकारणानुत्पादकत्वेन अजनकत्वमभिधीयते, न च स्वरूप-भेदमासादयति ।

दूसरा जो साधन बताया गया है — आवृत्त और अनावृत्त के प्रसंग को लेकर — वह यह कि "एक अवयव के आवृत्त होने पर अवयवी भी आवृत्त होता है और उसके आवृत्त नहीं होने पर अवयवी भी आवृत्त नहीं होता"। यह कथन युक्तिपूर्ण नहीं है क्योंकि यदि एक अवयवी आवृत्त होता है तो एक अवयव भी आवृत्त होता है और यदि एक अवयवी आवृत्त नहीं होता है तो एक अवयव भी आवृत्त नहीं होता । यदि दूसरे (प्रतिपक्षी) इस पक्ष को स्वीकार करते हैं तो उन्हें यह भी मानना पड़ेगा कि अवयवों के अतीन्द्रिय होने पर भी उनका ज्ञान होता है। वस्तुस्थिति ऐसी नहीं है कि अवयवों के आवृत्त और अनावृत्त होने से अवयवी आवृत्त और अनावृत्त न होता हो। बल्कि जब वस्त्र आदि आवरण से देवदत्त की इन्द्रियों का घट के साथ सम्बन्ध का विघात किया जाता है तभी यह कहा जाता है कि घट नामक अवयवी आवृत्त हो गया। परन्तु जिस व्यक्ति के सन्दर्भ में वस्त्रादि आवरण से देवदत्तेन्द्रिय और घट के सम्बन्ध का विघात नहीं किया गया है, उसी के सन्दर्भ में अवयवी को अनावृत्त कहा जाता है। जैसा कि आपका पक्ष है, आप मानते हैं कि वह अकारण जैसा है, यदि वह कुछ ऐसा उत्पन्न नहीं करता जो स्वयं भी कारण हो। यह स्वरूप भेद को नहीं बनाता ।

११.१० अवयविनिराकरणप्रयुक्तस्य चलाचलत्वकृतस्य अवयविभेदप्रसङ्गस्य प्रत्यादेशः (चल और अचल का खण्डन)

यदपि अपरमभिहितम् — चलाचलत्वसाधनम् — अवयवे चलति चलत्यवयवी, अवयवान्तरे चाऽचलति न चलति-ततश्चलाचलत्वे अवयविनो भेदप्रसङ्गः, तदेतदयुक्तम्, चलनस्य स्वयमनभ्युपगमात्। तदभावे कथं तेन अवयवी भिद्यते? अथ चलनं विद्यते, तर्हि इदं वक्तव्यम् — स्वविषयलक्षणम्, चलनरूपार्थस्य उत्पत्तेः। अथ परेणेष्टं चलनम् इति कृत्वा व्यपदिश्यते, सत्यम्, दृष्टं परेण। न तु अवयवे चलति अवयविनश्चलनमिष्टम्, ततो भिन्नत्वात्। नाप्यवयवान्तरस्याचलने अवयविनोऽचलनमिष्यते, तस्यान्यत्वात्। अपि तु चलनयुक्तः चलतीति व्यपदिश्यते। चलनविकलो निष्कम्प इत्यभिधीयते।

इसी प्रकार दूसरा भी कथन है — चल और अचलात्मक साधन होता है — "अवयव के चलने पर अवयवी चलता है अवयवों के न चलने पर नहीं चलता। इसीलिए चल और अचल दोनों होने पर अवयवी में भेदप्रसंग उपस्थित होता है।" आपका यह कथन युक्तियुक्त नहीं है। चलन (गति, क्रिया) का स्वयं ही आपके द्वारा अस्वीकार किए जाने से। उसके न होने पर कैसे उसके द्वारा अवयवी में भेद होगा। यदि चलनात्मकता है तो ऐसा कहना पड़ेगा — स्वविषयलक्षणचलनरूप अर्थ का होता है उत्पत्ति होने से। यदि दूसरे की चलन क्रिया की चाह है तो यह सत्य है। दूसरे की चाहना है। अवयव के चलने पर अवयवी को चलना चाहिए इसमें कोई कारण नहीं है। उसके भिन्न होने से। अपितु चलनयुक्त ही चलता है यह कहा गया है। जहाँ चलन नहीं है उसे निष्कम्प कहा गया है।

अथ तदेव द्रव्यम् उपजातक्रियं चलति अनुपजातक्रियं च न चलति, सत्यम्, तदेव चलति, तदेव न चलति। नत्ववयविनो भेदः प्रसज्यते, न प्रसङ्गः, चलनस्य ततोऽन्यथा। चलाचलव्यपदेशश्च अन्योपाधिकृतः। यथा भवत्पक्षे ज्ञानं कार्यं कारणं च व्यपदिश्यते — स्वकार्यापेक्षया कारणम्, स्वकारणापेक्षया कार्यम्, न च तस्य भेदोऽस्ति, तथा अवयविचलाचलत्वेन न भेदो दृश्यते।

वही द्रव्य क्रियायुक्त होने पर चलायमान होता है और क्रियायुक्त न होने पर नहीं चलता। यह सत्य है। वही चलता है, वही नहीं चलता। नहीं ऐसा करने पर अवयवी का भेद हो जाता है, ऐसा प्रसंग यहाँ नहीं है। चलन इससे भिन्न होने से। चल और अचल नाम भी दूसरे के उपाधिजन्य हैं। जैसे आपके पक्ष में ज्ञान कार्य होता है और कारण भी होता है। अपने कार्य की अपेक्षा से कारण और अपने कारण की अपेक्षा से कार्य, किन्तु यहाँ भेद नहीं है। उसी प्रकार अवयवी में चलाचल रूप से भेद नहीं हो सकता।

११.११ अवयविनिराकरणे प्रयुक्तस्य '*सर्वावयवग्रहणेन*' इत्यादि विकल्पजालस्य निरासः (सर्वावयवग्रहण विकल्प का खण्डन)

यदप्युक्तम् – ***किं सर्वावयवग्रहणेन अवयवी गृह्यते, किं वा कतिपयावयवग्रहणेन गृह्यते? यदि च सर्वावयवग्रहणेन गृह्यते, तदा मध्यभाग–परभागाऽग्रहणे अवयव्यग्रहणप्रसङ्गः । अथ कतिपयाऽवयवग्रहणे अवयविग्रहणमभ्युपगम्यते, तदा कराङ्घ्रिग्रहणे अवयविग्रहणं स्यात्, अथ अवयवग्रहणमन्तरेण अवयविग्रहणम्, तदा सर्वदा ग्रहणं स्यात्।*** **तदेतत् सर्वमयुक्तम्, न सर्वावयवग्रहणपूर्वकमवयविग्रहणम्, नापि कतिपयावयवग्रहण–पूर्वकमवयविनोग्रहणम्, अपि तु तद्देहेन्द्रियसन्निकर्षालोकादिसाकल्ये सति उपलम्भः। अन्यथा हि अवयवग्रहणपूर्वके ग्रहणेऽभ्युपगम्यमाने अवयव्यादेरनुपलम्भः स्यात्।**

ऐसा भी कहा गया है – "क्या सर्वावयवग्रहण द्वारा अवयवी का ग्रहण होता है? अथवा कतिपय अवयवों के ग्रहण से गृहीत होता है, यदि सर्व अवयव ग्रहण द्वारा गृहीत होता है तो मध्यभाग और अन्तिमभाग के ग्रहण से अवयवी का अग्रहण होगा। यदि कतिपय अवयव के ग्रहण में अवयवी का ग्रहण होता है तो हाथ, पैर के ग्रहण से अवयवी का ग्रहण होने लगेगा। यदि अवयव के ग्रहण बिना ही अवयवी का ग्रहण होता है तो सर्वदा ग्रहण हो जाएगा।" यह सब कथन अयुक्त हैं। सभी अवयव ग्रहणपूर्वक अवयवी का ग्रहण नहीं होता और कतिपय अवयव के ग्रहण से भी अवयवी का ग्रहण नहीं होता। किन्तु उसके देह-इन्द्रिय-सन्निकर्ष-आलोक आदि की समग्रता मात्र में वह होता है। अन्यथा अवयवग्रहणपूर्वक ग्रहण में अवयवी आदि का ही अनुपलम्भ होगा।

११.१२ अवयविनिराकरणपरायाः '*यत्रभिन्ने न तद्बुद्धिः*' इत्यादि युक्तेः खण्डनम् (अवान्तर युक्ति से अवयवी का खण्डन)

यदप्यन्यदुक्तम् – अवयविनिराकरणपरं साधनम् –

यत्र भिन्ने न तद्बुद्धिर्धिया च न सा।
तद् घटं तु संवृतिसत् परमार्थसदन्यथा॥

तत्र यदि अवरुग्णे घटे घटबुद्धिर्न भवति घटस्याऽपरमार्थसत्त्वम्, नीलेऽपि प्रत्यस्तमिते नीलबुद्धिर्न भवति नीलस्याऽस्तमितत्वात् तदा नीलमपि अपरमार्थसत् प्राप्तम्। तथा, विज्ञानमस्तमुपगतं न वेद्यते तदप्यपरमार्थसत् प्राप्नोति।

एक दूसरे आधार पर भी अवयवी का निराकरण करते हुए कहा गया है –

जिसका ध्वंस करने पर उसकी बुद्धि का नाश नहीं होता, वह नष्ट घट संवृत्तिसत् है और (वह बुद्धि) अन्यथा परमार्थसत् है।

तब तो, अवरुग्ण घट में भी घटबुद्धि नहीं होने से घट की भी अपरमार्थ-सत्ता हो जाएगी । ऐसे ही विलोपित हुए नील में भी नीलबुद्धि नहीं होती, तो उसकी सत्ता भी अपरमार्थ हो जाएगी । इसी प्रकार ज्ञान भी अस्त होने पर पता नहीं चलता, तो वह भी अपरमार्थसत् हो जाएगा ।

अथ प्राक्तने विज्ञाने नीलान्तरे प्रत्यस्तमिते ज्ञानान्तरं वेद्यते नीलान्तरं च, न तु घटेऽवरुग्णे घटान्तरं वेद्यते, तत् किम् — उत्पन्नं न वेद्यते, आहोस्विदनुत्पन्नम्? तद्यदि उत्पन्नं न गृह्यते, तत्रापि हि विज्ञानोत्पादनसमर्थमुत्पन्नं न गृह्यते, तद्विपरीतं वा?

अब, पूर्वकालीन ज्ञान जिसमें नील लुप्त हो चुका है, ज्ञानान्तर और नीलान्तर रूप से वेदित होते हैं किन्तु घट ध्वंस के बाद घटान्तर का ज्ञान नहीं होता। क्या इसे यह कहा जाए कि उत्पन्न की वेदना नहीं होती? अथवा अनुत्पन्न की नहीं होती? यदि उत्पन्न की वेदना नहीं होती तो उसमें भी क्या ज्ञानोत्पादनसमर्थ 'उत्पन्न' का ग्रहण नहीं होगा अथवा इसके विपरीत होगा?

तद्यदि विज्ञानोत्पादनसमर्थमुत्पन्नं न गृह्यते, तदयुक्तम्, यदि विज्ञानोत्पादन-समर्थमुत्पन्नं घटजातम्, तदवश्यं गृह्यते अन्यथा नीलस्याप्यग्रहणं स्यात् । अथ विज्ञानजनकोत्पन्नस्याग्रहणम्, तदा नीलस्याप्यनया वृत्त्याऽग्रहणे तस्याप्यपरमार्थसत्त्वं स्यात् ।

यदि यह कहा जाए कि वह जो ज्ञान को उत्पन्न करने में समर्थ है, वही उत्पन्न होता है लेकिन ज्ञात नहीं होता तो उचित नहीं क्योंकि घट जब उत्पन्न होता है और घटज्ञान को उत्पन्न करने में वह समर्थ भी होता है तो अवश्य जाना भी जाता है । अन्यथा उसे नील का ग्रहण अर्थात् नील का ज्ञान भी नहीं कहा जा सकता । यदि यह कहा जाए कि वह जो उत्पन्न होता है वही विज्ञान का जनक भी है लेकिन फिर भी ज्ञात नहीं होता है, तो इसी रीति से नील भी जब ज्ञात नहीं हो सकेगा तो उसे भी परमार्थसत् स्वीकार किया जाना सम्भव नहीं हो सकेगा ।

अथ अनुत्पन्नघटजातं न वेद्यते तेन तस्य अपरमार्थसत्त्वम्, नील-ज्ञाने अपि अनुत्पन्ने न वेद्येते[११] तयोरपि अपरमार्थसत्त्वमापद्यते ।

यदि यह कहा जाए कि घट जो उत्पन्न नहीं हुआ है, उसका वेदन नहीं होता

[११] "वेद्यते" इति मूलपाठः।

और इसी के चलते वह अपरमार्थसत् है तो इसी तरह नील और ज्ञान की भी अपरमार्थसत्ता आपादित होगी क्योंकि नील और ज्ञान भी जब उत्पन्न हुए नहीं रहते तो उनका वेदन नहीं होता ।

अथ अवरुग्णे घटे घटान्तरं न प्रादुर्भवति विज्ञानजनकं कपालावस्थायाम्, यद्येवं निर्विकल्पके रूपज्ञाने नष्टे नान्यन्निर्विकल्पकं रूपज्ञानं जायते सविकल्पकावस्थायाम् । तथा, स्थूले नीले नष्टे नान्यत् स्थूलं नीलान्तरं भवति सूक्ष्मनीलोत्पादकाले । अथ तत्र नीलरूपताऽनुगता ज्ञानरूपता वाऽनुगता, यद्येवम् इहापि कपालघटयोः स्वलक्षण-रूपताऽनुगता ।

यदि घट ध्वंस के बाद घटान्तर का जन्म नहीं होता जो घट ज्ञान का जनक हो, तो शेष बचता है केवल घट का भग्नावशेष। यदि ऐसा है तो रूप का निर्विकल्परूपज्ञान नष्ट होने पर दूसरा निर्विकल्प ज्ञान उत्पन्न नहीं होता — सविकल्प अवस्था में। इसी प्रकार स्थूलनील के नष्ट होने पर दूसरा स्थूल नीलान्तर उत्पन्न नहीं होता, सूक्ष्मनील के उत्पादनकाल में।

अब वहाँ नीलरूप अनुगत है और ज्ञानरूप भी अनुगत है? यदि ऐसा है तो यहाँ पर भी घट और कपाल की स्वलक्षणरूपता अनुगत हुई है।

यदप्युक्तम् — धिया च न सा — धिया बुद्ध्या विवेच्यमाने न सा घटबुद्धिर्भवति नीलबुद्धिस्तु भवति, तदेतदयुक्तम्, किंभूतया बुद्ध्या विवेच्यते — किं निरालम्बनया, आहोस्वित् सालम्बनया? तद्यदि निरालम्बनया विवेच्यते, तदा विवेचनीयार्थो वक्तव्यः । यदि च निरालम्बनया विवेच्यमानस्य असत्त्वम्, तदाऽनया रीत्या नीलादेरप्यसत्त्वमाप-निपद्यते । न च निरालम्बनमतिरस्ति ।

ऐसा भी कहा गया है — "बुद्धि से यह नहीं है, धिया = बुद्धि से विवेक करने पर वैसी घट बुद्धि नहीं होती किन्तु नीलबुद्धि तो होती है" । यह कथन युक्तिपूर्ण नहीं है। किस बुद्धि से विवेक करेंगे? क्या निरालम्बन बुद्धि से? अथवा सालम्बन बुद्धि से? यदि निरालम्बन बुद्धि से है तो किसका विवेक करेंगे यह बताना पड़ेगा । यदि निरालम्बन बुद्धि से विवेच्यमान का असत्त्व है तो इसी प्रकार नील आदि का भी असत्व प्रतिफलित होगा। किन्तु निरालम्बन बुद्धि तो है ही नहीं।

अथ सालम्बनया घटो विवेच्यते, सा किम् आत्मालम्बना, आहोस्वित् स्वकाय-व्यतिरिक्तालम्बना? तद्यदि स्वकायालम्बना सती घटस्य विवेचिका, तदा विवेचनीयार्थो वक्तव्यः । यदि नाम स्वकायमात्रावभासा समुत्पन्ना, घटस्याऽसत्वे किमायातम्? अथ तस्यां बुद्धौ घटो[१२] नावभाति तेन तस्याऽसत्वम्, अनया भङ्ग्या नीलादेरपि असत्त्वमापद्यते ।

---

[१२] "अवभाति" इति मूलपाठः।

यदि सालम्बन बुद्धि से विवेक करना है तो बुद्धि की सालम्बनता कैसी? क्या स्वकीयालम्बना है? परकीयालम्बना है? यदि बुद्धि स्वकीयालम्बना होकर घट का विवेचक है तो वह विवेचनीय अर्थ क्या है वह बताना पड़ेगा। यदि वह अर्थ स्वकीयमात्र का अवभास है तो घट उसमें भासित नहीं होता?

उस बुद्धि में घट प्रतीत नहीं होता इसीलिए वह असत् हुआ, इसी भंगी से नील आदि की भी असत्ता उपपन्न होगी।

अथ स्वकायव्यतिरिक्तार्थालम्बनया घटो विवेच्यते, किं घटालम्बनया घटो विवेच्यते, घटव्यतिरिक्तार्थालम्बनया वा? तद्यदि घटालम्बनया विवेच्यते, तत्रापि विवेचनार्थो वक्तव्यः। तया[१३] किं क्रियते – किं घटस्याऽसत्त्वं प्रद्योत्यते, आहोस्वित् सत्त्वम्, उभयं वा, न किंचिद्वा? तद्यदि असत्वम्, तदयुक्तम्, नहि अन्यविषया सती एतस्य प्रबोधिका भवितुमर्हति अतिप्रसङ्गात्, न जातु रूपविषयविज्ञानं[१४] रसस्थापनाय अलम्।

अब, स्वकीय व्यतिरिक्तार्थालम्बनात्मिका बुद्धि से घट का विवेक किया जाता है। क्या घटालम्बनात्मक बुद्धि से घट का विवेक है? अथवा घट व्यतिरिक्तार्थ आलम्बनात्मक बुद्धि से है?

यदि घटालम्बनात्मक बुद्धि से है तो विवेचनार्थ क्या है कहना पड़ेगा। उससे क्या किया जाता है? क्या घट की असत्ता दिखाई जाती है अथवा सत्ता? उभय? अथवा कुछ भी नहीं।

यदि असत्व दिखाया जाता है तो वह नहीं हो सकता क्योंकि दूसरे का विषय होकर इसका बोधक होना सम्भव नहीं, अतिव्याप्तिदोष के कारण। कहीं भी रूपविषयक ज्ञान रस की स्थापना नहीं करता।

अथ सत्त्वं प्रद्योत्यते, तथापि सत्त्वम्।[१५] संवृतिसत्त्वे वा नीलादेरपि संवृतिसत्त्व-प्रसङ्गः। अथ उभयं प्रतिभाति, न, तदभावस्य अविषयत्वात्। यथा विज्ञानस्य विषयतां न याति तथा प्रागेव प्रपञ्चितम्। किंच, उभयं प्रद्योतयन्त्या भावोऽपि प्रद्योतितस्तया। तत्प्रद्योतने च कथं घटस्य संवृतिसत्त्वम्?

यदि सत्ता दिखाई जाए फिर भी वहाँ सत्ता है। यदि यह सत्ता संवृत्तिसत्य है तो नील आदि भी संवृत्तिसत् ही हो जाते हैं। यदि दोनों स्वीकारें तो यह नहीं हो सकता

---

१३ "या" – धृष्टम्।

१४ "विज्ञान" इति मूलपाठः।

१५ "सवृति" इति मूलपाठः।

क्योंकि उसके अभाव का अविषय होने से। कैसे ज्ञान विषय नहीं होता यह पहले ही बताया जा चुका है। और, दोनों दिखाने के क्रम में उस बुद्धि से भाव का भी दर्शन कराया जा चुका है। यह भी कि उसे दिखाने पर कैसे घट का संवृत्ति सत् होगा।

अथ न किंचिदपि प्रद्योत्यते तया, कथं तर्हि घटविषया सा अपदिश्यते? अथ घटभिन्नार्थविषया सा, तत्र वर्तमाना न कुम्भस्य अस्तित्वविधायिका, न व्यावर्त्तिका।

यदि कुछ भी द्योतित नहीं होता है तो कैसे उसे घटविषयकबुद्धि कहा जाए? यदि घटभिन्नार्थविषय है तो वहाँ रहकर भी घट के अस्तित्व का विधायक नहीं होगा और व्यावर्त्तक भी नहीं होगा।

अथ तस्यां बुद्धौ कुम्भो न प्रतिभाति तेन तस्य संवृतिसत्त्वम्। यद्येवम् — बुद्धिविषयोऽपि बुद्ध्यन्तरे न प्रतिभाति, तस्याप्यायातं संवृतिसत्त्वम्। सर्वज्ञानानि च इतरेतरज्ञाने न प्रतिभान्ति–सर्वेषां संवृतिसत्त्वं प्राप्तम्। न चैतदभ्युपगम्यते।

उस बुद्धि में कुम्भ प्रतीत नहीं होता इसीलिए वह संवृत्ति सत् है। यदि ऐसा है तो एक बुद्धि का विषय भी दूसरी बुद्धि में प्रतीत नहीं होता, इसीलिए वह भी संवृत्तिसत् हो जाएगा। सभी ज्ञान एक-दूसरे में प्रतीत नहीं होते, इसीलिए सभी संवृत्तिसत् हो जाएंगे। किन्तु इसे आप लोगों के द्वारा स्वीकार नहीं किया गया है।

११.१३ विज्ञानवादिना साधितस्य बाह्यार्थविलोपस्य निरासः (विज्ञानवादसम्मत बाह्यार्थ विलोप का खण्डन)

यदप्यन्यत्साधनमपदिष्टं बाह्यार्थापह्नवे — ***न किल विज्ञानमसंविदितम् अर्थस्य वेदनम्। यद्यविदितमर्थवेदनं तदाऽजातेऽपि ज्ञानेऽर्थो वेद्यः स्यात्, सन्तानान्तरज्ञाने च जाते देवदत्तवेद्यः सोऽर्थः स्यात्, न चैतदुपपद्यते। तथा स्वसन्ततिपतिते परोक्षज्ञाने जातेऽर्थो न वेद्यः स्यात्। अथ ज्ञानान्तरविदितमर्थस्य वेदनम्, तदपि ज्ञानान्तर-विदितम् इत्यायातमान्ध्यं जगतः। अथ स्वसंविदितं तदर्थस्य वेदनम्, ततश्च सहोपलम्भाद् एकोपलम्भतो वा बाह्यार्थविलोपः प्राप्तः।***

यह जो दूसरे साधन की व्याख्या की गई है बाह्यार्थ के निराकरण के प्रसंग में वह यह कि "वह विज्ञान जो स्वसंवित् नहीं है, उससे अर्थ का वेदन नहीं हो सकता। यदि स्वयं में असंवित् विज्ञान से अर्थ का वेदन होना माना जाए तो विज्ञान के उत्पन्न हुए बिना भी अर्थवेदन की प्रसक्ति होगी। इतना ही नहीं, दूसरे के चित्सन्तान में जो ज्ञान घटित हुआ है, उसका ज्ञान देवदत्त के चित्सन्तान में होने का प्रसंग भी उपस्थित होगा। इसी प्रकार स्व-चित्सन्तति के पतन के बाद परोक्षज्ञान होने पर अर्थ को वेद्य नहीं होना चाहिए, परन्तु ऐसा होता नहीं है। यदि

यह कहा जाए कि एक ज्ञान दूसरे ज्ञान से विदित होकर अर्थ का वेदन कराता है तो अनवस्था प्रसंग के उपस्थित होने से जगदान्ध की प्रसक्ति होगी । अतः स्वसंविदित विज्ञान से ही अर्थ का वेदन सम्भव है । इस तरह विज्ञान और अर्थ का सहोपलम्भ होने से दोनों एक हो जाते हैं और बाह्यार्थ का विलोप प्राप्त होता है ।"

तदेतदयुक्तम् । यत्तावदुक्तम् — *ज्ञानान्तरविदितं यदि ज्ञानम् अर्थस्य वेदनं तदा अनिष्ठा प्राप्नोति*। एतदनभ्युपगमेनैव पर्युदस्तम् । अपि तु अविदितमेव ज्ञानम् अर्थस्य वेदनम् । ननु अजातेऽपि ज्ञाने अर्थो वेद्यः स्यात्, न वेद्यः, वेदनस्याभावाद् अर्थो न वेद्यते, न तु वेदनवेदनस्याभावादर्थो न वेद्यते ।

यह युक्तियुक्त नहीं है। जैसा कि कहा गया — "ज्ञानान्तर से विदित ज्ञान यदि अर्थ का वेदन करता है तो उसके बाद अनिष्ठा (अनवस्था) प्राप्त होगी।" इसे अस्वीकार करके ही उपर्युक्त विषय (बाह्यार्थ)को निरस्त किया गया है। किन्तु अविदित ज्ञान ही अर्थ का वेदन है। नहीं, ज्ञान न होने पर भी अर्थ वेद्य तो होता ही है। वेद्य नहीं होता। वेदन के अभाव के कारण अर्थ वेद्य नहीं होता। वेदन के वेदन के अभाव के कारण अर्थ वेदित नहीं होता, ऐसा भी नहीं है।

यदप्यन्यदुक्तम् — सन्तानान्तरजाते च ज्ञाने सोऽर्थो वेद्यः स्यात्, तदप्ययुक्तम्, देवदत्तसन्ततिपतिते जाते देवदत्तस्य सोऽर्थोऽपरोक्षः, न तु सन्तानान्तरपतिते ज्ञाने, अन्यथा हि सन्तानान्तरपतितं विज्ञानं स्वसंविदितरूपं जातम् । तस्मिन् जाते सोऽर्थो देवदत्तस्याऽपरोक्षः स्यात् ।

दूसरी जगह ऐसा भी कहा गया है — "सन्तानान्तर के बाद ज्ञान में वही अर्थ वेद्य होता है। यह कथन उचित नहीं है। देवदत्त का सन्तान पतित हुआ। यह पदार्थ देवदत्त के लिए परोक्ष (पुराना) हुआ । किन्तु सन्तानान्तर पतित का ज्ञान तो परोक्ष नहीं है । अन्यथा सन्तानान्तर पतित ज्ञान स्वसंविदित होगा । ऐसी स्थिति में वह अर्थ देवदत्त के लिए अपरोक्ष हो जाएगा।

अपि च, रूपज्ञानं किं रूपगृहीत्यात्मकम्, आहोस्विद् अगृहीत्यात्मकम्? तद्यदि रूपगृहीत्यात्मकम्, तदा गृहीतमेव रूपं[१६] ज्ञानं ज्ञानान्तरवेद्यं भवतु स्वसंवेद्यं वा, न ज्ञानग्रहणपुरस्सरमर्थस्य ग्रहणम् ।

दूसरी बात, रूपज्ञान रूपगृहीतात्मक है? अथवा अगृहीतात्मक है? यदि रूपगृहीतात्मक है तो रूपगृहीत हो ही चुका है। इसीलिए ज्ञान ज्ञानान्तर वेद्य हो अथवा स्वसंवेद्य, किन्तु ज्ञान ग्रहणपुरःसर अर्थ का ग्रहण न हो।

---

[१६] अत्रानुस्वारः पश्चाल्लुप्तो दृष्यते।

अथ रूपगृहीतिस्वभावकं न भवति रूपज्ञानम्, एवं तर्हि स्वसंवेद्यं भवतु व्यतिरिक्तसंवेदकसंवेद्यं वा भवतु अवेद्यं वा, न रूपस्य प्रत्यक्षता, यथा रसज्ञानस्वसंवेद्यत्वेऽपि न रूपस्य प्रत्यक्षता तद्वत् रूपज्ञानसद्भावेऽपि न रूपस्य प्रत्यक्षता रूपगृहीतिस्वभावतयाऽनुपपत्तेः ।

यदि रूपगृहीति स्वभावक रूपज्ञान नहीं होता है तो, स्वसंवेद्य हो, अथवा अतिरिक्त संवेदक संवेद्य हो या अवेद्य ही हो, किन्तु रूप की प्रत्यक्षता न होगी। जैसे रसज्ञान के स्वसंवेद्यत्व होने पर भी रूप की प्रत्यक्षता जिस प्रकार नहीं होती उसी प्रकार रूपज्ञान के सद्भाव में भी रूप की प्रत्यक्षता रूपगृहीतस्वभाव न होने से नहीं होगी।

११.१४ बाह्यार्थविलोपायोपयुक्तस्य सहोपलम्भसाधनस्य विकल्प्य दूषणम्
(बौद्धों के सहोपलम्भ का खण्डन)

यदप्युक्तम् – *स्वसंवेद्यत्वे सहोपलम्भाद् विज्ञानार्थयोरैक्यम्* – एतदप्यपनीतं द्रष्टव्यम्, स्वसंवेद्यत्वाऽसंभवादेव । न च सहोपलम्भाद् अर्थस्याऽभावः सिद्ध्यति अव्यतिरेको वा ।

ऐसा भी कहा गया है – "सहोपलम्भ के कारण स्वसंवेदन की अवस्था में ज्ञान और अर्थ एक हो जाते हैं"। स्वसंवेद्यत्व के असम्भव होने से यह कथन भी खण्डनीय है, यह द्रष्टव्य है। सहोपलम्भ द्वारा अर्थ का अभाव अथवा अर्थ की विज्ञान से एकता भी सिद्ध नहीं होती।

सहोपलम्भो हि ज्ञानैकधर्मः, अर्थैकधर्मः, उभयधर्मो वा? तद्यदि ज्ञानैकधर्मः, तदा सहशब्दार्थो नोपपद्यते । ज्ञानैकधर्मत्वे च ज्ञानस्यैवास्तित्वस्थापकं नार्थस्य व्यति-रेकाभाववेदकं सहोपलम्भसाधनम् अतद्धर्मत्वात्। अथ अर्थैकधर्मः सहोपलम्भः, अत्रापि सहशब्दार्थो वक्तव्यः। अर्थैकधर्मत्वे वा अर्थस्यैव सत्तां व्यवस्थापयति, ततश्च विपरीतसाधनाद् विरुद्धः ।

यह सहोपलम्भ क्या है? ज्ञान का एकमात्र धर्म है? अर्थैकधर्म है? अथवा उभयधर्म है? यदि ज्ञानैकधर्म है तो सह शब्द का अर्थ लगेगा ही नहीं। एकमात्र ज्ञान के धर्म होने पर केवल ज्ञान का ही अस्तित्व अवस्थित होगा किन्तु पदार्थ का नहीं, क्योंकि व्यतिरेक के अभाव का आवेदक सहोपलम्भ साधन होता है, अतद्धर्म होने से। यदि अर्थैकधर्म है तो यहाँ पर भी सह शब्द का अर्थ क्या है बताना पड़ेगा। एकमात्र अर्थधर्म होने पर अर्थ की सत्तामात्र व्यवस्थित होती है और विपरीत साधन के कारण विरुद्ध भी हो जाएगा।

अथ उभयधर्मः, कथमुभयधर्मत्वे अन्यतरलोपः? अन्यतरलोपश्चेत्, नोभयधर्मता उपपद्यते । *उभयधर्मता च अन्यतरलोपश्च* इति व्याहतमपदिश्यते । उभयधर्मत्वे च

***अर्थस्यैव विलोपो न ज्ञानस्य* इत्यत्र नियामकं वक्तव्य। तच्च नास्ति। न च उपलम्भोऽन्यतरसद्भावं व्यावर्त्तयति, सद्भावेऽपि दृष्टत्वात् यथा ज्ञाने।**

यदि उभयधर्म है तो, कैसे उभयधर्म होने पर एक का लोप होता है? अन्यतरलोप होना है तो उभयधर्मता कैसे होगी? उभयधर्मता और एक का लोप यह विरुद्ध कथन है। उभयधर्म होने पर अर्थ का ही केवल लोप होगा किन्तु ज्ञान का नहीं, यह कौन सा नियम है? ऐसा कुछ नहीं है। उपलम्भ दूसरे भाव का व्यावर्त्तन भी नहीं कर सकता। जैसे ज्ञान में देखा गया है कि सद्भाव में भी ऐसा नहीं होता।

अपि च कस्यात्र पक्षीकरणम् — किं विज्ञानस्य, उत अर्थस्य? तद्यदि ज्ञानं पक्षयसि, तस्य किं साध्यते — अभावः, अव्यतिरेको वा? तद्यदि अभावः, स किं ज्ञानस्य, उत अर्थस्येति? यदि ज्ञानस्य तदा अभ्युपेतहानम्, हेतोश्च पक्षधर्मता न लभ्यते। अथ अर्थस्य, तदा असम्बद्धत्वम् — ज्ञानं पक्षयसि अर्थो नास्तीति व्याहतमपदिश्यते, सहोपलम्भस्य च व्यधिकरणत्वम्।

फिर, यहाँ किसको पक्ष बनाएंगे? क्या विज्ञान को? अथवा अर्थ को? यदि ज्ञान को पक्ष बना रहे हैं तो इससे क्या सिद्ध करेंगे? अभाव? अव्यतिरेक? यदि अभाव है तो वह क्या ज्ञान का है? अथवा अर्थ का है? यदि ज्ञान का है तो प्रयोजन की हानि होगी। हेतु में पक्षधर्मता भी उपलब्ध नहीं है। यदि अर्थ का है तो असम्बद्धत्व उपस्थित होगा — ज्ञान को पक्ष बनाएंगे किन्तु अर्थ नहीं है, ऐसी विपरीत स्थिति होती है और इससे सहोपलम्भ का भी विरोध होगा।

अथ अव्यतिरेकः साध्यते, स किं ज्ञानस्य, आहोस्विद् अर्थस्य? तद्यदि अर्थस्य, तदाऽसम्बद्धाभिधातृत्वम् — ज्ञानं पक्षयसि, अर्थस्य चाऽव्यतिरेकप्रतिपादनं करोसि इति व्याहतमपदिश्यते, अर्थाव्यतिरेको हि अर्थधर्मः।

यदि व्यतिरेक सिद्ध करना है तो वह क्या ज्ञान का है? अथवा अर्थ का है? यदि अर्थ का है तो असम्बद्ध का अभिधान हो जाएगा — ज्ञान को पक्ष बनाना और अर्थ के अव्यतिरेकत्व का उपदेश करना परस्पर विपरीत होगा। साथ ही अर्थधर्म अर्थ से अव्यतिरिक्त भी हो जाएंगे।

अथ ज्ञानस्यैव अव्यतिरेकप्रतिपादनं क्रियते, तत्किं स्वस्मात्स्वरूपादव्यतिरिक्तम्, आहोस्वित् पररूपादव्यतिरिक्तम्? तद्यदि स्वस्मात् स्वरूपादव्यतिरिक्तं ज्ञानं, तदा अविवादेन सम्बोधयितव्याः।

यदि ज्ञान का ही अव्यतिरेक प्रतिपादन करना है तो क्या वह अपने स्वरूप से अव्यतिरेक है? अथवा पररूप से अव्यतिरेक है? यदि अपने स्वरूप से है तो बिना विवाद ही सम्बोधन करना चाहिए।

अथ परस्मादव्यतिरेकप्रतिपादनं क्रियते, स परात्मा अतात्त्विकः, तात्त्विको वा? तद्यदि अतात्त्विकः, ततोऽव्यतिरिक्तं ज्ञानमपि अतात्त्विकं भवेत्।

यदि पर से अव्यतिरेक का प्रतिपादन करना है तो वह परात्मा अतात्त्विक है या तात्त्विक? यदि अतात्त्विक है तो इससे व्यतिरिक्त (तात्त्विक) ज्ञान भी अतात्त्विक हो जाएगा।

अथ तात्त्विकः, सोऽप्यवधारितदेहो वा, अनवधारितदेहो वा? तद्यदि अवधारित-देहः, स किं भिन्नाकारतया अवगतः, अभिन्नाकारतया वा? यदि भिन्नाकारतया अवधारितः, तदा भिन्नाकारावगाहकविज्ञानदूषितपक्षत्वेन सहोपलम्भहेतोरसिद्धता कालात्ययापदिष्टता वा।

यदि तात्त्विक है तो वह अवधारितदेह है अथवा अनवधारित देह? यदि अवधारित देह है तो वह क्या भिन्नाकाररूप से ज्ञात होता है अथवा अभिन्नाकाररूप से? यदि भिन्न आकार से है तो भिन्नाकार अवगाही ज्ञान दूषित पक्ष होने से सहोपलम्भ हेतु असिद्ध और कालात्ययापदिष्ट हेतुदोष से ग्रस्त होगा।

अथ अभिन्नस्वभावतयाऽवधारितः, न तर्हि परात्मा, *परात्मा च अभिन्नस्वभाव-तयाऽवधारितः,* इति च व्याघातः। किंच, अभिन्नस्वभावतया यदि प्रागेवाऽवगाहितः, तदा किं तत्र सहोपलम्भसाधनेन प्रयोजनम्? निष्पादितक्रिये कर्मणि साधनं साधन[१७]-न्यायमतिपतति।

यदि अभिन्न स्वभाव से अवधारित है तो परात्मा है ही नहीं, क्योंकि वह तो अभिन्नस्वभाव द्वारा अवधारित है, इसीलिए वह व्याघात होगा। और, यदि अभिन्न स्वभाव के कारण से पहले ही अवधारित है तो वहाँ सहोपलम्भ साधन से कौन सा प्रयोजन सिद्ध होगा? क्रिया निष्पादन हो चुके कर्म में फिर साधन का प्रयोग निष्प्रयोजन हो जाता है।

अथ अनवधारितदेहः, स परात्माऽस्तीति कथं जानीषे? न च अवधारितानव-धारिताकारयोः एकत्वं बहुविदो वदन्ति। अनवधारिताकारैकत्वे च ज्ञानस्याप्यसंवेदनं प्रसक्तम्।

यदि देह धारण नहीं किया गया है तो वह परात्मा है यह कैसे जानेंगे? और अवधारित तथा अनवधारित आकारों में एकत्व होता है, ऐसा कहकर विद्वानों ने नहीं स्वीकारा है। अनवधारित आकार के एकत्व में ज्ञान का भी असंवेदन प्रसक्त हुआ करता है।

अपि च सहोपलम्भः किं ज्ञानयोः, उत अर्थयोः, ज्ञानार्थयोः वा? तद्यदि ज्ञानयोः

---

१७ "सा न न्याय" इति मूलपाठः।

सहोपलम्भः, तदा न द्वितीयस्याभावोऽव्यतिरेको वा सिद्धयति, असिद्धश्च हेतुः दृष्यन्तश्च साधनविकलः — द्विचन्द्रज्ञाने न ज्ञानयोः सहोपलम्भोऽस्ति। अथ अर्थयोः, तदाऽसिद्धो हेतुः, न चान्यतरार्थलोपः। लोपे वा अन्यतरसिद्धौ बाह्यार्थव्यवस्थितिः। अथ ज्ञानार्थयोः सहोपलम्भः, तथापि हेतोरसिद्धता, दृष्यन्तश्च साधनविकलः।

दूसरी बात, यह सहोपलम्भ ज्ञान का है अथवा अर्थ का है? अथवा ज्ञान और अर्थ दोनों का? यदि ज्ञान का है तो दूसरे का अभाव या अव्यतिरेक सिद्ध नहीं हो सकता, हेतु भी असिद्ध है, दृष्टान्त भी साधन विकल है — जैसे द्विचन्द्रज्ञान में ज्ञानों का सहोपलम्भ नहीं है। यदि अर्थ का है तो हेतु असिद्ध है, अन्यतरार्थ का लोप भी नहीं होगा। यदि लोप होना है तो दूसरे की सिद्धि होने पर बाह्यार्थ की व्यवस्थिति होगी। यदि ज्ञानार्थ का सहोपलम्भ है तो वहाँ भी हेतु की असिद्धि उपस्थित है। दृष्टान्त भी साधन विकल (दोष) दिखता है।

अथ सहोपलम्भात् इत्यस्यायमर्थः — एकोपलम्भात्। एकोपलम्भेन ज्ञानार्थयोरेकता उपपाद्यते।

यदि सहोपलम्भ का अर्थ एक के उपलम्भ से है तो भी ज्ञान और अर्थ की एकता का उपपादन किया जा सकता है।

ननु एकोपलम्भाद् इत्यस्य कोऽर्थः — किं ज्ञानार्थयोः एक एव उपलम्भः, उत एकस्यैवोपलम्भः, आहोस्विद् एकेनैव उपलम्भ इति। तद्यदि ज्ञानार्थयोः एक एव उपलम्भ इति, न तर्हि अर्थाभावसिद्धिः। संवेद्यमानत्वेन विज्ञानसत्तावद् अर्थसत्ताऽपि सुस्थिता। असिद्धोऽप्ययं हेतुः नीलादावनेकोपलम्भसंभवात्। अनैकान्तिकोऽप्ययं हेतुः यस्मादनेकनील–लोहिताद्याकाराणाम् एकोपलम्भेऽपि नान्यतमव्यावृत्तिः अभेदो वा दृष्टः।

एकोपलम्भ का क्या अर्थ है? क्या ज्ञान और अर्थ की एकता ही उपलम्भ है? अथवा एक का मात्र है? अथवा एक से मात्र है?

यदि ज्ञान और अर्थ का है तो अर्थ का अभावसिद्ध नहीं हो सकता। संवेद्य होने से ज्ञान की सत्ता की तरह अर्थ की सत्ता भी व्यवस्थित होगी। यह हेतु असिद्ध होने पर भी नील आदि में अनेक उपलम्भ का संवाहक है। साथ ही अनैकान्तिक होकर भी अनेकनील लोहित आदि आकारों के एक उपलम्भ में भी अन्य का व्यावर्त्तक होते हुए भी अभेद नहीं दिखाई देता।

अथ एकस्यैव उपलम्भः एकोपलम्भः, तदेकं किं विज्ञानात्मकम्, आहोस्विद् अज्ञानात्मकम्? तद्यदि विज्ञानात्मकं, तदसत्, नीलमणिकुम्भादेर्विज्ञानोत्पादकत्वेन स्वरूपमवधार्यते न तु विज्ञानात्मतया, यस्माद् *अनेन उत्पादितं विज्ञानम् अत्र ममोत्पन्नम्*

इत्येवं प्रवदन्ति सन्तः न तु *इदमेव ज्ञानम्* इत्येवं वक्तारो भवन्ति। यथा हि वस्तुत्वेन प्रतीयमानं नीलजलादिकम् एकोपलम्भानुरोधेन नावस्तुत्वेन प्रतिपद्यते तथा अविज्ञानात्मकतया अध्यवसीयमानं न विज्ञानात्मतया व्यवस्थापयितुं पार्यते, अन्यथा वस्तुत्वहानिप्रसङ्गात्, अथाविज्ञानात्मतया तदेकमवधार्यते तदेष्टसिद्धेरसिद्धिः, सिद्धसाध्यता च स्यात्।

यदि एकोपलम्भ का अर्थ एकमात्र का उपलम्भ है तो वह एक विज्ञानात्मक है अथवा अज्ञानात्मक है? यदि वह विज्ञानात्मक है तो ठीक नहीं, क्योंकि वह नील, मणि और कुम्भ आदि के ज्ञान का उत्पादक रूप से अपने स्वरूप का अवधारण करता है, विज्ञानात्मतया नहीं। यद्यपि वह विज्ञान अनेन (नील-कुम्भ आदि के द्वारा) उत्पादित हुआ करता है, फिर भी सज्जन लोग "अत्र ममोत्पन्नं" अर्थात् "यह मेरा विज्ञान है" ऐसा कह दिया करते हैं, यह नहीं कहते कि "इदमेव ज्ञानं" अर्थात् यह ज्ञानमात्र ही है जो नील-कुम्भादि वस्तु रूप में अवधारित होता है। अतएव जैसे वस्तु रूप से प्रतीत होने वाले नील-कुम्भादि एकोपलम्भ के अनुरोध से अवस्तु रूप में (विज्ञानात्मतया) प्रतिपादित नहीं होते वैसे ही ज्ञान में भी उनका अविज्ञानात्मतया (वस्तुत्वतया) अध्यवसाय होता है, न कि विज्ञानात्मतया। विज्ञानात्मतया व्यवस्थापन मानने पर वस्तुत्व की हानि होती है। और यदि अविज्ञानात्मतया उस एक का अवधारण किया जाता है तो इष्ट सिद्धि की हानि तथा सिद्धसाधनता दोष की प्रसक्ति होती है।

अथ एकेनैवोपलम्भः, सोप्यनुपपन्न एव, जलचन्द्रार्कादिः बहुभिरुपलभ्यमानत्वाद्।

यदि एक से ही उपलम्भ कहा है तो वह भी सम्भव नहीं है क्योंकि जलचन्द्र और सूर्य आदि को बहुत लोग देखा करते हैं।

११.१५ अवयविनिराकरणद्वारा स्थापितस्य क्षणिकत्वस्योत्थापनम् (क्षणिकत्व का खण्डन)

यदप्युक्तम् — अवयविनिराकरणे क्षणिकत्वम् — यदि हि किल अक्षणिको भवति भावः तदा भवति अवयवाऽवयविभावः, तदभावे तत्स्वभावात्। अथ कथं तस्याभावः? स्थायिनोऽर्थक्रियाऽकरणात्। तदेव कथम्? कथ्यते — किं येन स्वभावेन आद्यामर्थक्रियां करोति किं तेनैव स्वभावेन उत्तरोत्तराण्यपि कार्याणि करोति, अथ समासादितस्वभावान्तरः करोति? यदि तेनैव करोति, तदा एककालयोगित्वं सर्वकार्याणां प्रसज्यते, क्रमकरणं हीयते तस्य। न ह्येकस्वभावायत्तो वस्तूनां कालविकल्पो नाम। विकल्पे वा एकस्वभावायत्ततामतिक्रामन्ति। अथ स्वभावान्तरापत्तौ जनयति, स्वभावान्तरापत्तिश्च पूर्वाकारपरिहारनान्तरीयकरूपा।

तदपरित्यागे न आकारान्तरानुप्रवेशोऽस्ति, आकारयोः एकत्वायोगात्। अथ पूर्वाकार-परिहारः, तदा एतदेव क्षणिकत्वं यत् पूर्वापरकार्यकारणम्।

ऐसा भी कहा गया है – "अवयवी के निराकरण से क्षणिकत्व फलित होता है। निश्चय ही, पदार्थ अक्षणिक है तभी अवयव-अवयवी भाव होता है। उसके अभाव में ही वह निश्चय होता है। नहीं, कैसे उसका अभाव होता है? स्थायीपदार्थ में अर्थक्रिया का सामर्थ्य नहीं होता। वह कैसे? देखिए – क्या जिस स्वभाव से पहले अर्थक्रिया करता है उसी स्वभाव से उत्तर-उत्तर भी कार्य करता है? यदि स्वभावान्तर प्राप्त करता है तो, यदि उसी से करता है तो एककालत्व ही सभी कार्यों में प्रसक्त होगा और क्रमशः करने की परिपाटी भी नष्ट होगी। पदार्थों का स्वस्वभाव में सिमटने का कालात्मक विकल्प भी नहीं है। यदि यह विकल्प हो भी तो पदार्थ अपने स्वभावस्वरूप का अतिक्रम ही करेंगे। यदि भिन्न स्वभावयुक्त का उत्पादन करता है तो उससे दूसरे स्वभाव की आपत्ति और पूर्व आकार का परिहार रूप विघ्न उपस्थित होगा। उसके अपरित्याग से दूसरे आकार में प्रवेश नहीं होता है। आकारों की एकता न होने से। यदि पूर्वाकार का परिहार है तो यहीं क्षणिकत्व भी रहेगा जो पूर्व और पर तथा कार्य और कारण का व्यवस्थापन करता है।

तदेतदयुक्तम्। यदि क्रमेण कार्यं न करोति युगपदपि कथं करोति? एकं नीलस्वलक्षणमनेकं विज्ञाननीलादिकं कार्यं करोति इति वः सिद्धान्तः। तदनेकं कार्यं किमनाकारेण करोति, आकारभेदेन वा? तद् यद्येकेन करोति, तदाऽऽयाता सर्वकार्याणा-मेकाकाररूपता एकत्वम्, एकस्य चानेकत्वमापद्यते। अथ आकारभेदेनानेककार्यं जनयति, आकारभेदात् तदेकत्वं व्यावर्त्तते, यद्व्यावृत्तौ नैकमनेकं कार्यं करोति।

यह कथन अयुक्त है। यदि क्रमशः कार्य नहीं करता है तो एक साथ भी कैसे करेगा? एक नीलस्वलक्षण अनेक नील आदि ज्ञान का (उत्पादनरूप) कार्य करता है, ऐसा आप लोगों का सिद्धान्त है। वह अनेक कार्य क्या एक ही आकार से करता है या आकारभेद से करता है? यदि एक से करता है तो सभी कार्यों का एकाकाररूप उपस्थित होता है – एकत्व, और एक की अनेकता उपस्थित होगी। यदि आकारभेद से अनेक कार्य उत्पन्न करता है तो आकारभेद से ही एकत्व व्यावृत्त होता है, उसके व्यावृत्त होते ही एक भी और अनेक भी कार्य नहीं होते।

अथ इत्थंभूतं स्वहेतुभ्यस्तदुद्गतं यदनेकयुगपत्कार्यकरणात्मकम्, यदेवं ममापि क्रमभाव्यनेककार्यकरणात्मकं समुद्भूतं स्वहेतुभ्यः।

इस प्रकार यदि आप यह मानते हैं कि वह जो अपने ही हेतुओं से उत्पन्न होता है, युगपद् रूप से अनेक कार्य कर सकने वाला होता है तो मेरे अनुसार भी क्रमशः अनेक कार्यों को कर सकने वाला अपने ही हेतुओं से समुद्भूत हो चुका है।

११.१६ क्षणिकत्वस्थापनाय प्रयुक्तस्य विनाशहेत्वभावस्य विनाशं विकल्प्य दूषणम्
(बौद्धों के अहेतुक विनाश का खण्डन)

यदप्यन्यदुक्तम् — *विनाशहेत्वभावात् क्षीणको भावः* तदनुपपन्नम्, कथम्? ते इदं प्रष्टव्याः — विनाशोस्ति वा, न वा? तद्यदि नास्ति, कस्य सहेतुकत्वं निर्हेतुकत्वं वा विचारयन्ति मनीषिणः। नहि वन्ध्यासुतस्याभावे सहेतुकत्वं निर्हेतुकत्वं वा विचारयन्ति।

यह भी कहा गया है — "विनाश का हेतु न होने से पदार्थ अविलम्ब क्षय को प्राप्त होते हैं"। यह कथन उचित नहीं है। कैसे? उन्हें यह पूछना चाहिए — विनाश है या नहीं? यदि नहीं है तो किसकी सहेतुकता और निर्हेतुकता को सन्दर्भ बनाकर विद्वान्गण विचार करते हैं? बन्ध्या के पुत्र का अभाव सहेतुक है या निर्हेतुक कहकर बुद्धिमान विचार नहीं करते।

अथ विद्यते विनाशः, स वस्तुस्वभावानुबन्धी वा, विच्छिन्नोत्पन्नो वा? तद्यदि वस्तुस्वभावानुबन्धी, न तर्हि निर्हेतुकत्वम्, वस्तुनो वा निर्हेतुकत्वप्रसङ्गः, सत्स्वभावानुबन्धित्वव्यतिरेकप्रसङ्गो वा।

यदि विनाश होता है तो वह वस्तुस्वभावानुबन्धी है या उससे विच्छिन्न है? यदि वस्तुस्वभावानुबन्धी है तो वह निर्हेतुक नहीं हो सकता क्योंकि वस्तु के निर्हेतुकत्व का प्रसंग उपस्थित होगा। अथवा सत्स्वभाव अनुबन्धित्व व्यतिरेक प्रसंग का उदय भी होगा।

अथ व्यतिरिक्तः, तस्य निर्हेतुकत्वे कोपपत्तिः? सहेतुकत्वे नियतदेशकालयोगित्वेनोपलब्धिः। यदि नाम निर्हेतुको विनाशः वस्तूनां क्षणिकत्वे किमायातम्, वस्तुभ्योऽर्थान्तरत्वात्?

यदि व्यतिरिक्त (वस्तुस्वभावानुबंध से विच्छिन्न) है तो वह निर्हेतुक भी है इसमें क्या प्रमाण है? सहेतुकत्व में तो नियत देश, काल योगित्वरूप से उपलब्धि है। यदि निर्हेतुक विनाश है तो पदार्थों के क्षणिकत्व में क्या उपलब्ध हुआ? यह पदार्थों से भिन्न एक दूसरा ही पदार्थ हुआ।

११.१७ क्षणिकत्वोपयोगिनः विनाशनिर्हेतुकत्वस्य विकल्पपञ्चकेन प्रतिवदनम्
(अहेतुक विनाश के विकल्पों का खण्डन)

अथ निर्हेतुकत्वे वस्तूत्पत्त्यनन्तरमात्मानं समासादयति विनाशः, तदयुक्तम्।

अत्र पंचपक्षा भवन्ति — वस्तूत्पत्तेः पूर्वम्, सह वा, अनन्तरं वा, कालान्तरे वा भवनम्, न वा भवनम्? तद्यदि पूर्वभवनम्, तदा भावोद्भवानुपपत्तिः। अथ सह, तदा भावानुपलम्भप्रसङ्गः। तत्सद्भावोपलम्भे वा सततोपलम्भप्रसङ्गः, अभावस्याऽकिंचित्करत्वात्। तथाऽनन्तरभूतेऽपि विनाशे सततोपलम्भप्रसङ्ग एव। अथ कालान्तरे भवनम्, न तर्हि क्षणिकत्वं वस्तूनां विनाशस्य निर्हेतुकत्वे सत्यपि, अथ नैव भवनं विनाशस्य, तदा सर्वभावानां नित्यत्वमापद्यते, विनाशस्याऽसंभवात्।

विनाश को निर्हेतुक मानने पर, वस्तु अपनी उत्पत्ति के अनन्तर अपने विनाश को वहीं उपलब्ध पाता है। यह उचित नहीं है। इसमें पाँच पक्ष हैं। पदार्थों की उत्पत्ति से पूर्व? साथ-साथ? बाद में? कालान्तर में होना? न होना?

यदि विनाश उत्पत्ति से पूर्व है तो पदार्थ का उद्भव ही अनुपपन्न है। यदि साथ-साथ है तो भाव का अनुपलम्भ प्रसंग उपस्थित होगा। उसके सद्भाव के उपलम्भ होने पर निरन्तर उपलम्भ का प्रसंग उपस्थित होता है क्योंकि अभाव अकिञ्चित्कर है। उसी प्रकार, अनन्तर विनाश होने पर भी सर्वदा उपलम्भ का प्रसंग होगा। यदि कालान्तर में होने वाला है तो पदार्थों का क्षणिकत्व नहीं हो सकता क्योंकि विनाश निर्हेतुक है। यदि विनाश नहीं होता है तो पदार्थ नित्य हो जाएंगे और विनाश असम्भव होगा।

अथ सहेतुके विनाशे नावश्यंभावो विनाशस्य, वस्त्रे रागवत् कारणव्यापारपराधीनवृत्तित्वात्, तदभावे तस्याभावः कथं भवेत्? तदयुक्तम्, स्वहेतोरेव ध्रुवभाविविनाशार्हस्योत्पत्तेः। भवतु वाऽभावस्यानुद्गमः न कश्चिद्विरोधः। न तु निर्मोक्षप्रसङ्गो गुणानां विनाशानुत्पत्तेः, नेदमस्मद्विरोधेषु राजते, मोक्षपरिक्लृप्त्यकरणात्।

सहेतुक विनाश में अवश्यम्भावी विनाश नहीं होता, जैसे वस्त्र में होने वाला रंग जो कारणव्यापार के पराधीन होता है। उसके न होने पर किस तरह उसका अभाव होता है। यह युक्तियुक्त नहीं है। अपने कारणों से ही ध्रुवभावी विनाश की योग्यता की उत्पत्ति होने से। हो न तो अभाव का अनुद्गम, कोई विरोध नहीं है। इससे निर्मोक्षप्रसंग भी नहीं आएगा क्योंकि गुणों के विनाश की उत्पत्ति भी नहीं है। यह हमारे विरोध में नहीं है, क्योंकि इसमें मोक्ष की कल्पना ही नहीं है।

अथ कृतकस्य नित्यत्वं प्राप्नोति विनाशासंभवे सति, सावधिका सत्ता अनित्या, निरवधिका तु नित्या, तत्कथं कृतकस्य नित्यत्वं विनाशासंभवे सति? भवतु वा नित्यत्वम्, न दोषोऽस्ति।

अब, कृतक की नित्यता प्राप्त होती है, विनाश के असम्भव होने पर। सावधिक सत्ता अनित्य होती है, निरवधिकसत्ता नित्य होती है। तब कैसे कृतक की नित्यता होगी, विनाश के असम्भव होने पर। हो न तो नित्यत्व, इसमें कोई दोष नहीं है।

११.१८ प्रत्यक्षग्राह्यत्वेन उपपादितस्य क्षणिकत्वस्य खण्डनम् (प्रत्यक्षग्राह्यरूप क्षणिकत्व का खण्डन)

यदप्यपदिष्टम् – ***प्रत्यक्षेण क्षणिकत्वं वस्तूनां विषयीक्रियते, अतीतानागतकालविकला वस्तुसत्ता वर्तमानकालालिङ्गिता प्रत्यक्षेण आत्मसात्क्रियते –*** **तदेतदयुक्तम्, अतीतानागतवर्तमानकालानां किं प्रतीयमानादव्यतिरेकित्वम्, व्यतिरेकित्वं वा? तद्यदि अव्यतिरेकित्वम्,। तदा कालत्रयानुमतं वस्तूपलब्धम्। अथ व्यतिरेकित्वम्, वस्त्ववगमे न अतीतानागतवर्तमानकालावगतिरस्ति। वस्तुमात्रोपलब्धेस्तदस्तित्वं सिद्धम्, तदभावश्च निष्प्रमाणकः।**

ऐसा भी कहा गया है – "प्रत्यक्ष द्वारा पदार्थों की क्षणिकता का विषयीकरण किया जाता है और अतीत तथा अनागत काल से रहित वस्तुसत्ता का वर्तमानकाल से आलिगिंत (संयुक्त) प्रत्यक्ष द्वारा आत्मसात् किया जाता है"। यह कथन युक्तिसंगत नहीं है। अतीत, अनागत एवं वर्तमान कालों की क्या प्रतीयमान से भिन्नता है अथवा अभिन्नता? यदि अभिन्नता है तो तीनों कालों में अनुमत वस्तु उपलब्ध होगा। यदि भिन्न है तो वस्तु के अवगम में अतीत, अनागत एवं वर्तमानकाल का बोध ही नहीं होगा। वस्तुमात्र की उपलब्धि में उसका अस्तित्व सिद्ध होता ही है और उसके अभाव में कोई प्रमाण नहीं है।

अथ स एव भावोऽभावः, भावोऽन्यस्तर्हि वक्तव्यः, अभावस्य सर्वोपाख्याविनिवृत्तिलक्षणत्वात्। अथ कालान्तरे तस्य अन्योऽभावः, तस्याकिंचित्करत्वात् सत्ताखण्डनं प्रति।

यदि यही भाव और अभाव है तो भाव अलग है यह कहना पड़ेगा क्योंकि अभाव में सभी पदवाच्य उपाधियाँ नहीं होतीं। कालान्तर में उसका दूसरा भाव होने पर भी सत्ता के खण्डन में वह अकिञ्चित्कर हो जाता है।

अथापरकार्याकर्त्तृत्वं कालान्तरे तदभावः, तदयुक्तम्, सर्वापरकार्यकर्त्तृत्वमेकस्य प्रत्यक्षात् प्रत्यभिज्ञानेन च पूर्वोदितानुभवावेदिता सत्ता आत्मसात्क्रियते सैव सत्ता प्रत्यभिज्ञानेन आत्मसात्क्रियते। कथं पुनर्वेत्सीति चेत्, प्रत्यभिज्ञानादेव जानीमः। सैव सत्ता प्रतिभाति। आद्यानुभवेऽपि सा सत्ता प्रतिभाति। कुतोऽवगता? एवं ज्ञानयोरपि हेतुफलभावावधारणं न शक्यते कर्त्तुम्, तदभावान्न कार्यानुमानम्।

यदि दूसरे कार्य का अकर्तृत्व है कालान्तर में तो भी वही अभाव है, यह उचित नहीं हो सकता, सभी अपरकार्यकर्तृत्व का एक ही प्रत्यक्ष होने से प्रत्यभिज्ञा द्वारा पूर्व उदित अनुभव के आवेदनपूर्वक निश्चित सत्ता को आत्मसात् किए जाने से उसका ही प्रत्यभिज्ञान द्वारा भी बोध किया जाता है। यदि पूछा जाए कि यह आप कैसे जानते हैं तो कहना पड़ेगा कि प्रत्यभिज्ञान द्वारा ही जानते हैं।

क्या प्रत्यभिज्ञान में वही सत्ता प्रतीत होती है। आद्य अनुभव में भी वह सत्ता प्रतीत होती है। कैसे जाना गया? उसी प्रकार ज्ञान के भी हेतु और फल का अवधारण नहीं किया जा सकता। इसके न होने पर कार्यानुमान भी नहीं हो सकता।

११.१९ बौद्धसम्मतस्य स्वभावानुमानस्य निरासः (बौद्धों के स्वभाव-अनुमान का खण्डन)

तथा स्वभावानुमानस्यापि न सम्बन्धावधारणमुपपद्यते, तदभावात्। भिन्नयोः सम्बद्धयोः[१८] सम्बन्धो दृष्टः, नह्येकस्य सम्बन्धः उपपद्यते।

इसी प्रकार स्वभाव-अनुमान की भी सत्ता के साथ सम्बन्ध की अवधारणा नहीं हो सकती। उसके न होने से। दो भिन्न भिन्नों (वस्तुओं) का सम्बन्ध देखा जाता है किन्तु (द्वित्व के बिना) एक का सम्बन्ध सम्भव नहीं है।

किंच, कृतकत्वेन अनित्यत्वानुमानं क्रियते — किमवगतेन, अनवगतेन वा? तद्यदि अनवगतेन, तत्कथं स्वयमनवगतं[१९] साधनं भवितुमर्हति? अथावगतेन, तस्यां कृतकत्वावगतौ अनित्यत्वं प्रतिभाति वा, न वा? यदि न प्रतिभाति, कथं प्रतिभासमाना-ऽप्रतिभासमानयोस्तादात्म्यम्? अथ प्रतिभाति, किमनुमानेन? निष्पादितक्रिये कर्मणि साधनानर्थक्यम्, अन्यथा हि कृतकत्वप्रति-पत्तावपि अनुमानमुपादेयं स्यात्।

कृतकत्व का अनित्यत्वानुमान किया जाता है, कैसे? क्या अवगत द्वारा या अनवगतरूप से ही? यदि अनवगत से है तो स्वयं अनवगतरूप किस प्रकार साधन हो सकता है? यदि अवगत से है तो उस अवगति में अनित्यत्व प्रतिभात उपस्थित होता है या नहीं होता! यदि प्रतीत नहीं होता है तो कैसे प्रतिभासमान और अप्रतिभासमान के बीच में तादात्म्य होगा। यदि प्रतीत होता है तो अनुमान क्या करेगा? क्योंकि क्रियासम्पन्न हुए कर्म के लिए साधन व्यर्थ हो जाता है। अन्यथा कृतकत्व की प्रतिपत्ति होने पर भी अनुमान के उपादेय होने का प्रसंग उपस्थित होगा।

अथ कृतकत्वं प्रतिपन्नमिति कृत्वा नानुमानमुपादीयते, तत्स्वभावानुबन्ध्यनित्य-त्वमप्यवगतम्, किमनुमानेन? अवगते च अनित्यत्वे यत् साधनमुपादीयते तत् कदाचिदनित्यताप्रतिपत्त्यर्थम्, कदाचिच्च नित्यतासमारोपव्यवच्छेदार्थम्, कदाचित्त्व-नित्यताव्यवहारार्थम्? तद्यदि अनित्यताप्रतिपत्त्यर्थम्, सा ज्ञातैव, व्यर्थः प्रयासः।

यदि कृतकत्व प्रतिपन्न (ज्ञात) है यह कहकर अनुमान की व्यवस्था नहीं की जाती है तो उसके स्वभाव का अनुबन्धी अनित्यत्व भी अवगत ही है, तब अनुमान क्या

---

१८ "सम्बन्धयोः" इति मूलपाठः।

१९ "अनुगतम्" इति मूलपाठः।

करेगा? अनित्यत्व के बोध के बाद साधन का उपयोग होता है, यह कदाचित् अनित्यत्व के ज्ञान के लिए होगा, कभी नित्यता समारोप के व्यवच्छेद के लिए होगा और कभी-कभी अनित्यता के व्यवहार के लिए भी होगा। वह यदि अनित्यता के ज्ञान के लिए है तो वह ज्ञात ही है, इस तरह व्यर्थ होंगे सभी उपाय।

अथ समारोपव्यवच्छेदार्थम्, समारोपव्यवच्छेदः अनित्यत्वादव्यतिरिक्तः, व्यतिरिक्तो वा? तद्यद्यव्यतिरिक्तः, असावपि अनित्यत्वावगमेनैवावगतत्वान्न साधनान्तरमपेक्षते।

यदि समारोप के व्यवच्छेद के लिए है तो यह (समारोप व्यवच्छेद) अनित्य होने से अलग नहीं है? अथवा अलग है? यदि अव्यतिरिक्त है तो यह भी अनित्यत्व के बोध से ही अवगत होने से दूसरे साधन की अपेक्षा ही नहीं करेगा।

अथ व्यतिरिक्तः, स किं वस्तुभूतः, अवस्तुभूतो वा? तद्यदि वस्तुभूतः, तेन सह शब्दगतकृतकत्वस्य तादात्म्यानुपपत्तिः, तादात्म्ये वा तदवगमेनैवावगमात् नानुमानमपेक्षते।

यदि व्यतिरिक्त है तो वह वस्तुभूत है? अथवा अवस्तुभूत? यदि वस्तुभूत है तो उसके साथ शब्दगत कृतकत्व का तादात्म्य नहीं हो सकता। तादात्म्य के होने पर भी उसके अवगम से ही अवगत होने के चलते अनुमान की आवश्यकता नहीं होगी।

अथ अवस्तुभूतः, स किं क्रियते, ज्ञाप्यते वा? तद्यदि क्रियते, तदयुक्तम्, सर्वोपाख्याविनिर्मुक्तस्य करणायोगात्, करणे वा वस्तुत्वप्रसङ्गः। अथ ज्ञाप्यते, तेन सह कृतकत्वस्य सम्बन्धव्यतिरेकात्, अव्यतिरेके वा तस्य वस्तुत्वं कृतकत्वासत्त्वं वा।

यदि वह अवस्तुभूत है तो उससे क्या करेंगे? अथवा ज्ञापित करेंगे? यदि उससे कुछ करना है तो यह उचित नहीं, क्योंकि समस्त उपाधिरहित के साथ करण का योग (क्रिया का योग) नहीं हो सकता, यदि करण का योग मानें तो वह वस्तु हो जाएगा। यदि ज्ञापित करें तो उसके साथ कृतकत्व का सम्बन्ध नहीं है, और अव्यतिरेक में उसका वस्तुत्व और कृतकत्व दोनों नहीं रहते।

अथ अनित्यताव्यवहारः क्रियते–यो हि कृतकत्वं जानन्नपि अनित्यताव्यवहारं न करोति स हि अत्र व्यवहार्यते, सोऽपि व्यवहारः अनित्यत्वादव्यतिरिक्तः, व्यतिरिक्तो वा? यद्यव्यतिरिक्तः, असावपि प्रतिपन्न एवानुमानिकः।

यदि अनित्यता का व्यवहार किया जाता है तो जो कृतकत्व को जानकर भी अनित्यता का व्यवहार नहीं करता, उसी का यहाँ व्यवहार हुआ करता है। ऐसा व्यवहार भी अनित्य से अभिन्न ही होगा? अथवा भिन्न? यदि अभिन्न है तो वह भी अनुमान ज्ञान ही हो जाएगा।

अथ व्यतिरिक्तः, स किं कृतकत्वेन उत्पाद्यते, ज्ञाप्यते वा? यदि उत्पाद्यते, तदा न शब्दोत्पादकहेतूनामनुमानत्वम् ।

यदि भिन्न है तो क्या वह कृतकत्वरूप से उत्पादित होता है अथवा ज्ञापित होता है? यदि उत्पादित होता है तो शब्द उत्पादक हेतुओं से अनुमान सम्भव नहीं होगा।

अथ ज्ञाप्यते, तेन साकं सम्बन्धोऽभिधेयः। न तादात्म्यलक्षणः, ज्ञाप्याद् भिन्नत्वात्।

यदि ज्ञापित करना है तो, उसके साथ सम्बन्ध बताना पड़ेगा। वह सम्बन्ध तादात्म्यलक्षणात्मक नहीं हो सकता क्योंकि वह उससे भिन्न है जो उसे ज्ञाप्य बनाता है।

अथ तदुत्पत्तिलक्षणः, सोप्यनुपपन्न एव – किं व्यवहारेण उत्पाद्यते घटः, घटेन वा उत्पाद्यते व्यवहारः? न तावद् व्यवहारेण उत्पाद्यते घटः, आदौ घटसत्ता तदनु-व्यवहारः। अथ घटेनोत्पाद्यते व्यवहारः, तदा कारणानुमानम्, न स्वभावानुमानम्। तच्च स्वयमेव पर्युदस्तम्।

यदि तदुत्पत्ति लक्षण है तो वह भी अनुपपन्न ही है। क्या व्यवहार से घट का उत्पादन होता है? अथवा घट से व्यवहार का उत्पादन होता है? व्यवहार से घट का उत्पादन नहीं किया जाता। पहले घट की सत्ता होती है उसके बाद व्यवहार की। यदि घट से व्यवहार का उत्पादन करना है तो कारणानुमान होगा, स्वभावानुमान नहीं। इस तरह स्वभावानुमान अपने आप निरस्त हुआ।

१२

षड्विधार्थापत्तिप्रामाण्यस्य निरासः
(अर्थापत्ति-प्रमाण का खण्डन)

एवमर्थापत्त्यादीनामप्यप्रामाण्यम् । किं पुनः अर्थापत्त्यादेः स्वरूपम्? कथं वा प्रामाण्यम्? तत्र दर्शनार्थापत्तेस्तावद् स्वरूपं व्युत्पाद्यते – रूपदर्शनान्यथानुपपत्त्या चक्षुः प्रतिपत्तिः । तथा, अनुमानपूर्विका – अनुमानादग्नित्वप्रतिपत्त्यन्यथानुपपत्त्या – अग्निव्यक्तिप्रतिपत्तिः । अभावपूर्विका अर्थापत्तिः – जीवति देवदत्तः गेहे नास्ति – गेहाभावान्यथानुपपत्त्या बहिर्भावप्रतिपत्तिः । तथा, आगमपूर्विका अर्थापत्तिः – शब्दार्थप्रतिपत्त्यन्यथानुपपत्त्या शब्दार्थसम्बन्धनित्यताप्रतिपत्तिः । तथा अर्थापत्तिपूर्विका अर्थापत्तिः – शब्दार्थसम्बन्धनित्यताप्रतिपत्तिः । तथा, उपमानपूर्विका अर्थापत्तिः – गवयपिण्डग्रहणानन्तरं गेहावस्थितगोपिण्डे गोगवयसादृश्यावच्छिन्ने प्रतिपत्तिरूपमानात् पिण्डावच्छिन्ने वा सादृश्ये, तस्य पिण्डस्य वाहदोहप्रसवसामर्थ्यम् अर्थापत्त्या प्रत्येति । एषा षट् प्रकाराऽर्थापत्तिः ।

इसी प्रकार अर्थापत्ति आदि का भी अप्रामाण्य सिद्ध होता है। अर्थापत्ति आदि का स्वरूप कैसा है? कैसे उसका प्रामाण्य होता है? यहाँ दर्शनार्थापत्ति के स्वरूप का विवेचन करते हैं – रूपदर्शनान्यथानुपपत्ति द्वारा चक्षु का ज्ञान होता है। उसी प्रकार अनुमानपूर्विकार्थापत्ति से अग्नि का ज्ञान होता है। अभावपूर्वक अर्थापत्ति द्वारा जीवित देवदत्त घर में नहीं है – गेहाभावान्यथानुपपत्ति द्वारा देवदत्त के बहिर्भाव की प्रतिपत्ति होती है। इसी प्रकार आगमपूर्वक अर्थापत्ति से शब्दार्थप्रतिपत्यन्यथानुपपत्ति द्वारा शब्दार्थसम्बन्ध की नित्यता का ज्ञान होता है। अर्थापत्तिपूर्वक अर्थापत्ति से भी शब्दार्थसम्बन्ध की नित्यता का ज्ञान होता है। इसी प्रकार उपमानपूर्वक अर्थापत्ति से गवयपिण्ड के ग्रहण के बाद घर में अवस्थित गोपिण्ड का गोगवय सादृश्य से अवच्छिन्न प्रतिपत्ति उपमान द्वारा तथा उस पिण्ड में सादृश्य और उस पिण्ड के दूध देने, प्रसव आदि सामर्थ्य की प्रतिपत्ति अर्थापत्ति से उपलब्ध होती है। यह छः प्रकार की अर्थापत्ति है।

इयं चानुपपन्ना । यदुक्तम् – *रूपदर्शनान्यथानुपपत्त्या चक्षुरिन्द्रियं प्रतीयते* । तदयुक्तम् । चक्षुरिन्द्रियान्वयव्यतिरेक-सम्बन्धावधारणमन्तरेण अन्यकारणपरिहारेण नियतकारणप्रतिपत्तिः अर्थापत्त्याऽनुपपन्ना – चक्षुरादिकरणस्य पिशाचादितुल्यत्वात् न तदवगतिः? अवगतौ वा अर्थापत्त्यनुपपत्तिः ।

यह उपयुक्त नहीं है। जो कहा गया है – "रूपदर्शनान्यथानुपपत्ति द्वारा चक्षुरिन्द्रिय

का ज्ञान होता है"। यह कथन उचित नहीं है। चक्षु इन्द्रिय अन्वय-व्यतिरेक सम्बन्ध को अवधारित किए बिना, अन्य कारणों का परिहार करते हुए अर्थापत्ति द्वारा नियतकारण प्रतिपत्ति अनुपपन्न है। वे चक्षुरादि करण पिशाच इत्यादि के समान हैं, अतः ज्ञात नहीं हो सकते, और यदि ज्ञात होते हैं तो अर्थापत्ति निरर्थक हो जाती है।

यदप्युक्तम् – *अन्यथोपपद्यते* इति। अत्र काऽनुमा? अथवा रूपादिज्ञानस्यैव धर्मित्वं करणपूर्वकमिति साध्यो धर्मः कार्यत्वात् रथादिवत्।

ऐसा भी कथन है – "दूसरे रूप से भी इसकी उपपत्ति सम्भव है"। इसमें कौन सा अनुमान है? अथवा रूप आदि ज्ञान का ही धर्मित्व करणपूर्वक होता है और इस प्रकार साध्य धर्म बनता है, कार्यत्व हेतु से रथ आदि की तरह।

एवं सर्वार्थापत्तिविषयत्वेन प्रयोगव्युत्पादनं कार्यम्। प्रत्यक्षपूर्वकत्वाच्च अर्थापत्तेः तदभावे तदभावात्।

इस प्रकार सभी अर्थापत्तियों का विषयत्व रूप से प्रयोग का व्युत्पादन किया जाना चाहिए। प्रत्यक्षपूर्वक ही अर्थापत्ति होती है और प्रत्यक्ष के अभाव में अर्थापत्ति नहीं हो सकती।

१३

उपमानप्रामाण्यस्य निरासः
(उपमानप्रमाण का खण्डन)

तथा, उपमानमपि संभवति काननगतगवयपिण्डदर्शनानन्तरं गेहावस्थितगोपिण्डे गवयसादृश्यावच्छेदेन यद्विज्ञानं तद् उपमानफलम्। गोपिण्डावच्छिन्ने सादृश्ये वा यद् विज्ञानं तद्वा उपमानफलं गवयपिण्डज्ञानमुत्पादनम्। तदेतदयुक्तम्। प्रत्यक्ष-मूलमुपमानम्, तदपगमे तस्याप्यपगमात्।

इसी प्रकार, उपमान भी सम्भव नहीं है — वन में गए हुए पुरुष के द्वारा गवयपिण्ड के दर्शन के बाद घर में अवस्थित गाय से गवय के सादृश्य के अवच्छेद द्वारा जो ज्ञान होता है वही उपमान प्रमाण है। गोपिण्ड अवच्छिन्न सादृश्य में जो ज्ञान होता है वह उपमान का फल है जो गवयपिण्डरूप ज्ञान का उत्पादन करता है। यह युक्तिपूर्ण नहीं है, उपमान भी प्रत्यक्षमूलक होने से, उस प्रत्यक्ष के निराकरण से यह भी स्वतः निराकृत हुआ ही है।

अथ किमिदं गोगवयसादृश्यं यद् गोपिण्डग्रहणकाले नावगतम् उपमानादव-गम्यते? किम् अवयवानां संस्थानम्, किं वा विषाणाद्यवयवा वा, सामान्यं वा, अथ धर्मान्तरम्? तद्यदि अवयवानां संस्थानं सादृश्यम्, तदुपलब्धिलक्षणप्राप्तं वा, न वा? तद्यदि उपलब्धिलक्षणप्राप्तम्, अवगतं तर्हि। अवगतपूर्वं यद् भवति गवयपिण्ड-दर्शनानन्तरं तत् स्मरणान्नातिरिच्यते।

यह गोगवयसादृश्य, जो गोपिण्ड ग्रहणकाल में ज्ञात नहीं होता, और उपमान से जाना जाता है, वह क्या है? क्या अवयवों का संस्थान है? अथवा विषाण आदि अवयव हैं? अथवा सामान्य है? अथवा धर्मान्तर है?

यदि अवयवों का संस्थान ही सादृश्य है तो वह उपलब्धि लक्षण प्राप्त है या नहीं? यदि वह उपलब्धि लक्षण प्राप्त है तो वह तो ज्ञात ही है। पहले से ही जाने हुए उस गवयपिण्डदर्शन के बाद तो स्मृति से भिन्न वह कुछ भी नहीं होगा।

अथ उपलब्धिलक्षणप्राप्तमपि नोपलभ्यते, तदा गवयपिण्डेऽपि तस्य ग्रहणं नास्ति। तदग्रहणे पिण्डमात्रग्रहणे सति भवति *मदीया गौः अनेन सदृशी* इति, तदा-श्व[१] विषयमपि स्यात् *मदीयोऽनेन सदृशः* इति।

---

[१] "अस्वविषयः" इति मूलपाठः।

यदि उपलब्धि लक्षण प्राप्त होकर भी उपलब्ध नहीं होता तो गवयपिण्ड में भी उसका ग्रहण नहीं हो सकता। उसके अग्रहण में और पिण्डमात्र के ग्रहण में "मेरी गाय इसकी तरह है" ऐसा बोध होने पर अश्व के विषय में भी ऐसा ही होना चाहिए "मेरा अश्व इसकी तरह है"।

अथ अनुपलब्धिलक्षणप्राप्तम्, तर्हि तस्य क्वचिदपि ग्रहणम्, ततश्च महिष्यादिदर्शनेऽपि *मदीया गौरनेन सदृशी अश्वो वा मदीयोऽनेन सदृशः* इत्युप्लवः स्यात्।

यदि अनुपलब्धि लक्षण है तो उसका कहीं भी ग्रहण नहीं हो सकेगा और भैंस आदि के दर्शन में भी "मेरी गाय इसकी तरह है" "मेरा घोड़ा इसकी तरह है" ऐसा मिश्रण हो जाएगा।

अथ विषाणाद्यवयवाः सादृश्यशब्दवाच्याः, ते च अवगता एव तेषु यद्भवति उत्तरकालं विज्ञानं तत् स्मृतिरूपतामतिपतति।

यदि विषाण आदि अवयव ही सादृश्य शब्द वाच्य हैं तो वे तो अवगत ही हैं और उनमें जो होता है उसके उत्तरकालीन ज्ञान स्मृति रूप से ही उपस्थित होगा।

अथ गोगवयसामान्यं सादृश्यशब्दवाच्यम्, तच्चानुपपन्नम्, यथा च न संभवति तथा प्रागेव आवेदितम्। भवतु नाम, किं तदुपलब्धिलक्षणप्राप्तं वा — पूर्ववद्विभज्य दूषणं वक्तव्यम्।

यदि गो गवयसामान्य ही सादृश्य शब्द का वाच्य है तो वह उपपन्न नहीं हो सकता। जिस कारण से वह नहीं होता उसे पहले ही बताया जा चुका है।

यदि हो भी तो, क्या वह उपलब्धि लक्षण प्राप्त है अथवा पहले की तरह ही विभाग करके दूषण बताना पड़ेगा?

अथ धर्मान्तरम्, तदपि ऐन्द्रियकम्, अतीन्द्रियं वा? तद्यदि ऐन्द्रियकम्, तदा तस्य पूर्वोपलम्भे सति उत्तरकालभावि यत् तस्य विज्ञानं न तत् स्मरणाकारतां परित्यजति।

यदि धर्मान्तर है तो वह ऐन्द्रिक होता है, अथवा अतीन्द्रिय? यदि ऐन्द्रिक है तो उसका पूर्व में ही उपलम्भ होने पर उत्तर कालभावी जो ज्ञान होता है वह स्मृतिरूप को नहीं छोड़ता।

अथ तदुपलब्धिलक्षणम[२]प्राप्तम्, न तर्हि तस्य क्वचिदपि ग्रहणम्। तदग्रहणे न गवयदर्शने सति *मदीया गौरनेन सदृशी* इत्यादिज्ञानेन शक्यते भवितुम्। भवने वा [३]गवयादर्शनेऽपि स्यात्।

२ "लक्षणप्राप्तम्" इति मूलपाठः।

३ "गवयदर्शने" इति मूलपाठः।

यदि वह उपलब्धि लक्षण प्राप्त है तो उसका कहीं भी ग्रहण नहीं होता। इसके ग्रहण न होने पर गवयदर्शन में "मेरी गाय इसकी तरह है" इत्यादि नहीं कहा जा सकता। यदि कहा जा सकता है तो ऐसा गवय को देखे बिना भी कहा जा सकता है।

१३.१ नैयायिकसम्मतस्य उपमानस्वरूपस्य खण्डनम् (नैयायिकों के उपमान का खण्डन)

अन्ये तु अन्यथा उपमानं व्याचक्षते विपश्चितः —

गोगवयसादृश्यं स्वज्ञानविशिष्टमुपमानम् ।
संज्ञासंज्ञिसम्बन्धप्रतिपत्तिः उपमानफलम् ।

एतच्चाऽसमीचीनम्। प्रागेव वनेचरवचनादवगतं गोसदृशो गवय इति। कोऽर्थः? गोसदृशस्य गवय इति नाम। एवं च सर्वमेव संज्ञासंज्ञिसम्बन्धावधारणं कृतम्, नोपमानं कल्पनीयम्।

अन्य (नैयायिक) कुछ विद्वान् व्यक्ति दूसरे ही प्रकार से उपमान की व्याख्या करते हैं। गोगवयसादृश्य स्वज्ञान विशिष्ट ही उपमान है। संज्ञा-संज्ञि-सम्बन्ध का ज्ञान ही उपमान का फल है। यह उचित नहीं है। यह पहले ही वनेचर के वचन द्वारा विज्ञात हुआ रहता है कि गाय की तरह गवय होता है। इसका अर्थ क्या है? गो-सदृश का ही क्या गवय नाम है।

यदि ऐसा ही है तो इसी प्रकार सभी संज्ञा-संज्ञि के सम्बन्ध का अवधारण किया गया है। इसीलिए उपमान की कल्पना नहीं करनी चाहिए।

अथ संप्लवन्यायेन कल्प्यते, भवतु, तथापि संज्ञी विद्यते संज्ञा तु न विद्यते। क्वोपमानं परिकल्प्येत?

यदि संप्लवन्याय से कल्पना करना है तो, करें, फिर भी संज्ञी तो है किन्तु संज्ञा नहीं है। कहाँ उपमान की कल्पना करेंगे?

१३.२ संज्ञाप्रतिपत्तिविषयकमतद्वयस्य निरासः (संज्ञा प्रतिपत्ति का खण्डन)

एके वदन्ति — *स्वयमुच्चार्य संज्ञा प्रत्येति*। तदयुक्तम्, संज्ञाकाले सादृश्यज्ञानस्य अनवस्थितेः।

कुछ एक विज्ञ कहते हैं — "स्वयं उच्चारण करके संज्ञा की प्रतिपत्ति होती है"। यह उचित नहीं है। संज्ञाकाल में सादृश्य ज्ञान की अवस्थिति नहीं होती।

अन्ये तु — बुद्ध्युपस्थापिता संज्ञा प्रत्येति एवमामनन्ति। तदयुक्तम्। अविद्यमानस्य विषयार्थता न लभ्यते — न सत्तामात्रेण जनकत्वेन वा इत्यादिना प्रागेव उपपादितम्। प्रत्यक्षपूर्वकं च उममानमुद्गीयते। तदभावे तत्कथं भवेदव्यभिचारः येन विज्ञानोत्पादकत्वेन उपमानता, तच्चाव्यभिचारित्वं न शक्यं विज्ञानमिति पूर्वमेवावेदितम्।

अन्य कुछ विद्वान् कहते हैं — "बुद्धि के द्वारा उपस्थापित संज्ञा की प्रतिपत्ति है"। यह भी ठीक नहीं है। अविद्यमान की विषयार्थता उपलब्ध नहीं होती, सत्तामात्र से और जनकत्व रूप से भी। इन सब बातों को पहले ही बताया जा चुका है। उपमान भी प्रत्यक्षपूर्वक ही होता है। वह ही जब नहीं है तो कैसे अव्यभिचार नहीं होगा? जिस विज्ञान के उत्पादन से उपमानता होती है उसके अव्यभिचारित्व का ज्ञान करना भी सम्भव नहीं है। यह बात पहले ही बताई गई है।

अभावप्रमाणस्य निरासः
(अभाव प्रमाण का खण्डन)

अपरे तु अभावाख्यं प्रमाणं सदुपलम्भकप्रमाणपञ्चकव्यावृत्तिरूपं व्याहरन्ति अभावविषयम् । तत्किमवगतम्, अनवगतं वा? यदि अवगतम्, तत्केनावगतम् — किं मेयव्यावृत्त्या, मानव्यावृत्त्या वा, सदुपलम्भकेन वा? तद्यदि मेयव्यावृत्त्या, तद्गतिः कथम्? अथ मानव्यावृत्त्या, तदा इतरेतराश्रयत्वं दुरुत्तरमापद्यते ।

अन्य व्यक्ति अभाव नामक एक ऐसा प्रमाण स्वीकारते हैं जो सत् उपलम्भक प्रमाणपञ्चक की प्रवृत्ति हुए स्थान से व्यावृत्त छठे स्थान में अभावविषयक प्रमाण का काम करता है। क्या वह अवगत है? अथवा अनवगत है? यदि अवगत है तो कैसे वह जाना गया? क्या मेय की व्यावृत्ति द्वारा? अथवा मान की व्यावृत्ति द्वारा? अथवा सत् के उपलम्भक द्वारा? यदि मेय की व्यावृत्ति से है तो उसकी गति कैसे होती है? यदि मान की व्यावृत्ति से है तो इतरेतराश्रयत्व रूपी दोष का आविर्भाव होता है जो दुःखद है।

अथ सामानव्यावृत्त्या अवधार्यते, सैव ज्ञातुमारब्धा — कथं ज्ञापिका भवति? न च एका ज्ञाप्या अन्या ज्ञापिका भवति सदुपलम्भकप्रमाणमात्रापगमस्य ज्ञापकत्वेनेष्टत्वाद् अनिष्ठादोष–प्रसङ्गाच्च–सापि ज्ञापिका कथं ज्ञाता इत्यादिना ।

अब यदि वह मानव्यावृत्ति के द्वारा अवधारित होती है तो लीजिए यह व्यावृत्ति ही स्वयं ज्ञात होने लगी, तब वह कैसे ज्ञापिका हो सकेगी? प्रकृत प्रसंग में एक के ज्ञाप्य और दूसरे की ज्ञापिका होने की संगति नहीं बैठती, क्योंकि सदुपलम्भक प्रमाणों की व्यावृत्ति का ज्ञापक होना जो यहाँ इष्ट है, उसी की अनिष्ठा है । इसमें ज्ञापिका के ज्ञाता, ज्ञाप्य इत्यादि होने का दोष प्रसंग उपस्थित है ।

अथ सदुपलम्भकेन अवगम्यते, हीयते तर्हि अभावाख्यं प्रमाणम्, मेयाभावावगमेऽपि तदेवाऽस्तु ।

यदि सत् के उपलम्भक रूप से जाना जाता है तो वह अभाव नामक प्रमाण ही नहीं रह जाता, मेयाभाव का ज्ञापक मानने पर भी स्थिति तो समान ही है।

अथ अनवगतमेव मेयाभावेऽनुगमं करोति, यद्येवं देवदत्तस्य देशान्तरे विनाशे जाते देवदत्तोपलम्भकप्रमाणपञ्चकव्यावृत्तौ देवदत्ताभावनिश्चयः स्यात्, न तु भवति

प्रभुसमानस्यापि। अथ वस्तुभूतनिमित्तान्तरवैकल्ये सति न भवति, तदेवास्तु तन्नान्तरीयत्वात् तद्गतेः।

यदि अनगवत ही है और मेय के अभाव में अनुगमन करता है तो? देवदत्त की दूसरी जगह उपलब्धि न होने पर देवदत्त की उपलब्धि के पाँच प्रमाणों की व्यावृत्ति के बाद देवदत्त के अभाव का निश्चय हो सकता है, किन्तु नहीं होता – प्रभु समान का भी। यदि वस्तुभूत निमित्तान्तर की विकलता के बाद नहीं होता है तो वही हो क्योंकि इसकी दूसरी कोई गति ही नहीं हो सकती।

अभावस्य च प्रत्यक्षप्रमाणग्राह्यतां प्रतिपादयन्ति नैयायिकाः। सम्बन्धश्च विषयविषयिभावलक्षणः विशेषणविशेष्यभावलक्षणो वा।

अभाव को प्रत्यक्षप्रमाण द्वारा ही ग्राह्य मानते हैं नैयायिक गण। सम्बन्ध भी – विषय-विषयी-भावलक्षण अथवा विशेषण-विशेष्यभावलक्षण कहते हैं।

१५

संभवैतिह्यप्रमाणयोर्निरासः
(सम्भव तथा ऐतिह्य प्रमाणों का खण्डन)

संभवस्य अनुमानेऽन्तरीभावसम्बन्धैकनिमित्त[1] दर्शने सति अर्थान्तरे प्रतिपत्तिरनुमानम् ।

सम्भवप्रमाण का अनुमान में ही अन्तर्भाव होता है। सम्बन्धमात्र निमित्त दर्शन के बाद अर्थान्तर में प्रतिपत्ति ही अनुमान है। अर्थात् यह अनुमान से भिन्न नहीं है।

ऐतिह्यस्य चागमे अन्तर्भावः । तस्य च प्रामाण्यं न संभवति, नानुमानान्तर्गतस्य नापि स्वतन्त्रस्य ।

ऐतिह्यप्रमाण का आगम में अन्तर्भाव होता है। उसका प्रामाण्य ही सम्भव नहीं है। उसका अनुमानान्तर्गत रूप में और स्वतन्त्र रूप से भी प्रामाण्य नहीं हो सकता।

---

१ "निमित्तमर्दने" इति मूलपाठः।

१६

शब्दप्रामाण्यस्य निरासः
(शब्द प्रमाण का खण्डन)

१६.१ वाचकत्वेन शब्दप्रामाण्यं स्वीकुर्वतां मतस्योद्दलनम्
(वाचकत्वेन शब्द की प्रमाणता का खण्डन)

एके वदन्ति – वाचकत्वेन गोशब्दस्य प्रामाण्यम्। तच्चासमीचीनम्, शब्दार्थयोः[१] सम्बन्धव्यतिरेकात्। न तावत्तादात्म्यलक्षणः, तयोराकारभेदात्। नापि तदुत्पत्तिलक्षणः, अर्थापायेपि शब्दोदयदर्शनात्।

कुछ लोग कहते हैं – "वाचकत्वरूप से गोशब्द का प्रामाण्य होता है"। यह ठीक नहीं है क्योंकि शब्दार्थ सम्बन्ध के बिना प्रामाण्य नहीं हो सकता। तादात्म्यलक्षण भी नहीं है, उनके आकार में भेद होने से। तदुत्पत्ति भी सम्भव नहीं, क्योंकि अर्थ न होने पर भी शब्द का उदय देखा जाता है।

नापि सामयिकः शब्दार्थयोः सम्बन्धः, शब्दार्थव्यक्तीनामानन्त्याद् अभिन्नैक-निकित्तस्य नाऽसंभवात्। न च संकेतितशब्दस्य अर्थप्रतिपत्तिकाले अवस्थानं विद्यते। न चार्थप्रत्यायकः शब्दस्य संकेतोऽवगतः, समयकरणकाले तदभावात्। न च स्वकार्यसम्बन्धमन्तरेण पूर्वशब्दसम्बन्धं [२]स्वारूप्याद् वाचकम् अतिप्रसङ्गात्।

शब्द और अर्थ का सम्बन्ध सामयिक भी नहीं हो सकता, क्योंकि शब्द और अर्थ व्यक्तियाँ अनन्त हैं, और कोई एक अभिन्नता का निमित्त नहीं है। सङ्केतित शब्द से अर्थज्ञान के काल में अवस्थिति भी नहीं होती। अर्थ का बोध कराने वाले शब्द का संकेत भी अवगत नहीं होता। समय-करण के काल में उसका अभाव हो जाता है। अपने कार्यरूप सम्बन्ध के बिना पूर्वशब्दसम्बन्ध भी नहीं हो सकता, अपने ही सारूप्य और अतिव्याप्तिदोष के कारण से।

नापि स्वाभा[३]विकः शब्दार्थयोः सम्बन्धः, तद्गत्यभावात् न प्रत्यक्षेण नापि अनुमानेन।

---

१ "शब्दार्थगो" इति मूलपाठः।

२ "स्वासारुप्यात्" इति मूलपाठः।

३ "स्वभाविकः" इति मूलपाठः।

शब्द और अर्थ का सम्बन्ध स्वाभाविक भी नहीं हो सकता। क्योंकि उसकी गति नहीं है। अतः उसे प्रत्यक्ष एवं अनुमान से भी नहीं जाना जा सकता।

अथ अर्थापत्त्याऽनुमीयते, साप्यनुपपन्ना, प्रत्यक्षादिपूर्विका हि अर्थापत्तिः, प्रत्यक्षाद्यभावे तस्याप्यभावः। न सा अनुमानाद् भिद्यते अर्थापत्तिः। न च अनुमानग्राह्यः शब्दार्थयोः सम्बन्धो भवद्भिः प्रतिपाद्यते। न च तदनुमानमस्ति। न च नित्यसम्बन्धस्य विज्ञानगमकत्वमिहोपपद्यते उक्तन्यायात्।

यदि अर्थापत्ति से अनुमान किया जाता है तो वह भी सम्भव नहीं है। प्रत्यक्षपूर्वक ही अर्थापत्ति होती है, प्रत्यक्ष आदि के अभाव में वह भी सम्भव नहीं है।

अनुमान से अर्थापत्ति भिन्न भी नहीं है। अनुमान द्वारा शब्दार्थसम्बन्ध ग्राह्य होने की बात आप लोग नहीं स्वीकारते। वह अनुमान भी नहीं है। इसी न्याय से ही नित्य सम्बन्ध के ज्ञान का जनक यहाँ कुछ भी नहीं है।

एवं च सति सम्बन्धमन्तरेण पदानां वाचकत्वं न युज्यते। तदवाकत्वे च तत्पूर्वक-वाक्यस्यापि वाचकत्वं न लभ्यते। अथ कथं न लभ्यते? प्रसिद्धपदपदार्थसम्बन्धपूर्वकं हि वाक्यं वाचकत्वेन गीयते। तदप्रसिद्धौ वाक्यस्यापि वाचकत्वं न संगच्छते। एवं चाऽवाचकत्वे वेदवाक्यानां कथं प्रामाण्यम्?

ऐसी अवस्था में, बिना सम्बन्ध के पदों का वाचकत्व उपपन्न नहीं होता। उसके अवाचक होने पर पदपूर्वक हुए वाक्य का भी वाचकत्व उपलब्ध नहीं होता। कैसे प्राप्त नहीं होता? प्रसिद्ध पदपदार्थ-सम्बन्धपूर्वक ही वाक्य वाचकत्व के रूप में ज्ञात होता है। उसकी अप्रसिद्धि होने पर वाक्य की भी वाचकता उपपन्न नहीं होती। इस प्रकार अवाचकत्व होने के बाद वेदवाक्यों का प्रामाण्य कैसे रहेगा?

अथ अप्रसिद्धपदपदार्थपूर्वकमपि वाक्यं वाचकत्वेन उद्गीयते, तदा सर्वप्रमातृणां वेदोपलम्भे सति वेदार्थप्रतिपत्तिः स्यात्। किंच, अदृष्टविषये वेदवाक्यानां प्रामाण्यं कथं वेत्सि? वेदैकदेशत्वेन इति चेत्, न, अर्थवादवाक्येन[४] व्यभिचारात् – *ग्रावाणः प्लवन्ते आदित्यो वैष्णव इति चतुःषष्टिवर्णानालोड्य प्रजापतिः पपौ* इत्यादिना।

यदि अप्रसिद्ध पदपदार्थपूर्वक भी वाक्य का ग्रहण वाचकत्वरूप से किया जाता है तो सभी प्रमातृयों को वेद का ग्रहण करते ही वेदार्थ का ज्ञान होना चाहिए। पुनः, अदृष्ट के विषय में वेदवाक्यों का प्रामाण्य कैसे जानेंगे? वेद का प्रामाण्य यदि एकदेशत्वरूप रूप से माना जाए तो वह नहीं हो सकता, अर्थवाद वाक्य के साथ व्यभिचार दिखने के कारण उसका प्रामाण्य नहीं हो सकता। पत्थर तैरते हैं, सूर्य ही वैष्णव है आदि, और ६४

---

[४] "अर्थवदेववाक्येन" इति मूलपाठः।

वर्णों का आलोड़न करके प्रजापति ने पिया इत्यादि वाक्य द्वारा अर्थवाद वाक्यों का व्यभिचार दिखाई देता है।

१६.२ आप्तोक्तत्वेन शब्दं प्रमाणीकुर्वतां मतस्य निरासः (आप्तता का खण्डन)

अन्ये तु आप्तोक्तत्वेन प्रामाण्यमुशन्ति। आप्ताः साक्षात्कृतधर्माणः। तैर्यदुक्तं सम[5]माप्तं तत्किलाविसंवादकम्।

अन्य कुछ व्यक्ति आप्तोक्त के कारण शब्द का प्रामाण्य स्वीकार करते हैं। आप्तों का तात्पर्य धर्मों का साक्षात्कार करने वाले व्यक्तियों से है। उन लोगों ने जो कहा वह समान रूप में आप्तवाक्य है और निश्चय ही अविसंवादक भी।

***क्षीणदोषोऽनृतं वाक्यं न ब्रूयाद् हेत्वसंभवात्।* तदेतदयुक्तम्, आप्तस्य अत्यन्ताऽप्रत्यक्षतया तदायत्तताया अनधिगतेः। वीतरागज्ञापकं च अनुमानं न विद्यते तस्य अप्रमाणत्वात्।**

आप्त की प्रमाणता के लिए ऐसा कहा जाता है कि वह अनृत (झूठ) नहीं बोलता, वह झूठ बोले इसका कोई कारण नहीं। यह कथन उचित नहीं है। आप्त अत्यन्त अप्रत्यक्ष है एवं उसकी आयत्तता का बोध भी सम्भव नहीं है। वीतराग ज्ञापक अनुमान भी नहीं है, उसके अप्रामाणिक होने से।

भवतु वा आप्तोक्तत्वम्, प्रामाण्ये किमायातम्? किं सत्तामात्रेण प्रामाण्यम्, विज्ञानजनकत्वेन वा? यदि सत्तामात्रेण, तदयुक्तम्, अकारकस्य प्रामाण्याऽयोगात्।

हो न तो, आप्तोक्तत्व, प्रामाण्य कहाँ से आता है? क्या सत्तामात्र से प्रामाण्य है? अथवा ज्ञानजनकत्वेन प्रामाण्य है? यदि सत्तामात्र से है तो वह नहीं हो सकता, अकारक (अकर्त्ता) का प्रामाण्य कैसे सम्भव होगा?

अथ विज्ञानजनकत्वेन प्रामाण्यम्, तत्किम् एकलस्य, सहकारिकारणोपचरितस्य वा? तद्यदि एकलस्य, तदयुक्तम्, स्वयमनभ्युपगमात्, क्रमयौगपद्यासंभवाच्च।

यदि विज्ञानजनकत्व रूप से प्रामाण्य है तो वह क्या एक का है अथवा सहकारी कारण से उपचरित का है? यदि एकल का है तो वह नहीं हो सकता क्योंकि स्वयं जाना ही नहीं है और क्रमशः एवं युगपत् एक ही बार सम्भव भी नहीं है।

अथ सहकारिकारणोपचरितेन जन्यते, यद्येवं तदा सहकारिकारणं दुष्टमप्यभ्येति, तदनुरोधेन विपरीतमपि ज्ञानं जनयति आप्तोक्तत्वे सत्यपि। यथा अभिनवकम्बल-

---

५ "शममार्गे" – टि.।

सम्बन्धिनं माणवकं दृष्ट्वा प्रवक्ता वाक्यमुच्चारयति — नवकम्बलकोऽयं माणवकः इति, श्रोता तु अधर्ममनःक्षोभादिना निमित्तेन नवत्वसंख्यायुक्तकम्बलसम्बन्धिनं प्रतिपद्यते । तथा प्रतारणबुद्ध्या नवत्वसंख्यायुक्तकम्बलसम्बन्धी माणवक इत्युक्ते अवदातकर्मानुरोधेन प्रतिपत्ता अभिनवकम्बलसम्बन्धिनं प्रत्येति, तथा वेदवाक्यानामपि अवदातेतरकर्मानुवेधेन विपरीतार्थावबोधोत्पादकत्वमुपपद्यते । तथा, भूतोपघातचेतोविकारमनः क्षोभादिना वा निमित्तेन ।

यदि सहकारी कारण के उपचार से उत्पन्न होता है तो सहकारी कारण दोषपूर्ण हैं, उसके अनुरोध से विपरीत ज्ञान भी उत्पन्न होता है, आप्त का उपदेश होने पर भी। जैसा कि अत्यन्त नया कम्बलयुक्त बालक को देखकर जब प्रवक्ता ऐसा कहता है — नवकम्बलकोऽयं (नए कम्बल से युक्त) माणवकः (=बच्चा है) तो श्रोता अर्धमनस् क्षोभ आदि कारण से नौ संख्यायुक्त कम्बल से युक्त बालक है ऐसा समझता है। उसी प्रकार ठगने की बुद्धि से नौ संख्यायुक्त कम्बल से युक्त बच्चा है ऐसा कहने पर अच्छे काम का विचार कर व्यक्ति नया कम्बल सम्बन्धी है यह समझता है। उसी प्रकार वेदवाक्यों का भी अच्छे काम का विरोधी कर्म करने की इच्छा से विपरीत अर्थ के अवबोध का उत्पादकत्व उपपन्न होता है। यह भी कि, भूत के आवेश से चित्तविकार और मानस क्षोभ आदि के निमित्त से भी विपरीत अर्थ का अवबोध हो जाता है।

१६.३ अपौरुषेयत्वेन वेदस्य प्रामाण्यं स्वीकुर्वतां मतस्य व्युदासः (अपौरुषेय वेद प्रामाण्य का खण्डन)

अन्ये तु कुमतिमतानुसारिणो वदन्ति — *वेदस्य प्रामाण्यमन्यथाअपौरुषेयत्वेन । पुरुषा हि रागादिविपरीतचेतसो विपरीतमुपपादयन्ति, न च वेदविधातृसंभवोऽस्ति । तदुक्तम् — नित्यो वेदः अस्मर्यमाणकर्तृत्वात् व्योमादिवत् । वेदवेधसोऽपगमे तदायत्ता दोषा व्यपगता भवन्ति । ते हि विधातृसत्तानुवर्तिनः तदवगमे कथमवतिष्ठेरन् । तेषामपाये कथमप्रमाणमाशंक्यते वेदः । यदुक्तम् —*

दोषाः सन्ति न सन्तीति पौरुषेयेषु युज्यते।
वेदे कर्तुरभावात्तु दोषाशंकैव नास्ति नः॥

(तत्त्वसं. का. २८९५)

चोदनाजनिता बुद्धिः प्रमाणं दोषवर्जितैः।
कारणैर्जन्यमानत्वात् लिङ्गाप्तोक्ताक्षबुद्धिवत्।

(श्लोकवा. सू. २, श्लो. ८४)

अन्य कुछ कुबुद्धिजनित मत को आगे करके कहते हैं — "अपौरुषेयत्व से वेद का प्रामाण्य होता है"। पुरुष गण राग आदि कारणों से विपरीत चित्त होते हैं और उसी के

अनुसार बोलते हैं। दूसरी बात, वे वेद की रचना भी नहीं कर सकते। कहते हैं – वेद नित्य है, कर्त्ता का स्मरण न होने से आकाश आदि की तरह। वेद का कर्त्ता न होते ही उस कर्त्ता में होने वाले दोष स्वतः हट जाते हैं। दोष कर्त्ता में रहते हैं। कर्त्ता ही न होने पर कैसे वे दोष वहाँ रह सकते हैं ! कर्त्ता और कर्त्तृजन्यदोष न होते ही वेद के अप्रामाण्य की शंका भी नहीं की जा सकती। ऐसा कहा है –

> दोष हैं या नहीं हैं यह पुरुष द्वारा निर्मितकृतियों में ही विचार किया जाता है। वेद के कर्त्ता का अभाव होने से दोष की शंका ही नहीं रह जाती।

> विधिवाक्यों से समुत्थित-प्रेरित बुद्धि ही प्रमाण है। दोषरहित कारणों से समुत्पन्न वेदवाक्य (विधि) निर्दोष हैं, आप्तोपदेश हेतुजन्य वाक्य द्वारा उदित बुद्धि की तरह।

न च चोदनाजनितं विज्ञानं सन्दिग्धम्, किंस्वित् इत्यनेनाकारेणानपजायमानत्वात्। न चेदं भ्रान्तं देशान्तरादाव-बाध्यमानत्वात्। यद् देशान्तरादौ बाध्यते तत् मिथ्या, यथा मरीचिनिचये अम्बुज्ञानम्, कालान्तरे च बाधा यथा आरक्तपटे हाटकविज्ञान-मित्येवमादि, न चेदं भ्रान्तं तथा, तस्मादवितथम्।

चोदनावाक्यजन्यज्ञान सन्दिग्ध नहीं होता, किसी अज्ञात आकार द्वारा उपपन्न होने से, और यह भ्रान्तियुक्त भी नहीं है, देशान्तर आदि में बाधित न होने से। जो देशान्तर आदि में बाधित होता है वह मिथ्या है, जैसे मरीचिका समूह में पानी का ज्ञान । यद्यपि कालान्तर में इसका बाध हो सकता है, ठीक उसी तरह जैसे लाल रंग के कपड़े को देखकर यह भान होना कि उसमें सोना लिपटा हुआ है, जबकि उसमें कुछ अन्य भी लिपटा हुआ हो सकता है । परन्तु चोदनाजनित ज्ञान (विधिवाक्यों से होने वाला ज्ञान) इस रूप से भ्रान्त नहीं, अतः सत्य है ।

यत्तावदुक्तम् – *नित्यो वेदः कर्त्रस्मरणात्*, तदयुक्तम्, कूपारामादिभिरनैकान्तिकत्वात्। तेषां हि कर्त्ता न स्मर्यते अथ च अनित्यत्वम्। अथ देशकालोच्छेदात् तत्र कर्त्तुरस्मरणम्, एवं तर्हि अविशेषाभिहितेऽर्थे विशेषमिच्छतो हेत्वन्तरं नाम निग्रहस्थानम्।

जो यह कहा गया है – कर्त्ता के स्मरण न होने से वेद नित्य है, यह युक्तिपूर्ण नहीं है। कुआँ, बागीचा आदि में भी व्यभिचार दिखने से। वैसे कुआँ आदि के कर्त्ता का भी स्मरण किसी को नहीं होता, और वे अनित्य भी हैं। देश और काल के उच्छेद होने से भी वहाँ कर्त्ता का स्मरण नहीं होता। इस प्रकार अविशेष बताने वाले विषय में विशेष की चाहना ही हेत्वन्तर है अर्थात् निग्रहस्थान।

अथवा सत्यपि विशेषणोपादाने हेतोः विपक्षगमनं न निवारयितुं पार्यते, यथा कृतकत्वविशेषणोपादानेऽपि न प्रमेयत्वस्य व्यावृत्तिरस्ति। अथ कृतकत्वम्, तदेव गमकं व्यावृत्तत्वात्। न ह्येकस्य व्यावृत्तौ अन्यस्य व्यावृत्तिरस्त्यतिप्रसङ्गात्।

अथवा हेतु के विशेषण का उपादान होने पर भी विपक्षगमन का निवारण सम्भव नहीं है। जैसे कृतकत्व विशेषण के उपादान से भी प्रमेयत्व की व्यावृत्ति नहीं होती। यदि कहा जाए कि कृतकत्व है तो वही गमक भी होता है, व्यावृत्त होने से। किन्तु एक की व्यावृत्ति होने पर दूसरे की व्यावृत्ति तो नहीं होती। अन्यथा अतिव्याप्ति दोष होगा।

किंच, साध्यविरुद्धे हेतोः किं विशेषणोपादानम्, तद्विपरीते वा? तद्यदि विरुद्धेः, तदाऽनर्थकं विशेषणोपादानम्। अथ अविरुद्धेऽप्येवमेव — नहि विशेषणेन विरुद्धस्वभावता व्यावर्त्तते, यथा कृतकत्वविशेषणोपादानेऽपि न चाक्षुषत्वस्य शब्दे वृत्तिलाभः। तथा देशकुलोच्छेदाभावविशेषणोपादानेऽपि अस्मर्यमाणकर्त्तृत्वस्य न विपक्षाद् व्यावृत्तिरस्ति। असिद्धोप्ययं हेतुः यस्मात्स्मरन्ति एव कर्त्तारं *काणादाः*। तथा लौकिका अपि बहुलं वक्तारो भवन्ति — *ब्रह्मणा वेदाः प्रणीताः* इति। अपि च किमशेषजनस्मरणनिवृत्तिरिह हेतुत्वेन विवक्षिता, आहोस्वित् कतिपयपुरुषस्मरणविनिवृत्तिः? तद्यदि सकलजनस्मरणविनिवृत्तिः, तदाऽसिद्धा, अवधारयितुमशक्यत्वाच्च अर्वाग्भावविद्भिः। अवधारणे वा त एव सर्वज्ञाः स्युः अर्वाग्भावविदो न भवेयुः।

और भी, क्या साध्यविरुद्ध हेतु में विशेषण देंगे? अथवा उसके विपरीत में? यदि विरुद्ध में है तो विशेषण देना अनर्थक होगा। यदि अविरुद्ध में है तो भी विशेषण द्वारा विरुद्ध स्वभाव का निवारण सम्भव नहीं है। जैसे कृतकत्व विशेषण देने पर भी चाक्षुषत्व का शब्द में वृत्तिलाभ नहीं होता। उसी प्रकार देश, कुल आदि के उच्छेद के अभाव का विशेषण देने पर भी अस्मर्यमाणकर्त्ता की विपक्ष से व्यावृत्ति सम्भव नहीं है। यह हेतु असिद्ध नामक दोष से ग्रस्त भी है। इसीलिए कणाद-अनुयायी कर्त्ता का स्मरण करते भी हैं। इसी प्रकार लौकिक व्यक्ति भी बड़ी संख्या में कहते हैं — "ब्राह्मणों ने वेदों को बनाया"। और, क्या समस्त व्यक्तियों के स्मरण के निवृत्तिरूप हेतु की यहाँ विवक्षा की गई है। अथवा कुछ व्यक्तियों के स्मरण की निवृत्ति मात्र अभिप्रेत है? यदि समस्त व्यक्तियों के स्मरण की निवृत्ति है तो असिद्ध दोष होगा क्योंकि सभी का अवधारण किया ही नहीं जा सकता। बाद में हुए विद्वानों को लेकर, यदि अवधारण करते हैं तो वे सर्वज्ञ होंगे, किन्तु भविष्य के विद्वान् कहलाने वाले अभी हुए ही नहीं हैं।

अथ कतिपयपुरुषापेक्षया, तदानैकान्तिको हेतुः विद्यमानकर्त्तृकेष्वपि कर्त्ता न स्मर्यते कैश्चित्।

यदि कुछ पुरुषों के स्मरण की बात है तो यह अनैकान्तिक हेतु होगा। क्योंकि कुछ व्यक्ति तो इस समय होते हुए कार्यों के कर्त्ताओं का भी स्मरण नहीं करते।

अन्यच्च, कतिपयैः पुरुषैर्न स्मर्यते-अर्थादापद्यते-पुरुषान्तर-स्मर्यमाणकर्त्तृतको वेदः, विशेषप्रतिषेधस्य शेषाभ्यनुज्ञा-विषयत्वात्। न च पुरुषजन्यत्वेन वेदस्याऽप्रामाण्यम्, अपि तु पुरुषदोषोत्पाद्यत्वेन। अतः स एव अपनेयः न पुरुषव्यापारः।

अथ पुरुषस्य दोषाधिकरणत्वे तज्जन्यत्वे दोषजन्यत्वमप्याशंक्यत इति चेत्, यद्येवम् इन्द्रियाणामपि दोषाधिकरणत्वेन तदुत्पादिविज्ञानानामप्रामाण्यं समाशंक्यत इति सर्वत्र प्रामाण्यानाश्वासः स्यात् ।

दूसरी बात, कुछ पुरुष कर्त्ता (वेद के) का स्मरण नहीं करते, इससे यह बात निकलती है कि अन्यपुरुष तो वेद के कर्त्ता का स्मरण करते हैं, इसीलिए वेद पौरुषेय हैं, विशेष प्रतिषेध का शेष अभ्यनुज्ञाविषय होने से, अर्थात् विशिष्ट अर्थ होने से। दूसरी बात, पुरुषकृत होने पर भी वेद अप्रामाण्य तो नहीं ही हो सकता। किन्तु पुरुष के दोष के कारण मात्र से होता है। अतः उस दोष को मात्र हटाना उचित होता है किन्तु कर्त्ता को नहीं। यदि पुरुष में दोष होते हैं और उसके द्वारा बनाए जाने वाले पदार्थों में भी दोष होते हैं, यह आशंका करने पर तो इन्द्रियाँ भी दोष किया करती हैं, इसीलिए इन्द्रियों से उत्पन्न ज्ञानों के अप्रामाण्य की शंका करनी पड़ेगी। इस प्रकार तो सभी जगह प्रामाण्य के प्रति अविश्वास ही हो जाएगा।

न च अस्मर्यमाणकर्त्तृकत्वेन वेदशब्दानमपौरुषेयत्वसंसिद्धिः, अन्यथापि अस्मर्यमाणकर्त्तृत्वमुपपद्यते — केनापि विदग्धमतिना वेदसन्दोहमुत्पाद्य आत्मा अपह्नूयते — *नाहं वेदानां विधाता* इति ।

कर्त्ता का स्मरण न होने के कारण से भी वैदिक शब्दों का अपौरुषेयत्व सिद्ध नहीं होता। अन्यथा रूप में भी अस्मर्यमाणकर्तृता उत्पन्न होती है — किसी विदग्ध बुद्धिमान् ने वेद देखकर अपने को छिपाते हुए कहा है — “मैं वेद का कर्त्ता नहीं हूँ”।

भवतु वा अपौरुषेयो वेदः, प्रामाण्ये किमायातम्? अथ पुरुषव्यावृत्त्या तद्दोषव्यावृत्तिनिबन्धनं प्रामाण्यम्, तद् व्यावृत्त्या तद्गुणव्यावृत्तिनिबन्धनमप्रामाण्यं किन्नेष्यते? अथ पुरुषगतगुण–दोषव्यावृत्तौ निसर्गगुणानुवेधेन प्रामाण्यमिष्यते, पुरुषगुणदोषव्यावृत्तौ निसर्गदोषानुवेधेन अप्रामाण्यं किन्न गीयते? अपि च यथा अपौरुषेयत्वे सत्यपि रागादिदोषसम्बन्धिता उपलभ्यते, तथा वेदेऽपि भविष्यति ।

लीजिए, हो न तो वेद अपौरुषेय, प्रामाण्य में क्या आया? यदि पुरुष व्यावृत्ति द्वारा उसके दोष की व्यावृत्ति होने से प्रामाण्य होता है तो उसकी व्यावृत्ति से उसके गुणों की भी व्यावृत्ति होने के चलते वेद फिर अप्रामाणिक क्यों नहीं होंगे। पुरुष में हुए गुण और दोष दोनों व्यावृत्त होने पर निसर्गतः दोष होने से क्यों वह अप्रामाणिक न हो। और इसी प्रकार अपौरुषेयत्व होने पर भी राग आदि दोषों का सम्बन्ध दिखता है, उपलब्ध होता है, उसी प्रकार वेद में भी होगा।

किंच, अपौरुषेयत्वेन कर्त्तृदोषापगमः कृतः, श्रोतृदोषास्तु केनापनीयन्ते। तथा हि — अर्थप्रतिपत्तौ तानपेक्ष्य विपरीतां प्रतिपत्तिमभिनिर्वर्त्तयिष्यति। ततश्च नित्यानामपि

कर्तृकर्मणां दुष्टसहकारिकारणानुवेधेन विपर्ययादिज्ञानहेतुत्वमुपपद्यते न वाक्यानां प्रमाणप्रतिलम्भः ।

यदि, अपौरुषेय होने पर कर्त्ता के दोष नष्ट होते हैं, ठीक है, किन्तु श्रोता (पाठक) के दोषों को कौन हटाएगा? जैसे श्रोता भी अर्थबोध में उन विषयों को हटाकर विपरीत अर्थ ग्रहण करते हैं। उससे नित्यप्रति होकर भी काम करने वाले व्यक्तियों को दुष्ट सहकारी कारणों के संयोग से विपर्यय आदि ज्ञान समुत्पन्न होते हैं, इसीलिए वेदवाक्यों का (और आप्तों का भी) प्रामाण्य स्वीकृत नहीं हो सकता।

यदप्युक्तम् – *देशान्तरादावबाध्यमानत्वात् प्रमाणं चोदना जनिता बुद्धिः,* – तदयुक्तम्, स्मृतेर्बाधारहितत्वेऽपि अप्रमाणत्वात् ।

ऐसा भी कहा गया है – देशान्तर आदि में बाधित न होने से चोदनाजनित बुद्धि प्रमाण होती है, यह ठीक नहीं है, स्मृति में बाधा न होने पर भी स्मृति का प्रामाण्य स्वीकृत नहीं है।

किंच, बाधाशब्देन विपरीतविज्ञानमपदिश्यते, तच्च नोत्पद्यते – किं चोदनाजनितविज्ञानस्य यथार्थत्वेन उत तदुत्पादककारणवैकल्येन इति सन्दिह्यते ।

बाधा शब्द विपरीत ज्ञान का बोध कराता है। वह उत्पन्न नहीं होता। क्या चोदनाजनित ज्ञान का यथार्थत्वरूप से अथवा उसके उत्पादक कारण की विकलता से यह सन्देह उत्पन्न होता है।

अपि च, बाधारहितत्वेऽप्यप्रामाण्यं दृष्टं – बाधकविज्ञानोत्पत्तेः पूर्वम्। बाधाप्युपजायमाना कालविकल्पेन उपजायते – क्वचिदर्धमासेन क्वचिन्मासव्यवधानेन क्वचिच्च अब्दद्वयत्रयव्यवधानेन, अन्यत्र तु कारकवैकल्यान्नैव संपत्स्यते। न चैतावता प्रमाणं चोदनाजनिता बुद्धिः ।

बाधारहितत्व में भी अप्रामाण्य होता है, उस बाधक ज्ञान की उत्पत्ति से पूर्व। बाधा के उत्पन्न न होने पर भी कालविकल्प से उत्पन्न होता है, कभी आधे महीने में कभी एक महीने में अथवा कभी दो-तीन वर्ष के व्यवधान से होता है, अन्यत्र कहीं-कहीं कारक की विकलता से उत्पन्न भी नहीं होता। किन्तु इतने मात्र से चोदना द्वारा समुत्पन्न बुद्धि प्रमाण नहीं हो जाती।

किंच, बाधारहितत्वमपि किम् – अशेषपुरुषापेक्षया, कतिपयपुरुषापेक्षया वा? यद्यशेषपुरुषापेक्षया, तदावगन्तुं न शक्यते, परचित्तवृत्तीनां दुरन्वयत्वात् । अथ कतिपयपुरुक्षापेक्षया बाधारहितत्वम्, तदाऽनैकान्तिको हेतुः – यथा असत्योदके जातोदकबुद्धिः तस्माद्देशात् देशान्तरं यदा प्रयाति तत्रैव दशा[६]र्धतामुपयाति, न च

[६] "मरणम्" – टि.।

तस्य बाधकं विज्ञानमुत्पन्नम्। किमेतावता तत् प्रमाणं भवतु? अथवा चोदनाजनित-विज्ञानस्य निर्विषयत्वमेव भ्रान्तत्वम्, चोदनाजनितविज्ञान–समानकालीनकर्त्तव्यता-रूपार्थस्याऽसंभवात्। संभवे वा चोदनावचसो वैकल्यम्, वितानक्रियाविलोपः। अथ न विद्यते कर्त्तव्यतारूपोऽर्थः, कथं चोदनावचनोद्भूतं विज्ञानं न मिथ्या? अन्यथा केशोण्डुकसंविदो मिथ्यात्वं न भवेत्। अथ तस्याः प्रतीयमानार्थाऽसंभवेन मिथ्यात्वम्, तदिहापि तदेवास्तु।

यह बाधारहित होने की बात क्या समस्त पुरुषों की अपेक्षा से है अथवा कुछ पुरुषों की अपेक्षा से कहा गया है? यदि समस्त पुरुषों की अपेक्षा से है तो, दूसरे की चित्तवृत्ति दुरन्वय होने से उसे समझा ही नहीं जा सकता। यदि कतिपय पुरुषों की अपेक्षा से है तो हेतु अनैकान्तिक होगा, जैसे पानी के अभाव स्थल में पानी बुद्धि (असत्य पानी, मृगमरी-चिका में दिखाई देने वाला)। यह उस जगह से जितना-जितना आगे बढ़ता है उतना ही मृत्यु में परिणत होता है किन्तु उसका बाधक ज्ञान उत्पन्न नहीं होता। क्या इससे वह प्रमाण हो सकता है? अथवा चोदनाजनितज्ञान का भी निर्विषयत्व भ्रान्त ही है। क्योंकि चोदनाजनित ज्ञान में तत्कालीन कर्त्तव्यतारूप अर्थ की सम्भावना नहीं है। यदि कर्त्तव्यतारूप अर्थ नहीं है तो कैसे चोदनावचन से उद्भूत विज्ञान मिथ्या नहीं होता है? अन्यथा केशोण्डुकज्ञान भी मिथ्या नहीं होगा। यदि उसका प्रतीयमान अर्थ असम्भव होने से मिथ्या है तो यहाँ पर भी तो वैसा ही होना चाहिए न ।

अथ चोदनाजनितविज्ञानार्थस्य पुनः सद्भावो भवति तेन तस्य यथार्थत्वम्। न तु केशोण्डुकविज्ञानस्य कदाचिदपि सद्भावोऽस्ति। सोऽयं विषभक्षणेन परं प्रत्याययति तपस्वी। चोदनार्थस्य पश्चाद्भवनं तद्विज्ञानानुपयोगि, तस्मिन् काले ज्ञानस्य अस्तमित-त्वात्, विज्ञानकाले च अर्थस्य संभवात्।

चोदनाजनित ज्ञान का फिर सद्भाव होता है इसीलिए वह यथार्थ है। किन्तु केशोण्डुक आदि ज्ञान का कभी भी सद्भाव नहीं होता। यह वस्तुतः स्वयं विष खाकर औरों को विश्वास दिलाने वाले तपस्वी की तरह हुआ न ! चोदना अर्थ का पीछे होना उस ज्ञान के लिए अनुपयोगी होता है। उस अवसर में ज्ञान अस्त हो चुका होता है, ज्ञानकाल में अर्थ के सम्भव होने से।

अथवा, इयमेव बाधा यदुत असंभाव्यमानार्थस्य प्रतिपादकत्वं यथा तन्तु–तुरि-कारकोपनिपाते सति वस्त्रादिकार्यमुपजायमानं दृष्टम्। पुनः पटार्थिने उपदेशो दीयते — तन्तूनामुपादानं कुरुष्व इति। न त्वेतं सप्ततन्त्ववदातकर्मणोः साध्यसाधन-सम्बन्धावधारणम्, नापूर्वम्, येनात्र उपदेशस्य साफल्यं भवति। एवं तावदुक्तेन न्यायेन शब्दानां वाचकत्वेन प्रामाण्यं न युज्यते।

अथवा, यही वह बाधा है अथवा असम्भाव्यमान अर्थ के प्रतिपादक की तरह जैसे

तन्तु–वेम आदि सहयोगी के सहयोग से तान में वस्त्र आदि कार्य होते हैं। फिर कपड़ा चाहने वाले को उपदेश दिया जाता है – "तागे को वहाँ रखो" । इस प्रकार सात तन्तु अवदात कर्म के साध्य-साधन सम्बन्ध का अवधारण नहीं किया जाता, यह अपूर्व भी नहीं है, जिससे उपदेश की सफलता होती है। इस प्रकार उक्त न्याय द्वारा शब्दों का वाचकत्व स्वरूप से प्रामाण्य घटित नहीं हो सकता।

१६.४ विवक्षासूचकत्वेन शब्दप्रामाण्यं स्वीकुर्वतां मतस्य खण्डनम् (विवक्षासूचकशब्द का खण्डन)

अथ विवक्षासूचकत्वेन लिङ्गभूतस्य प्रामाण्यम्। तदुक्तम् – *विवक्षाप्रभवा हि शब्दाः तामेव संसूचयेयुः* इति।

तदेतदयुक्तम्, यथा हेतुफलभावो नास्ति *सौगते* मते तथा प्रागेव प्रपञ्चिम्।

अब, विवक्षा सूचकत्व रूप से लिंगभूत का प्रामाण्य होता है। जैसा कहा गया है – "विवक्षा से उत्पन्न शब्द ही उन्हें (अपने अर्थ को) सूचित करते हैं"।

यह कथन अयुक्त है, जैसा कि हेतु और फलभाव नहीं है। सौगतमत में यह बताया जा चुका है।

१६.५ साधुपदादर्थप्रतिपत्तिं वर्णयतां वैयाकरणानां मतस्य निरासः (वैयाकरणों के मत का खण्डन)

अन्ये तु साधुपदशब्दादर्थप्रतिपत्तिं वर्णयन्ति। साधुत्वं च लक्षणयोगित्वेन। लक्षणं च सूत्राण्येव, लक्ष्यं गौरित्यादिपदम्। अथ किमिदं नाम यल्लक्षणेन परमर्षिगदितेन सूत्रकलापेन लक्ष्यते? किं गकारादयो वर्णाः, वर्णेभ्योऽर्थान्तरं वा पदं स्फोटरूपम्? तद्यदि वर्णाः, ते किं नित्याः सन्तः पदसंज्ञा भवन्ति, उत उपजननधर्मकाः, तद्यदि नित्याः कूटस्थाः सन्तो वर्णाः पदसंज्ञा भवन्ति, तत्र किं व्यस्ताः, समुदिता वा? तद्यदि व्यस्ताः, सनातना एते पदसंज्ञा भवन्ति, तदा गवर्णेनैव केवलेन गोऽर्थप्रतिपादनं क्रियते, ओकारेण वा अर्थप्रतिपादनं क्रियते। ततश्च पूर्वापरवर्णोच्चारणानर्थक्यम्। न चात्रैकस्मिन् वर्णे विभक्त्यान्तता अस्ति, अपि तु वर्णकदम्बके विभक्त्युत्पादाभ्युपगमात्।

अन्य व्यक्ति, साधुशब्द से अर्थ का ज्ञान होता है, ऐसा कहते हैं। साधुता तो लक्षण के सहयोग से होती है। लक्षण सूत्र ही हैं। लक्ष्य "गौः" इत्यादि पद हैं। यह क्या है जिसे लक्षण द्वारा, जो परमऋषि द्वारा बताए हुए सूत्रसमूह को लक्षित करते हैं? क्या गकार आदि वर्ण हैं? अथवा वर्णों से उत्पन्न दूसरा अर्थ है? अथवा स्फोटरूप पद है? यदि वर्ण हैं तो क्या वे नित्य होकर पदसंज्ञायुक्त होते हैं? अथवा उपजननधर्मयुक्त होते हैं? यदि नित्य एवं कूटस्थ होकर

ही वर्ण पद कहलाते हैं तो, वहाँ क्या व्यस्त? अथवा समस्त होकर ही? यदि व्यस्त हैं तो सनातन होकर ही पद संज्ञायुक्त होते हैं, उससे केवल गवर्ण से ही "गो" अर्थ का प्रतिपादन किया जाएगा, अथवा ओकार से अर्थ का प्रतिपादन होगा। उसके बाद पूर्वापर वर्णों का उच्चारण व्यर्थ हो जाएगा। एक वर्ण में विभक्ति की अन्त्यता भी नहीं है किन्तु वर्णसमूह में विभक्ति का उत्पादन स्वीकृत किया गया है।

अथ समुदितानां पदसंज्ञा। तदयुक्तम् – बहूनां संघातशब्दवाच्यत्वम्, न ह्येकस्मिन् संघातशब्दप्रयोगोऽस्ति, अपि तु गकारौकारविसर्जनीयेषु समुदायशब्दः प्रयुज्यते। तदयुक्तम्, वर्णानां नानाता विद्यते। वर्णो हि अवर्णात् वर्णात्मतया व्यावर्त्तते वर्णान्तरात्तु कथं व्यावर्त्तते? किं वर्णाकारतया अवर्णात्मतया वा? तद्यदि वर्णाकार तया व्यावर्त्तते, तदाऽन्येषां वर्णरूपता न प्राप्नोति नीरतीरादेरिव। अथ अवर्णात्मतया व्यावर्त्तते, तदावर्णात्मता व्यावर्त्तते उक्तानामिव, ततश्चैक एव वर्णात्मा जगति संजातः। तस्य गोऽर्थवाचकत्वं न युज्यते सुप्विभक्त्यनुपपत्तेः।

यदि समुदित की ही पदसंज्ञा है तो वह भी नहीं हो सकता, बहुत से वर्णों के समूह को ही शब्द कहा गया है, एक वर्ण में संघात शब्द का प्रयोग नहीं होता। किन्तु "गकार, औकार और विसर्ग में समुदायशब्द का प्रयोग होता है"।

यह उचित नहीं हो सकता। वर्णों का नानात्व है। वर्ण अवर्ण से वर्णात्मकरूप से व्यावृत्त होता है, वर्णान्तर से तो कैसे व्यावृत्त हो सकता है? क्या वर्णाकारतया अथवा अवर्णात्मतया है? यदि वर्णाकारतया व्यावृत्त होता है तो अन्यों की वर्णरूपता प्राप्त नहीं होगी। जैसा कि नीर और तीर आदि शब्दों का। यदि अवर्णात्मतया व्यावृत्त होता है तो वह भी पहले बताए हुए की तरह अवर्णात्म रूप से व्यावृत्त होगा। उसके बाद तो एक ही वर्ण (वर्णात्मा) संसार में रहेगा। तब उससे गो अर्थ का वाचकत्व उपलब्ध नहीं हो सकता क्योंकि सुप् विभक्ति की भी उपपत्ति नहीं हो सकती।

नापि वर्णानां नित्यत्वप्रत्यायकं प्रमाणमस्ति, एवं प्रत्यक्षादीनामप्रामाण्य-प्रति पादनात्। तीव्रमन्दात्मतया गवर्णस्य नानात्वोपलब्धेः गकारोऽपि भेदवान् न गकारैक-त्वम्।

वर्णों की नित्यता का प्रत्यायक (विश्वास दिलाने वाला) कोई प्रमाण भी नहीं है। इसी प्रकार प्रत्यक्ष आदि अपने आप में अप्रमाण हो चुके हैं। तीव्र और मन्द रूप में गवर्ण का नानात्वभेद उपलब्ध होने पर भी गकार भेदयुक्त ही है किन्तु गवर्ण में एकत्व नहीं है।

अथ व्यञ्जकवशेन तीव्रमन्दादिबुद्धेरुत्पत्तिः न गवर्णस्य भेदोऽस्ति, तदयुक्तम्, गवर्ण एव प्रतीयते तीव्रमन्दाद्यात्मतया न व्यञ्जकानि गवर्णबुद्धिर्वा। यदि व्यञ्जकभेदेन तीव्रमन्दादिभेदपरिक्लृप्तिः क्रियते गवर्णात्मा तु न भिद्यते, तदा गकारादिविभागोऽपि

व्यञ्जकभेदनिबन्धनोऽभ्युपगन्तव्यः, वर्णात्मा त्वेक एव । ततश्च गवार्थप्रतिपत्तिर्न प्राप्नोति एकस्मिन् वर्णे सुप्विभक्त्यनुपपत्तेः ।

यदि व्यञ्जक के कारण से तीव्र, मन्द आदि बुद्धि की उत्पत्ति होती है किन्तु गवर्ण का भेद नहीं है, यदि ऐसा कहें तो यह उचित नहीं है। गवर्ण ही प्रतीत होता है, तीव्र और मन्द आदिरूप में – न व्यञ्जक और गवर्णबुद्धि भी नहीं। यदि व्यञ्जक भेद से तीव्र और मन्द आदि भेद की परिकल्पना करें तो गवर्णात्मा तो भिन्न नहीं होता फिर गकार आदि विभाग भी व्यञ्जक भेद से बँधे हुए हैं, यह स्वीकार करना पड़ेगा। परन्तु वर्ण की आत्मा तो एक ही है। इसके बाद तो गो अर्थ का ज्ञान सम्भव नहीं होगा क्योंकि एक वर्ण में सुप् विभक्ति का योग नहीं होता।

किंच, भिन्नाकारतया प्रतीयमानस्य यद्येकत्वमभ्युपगम्यते, नानेकं जगत् स्यात्, अभिन्नात्मके च जगति मानमेयव्यवस्थैव हीयते । न च नित्यस्य अनुपजातविकारस्य विज्ञानोदयदानसमर्थ्यमस्ति ।

और, भिन्न आकार से प्रतीयमान का यदि एकत्व स्वीकृत किया जाता है तो जगत् अनेक नहीं रहेगा। अभिन्नात्मक जगत् में मान और मेय की व्यवस्था भी नहीं रहेगी। और नित्य, जिसकी विकृति नहीं होती वह ज्ञान उत्पन्न करने में योगदान भी नहीं दे सकता।

अथ क्रियते, किमनुपजातातिशयेन वा, अव्यतिरिक्तोपजातातिशयेन वा, व्यतिरिक्तोपजातातिशयेन वा? तद्यदि अनुपजातातिशयेन क्रियते, तदा सर्वदा कुर्यात् एकस्मिन् वा काले कुर्यात् तद्देहमात्रानुबन्धेना[७]कालविलम्बनायोगात् ।

यदि किया जाता है, तो क्या वह अनुपजातातिशय से अथवा अभिन्न उपजातातिशय से है? अथवा व्यतिरिक्त उपजातातिशय से है? यदि अनुपजातातिशय से है तो वह हमेशा करता है? अथवा एक समय में करता है? क्योंकि उस देहमात्र के अनुबन्ध के कारण काल के विलम्ब करने में कोई योग नहीं है।

अथ अव्यतिरिक्तोपजातातिशयेन क्रियते, तथापि सनातना वर्णाः, अव्यतिरिक्तातिशयकरणपक्षे स एवोपजायते, फलानिष्पत्तिकरणस्वरूपाऽनतिवृत्तेः ।

यदि अव्यतिरिक्त उपजातातिशय से किया जाता है तो भी वर्ण सनातन ही होते हैं, अव्यतिरिक्त अतिशयकरण पक्ष में भी वही होगा। क्योंकि फल की निष्पत्ति के करण की अतिवृत्ति यहाँ नहीं होती।

---

[७] यद्यत्र 'नाकाल' इत्येव शुद्धः पाठः स्यात् तदा ईषत्कालार्थकम् 'आ' पदं सन्धिगतं बोध्यम्, १६ त.।

अथ व्यतिरिक्तोपजातातिशयेन क्रियते, तस्यातिशयः कथम्? यो यस्य केनापि सम्बन्धेन न संबध्यते स तस्यातिशयः। यदि च अन्तर्हितवर्णस्मरणविशिष्टोऽन्त्यो वर्णः पदम्, तस्यापि स्मरणकाले तिरोहितत्वादवाचकत्वम् — *तस्य व्यञ्जकानां क्षणिकत्वात् क्षणोपलब्धिः* इति वचनात्। यदि वर्णा व्यञ्जकैर्व्यज्यन्ते तदा समानदेशा-वस्थितं समानेन्द्रियग्राह्याणां प्रतिनियतव्यञ्जकत्वेनेष्टम् एकान्तर्गतोदककनकादीनां वदन्ति *वैशेषिकाः*।

यदि अतिरिक्त उपजातातिशय द्वारा किया जाता है तो, उसका अतिशय कैसे होगा? जो जैसा है, जिस किसी सम्बन्ध से है अथवा सम्बन्ध बिना ही है?

यदि अन्तर्हितवर्ण का स्मरणविशिष्ट अन्त्यवर्ण ही पद है तो उसका भी स्मरणकाल में तिरोहित होने से अवाचकत्व घटित होगा। "उसके व्यञ्जक क्षणिक होने से क्षण की उपलब्धि होगी" इस वचन से भी। यदि वर्ण व्यञ्जक द्वारा अभिव्यक्त होते हैं तो समानदेश में अवस्थित एवं समान इन्द्रिय द्वारा ग्राह्य वर्णों का प्रतिनियत व्यञ्जकत्व इष्ट होता है जो एकान्त में रहे हुए जल आदि का भी कहकर वैशेषिक लोग कहा करते हैं।

अथ अनित्या वर्णाः पदसंज्ञा भवन्तीति चेत्, तत्रापि किं व्यस्ताः, समस्ता वा? तद्यदि व्यस्ताः, तदा गकारौकारविसर्जनीयान्यतमे वर्णे न विभक्त्युत्पादोऽस्ति, उत्पादे वा एको वर्णः वाचकः स्यात् — वर्णान्तरोच्चारणानर्थक्यम्।

यदि अनित्यवर्णों की ही पदसंज्ञा होती है तो वहाँ पर भी क्या वह व्यस्त अथवा समस्त में से किस स्थिति में है? यदि व्यस्त है तो गकार, औकार और विसर्गों में से किसी एक में विभक्ति का उत्पाद नहीं होगा, उत्पाद होने पर भी एक ही वर्ण वाचक होगा और अन्य वर्णों का उच्चारण अनर्थक (व्यर्थ) हो जाएगा।

अथ वर्णसमुदायः पदम्, प्रतिक्षणध्वंसिनां समुदायार्थो वक्तव्यः, बहूनामवस्थित-रूपाणां समुदायो लोके दृष्टः, न च वर्णानां भूयरत्वमस्ति उक्तन्न्यायात्। किंच, अन्त्यवर्णग्रहणानन्तरं पूर्ववर्णस्मरणम्, पूर्ववर्णस्मरणानन्तरम् अन्त्यवर्णे ज्ञानम्, तत-श्चास्य अर्थप्रतिपत्तिकाले पदं न विद्यते तेनाऽपदिकाऽर्थप्रतिपत्तिः स्यात्।

यदि वर्णों का समुदाय ही पद है तो, प्रतिक्षण ध्वंसजीवी वर्णों के समुदायार्थ को बताना पड़ेगा। अनेकों की एक आकार में अवस्थिति को लोक में समुदाय कहते हैं किन्तु इसी न्याय के आधार पर वर्णों का समूह (बहुनामवस्थितरूपाणां) यहाँ नहीं है। और अन्त्यवर्ण के ग्रहण के बाद पूर्तवर्ण का स्मरण होता है, एवंरीत्या पूर्ववर्ण के स्मरण के बाद अन्त्यवर्ण के ग्रहण काल में ज्ञान होता है, इसके बाद इसके अर्थज्ञानकाल में पद नहीं रहता, इसीलिए पद के बिना ही अर्थ का ज्ञान घटित हो जाएगा।

न च कार्यरूपता वर्णानां विद्यते। सती सत्ता संवेद्यते। विज्ञानोत्पत्तेः पूर्वं

वेद्यस्य सत्ता, पश्चाद्विज्ञानम्। तद्वेद्यं किम्–अधुनोत्पन्नं विषयतां याति, चिरोत्पन्नम्, अनुत्पन्नं वा? नालमालोचयितुं ज्ञानम्, तत्स्वरूपमात्रास्तित्वविधायकत्वेन तदुत्पत्तेः ।

वर्णों की कार्यरूपता भी नहीं है। सत्ता होने पर विदित होता है। ज्ञानोत्पत्ति के पूर्व वेद्य की सत्ता होती है और उसके बाद ज्ञान की। यदि ऐसा है तो क्या अभी–अभी उत्पन्न विषय होता है? बाद में उत्पन्न विषय होता है? अथवा अनुत्पन्न ही विषय होता है? इस प्रकार ज्ञान की आलोचना के लिए पर्याप्त ही नहीं है क्योंकि ज्ञान अपने स्वरूप मात्र के अस्तित्व का विधान करते हुए उत्पन्न होता है।

न च तत्कारणं विद्यते। ननु प्रयत्नादिकं विद्यते, तदयुक्तम, तेषां प्रयत्नादीनां स्वरूपं कथं गृह्यते – किं सत्तामात्रेण, कारकत्वेन वा? तद्यदि सत्तामात्रेण, तदा जनकं रूपं न स्यात्।

उसका कारण भी नहीं है। न ही प्रयत्न आदि हैं, ऐसा कहें तो यह उचित नहीं हो सकता, उनके प्रयत्न आदि का स्वरूप कैसे गृहीत होता है? क्या सत्तामात्र से? अथवा कारकत्वरूप से? यदि सत्तामात्र से है तो जनक रूप हो ही नहीं सकता।

अथ कारकत्वेन गृह्यते, किम् आत्मजनकत्वेन, आहोस्विद् अन्यजनकत्वेन? तद्यदि आत्मजनकत्वेन गृह्यते, तदात्मा तेनोत्पाद्यते न वर्णः। अथ अन्यजनकत्वेन अवधार्यते, तदा अन्यस्य सत्ता सिद्धा। न ह्याक्षिप्तान्यसद्भाव एव सद्भावोऽस्याध्यवसीयते, ततः तत्समानकालीनत्वेन हेतुफलभावाऽसिद्धिः।

यदि कारकत्वरूप से गृहीत होता है तो क्या स्वजनकत्वरूप से है? अथवा अन्यजनकत्वरूप से? यदि स्वजनकत्वरूप से गृहीत होता है तो इससे स्वयं का ही उत्पादन किया जाता है किन्तु वर्ण का उत्पादन नहीं। यदि अन्यजनकत्व रूप से ही अवधारण किया जाता है तो दूसरे की ही सत्ता सिद्ध होगी। इस प्रकार दूसरे के सद्भाव का केवल आक्षेप नहीं किया जाता, इसके सद्भाव का अध्यवसाय किया जाता है। इस तरह उनके समानकालीनत्वरूप से हेतुफलभाव की असिद्धि होती है।

किंच, पूर्वापरभावेन हेतुफलभावः, किं वा पूर्वापरग्रहणेन? तद्यदि पूर्वापरभावेन हेतुफलभावः, तदा ज्ञानं विना 'अस्तु' कथं ज्ञायते? ज्ञानाभावेनाऽज्ञाने किं पूर्वोत्पन्नौ सहोत्पन्नौ वा? अथ पूर्वापरग्रहणेन हेतुफलभावव्यवस्था इति, तदयुक्तम्, अनियतं ग्रहणं दृष्टम् – कार्यं दृष्ट्वा कारणं गृह्णाति, कारणं दृष्ट्वा कार्यं गृह्णाति, उभयं च युगपत् गृह्णाति। एवं च स्थिते न हेतुफलभावविनिश्चयोऽस्ति। तदभावान्नाऽनित्या वर्णाः पदं भवितुमर्हति।

क्या पूर्वापरभाव से हेतुफलभाव है? अथवा पूर्वापरग्रहण द्वारा है? यदि पूर्वापरभाव से हेतुफलभाव है तो ज्ञान के बिना ही (अस्ति) है, यह कैसे पता लगेगा? ज्ञान के अभाव

होने से अज्ञान में क्या पूर्वोत्पन्न होता है अथवा सहोत्पन्न होता है? यदि पूर्वापर ग्रहण द्वारा हेतुफलभावव्यवस्था है तो यह युक्त नहीं है, अनियत ग्रहण भी दिखता है – कार्य को देखकर भी कारण का ग्रहण, कारण को देखकर कार्य का ग्रहण और दोनों का युगपद ग्रहण भी किया जाता है? इस स्थिति में हेतुफलभाव का निश्चय नहीं हो सकता। उसके न होने पर अनित्यवर्ण पद नहीं हो सकते।

(वैयाकरणों के स्फोट का खण्डन)

अथ वर्णेभ्योऽर्थान्तरभूतं पदं वर्णव्यङ्ग्यस्फोटरूपमभ्युपगम्यते। वर्णानां किल अर्थप्रत्यायकत्वं व्यस्तसमस्तानां संभवति, अस्ति च सा अर्थप्रतिपत्तिः तेन अर्थान्तर-भूतं वर्णेभ्यः पदं विद्मः। अभिन्नाकारा च प्रतिपत्तिर्वर्णेष्वनुपपन्ना तेन वर्णेभ्यो भिन्नम् अभिन्नाकारं पदमध्यवसीयते।

वर्णों से अर्थान्तरभूत पद ही वर्णव्यङ्ग्य स्फोट रूप में स्वीकृत हैं। निश्चय ही व्यस्त और समस्त वर्णों की अर्थबोधकता सम्भव होती है, और ऐसी अर्थप्रतिपत्ति होती ही है, जिसके द्वारा वर्णों से अर्थान्तरभूत पद को हम जानते हैं। वह ज्ञान भी अभिन्नाकार है जो वर्णों में अनुपपन्न है, इसीलिए वर्णों में भिन्न लेकिन पद रूप में अभिन्नाकार की स्वीकृति (ग्रहण) होती है।

यत्तावदुक्तम् – अर्थप्रतिपत्त्यन्यथानुपपत्त्या पदमवगम्यते तदयुक्तम्, अर्थापत्तेः प्रामाण्यमेव नास्ति। यथा च न विद्यते तथा प्रागेव प्रपञ्चितम्। न च पदेन सह प्रतिबद्धा अर्थप्रतिपत्तिः अवगतपूर्वा येन अन्यकारणपरिहारेण पदं बोधयति। प्रत्यक्षं च प्रमाणमेव न भवति। कथं तत् पदप्रतिपादनाय अलम्? न च नित्यस्य विज्ञानाद्यर्थ-क्रियाकरणसामर्थ्यमस्ति। एवं लक्ष्यभूतं पदं न विद्यते। तदभावान्निर्विषयं पारमार्थं लक्षणमिति।

यह जो कहा गया – "अर्थज्ञान की अन्यथानुपपत्ति से पद का बोध होता है" यह उचित नहीं है। अर्थापत्ति का तो प्रामाण्य ही नहीं है। कैसे वह अप्रमाण है यह विषय पहले ही बता चुके हैं। पद के साथ प्रतिबद्ध होने वाली अर्थापत्ति ही नहीं जिसका ज्ञान पहले ही हुआ हो और जो अन्य कारणों को हटाकर पद का बोध कराने में समर्थ हो। प्रत्यक्ष भी प्रमाण ही नहीं होता। कैसे वह पद का प्रतिपादन करने में समर्थ होगा। और नित्य विज्ञानों में अर्थक्रिया करने का सामर्थ्य भी नहीं है। ऐसा लक्ष्यभूत पद भी नहीं है, इसीलिए परमऋषि द्वारा प्रतिपादित लक्षण निर्विषय हो जाता है।

(शब्दों के लक्षण एवं साधुता का खण्डन)

अपि च, यानि लक्षणपराणि सूत्राणि तेषां लक्षणं विद्यते, न वा? यदि विद्यते,

तत्रापि अन्यत् अत्रापि अन्यद् इत्यनिष्ठायां च न किंचित् पदं ज्ञानं स्यात् । अथ न विद्यते, किमेवं तर्हि तेषां साधुत्वं न विद्यते?

दूसरी बात, जितने लक्षणपरक सूत्र हैं क्या उनके भी लक्षण हैं अथवा नहीं? यदि हैं तो वहाँ पर दूसरे और यहाँ पर भी दूसरे इस प्रकार अनियम होने से कोई भी पद ज्ञात होगा ही नहीं। यदि नहीं है तो क्या इस प्रकार उनका साधुत्व नहीं होगा?

अथ लक्षणाभावेऽपि तेषां साधुत्वं विद्यते, एवं गावीगोणीगोपुत्तलिकेत्येवमादीनामपि अपभ्रंसानां लक्षणाभावेऽपि साधुत्वं भविष्यति । अथ लक्षणाभावान्न गाव्यादीनां साधुत्वम्, तदा सूत्रपदानामपि तदभावादेव असाधुत्वम् । अपि च, यदि नाम लक्षणविकलता शब्दस्य, तदा किं भवति? किमुच्चारयितुर्मुखभङ्गः संपद्यते, शब्दस्य, तदा किं भवति? शब्दस्य वा अवाचकत्वम्, अर्थस्य वा रूपविपर्यासो जायते, किं वा अपशब्दप्रतिपादितार्थस्य अर्थक्रियाकर्तृत्वं हीयते, अपशब्दोच्चारणे सति अमङ्गलोदयो वा भवति?

यदि लक्षण न होने पर भी उनका साधुत्व है तो गावी, गोणी, गोपुत्तलिका आदि अपभ्रंशों का भी लक्षण हुए बिना ही साधुत्व हो जाएगा। यदि लक्षण के अभाव में गावी आदि का साधुत्व नहीं होता तो सूत्रस्थपदों का भी लक्षण के अभाव में साधुत्व नहीं हो सकता। दूसरी बात, शब्द की लक्षण विकलता ही मानें तो क्या होगा? क्या उच्चारण कर्ता का मुखभंग होगा? अथवा शब्द की अवाचकता उत्पन्न होगी, अथवा अर्थ का स्वरूप ही भिन्न होगा? अथवा अपशब्द द्वारा प्रतिपादित अर्थ की अर्थक्रियाकारिता नष्ट होगी? अथवा अपशब्द के उच्चारण से अमंगल का उदय होगा?

(गावी आदि शब्दों के असाधुत्व का निषेध)

तद्यदि तावत् प्रवक्तृमुखभङ्गो भवति गावीशब्दोच्चारणे सति, तदैते बहुलं गावीशब्दोच्चारणं कुर्वाणाः समुपलभ्यन्ते प्रवक्तारः, न च तेषां मुखभङ्गः समुपलभ्यते ।

यदि गावीशब्द के उच्चारण से प्रवक्ता का मुखभंग होता है तो यहाँ ऐसे अनेक व्यक्ति हैं जो अनेक बार गावीशब्द का उच्चारण करते हुए मिलते हैं किन्तु उनके मुख वैसे के वैसे ही हैं।

अथ गावीशब्दस्य वाचकत्वं नोपपद्यते, तदयुक्तम्, गावीशब्देन बहुलं व्याहरन्ति प्रमातारः । अथ गोऽर्थप्रतिपित्सूनां गावीशब्दश्रवणानन्तरं गोशब्दे स्मृतिरुपजायते स न गवाद्यर्थवाचक इति चेत्, तदयुक्तम्, म्लेच्छादीनां साधुशब्दपरिज्ञानाभावात् कथं तद्विषया स्मृतिः? तदभावे न गोऽर्थप्रतिपत्तिः स्यात् ।

यदि गावी शब्द की वाचकता ही नहीं होती है तो यह बात भी नहीं जँचती, अनेक व्यक्ति उसका व्यवहार करते हुए मिलते हैं। अब, गाय का अर्थबोध चाहने वाले

व्यक्तियों के लिए गावी शब्द के श्रवण के बाद गोशब्द में स्मृति उत्पन्न होती है और वह गो के अर्थ का वाचक होता है, ऐसा मान भी लें तो यह बात नहीं हो सकती क्योंकि म्लेच्छ आदि भी साधुशब्द के ज्ञान के अभाव के कारण कैसे उस विषय का (गाय-विषयक) स्मृति करेंगे। उस स्मृति के बिना तो गाय का बोध ही नहीं होना चाहिए म्लेच्छों को, परन्तु वह तो हो ही रहा है।

(पाप–पुण्य भी नहीं होते)

अथ अर्थस्य रूपविपर्यासो भवति, तदयुक्तम्, न गावीशब्देन अभिधीयमानस्य गोरूपता व्यावर्त्तमाना दृष्टा। अथ अर्थक्रियाकर्त्तृत्वं हीयते, तदयुक्तम्, गावीशब्देन अभिधीयमानस्य वाहदोहप्रसवसामर्थ्यं नातिवर्त्तते गोपिण्डस्य। अथ गावीशब्दोच्चारणादमङ्गलोदयो भवति, न तु वाचकत्वं निराक्रियते असाधुशब्दस्य। तदुक्तम् —

अपशब्दोनुमानेन वाचकः कैश्चिदिष्यते।
वाचकत्वाऽविशेषेऽपि नियमः पुण्यपापयोः॥

तदयुक्तम्, तेन सह प्रतिबन्धाभावात्। न चापोस्तित्वग्राहकं प्रमाणमस्ति। अन्यथैव काले च न म्लेच्छिव्यमिति नियमोऽभ्युपगम्यते। न च शुद्धम्, अन्यत्र पण्डितानामपि व्यवहारोदयदानदर्शनात्।

पुनः"गावी" के उच्चारण से स्वरूप का विपर्यास (बिगड़ना) भी नहीं हो सकता क्योंकि गावी उच्चारणपूर्वक गाय का बोध करने पर गाय का स्वरूप भी नहीं बिगड़ा है। यदि अर्थक्रियाकारिता ही नष्ट होती है तो यह भी युक्तिपूर्ण नहीं है क्योंकि गावीशब्दबोध्य गाय में भी गर्भधारण करने, ब्याहने, दूध देने आदि क्रियाएँ यथावत् रूप में रहते हुए दिखती हैं। नहीं, वाचकत्व की हानि न होने पर भी गावी रूपी अपशब्द के उच्चारण से अमंगल का उदय होता है। जैसा कहा है —

अपशब्द द्वारा भी अनुमानपूर्वक साधुशब्द का, वाचकत्व कुछ लोग स्वीकारते हैं,
उसके वाचकत्व में कुछ विशेष न होने पर भी पुण्य और पाप का प्रसंग अर्थात्
साधुशब्द से पुण्य और असाधु शब्द से पाप के उदय होने वाली बात होती है।

यह कथन उचित नहीं है। उसके साथ कोई भी प्रतिबन्ध कारण नहीं है । उसके विपरीत सिद्ध करने वाला प्रमाण भी नहीं है। दूसरे काल में म्लेच्छवत् शब्दोच्चारण नहीं करना चाहिए, ऐसा नियम भी स्वीकार्य नहीं है। शुद्धता की बात भी नहीं है। अन्यत्र भी पण्डितगण व्यवहार उदयदान आदि में ऐसे प्रयोग कर ही रहे हैं।

तदेवमुपपप्लुतेष्वेव तत्त्वेषु अविचारितरमणीयाः सर्वे व्यवहारा घटन्त इति।

इस प्रकार तत्त्वों का खण्डन अर्थात् विनाश होने के बाद भी बिना विचारे ही रमणीय प्रतीत होने वाले समस्त व्यवहार चलते ही रहते हैं।

१७

ग्रन्थोपसंहार

ये याता नहि गोचरं सुरगुरोर्बुद्धेर्विकल्पा दृढाः,
प्राप्यन्ते ननु तेऽपि यत्र विमले पाखण्डदर्पच्छिदि ।
***भट्टश्रीजयराशिदेव* गुरुभिः सृष्टो महार्थोदयः —**
***तत्त्वोपप्लवसिंह* एष इति यः ख्यातिं परां यास्यति ॥**
पाखण्डखण्डनाभिज्ञा ज्ञानोदधिविवर्द्धिताः ।
***जयराशे*र्जयन्तीह विकल्पा वादिजिष्णवः ॥**

पाखण्डियों के अहंकार का नाश (छेदन) करने में समर्थ इस पवित्र पुस्तक में, वे बुद्धि के दृढ़ विकल्प उपलब्ध हैं, जो देवगुरु (बृहस्पति) की बुद्धि के भी गोचर नहीं हो पाए थे। जयराशिभट्ट और देवगुरु द्वारा महान् अर्थ की सृष्टि की हुई यह तत्त्वों का खण्डन (तत्त्वोपप्लव) रूप सिंह अत्यन्त परम ख्याति = प्रसिद्धि (यश) पाएगा।

पाखण्डों के खण्डन में दक्ष, ज्ञानरूपी समुद्र का वर्द्धक, वादियों को जीतने में समर्थ, वे जयराशि भट्ट के विकल्प यहाँ हमेशा विजयी हों।

संवत् १३४९ मार्ग. वदि शनौ *धवलक्के* महं.
***नरपालेन तत्त्वोपप्लवग्रन्थ* पुस्तिका लेखीति। भद्रं ॥**

संवत् १३४९ अगहन (मार्गशीर्ष) कृष्ण-पक्ष एकादशी, शनिवार को, धवलक्क नामक स्थान में नरपाल नामक लिपिकार ने इस ग्रन्थ की १ प्रति तैयार की है। कल्याण हो।

योगीन्द्रानन्दशिष्याभ्यां सश्रद्धं सपरिश्रमं
काशीनाथाम्बिकादत्तशर्मभ्यां लेखवाणीतः
चानूद्य किञ्च सम्पाद्य लोकवाण्यां विशेषतः
प्रकाशितं जयराशेर्भट्टस्य सुप्रतिष्ठितं
तत्त्वोपप्लवसिंहाख्यं ग्रन्थरत्नं महत्तमं
भूयात् सर्वजनानन्ददायकं लोकवल्लभम् ।
जयन्ति जिष्णवः कल्पा जयराशेर्जगत्यहो ॥
क्षेत्रे पाशुपते रम्य आषाढप्रथमे शनौ ।
वैक्रमे नेत्रखेसप्तशून्यपञ्चमीसन्निभे ।
गुरोः कृपाबलेनैतत् सम्पादितं च संस्कृतम् ।
भूयात् सर्वजनानन्ददायकं लोकवल्लभम् ॥

परिशिष्टम्

बार्हस्पत्यसूत्राणि

राष्ट्रीय अभिलेखालय, काठमाण्डू, नेपाल ल.ग.त. संख्या ३/ १०१
पत्र संख्या ०४ एवं ३/१०२ पत्र संख्या ०७

१ अथातस्तत्त्वं व्याख्यास्यामः।

२ पृथिव्यप्तेजोवायुरिति तत्त्वानि।

३ तत्समुदाये शरीरेन्द्रियविषयसंज्ञा॥

४ तेभ्यश्चैतन्यम्।

५ किण्वादिभ्यो मदशक्तिवत्।

६ काम एवैकः पुरुषार्थः।

७ चैतन्यविशिष्टः कायः पुरुषः।

८ मरणमेवापवर्गः।

९ न धर्मश्चरेत्।

१० एष्वफलत्वात्।

११ सांशयिकत्वाच्च।

१२ नात्मनः सत्ता।

१३ न परलोकः।

१४ को बालिशो हस्तगतं परगतं कुर्यात्।

१५ कः ध्रुवाणि परित्यज्य ह्यध्रुवाणि निषेवेत।

१६ वरमद्यकपोतः श्वो मयूरात्।

१७ वरं सांशयिकान्निष्कादसांशयिकः कार्षापणः।

१८ शरीरेन्द्रियसद्भाव एव चेतनः क्षेत्रज्ञः।

१९ काम एव प्राणिनां कारणम्।

२० सृष्टिकर्ता वृद्धब्रह्मा

२१ पालकः सुन्दरो हरिः।

२२ संहारको महारुद्रः।

२३ प्रकृत्या मोहमायायां मोहितः पुरुषः।

२४ परलोकिनोऽभावात् परलोकाभावः ।

२५ इहलोकपरलोकशरीरयोर्भिन्नत्वात् तद्गतयोरपि चित्तयोर्नैकः सन्तानः ।

२६ एतावानेव पुरुषो यावदिन्द्रियगोचरः ।

२७ प्रमाणस्यागौणत्वात् तदर्थनिश्चयो दुर्लभः ।

२८ कायादेव ततो ज्ञानं प्राणापानाद्यधिष्ठिताद् युक्तं जायते ।

२९ सर्वत्र पर्यनुयोगपराण्येव सूत्राणि बृहस्पतेः ।

३० लोकायतमेव शास्त्रम् ।

३१ प्रत्यक्षमेव प्रमाणम् ।

३२ पृथिव्यप्तेजोवायवस्तत्त्वानि ।

३३ अर्थकामौ पुरुषार्थौ ।

३४ भूतान्येव चेतयन्ति ।

३५ मृत्युरेवापवर्गः ।

३६ दण्डनीतिरेव विद्या ।

३७ अत्रैव वार्त्तान्तर्भवति ।

३८ धूर्तप्रलापस्त्रयी ।

३९ स्वर्गोत्पादकत्वेन विशेषाभावात् ।

४० लोकप्रसिद्धमनुमानं चार्वाकैरपीष्यत एव ।

४१ कैश्चिल्लौकिकं मार्गमतिक्रम्यानुमानमुच्यते तत् निषिध्यते ।

४२ पश्यामि शृणोमीत्यादि प्रतीत्या मरणपर्यन्तम् ।

४३ यावन्तीन्द्रियाणि तिष्ठन्ति तान्येवात्मा ॥

४४ इतरेन्द्रियाद्यभावेऽसत्त्वान् मन एव आत्मा ।

४५ प्राण एव आत्मा ।

४६ न स्वर्गः । नापवर्गः । नैवात्मा पारलौकिकः ।

४७ अग्निहोत्रं त्रयो वेदास्त्रिदण्डं भस्मगुण्ठनम् ।
बुद्धिपौरुषहीनानां जीविका धातृनिर्मिता ॥

४८ पशुश्चेन्निहतः स्वर्गं ज्योतिष्टोमे गमिष्यति ।
स्वपिता यजमानेन तत्र कस्मान्न हन्यते ॥

४९ मृतानामपि जन्तूनां श्राद्धञ्चेत् तृप्तिकारणम् ।
निर्वाणस्य प्रदीपस्य स्नेहः संवर्धयेच्छिखाम् ॥

५० गच्छतामिह जन्तूनां व्यर्थं पाथेयकल्पनम्।
गेहस्थकृतश्राद्धेन पथि तृप्तिरवारिता ॥

५१ स्वर्गस्थिता यदा तृप्तिं गच्छेयुस्तत्र दानतः।
प्रासादस्योपरिस्थानामत्र कस्मान्नदीयते ॥

५२ यावज्जीवेत् सुखं जीवेद् ऋणं कृत्वा घृतं पिबेत्।
भस्मीभूतस्य देहस्य पुनरागमनं कुतः ॥

५३ यदि गच्छेत् परं लोकं देहादेष विनिर्गतः।
स्माद् भूयो न चायाति बन्धुस्नेहसमाकुलः ॥

५४ ततश्च जीवनोपायो ब्राह्मणैर्विहितस्त्विह।
मृतानां प्रेतकार्याणि न त्वन्यद्विद्यते क्वचित् ॥

५५ त्रयो वेदस्य कर्तारो भण्डधूर्तनिशाचराः।
जर्फरी-तुर्फरीत्यादि पण्डितानां वचः कुतः ॥

५६ अश्वस्यात्र हि शिश्नन्तु पत्नीग्राह्यं प्रकीर्तितम्।
मांसानां खादनं तद्वन्निशाचरसमीरितम् ॥

५७ न कण्टकानां प्रकरोति तैक्ष्यम्।

५८ विचित्रभावं मृगपक्षिणाञ्च।

५९ माधुर्यमिक्षोः। कटुताञ्च निम्बे।

६० स्वाभावतः सर्वमिदं प्रवृत्तम् ॥

६१ नग्न श्रमण दुर्बुद्धे ! कायक्लेशपरायणः।
जीविकार्थे विचारस्ते केन त्वमसि शिक्षितः ॥

६२ प्रत्यक्षादिप्रमासिद्धविरुद्धार्थाभिधायिनः।
वेदान्ता यदि शास्त्राणि धूर्तैः किमपराध्यते ॥

६३ लौकिको मार्गोऽनुसर्तव्यः।

६४ लोक व्यवहारं प्रति सदृशौ बालपण्डितौ।

६५ न भस्म धारणम्।

६६ नाग्निहोत्रवेदपाठादीनि च।

६७ न तीर्थयात्रा च।

६८ सर्वोऽर्थार्थं करोत्यग्निहोत्रसन्ध्याजपादीनि।

६९ स्वदोषं गूहितुं कामार्तो वेदं पठति।

७० अग्निहोत्रादीनि च करोति।

७१ सुरापानं महिलामेहनार्थं करोति।

७२ विष्णवादयः सुरापायिनः।

७३ शिवादयः।

७४ शृङ्गारवेशं कुर्यात्।

७५ अक्षैर्दीव्यात्।

७६ नैव दिव्याच्च।

७७ आम्रवनानि सेवयेत्।

७८ मांसानि च।

७९ पत्तकामिन्यः सेव्याः।

८० दिव्यप्रमदादर्शनञ्च।

८१ नेत्राञ्जनञ्च।

८२ आदर्शदर्शनञ्च।

८३ ताम्बूलचर्वणञ्च।

८४ कर्पूरचन्दनागुरुधूपञ्च।

८५ वृथा धर्मं वदत्यर्थसाधनं लोकायतिकः पिण्डादायश्चौर इति च।

८६ परापवादार्थं वेदधर्मशास्त्रादीनि पठति।

८७ सर्वान्निन्दति।

८८ महेश्वरविष्ण्वादीनपि।

८९ आत्मवान् राजा।

९० सर्वथा लोकमेव शास्त्रम्।

। इति बृहस्पतिसूत्राणि।